重访五四新文化

陈平原

闻一多 *Up the Ladder*（《攀登》）

清华学校辛酉级（1921）毕业纪念册《清华年刊》插画

YE BOOK

洞 见 人 和 时 代

Revisiting the
May Fourth New Culture Movement

重访五四新文化

思想与观念 THOUGHT AND IDEAS

王风　季剑青

主编

四川人民出版社

图书在版编目（CIP）数据

重访五四新文化. 思想与观念 / 王风，季剑青主编.
成都：四川人民出版社，2025.3. -- ISBN 978-7-220-
13878-2

Ⅰ. K261.107；D092.6

中国国家版本馆 CIP 数据核字第 20242BC932 号

CHONGFANG WUSI XIN WENHUA:SIXIANG YU GUANNIAN

重访五四新文化：思想与观念

王　风　季剑青　主编

出 版 人	黄立新
策划统筹	封　龙
责任编辑	葛　天
版式设计	张迪茗
封面设计	宋　涛
责任印制	周　奇

出版发行	四川人民出版社（成都市三色路238号）
网　　址	http://www.scpph.com
E-mail	scrmcbs@sina.com
新浪微博	@四川人民出版社
微信公众号	四川人民出版社
发行部业务电话	（028）86361653　86361656
防盗版举报电话	（028）86361653
照　　排	四川胜翔数码印务设计有限公司
印　　刷	成都东江印务有限公司
成品尺寸	145mm×210mm
印　　张	19.875
字　　数	430千
版　　次	2025年3月第1版
印　　次	2025年3月第1次印刷
书　　号	ISBN 978-7-220-13878-2
定　　价	92.00元

总　序

王　风

　　"五四新文化"合称，其固定化虽晚到抗战前夕，但于今也可算是由来已久，而多已连用不可分别。不过揆诸实际，二者确是原非一体。严格意义上说，"五四运动"是发生在1919年5月4日，也可算上延伸到此后一段时间的学生和社会抗议活动，并有"火烧赵家楼"之类的"武化"之举。而所谓"新文化运动"的说法，发生于"五四"之后，与新思想、新思潮，以及文化运动，甚至新文学运动，可算是先后伴生的称谓。按周作人后来的说法，"五四从头到尾，是一个政治运动，而前头的一段文学革命，后头的一段新文化运动，乃是焊接上去的"（王寿遐：《北平的事情》，《子曰丛刊》第六辑，1949年4月1日）。从还原历史情境的视域而言，至少就《新青年》集团的角度，文学革命、五四运动、新文化运动，确实可以看作当年的"三段论"。

　　而对于"五四"和"新文化"，当事人的态度并不一致。如可被看作主角的胡适，就认为"在1919年所发生的'五四运动'，实是这整个文化运动中的一项历史性的政治干扰。它把一个文化运动转变成一个政治运动"（唐德刚：《胡适口述自传》第九章）。持有类似倾向看法的，在当年尤其师长辈中，其实相当普遍。

"政治"抑或"文化"，确是回望"五四"的纠结点。只是以今视之，"五四运动"的发生，固然打断了《新青年》上诸多的话题，也埋下了同人分裂的因子。但此前的"文学革命"，即便有思想等方面的论题，主体上还是集中于文学变革，甚至越来越偏于书写语言方面，很大程度上可看作晚清以来"白话文运动"与"拼音化运动"的变体再起。虽有"通信"栏沟通内外，大体上还是同人间的讨论，并未对社会产生多大影响。"五四运动"确是"搅散"了《新青年》集团。但这表面上的"中断"，毋宁说是"新文化"实质上的"打开"。正由于其刺激，诸公各自前路，使得论题更形多元，并辐射到外部，而成为全国性的公共话语，由此开创了新的文化时代。

"五四"时期的话题，很难说哪一项是原生性的，诸如文学、语言、妇女、儿童、国体、政教、民主、科学，乃至社会主义、无政府主义等等新型主张，基本上皆肇端于甲午以来的晚清民初。但这些观念结为合体，并逐渐发展成重大的全社会的方向共识，正在于有"五四运动"冲溃讨论圈子。这一运动，自身是单纯的政治抗议，无关文化。虽然早在晚清国会请愿运动中，"读书人"已经走出书斋，介入社会，推动变化。但"五四"这一天，则是以"青年"为主体，走出校门，其影响广被，方始造就中国现代的"智识阶层"。从这个意义上说，"新文化"固非"五四"的命题，但确由"五四"所成就。

"五四运动"在当年几乎马上成为反顾的基点，从周年纪念开始，至今没有中断。而最早的众声喧哗，师长们的主流意见，如蔡元培、蒋梦麟、胡适等，是反对学生丢掉主业，"罢课"走上街头。但也有另一种声音，则是联结文化，弱化运动政治性的一面。1920年5月4日《晨报》"五四纪念特刊"，主笔渊泉（陈博生）"论评"题为《五四运动底文化的使命》；梁启超《"五四纪念日"感言》，宣称"此次政治运动，实以文化运动为原动力"。至若陶孟和，则以"民国八年五月四日"，作为"新思潮"引发"弥漫全国的'精神唤醒'"的"诞生日"。

不过"五四"毕竟本质上是公民抗议的社会运动，同时作为"始作俑"的象征，历年的"纪念"，不可避免地成为各方政治势力争夺解释权的场域。北洋政府时期，共产党的纪念，直到抗战前，大体上成为"红五月"，亦即五一、五三、五四、五五、五七、五九，以及五卅系列的一个环节，"五四"被界定为现代史上人民风起云涌觉醒反抗的代表性事件之一。至于国民党方面的解读，总体上是将之归于三民主义延伸到社会层面的回声与响应。而到北伐成功，国民政府掌权，面对此起彼伏的学生运动，作为统治者，其天然反应在于维稳，因而每逢"五四"则多言其"失败"，其意自然是劝说学生安心课堂，压抑其走上街头"干政"的冲动。

相对国民党对"五四"的有意消解，共产党方面，1935年的"一二·九运动"和1936—1937年的"新启蒙运动",某种意义上同构于十六年前的"五四运动"和"新文化运动"。有张申府、陈伯达、艾思奇、何干之等,在"启蒙"的维度上重新定义"五四运动"。经过一系列论述的铺陈,领袖毛泽东一锤定音了"五四"的性质。1940年1月9日,毛泽东在陕甘宁边区文化协会第一次代表大会上演讲《新民主主义的政治与新民主主义的文化》,随后改题《新民主主义论》(据太岳新华书店1949年5月版)。这一理论入手点在文化和思想,根本上却是为中国共产党建立历史叙述的合法性。《新民主主义论》论及:"在中国文化战线或思想战线上,'五四'以前与'五四'以后,划了两个不同的历史时期……在'五四'以后,中国产生了完全崭新的文化生力军,这就是中国共产党人所领导的共产主义的文化思想,即共产主义的世界观与文化革命论。"如此,"五四"被赋予了新的历史原点的意义,而"新文化"之"新"则在于有共产主义以为核心要素。这一合法性的阐释,让"五四"与"新文化"在全新的意义上结合起来。

这一过程中,1939年3月18日,陕甘宁边区西北青年救国联合会提议"定5月4日为'中国青年节'"。同年5月4日,在延安青年纪念五四运动20周年大会上,毛泽东将"革命青年"的标准,直接界定为是否能与"工农群众结合在一块"。并称:"五四运动所反对的是卖国政府,是勾结帝国主义出卖民族利益的政府,是压迫人民的政府。"(《在延安五四运动二十周年纪念大会的演讲》,《中国青年》第1卷第3期,1939年6月)此层层递进所针对的，明面是汪伪政府，但也不无预留了对蒋政权含蓄的暗指。

"青年节"的倡议，一开始得到全国各方的赞成。但国民党很快警觉到，"五四"已成为被共产党"染红"的节日。1942年，一方面是国民党中央很不得体地宣布："'五四'将届，中央各机关以'五四'在历史意义上虽甚重大，但非法定纪念日，更非青年节，特电各省市，本年应不举行纪念会。"（《青年节日期正在会商中 五四不举行纪念》，《中央日报》，1942年4月29日）另一方面也在努力给出自身的"五四"故事。国民党文化长老吴稚晖强硬关联孙中山："五四运动，是中山先生集了大成，竖起主义，学生起来，发动了一个崭新的划时代的文化运动……划了时代最适时的文化，精神是使用赛先生帮助德先生，物质是请教德先生发达赛先生之谓。适应时代的新文化，变了主义，就是三民主义……主义是三民新主义，文化是两位新先生。"（《五四产生了两位新先生》，《世界学生》第1卷第5期，1942年5月）这一国民党版本的"五四"和"新文化"的联结，无疑是道生拉硬拽的"截搭题"。而王星拱所撰文，则不顾蔡元培反对学生出校门，随后因而自行离职的事实，将运动归功于"自从蔡孑民先生做了北京大学校长，于是有若干国民党人，以及趋向于同情国民党者"，宣布"五四"是"由国民党所导引的表现民族意识的爱国运动"（《"五四"的回忆》，《世界学生》第1卷第5期）。

但国共两党对"五四新文化"阐释权的争夺，很快以国民党方面的"弃权"而终结。1943年阴历三月二十九日（阳历5月3日）亦即黄花岗烈士殉难纪念日，三民主义青年团第一次全国代表大会，决议每年阳历3月29日为"青年节"。1944年4月16日，中华全国文艺界抗敌协会（"文协"）在六周年年会上，提案"请定五月四日为文艺节"（《文协六年 在文化会堂举行年会 邵梁潘诸氏莅会致词》，《中央日报》，1944年4月17日）。这一主张得到国民政府的事实认可。

于是双方各过各的"五四"。国民党方面虽然不断有要人撰文，将"五四"纳入国民革命的叙事脉络中，但大多不忘限定其历史作用。而延安方面，毛泽东等领袖，以及诸多"文胆"，则持续强化论述。这其中，除了联结"五四运动"与马克思主义输入、中国共产党建立的关系之外，尤其强调其相对于"辛亥革命"，是全新意义的历史起点，所谓"五四运动的杰出的历史意义，在于它带着为辛亥革命还不曾有的姿态，这就是彻底不妥协的反帝国主义与彻底不妥协的反封建"（《新民主主义论》）。意谓"五四"之于"辛亥"，正有新旧之别。对于共产党而言，作为自身的历史"产床"，"五四"不可替代。对国民党而言，"辛亥"是合法性的神主牌，"五四"不可以替代。黄花岗起义斯乃辛亥革命的先声，"七十二烈士"青春献身，正是适合的"青年"榜样。如此"五四"退而局于"文艺"，也是顺理成章的安排。

1949年以后，海峡两岸对于"五四"，自然仍是一迎一拒，各自表述。20世纪50年代到70年代，大陆方面有关"五四"的官方纪念基本没有中断，但在根据时下需要号召青年之外，大多与知识分子改造的话题相关，而受批判的对象主要就以胡适为代表。同时期台湾方面，国民党当局对于"五四新文化"心情复杂，基本已经"失联"。而如罗家伦、毛子水等当事人，及其所影响者，坚持着与胡适同调的叙事路线。1958年4月10日上午，在台北市南港"中研院"第三次院士会议开幕式上，甫就任院长的胡适与蒋介石当面起言辞冲突，可谓是二者之间"道不同"的一个最具象征性的事件了。

胡适对于"五四运动"，对于"新文化运动"，伊始持批评或拒斥的立场。虽在后来的不同时期态度有所变化，但有一点他始终坚持，即将当年的工作，命名为"中国的文艺复兴"。早期可能的根本动因，还是希望归结到自己的核心工作，即他的文学革命，从提倡不避俗语俗字，而最终成功于"国语文学"。此不啻欧洲文艺复兴时期，但丁、路德等人抛弃"神圣语言"（sacred language）拉丁语，各以土语写作，由此开创了欧西各国文学的辉煌，其在中国的翻版。而到后来，他似乎意识到"五四新文化"被普遍解释为"启蒙运动"，日益为马克思主义者掌握了界定权，于是所谓的"文艺复兴"，也就具备了理论对抗的功能。

其实，"五四运动"后不久，胡适所发表《新思潮的意义》，引尼采"重新估定一切价值"（Transvaluation of all Values），认为"新思潮的根本意义只是一种新态度。这种新态度可叫做'评判的态度'"（《新青年》第7卷第1号，1919年12

月），或许更能总体性概括他那个时代。即从"五四"前局于某种立场的"我辈数人"的持论，到"五四"后怀揣不同"药方"的各走各路。正是在这个意义上，无论历史如何逡巡回转，"五四新文化"成为现代中国无论哪个时段，都必须回眸对话的起点。

20世纪80年代的大陆学界，对于"五四新文化"，所呈现的是与时代相吻合的"开放"氛围。外部各种思潮的涌入，使得新起的知识精英阶层，有了表面上类同于"五四"之前的"同人"共识。而到90年代，随着急剧演化的社会阶层分裂，基于不同意识形态立场，则有了类似于"五四"之后的多元裂变。这其中与"五四"的对话所在多是，也极为复杂，"五四"成为显在的基于现实需求而调动的历史资源。

进入新世纪，同样与社会的转变相吻合，有关"五四新文化"的研究与论述，呈现"后出转精"的进化。而总体的倾向，是从思想到观念，从社会到文化，从文学到语言的视角转移。其显著的特点，是由以往聚焦于《新青年》的立论，而扩展到观照那个时代的侧面、反面、地方、民间。或可以说，由"五四"转而为"五四时期"。

中国的现代转型，就过程而言，从甲午到"五四"，可以看作不断演进的漫长"起点"。但1919年"五四"那天的学生运动，赋予了该时期"新文化"以巨大的历史影响。如此，此前的二十多年，成了"五四"的史前时期。其层累的思想资源，很大程度上埋没为地下的矿藏。因而，打开"五四"的空间的同时，打开"五四"的时间，或许是今时后世，需要而必要的路向。

百多年来，"五四新文化"作为现代中国的核心性提问，是不同时代的对话对象和思考动力，摩肩接踵纷至沓来的"重访"，叠加出一个不断生长的基本问题域。无可讳言，肇端于《新青年》上的思考和主张，固是元气淋漓；但因其强烈的对抗性，不免带有仓皇立论的粗糙，和执其一端的偏至。这也是在后世时被诟病的归因，大体上作为"现代"的代表，承担了亏待"传统"的责任。不过无论如何，"五四"从未过去，从未成为"历史"，从来都是"当下"，从来就是进行时；也无论誉之者还是毁之者，即其思维方式，均是"五四"的产儿。于今之世，"五四"似乎渐被推入隐晦，但这也正由于它存在。

本书编辑经年。对于我们几位编者而言，系统阅读数十年来的有关学术成果，也是个重新学习的过程。"五四新文化"研究成果宏富，在上千篇论文中选择这数十篇，事实上是非常困难的。本选集交稿后，每每感到遗珠之憾，可谓所在多有。

自然，我们应该感谢选入作者的慷慨授权，此书的分量不在编者的眼光，而在每篇文章的论述。其中有几篇因版权或其他原因，不能编入，但我们仍保留篇目于"目录"，出处于"来源说明"，以表我们的判断。

书分三卷，依论文性质丛集，但因话题交叉，也只能大致区别。同时基于希望可以通过排序略见学术史面貌的考虑，各卷选文均以发表时间先后排序。国外学者论文，以译成汉文的发表时间为据。也就是说，着重他们对汉语学界产生的普遍性影响。

本书最初动议于我所任职的北大中文系的规划，今也可作为北京大学现代中国人文研究所有关"现代中国人文史"的先期工作。其具体的择取编排，全成于三位年轻学界同道季剑青、袁一丹、王芳，在我只是召集。也得感谢出版社社长老同学黄立新兄接纳选题，封龙兄主持全程，五位责编辛勤付出。最后，谢谢邓百花女史的鼎力支持。

参考文献

罗志田：《历史创造者对历史的再创造：修改"五四"历史记忆的一次尝试》，《四川大学学报（哲学社会科学版）》2000年第5期。

袁一丹：《"另起"的"新文化运动"》，《中国现代文学研究丛刊》2009年第3期。

陈平原：《波诡云谲的追忆、阐释与重构——解读"五四"言说史》，《读书》2009年第9期。

张艳：《"青年节"抑或"文艺节"：20世纪三四十年代的五四纪念节问题探析》，《史学月刊》2015年第8期。

欧阳哲生：《纪念"五四"的政治文化探幽——一九四九年以前各大党派报刊纪念五四运动的历史图景》，《中共党史研究》2019年第4期。

编者前言

季剑青

　　五四运动是一场政治运动，也是一场思想文化运动。周策纵1960年出版的那部具有里程碑意义的《五四运动史》，副标题取为"现代中国的知识革命"（Intellectual Revolution in Modern China），强调的正是这场运动由知识分子主导、侧重从思想层面推进中国的现代转型的面向。也正是在这个意义上，周策纵强调新文化运动和五四运动必须合而观之，作为一个整体来理解和认识。周策纵的这部经典之作1990年代引入中国大陆（该书最早被译入大陆的是其结论部分的节选，题为《评五四运动》，刘雪明、凌伟中译，载《党史研究与教学》1991年第2期。大陆出版的最早完整的中译本为《五四运动：现代中国的思想革命》，周子平等译，江苏人民出版社1996年版），对此后的"五四"新文化研究产生了深远影响。从历史的具体展开过程来看，"五四运动"最初确实是对一场政治性的学生抗议运动的命名，此后则逐渐作为思想文化运动而被铭记和阐释，这再好不过地提示了思想与观念在这场运动中所扮演的至关重要的角色。

事实上，长期在中国大陆占据主导地位的毛泽东的新民主主义论，尽管立足于政治革命的立场将五四运动界定为新民主主义革命的开端，其中也内在地包含了文化革命的视野，特别提到五四运动为中国共产党的成立做了"思想上和干部上"的准备。1980年代的五四运动研究，尽管还无法完全摆脱新民主主义论的框架，但已经表现出另辟蹊径的自觉。表现之一便是强化这场运动作为思想运动的性质及其意义，这方面最具代表性的成果自然是李泽厚1986年的论文《启蒙与救亡的双重变奏》（本书存目）。作者着意分梳五四运动中"启蒙性的新文化运动"与"救亡性的反帝政治运动"的区别，进而讨论它们彼此间的复杂关系。"五四"时期两者可谓并行不悖相得益彰，然而由于中国面临的民族危机日益深重，导致"救亡"压倒了"启蒙"。因而到了思想解放的1980年代，就有必要重新提出启蒙的要求，完成"五四"时期新文化运动未竟的事业。李泽厚的思想史阐释中，明显包含着强烈的现实关怀，他对五四运动作为思想文化运动一面的凸显，也代表了当时知识界看待和研究"五四"的整体取向。

在这样的氛围中，1980年代的"五四"思想史研究虽然力求走出毛泽东的新民主主义论，但在论述方式上，依然采取了总体性的视野和框架，旨在围绕另外的事件与命题，对"五四"新文化加以整体观照。范岱年的《对"五四"新文化运动的哲学反思——记二十年代初的科学与人生观大论战》便通过对科学与人生观论战的梳理，提醒当时"文化热"的参与者们，从中汲取反思物质文明与精神文明、传统文化与西方文化等论题的思想资源。钱理群《试论五四时期"人的觉醒"》一文则主要从文学史角度，撷取和整理"五四"时期有关"人"的种种论述，意在重新肯定与发扬"五四"知识分子提倡的人道主义精神，其中渗透的现实忧患意识较同时期其他作者更为深切。

1980年代的"五四"新文化研究关注的一个重要命题是"五四"思想与传统的关系，这方面影响最大的论著是林毓生《中国意识的危机："五四"时期激烈的反传统主义》（英文版为威斯康星大学出版社1979年版，贵州人民出版社1988年出版中译本）一书。林毓生在书中将"五四"思想概括为"全盘性反传统主义"，指出这种思想模式是一种"借思想文化以解决问题的途径"，它本身就源于传统的"一元论和唯智论的思想模式"。在《五四式反传统思想与中国意识的危机——兼论五四精神、五四目标与五四思想》一文中，林毓生对他的核心观点做了概括性的表达，指出"五四"知识分子"把传统中国文化、社会与政治看成了一个整合的有机体"，发展出一种"整体性的（totalistic）反传统思想"，直言不讳地表示这种思想方式是糟糕而肤浅的，由此对"五四"思想整体上做出了较为负面的评价。针对林毓生的论述，耿云志在发表于1988年的《五四新文化运动再认识》一文中提出反驳，指出陈独秀、胡适、鲁迅等新文化运动领袖，"都不是简单的西化论者或全盘性反传统主义者，而是追求中西结合创造新文化的先驱分子"，这也是今后中国思想文化发展应取的方向。大约同时，王元化撰写《论传统与反传统——为五四精神一辨》一文（收入《王元化文论选》，上海文艺出版社2009年版），从史实、理论逻辑和研究方法等方面，对林毓生的论述做出了全面而深刻的批评。

　　"五四"思想研究中这种注重整体观照的态度与方法，在20世纪八九十年代之交开始发生变化。在这个意义上，汪晖发表于1989年的《预言与危机——中国现代历史中的"五四"启蒙运动》是一篇具有征候性的重要论文。他沿用了"'五四'启蒙运动"的提法，但对"启蒙"做了更加历史化的理解，指出"五四"启蒙运动缺少18世纪启蒙运动的方法论基础，其内部各种纷繁复杂乃至矛盾冲突的理论观点，是基于一种反传统的"态度的同一性"才被整合起来。这是"五四"启蒙运动内在危机的表现，也是其迅速分化和瓦解的原因。汪晖的观点是对李泽厚的回应，即"五四"启蒙思想不是被外部的民族救亡事业压倒的，其危机内在于思想运动自身，这本身也可以看作对1980年代思想解放和新启蒙运动的自我反省。而在另一方面，汪晖特别重视"五四"启蒙思想内部的各种悖论性因素，这些因素既构成了"五四"启蒙运动的危机，但同时也是其内在紧张感和活力的源泉，因而它们仍能成为我们今天反思现代性的思想资源。与汪晖的思考接近，张灏在《重访五四——论"五四"思想的两歧性》一文中也注意到"五四"思想内在的分裂与冲突，它们与知识分子面临的思想困境有关，但从另一个角度来看，"这些两歧性的发展，也正反映'五四'思想的开阔性和丰富性。因为两歧性代表'五四'思想朝着不同甚至对立的方向发展，显示'五四'的思想遗产中有多元性和辩证性发展的契机和挑战"，思路与汪晖颇为接近。

1990年代学术界对"五四"启蒙思想内在多元和歧异的因素的关注，也从一个侧面反映了中国知识界的分化。换言之，1980年代投射在"五四"上的那种"整体意义上的西方所代表的，以民主政治、市场经济和个人主义为核心价值的普世化的现代化"图景已经褪色，由于"更深刻的利益的分化、知识结构的断裂和现代性目标诉求的不同"，新启蒙运动开始走向自我瓦解（参见许纪霖《当代中国的启蒙与反启蒙》，社会科学文献出版社2011年版）。于是以反思现代性面目出现的各种后现代理论，开始对1980年代"五四"论述背后的启蒙规划提出尖锐质疑。高远东则在其长文《未完成的现代性——论启蒙的当代意义并纪念"五四"》（原刊《鲁迅研究月刊》1995年第7、8、9期，本书存目）中，对这种思潮做出了自己的回应，对其与中国现代性之间的纠葛进行了批判性的分析，显示了作者坚守"五四"启蒙现代性的立场。对"五四"研究中的启蒙范式的另一种回应方式，是余英时的论文《文艺复兴乎？启蒙运动乎？——一个史学家对五四运动的反思》（收入余英时等著《五四新论：既非文艺复兴，亦非启蒙运动》，台北：联经出版公司1999年版，本书存目）。他梳理了以启蒙运动诠释"五四"这一范式本身的建构过程，指出"在广义的五四运动中，或可含糊辨明若干较大的思想类型和某些理念模式。但是，整体而言，概括论断这些类型和理念则是极端危险的"，显示出一种稳健的学者姿态。

伴随着对"五四"思想内部多重脉络的发现和总体性叙事的瓦解，之前被视为"五四"思想的背面、侧面或反面而被无视或遭受批判的思想因素，开始得到重新的评价和阐释。王元化发表于1994年的《杜亚泉与东西文化问题的论战》一文，便是这方面的代表作。作者重新肯定了杜亚泉的调和主义思想，包含了对"五四"思想革命的激进一面的反思。王德威的《被压抑的现代性——没有晚清，何来"五四"？》虽然最初撰写并发表于海外，但只有置于这一语境中，方能理解它为何在大陆学界产生如此广泛而深远的影响。在王德威的论述中，一向被看作过渡时期的晚清文学，实则包蕴了更丰富、更具有创造力的现代想象。相形之下，"五四"思想与文学受限于"感时忧国"的正统，倒显得不免单调而狭隘了。

当研究者注意到"五四"思想中包含了不同的、甚至彼此冲突的线索时，每一条线索、每一股思潮都可以构成相对独立的研究对象。新世纪以降，出现了对"五四"思想中自由主义、无政府主义、社会主义等思潮的大量个案研究，它们标志着"五四"思想史研究的深化。许纪霖讨论"五四"时期个人主义与自我观念的《个人主义的起源——"五四"时期的自我观研究》是这方面的标志性成果。作者指出，"五四"个人主义思潮糅合了古今中西多种思想资源，由此形成了独特的自我观。此外，对"五四"时期具体思想家的观念世界及其变化以及彼此间的分歧和论争，相关研究也日趋深入。倪伟的《〈新青年〉时期钱玄同思想转变探因》分析了钱玄同立场多变的思想气质及其成因，进而从中探测在中国现代知识分子中颇具代表性的某种精神特征，丰富和扩展了我们对这位"五四"健将的认识。彭春凌的《〈新青年〉陈独秀与康有为孔教思想论争的历史重探》则经由对陈、康两人围绕孔教问题的论争的再语境化和重新解析，尝试打开被既往的价值判断抹平的思想史的丰富皱褶，也让我们对于向被视为新文化之对立面的康有为，多了一份同情之了解。

"五四"一代的思想人物中，鲁迅具有特别的意义。通常被视为文学家的鲁迅，在李泽厚、林毓生和耿云志等思想史家那里也占有相当的分量，足见他对于任何"五四"新文化研究都是无法回避的巨大存在。饶有意味的是，回到历史现场，鲁迅显然并不处于舞台的中央，毋宁说他自居于某种"客员"的地位，以某种被动的"听将令"的姿态，却发出了时代的最强音。竹内好敏锐地把握住了鲁迅这种独特的位置感，从鲁迅的"寂寞"中发掘出使鲁迅成为鲁迅的那个决定性的时刻。竹内好的《鲁迅》（日文版出版于1961年）自1986年译出后，就以其深湛而具有魅惑力的思考吸引着后来的研究者不断与之对话。三十年后王芳的《从访碑到抄碑，从国魂到民魂——以金石传统三个脉络解读鲁迅的"钞古碑"》便以更精细的脉络梳理和史实重建，努力复原鲁迅彼时的生命状态，从而回应了竹内好的思想命题。王风《严复"信达雅"爰及"所谓文字上的一种洁癖"》讨论的是清末至三十年代的翻译问题，亦以鲁迅及周作人的翻译理念和实践为核心线索，勾勒出从严复、吴汝纶、章太炎到周氏兄弟追求文字之"洁癖"的脉络。表面上是文字问题，内里则是新的价值观念的确立。作者指出，鲁迅一以贯之的对"直译"的执着，译事尚是其小者，关涉的乃是"修辞立诚"的道德自律与精神追求，其彻底的态度及表现于文字上的卓然气象，与同时代的"五四"先驱迥不相侔，却彰显出"五四"思想最为深沉精微的底色。

这些专门的思想史个案研究，在某种意义上标志着一个常规学术建设时代的到来。相比之下，1990年代围绕"五四"启蒙论述及其合法性的论辩——包括对另类思想脉络的阐发——多少还延续了1980年代"五四"研究中那种宏观性的政论式风格，虽然学院化的论述方式此时已经悄然兴起。进入新世纪以后，最能体现这一动向的是"五四"思想研究中概念史的兴起。事实上，早在1989年，德里克《五四运动中的意识与组织：五四思想史新探》（英文原文发表于1987年）一文就提醒，诸如"民主""民族主义"这样的抽象概念并没有具体的内容，"当我们在历史分析中使用它们时，需要深入研究它们的含义。这就要求我们认识这些概念在各种思想联系中辩证的相互作用"。然而要等到新世纪才能听到德里克的先见的回响。鲁萍的《"德先生"和"赛先生"之外的关怀——从"穆姑娘"的提出看新文化运动时期的道德革命的走向》在为人熟知的"民主"与"科学"之外，发掘出已被人遗忘的"穆勒尔姑娘"（道德）的概念。它的浮现和淡出，关联着一段意味深长的思想史。黄兴涛的《晚清民初现代"文明"和"文化"概念的形成及其历史实践》则在更长时段的历史视野中，梳理"文明"和"文化"两个重要的现代概念的形成与演变，探究它们的升沉起伏及其背后的时代征候，从而为考察五四新文化运动的兴起提供了一个更开阔的思想背景。与这两篇论文相比，王中忱的《视觉装置与"写实"方法的现代构筑——"美术革命"与"文学革命"的交集及其意义》一文或许不算严格意义上的概念史研究。在《新青年》上提出的"美术革命"既是概念，也是事件，它与"文学革命"的交织，事实上打开了探索现代视觉文化的构造方法的多重可能性。作者由此为我们揭示了观念在具体的历史进程中所具有的能动性。

1980年代以来，五四新文化运动的研究成果可谓浩如烟海，而涉及思想与观念的论著又是其中荦荦大者。本卷选入论文21篇（含存目），期望能够大体呈现四十年来"五四"思想研究的大致走向。从1980年代不免粗疏却显得生气淋漓的宏大论述，到如今日趋专精而易流于技术操作的学院成果，其间的变化轨迹清晰可见，是非得失亦难以遽下定论。1988年，法国大革命两百周年之际，法国历史学家雅克·索雷在《拷问法国大革命》一书中详细梳理了大革命研究的学术史，他所勾勒的图景与我们在"五四"思想史研究中看到的不无相似之处。在他看来，"把大革命淹没在普世的展望或者意识形态的冲突中无助于我们对它的反思"，而晚近的研究"更加具体，更关心个体，也更能反映出当时社会的实际状况"。他的期待是，"自从法国大革命跌下神坛并恢复其复杂的现实面貌之后，所有希望更好地理解当代历史这一重要源头的人对它更感兴趣了"（雅克·索雷《拷问法国大革命》"导言"，王雷译，商务印书馆2015年版）。让我感慨的是，即便法国大革命跌下了神坛，也无损于它作为"当代历史这一重要源头"的地位。五四新文化运动在现代中国的地位，与法国大革命在现代法国的地位差相仿佛。我想我们也可以期待，后出转精的"五四"思想史研究，只会加深我们对作为中国现代思想之源头的五四新文化运动的理解，激发和保持我们对它的兴趣，使我们能够从中不断地汲取活力与能量。

目 录

对"五四"新文化运动的哲学反思
——记二十年代初的科学与人生观大论战

范岱年

六十多年前的大论战就已经相当程度地涉及这样一些问题和关系：科学的社会效果，科学精神与传统文化和现代化，科学精神和价值观及其向人性、人生和伦理渗透的可能，逻辑和价值的冲突，科学与哲学，以及科学的定义、范围、方法及其限度等等。除历史的意义外，这场论战对今天有关物质文明和精神文明、科学与人生观、科学与哲学、传统文化和西方文化的思考以及其他有关方面，仍有有益的借鉴价值。

提倡科学是五四新文化运动的主要内容之一。从1923年到1924年，我国学术界开展的一场关于科学与人生观的大论战（或称科学与玄学之争）可以说是对五四新文化运动的哲学反思。这次大论战涉及问题之深广，参加人员之卓然，讨论空气之活跃，都十分引人注目。

几十年来，不少人士对于这场论战作过种种不同的评论。但人们几乎一致同意这是一场重要的论战。例如，胡适认为这是中国"空前的思想界大笔战"，^①梁启超说："这个问题是宇宙间最大的问题，这种论战是我国未曾有过的论战。"^②张东荪认为"这次科玄之战足以表现三十年来国人迎接外来思想至何程度"。^③杜威认为这是中国学术界"健康的征兆"。^④中国共产党人彭康说："这次论争，因为讨论的范围属于纯理论且有系统，而参加的人又网罗了当时的名流与学者，所以算是中国思想界的一大进步。"^⑤罗克汀则说"这是在近代中国科学运动史上，值得大书特书的事情"。^⑥本文拟就这场论战的背景和起因、经过与规模、论战的主要问题、论战的意义与影响作一简要的回顾与评述。

一、论战的背景和起因

19世纪60年代，清朝洋务派发动了一个学习西方的"洋务运动"。他们的口号是"中学为体，西学为用"。这就是说，要学习西方"船坚炮利"的工艺技术，而不触动中国儒家传统的人生哲学与价值观念。

---

① 胡适：《〈科学与人生观〉序》，《科学与人生观》，上海亚东图书馆，1923，第1页。
② 梁启超：《关于玄学科学论战之"战时国际公法"》，《科学与人生观》，上海亚东图书馆，1923，第1页。
③ 张东荪：《科学与哲学》自跋，商务印书馆，1924，第8页。
④ 罗志希：《科学与玄学》，商务印书馆，1927初版1930再版。
⑤ 彭康：《科学与人生观——近几年来中国思想的总结算》，《文化批判》1928年第3号，第22页。
⑥ 罗克汀：《"五四"启蒙运动与科学思想之兴起》，《自然哲学概论》，重庆生活书店，1948，第278—279页。

世纪之交，中国知识界的先进人物严复（1854—1921）、梁启超（1873—1929）等，冲破了"中学为体，西学为用"论的束缚，积极介绍西方学术，如达尔文的进化论和卢梭的民约论等，使中国的几代知识分子都受到他们的启蒙。①

20世纪初，中国废除了科举制度，学习西方，创办学校，从那时起，中国开始有大批青年知识分子到欧、美、日本留学。他们回国后，纷纷建立学术团体，创办学术刊物，成为开展新文化运动的重要力量，也是1923—1924年科学与人生观大论战中的主要成员。

1915年9月前后开展的新文化运动提出了"科学"和"民主"的口号，提倡白话文，进一步促进了近代科学和西方哲学在中国的传播。1919年到1923年间，杜威（J.Dewey）、罗素（B.Russell）、杜里舒（H.Driesch）等哲学家相继来华讲学，对中国学术界有巨大影响。马克思主义在俄国十月革命后，也开始在中国广泛传播。关于科学与人生观的大论战就是在这样的背景下展开的。

1918年底，梁启超、蒋百里、丁文江（1887—1936）、张君劢（1887—1969）等人到欧洲考察战后形势。梁启超在1920年初回国后，发表了《欧游心影录》这篇名作，其中有"科学万能之梦"一节。②正如胡适（1891—1962）在《科学与人生观》的序中所说，梁启超"在这段文章里很动感情地指出科学家人

---

① 李泽厚：《论严复》《梁启超王国维简论》，《中国近代思想史论》，人民出版社，1979。
② 梁启超：《欧游心影录》，《晨报副刊》，1920年8月6日至8月17日。

生观的流毒；他很明显地控告那'纯物质的纯机械的人生观'把欧洲全社会'都陷入沉闷畏惧之中'，养成'弱肉强食'的现状——'这回大战争，便是一个报应。'他很明白地控告这种科学家的人生观造成'抢面包吃'的社会，使人生没有一毫意味，使人类没有一毫价值，没有给人类带来幸福，'倒反带来许多灾难'，叫人类'无限悽惶失望'。梁先生要说的是欧洲'科学破产'的喊声，而他举出的却是科学家的人生观的罪状"。①

梁启超在这节文章之后，加上了两行自注："读者切勿误会，因此菲薄科学，我绝不承认科学破产，不过也不承认科学万能罢了。"②但中国的一般不曾出国门的老先生们，却因此高兴地喊道："欧洲科学破产了！梁任公这样说的。"胡适、丁文江等提倡科学的人们认为，中国遍地流行的是封建迷信；交通实业不发达；"传统的做官发财的人生观""靠天吃饭的人生观""求神问卜的人生观"还在民众中占主导地位，而所缺少的正是科学的人生观。所以，当张君劢于1923年初所作"人生观"的讲演发挥了梁启超的见解时，丁文江等提倡科学的人士便群起而攻之了。这便是这次大论战的近因。

二、论战的简单经过

北京大学教授张君劢1923年2月14日在清华学校作了题为

---

① 胡适：《科学与人生观》序，《科学与人生观》，上海亚东图书馆，1923，第5—6页。
② 梁启超：《欧游心影录》，《晨报副刊》，1920年8月6日至8月17日。

《人生观》的讲演（原载北京《清华周刊》272期），①指出科学与人生观有五大区别。他认为"人生观问题之解决，决非科学所能为力"，提倡自孔孟以至宋元明的理学，主张对西方文化采取批判吸收的态度。

4月12日，地质学家丁文江写了《玄学与科学——评张君劢的〈人生观〉》一文，发表于北京《努力周报》第48、49期上。②丁文江针锋相对地指出人生观不能同科学分家，认为张君劢提倡的是"中西合璧式的玄学"，并提出了"打倒玄学鬼"的口号，主张把科学方法应用到人生问题上去。针对丁文江的批评，张君劢又写了《再论人生观与科学并答丁在君》，③分上、中、下篇在《晨报副刊》上发表。5月5日，梁启超在《时事新报》副刊、《学灯》上发表了"关于玄学科学论战之'战时国际公法'"希望在论战中做到：（1）"问题集中一点，而且针锋相对，……"（2）"措词庄重恳切，不可有嘲笑或谩骂语"。④

在此以后，《努力周报》上相继发表了胡适、任叔永、章演存、朱经农、丁文江、唐钺、王星拱等人的文章。他们多数是科学家，都对张君劢开展了批判。《时事新报》副刊、《学灯》与《晨报副刊》则相继发表了孙伏园（1894—1966）、梁启超、林

---

① 张君劢：《人生观》，《科学与人生观》，上海亚东图书馆，1923，第1—13页。
② 丁文江：《玄学与科学》，《科学与人生观》，上海亚东图书馆，1923，第1—30页。
③ 张君劢：《再论人生观与科学并答丁在君》，《科学与人生观》，上海亚东图书馆，1923。
④ 梁启超：《关于玄学科学论战之"战时国际公法"》，《科学与人生观》，上海亚东图书馆，1923。

宰平、张东荪（1886—1973）、瞿菊农、陆志韦、穆、颂皋、吴稚晖（1865—1953）、屠孝实的文章。这些作者以哲学家居多，他们大多不赞成丁文江的观点。在其他刊物上，还发表了范寿康（1894—1983）、甘蛰仙、王平陵（1898—1964）、吴稚晖等人的论文。

同年11月，上海亚东图书馆收集了参加论战的文章29篇[1]编

---

① 张君劢：《人生观》，《科学与人生观》，上海亚东图书馆，1923。丁文江：《玄学与科学》，《科学与人生观》，上海亚东图书馆，1923。张君劢：《再论人生观与科学并答丁在君》，《科学与人生观》，上海亚东图书馆，1923。梁启超：《关于玄学科学论战之"战时国际公法"》，《科学与人生观》，上海亚东图书馆，1923。胡适：《孙行者与张君劢》，《科学与人生观》，上海亚东图书馆，1923。任叔永：《人生观的科学或科学的人生观》，《科学与人生观》，上海亚东图书馆，1923。孙伏园：《玄学科学论战杂话》，《科学与人生观》，上海亚东图书馆，1923。梁启超：《人生观与科学》，《科学与人生观》，上海亚东图书馆，1923。章演存：《张君劢主张的人生观对科学的五个要点》，《科学与人生观》，上海亚东图书馆，1923。朱经农：《读张君劢论人生观与科学的两篇文章后所发生的疑问》，《科学与人生观》，上海亚东图书馆，1923。林宰平：《读丁在君先生的"玄学与科学"》，《科学与人生观》，上海亚东图书馆，1923。丁文江：《玄学与科学——答张君劢》，《科学与人生观》，上海亚东图书馆，1923。唐钺：《心理现象与因果律》，《科学与人生观》，上海亚东图书馆，1923。张君劢：《科学之评价》，《科学与人生观》，上海亚东图书馆，1923。张东荪：《劳而无功》，《科学与人生观》，上海亚东图书馆，1923。菊农：《人格与教育》，《科学与人生观》，上海亚东图书馆，1923。陆志韦：《"死狗"的心理学》，《科学与人生观》，上海亚东图书馆，1923。丁文江：《玄学与科学讨论的余兴》，《科学与人生观》，上海亚东图书馆，1923。唐钺：《"玄学与科学"论争的所给的暗示》，《科学与人生观》，上海亚东图书馆，1923。唐钺：《一个痴人的说梦》，《科学与人生观》，上海亚东图书馆，1923。王星拱：《科学与人生观》，《科学与人生观》，上海亚东图书馆，1923。唐钺：《科学的规范》，《科学与人生观》，上海亚东图书馆，1923。穆：《旁观者言》，《科学与人生观》，上海亚东图书馆，1923。颂皋：《玄学上之问题》，《科学与人生观》，上海亚东图书馆，1923。王平陵：《"科哲之战"的尾声》，《科学与人生观》，上海亚东图书馆，1923。吴稚晖：《箴洋八股化之理学》，《科学与人生观》，上海亚东图书馆，1923。范寿康：《评所谓"科学与玄学之争"》，《科学与人生观》，上海亚东图书馆，1923。唐钺：《读了"评所谓科学与玄学之争"以后》，《科学与人生观》，

成《科学与人生观》文集出版，并约请新文化运动的两位领导人陈独秀（1879—1942）（当时是中国共产党的主要领导人）和胡适分别作序。①12月，上海泰东图书局收集了30篇文章，编成了《人生观之论战》文集，并约请张君劢作序。②这个文集比第一个文集少收录王星拱的一篇，③多收录了屠孝实、④甘蛰仙⑤的两篇文章。但是，1923年还有两位共产党人瞿秋白（1899—1935）、⑥邓中夏的论文未收录在两个文集之内。⑦

1924年上半年，在陈独秀、胡适、张君劢的序言发表之后，又有范寿康、唐钺、张东荪、梁启超发表论文进行评述。⑧1924年8月1日，陈独秀在《新青年》上发表了"答张君劢及梁任公"一文。⑨历时一年半的论战，至此基本止息。不过，

上海亚东图书馆，1923。吴稚晖：《一个新信仰的宇宙及人生观》，《科学与人生观》，上海亚东图书馆，1923。

① 陈独秀：《〈科学与人生观〉序》，《科学与人生观》，上海亚东图书馆，1923年。胡适：《〈科学与人生观〉序》，《科学与人生观》，上海亚东图书馆，1923年。陈独秀：《答适之》，《科学与人生观》，上海亚东图书馆，1923。

② 张君劢：《人生观之论战》序，《人生观之论战》，上海泰东书局，1923。

③ 王星拱：《科学与人生观》，《科学与人生观》，上海亚东图书馆，1923。

④ 屠孝实：《玄学果为痴人说梦也》甲篇，《人生观之论战》。

⑤ 甘蛰仙：《人生观与知识论》附录，《人生观之论战》。

⑥ 邓中夏：《中国现在之思想界》，《中国青年》第6期，1923年11月24日。

⑦ 瞿秋白：《自由世界与必然世界》，《新青年》季刊第2期，1923年12月20日。

⑧ 范寿康：《论人生观之根本问题》，《学艺杂志》第5卷第9号，1924年2月29日。唐钺：《哲学者中之眼中钉——心理学》，《东方杂志》第21卷第5号，1924年3月10日。张东荪：《科学与哲学》，商务印书馆，1924。梁任公：《非"唯"》，《教育与人生》1924年第20期。

⑨ 陈独秀：《答张君劢及梁任公》，《新青年》季刊第3期，1924年8月1日。

从20世纪20年代末[①]到40年代末，[②]甚至到80年代，[③]仍不乏评论这次论战的论著。由此也可见这场论战影响之深远。

总之，参加这次论战的长短论文共有四十余篇。参加论战的既有著名的哲学家（梁启超、胡适、张君劢、张东荪、瞿菊农、范寿康等），也有著名的科学家（丁文江、任叔永、王星拱、唐钺、陆志韦等）；既有清末维新运动的领导人（梁启超），又有"五四"新文化运动的领导人（陈独秀、胡适）；既有国民党的元老（吴稚晖），也有共产党的先驱（陈独秀、瞿秋白）。争论文章发表在北京《努力周报》、《时事新报》、《晨报》、上海《东方杂志》、《学艺杂志》、《中国青年》、广州《新青年》等有广大读者的著名报刊上，影响是十分巨大的。

据唐钺在论战的中期所作的不完全的归纳，这次论战涉及的问题有：（1）人生观与科学的异点。（2）人生观与玄学的关系。（3）科学的分类法。（4）论理学（即逻辑学）与科学的关系。（5）物和心。（6）知识论。（7）纯粹心理现象与因果律。（8）科学教育和修养。（9）人生观和情感的关系。（10）情感和科学方法的关系。（11）科学与哲学的分界。（12）科学的性质。（13）科学与考据学的关系。[④]可见论战所涉及的问题范

---

① 罗志希：《科学与玄学》，商务印书馆，1927年初版1930年再版；彭康：《科学与人生观——近几来中国思想的总结算》，《文化批判》1928年第3号；王刚森：《科学论ABC》，上海世界书局，1928，第35—37页。

② 罗克汀：《"五四"启蒙运动与科学思想之兴起》，《自然哲学概论》，重庆生活书店，1948。

③ 吕希晨：《中国现代资产阶级哲学思想述评》，吉林人民出版社，1982，第41—63页。

④ 胡适：《〈科学与人生观〉序》，《科学与人生观》，上海亚东图书馆，1923，第4—5页。

围是十分广泛的。下面仅介绍一下这次论战涉及的三个主要问题。

三、关于科学的定义、范围及其评价

在论战中，首先要澄清的问题是：科学是什么？如何评价科学？

张君劢在《人生观》一文中，首先指出："科学之中，有一定之原理原则，而此原理原则，皆有证据。"①但他并没有提出科学的定义，而只是在与人生观的对比中，提出了科学的五个特点，即：（1）科学为客观的。"科学之最大标准，即在其客观的效力。……换言之，一种公例，推诸四海而准也"。（2）科学为论理的方法（演绎法与归纳法）所支配。（3）科学可以从分析方法下手。（4）科学为因果律所支配。（5）以自然界变化现象之统一性（uniformity of the course of nature）原则为依据。他还认为，"科学之为用，专注于向外"，即是面向外部物质世界的。

他在《再论科学与人生观》一文中进一步指出："科学家之最大目的，曰摈除人意之作用，而一切现象化之为客观的，因而可以推算，可以穷其因果之相生。"②他在谈到近代科学研究方法时说："曰观察，曰比较，曰假设；及其验诸各事而准，而

---

① 张君劢：《人生观》，《科学与人生观》，上海亚东图书馆，1923。
② 张君劢：《再论人生观与科学并答丁在君》，《科学与人生观》，上海亚东图书馆，1923。

后所谓自然公例（Natural law）者乃以成立。"所以，在张君劢的心目中，只有找到了定量的、决定论的、可以精确预测现象的因果律，才形成真正的科学，即精确的物理科学，也就是牛顿力学那样的科学。他认为，爱因斯坦的广义相对论，能预言光线在引力场中的偏折，所以比牛顿的物理学进步。但地球上的物体运动，仍受牛顿力学公式所支配，所以爱因斯坦的学说不能推翻旧物理学。①

至于生物学是否已成为精确科学，他是有保留的。他依据杜里舒的活力论（Vitalism），认为生物的本性在于生物有活力（Vital force），有不可知的隐德来希。他依据杜里舒、耐格里、伏尔夫、约翰森等人对达尔文的进化论的批评，认为生物学距精确科学，还有很大距离。

至于精神科学中的心理学，他依据倭铿的精神论（Spiritualism）、柏格森的自由意志论，认为心理状态变迁之速，故绝对无可量度，无因果可求。②因此，纯粹之心理现象，不受因果律所支配。心理学不合乎他的科学标准。

关于社会现象，他依据厄威克（Urwick）的《社会进步之哲学》，认为个人的生活动机、个人的品性与人格，来自一种非人所能察知的精神元素。故"全社会变化，决不能预测，故决

① 张君劢：《再论人生观与科学并答丁在君》，《科学与人生观》，上海亚东图书馆，1923，第27—28页。
② 张君劢：《再论人生观与科学并答丁在君》，《科学与人生观》，上海亚东图书馆，1923，第19—20页。

非科学的"。①

张君劢也承认，即以精神科学（包括心理学、经济学）而论，就一般现象而求其平均数，则未尝无公例（即规律）可求，故不失为客观的。但其客观效力，远不及物理科学那么圆满，而且也不符合"无偏见性"的规范。"譬如生计学（即经济学——作者注）中之大问题，英国派以自由贸易为利，德国派以保护贸易为利，则双方之是非不易解决矣；心理学上之大问题，甲曰知识起于感觉，乙曰知识以范畴为基础，则双方之是非不易解决矣"。②

在《科学之评价》一文中，张君劢重申科学的能力有一定的限界，反对科学万能论。（1）他重申，"科学目的，在求一定之因果关系，将这些关系化为分量的（即定量的——作者注）"。"科学方法最成功之地，无过于物理界"。③他认为："如文学之创作，思想之途径，乃至个人意志与社会进化之关系，谓其可以一一测定，这是科学家的梦语了。"④（2）"科学家但说因果，但论官觉之所及，至于官觉之所不及则科学家所不管"。⑤所以，涉及各种科学的最高原则，如逻辑上的法则，以及因果

① 张君劢：《再论人生观与科学并答丁在君》，《科学与人生观》，上海亚东图书馆，1923，第28—30页。
② 张君劢：《再论人生观与科学并答丁在君》，《科学与人生观》，上海亚东图书馆，1923，第5页。
③ 张君劢：《科学之评价》，《科学与人生观》，上海亚东图书馆，1923，第3页。
④ 张君劢：《科学之评价》，《科学与人生观》，上海亚东图书馆，1923，第4—5页。
⑤ 张君劢：《科学之评价》，《科学与人生观》，上海亚东图书馆，1923，第5页。

律，伦理学上善恶是非之标准，都不属于科学的范围。他反对用习惯来解释逻辑推理的由来，反对用社会环境来解释道德的由来，反对用"有形"来解释"无形"，认为这是抹煞"人类精神之独立"。（3）"科学家对于各问题，不能为彻底的回答。譬如物理学家以物质为出发点，物质何自来，则为科学家所不同"。"政治学以国家为出发点，至国家主义与国际主义之利害比较，则非科学家所同"。"生计学以财物之产生为出发点，而物质文明之利害问题，则非科学家所同"。①总之，张君劢认为；涉及物质的本体，逻辑与因果律，科学的价值等问题均不属科学的范围，而属于哲学和人生观的范围了。

针对张君劢的科学观，丁文江根据马赫、皮耳生的实证主义认识论，提出了不同的见解。他认为："我们所晓得的物质不过是心理上的官觉感触。由知觉而成概念，由概念而生推论。科学所研究的不外乎这种概念同推论，有什么精神科学，物质科学的分别？又如何可以说纯粹心理上的现象不受科学方法的支配？"②"科学的目的是要废除个人主观的成见，求人人所能共认的真理。科学的方法是辨别事实的真伪，把真事实取出来详细的分类，然后求他们的秩序关系，想一种最简单明了的话来概括"。③这叫做科学的公例（即定律）。"凡是事实都可以用科学方法研究，都可变做科学。一种学问成不成科学，全是程

① 张君劢：《科学之评价》，《科学与人生观》，上海亚东图书馆，1923，第5—6页。
② 丁文江：《玄学与科学》，《科学与人生观》，上海亚东图书馆，1923，第9—10页。
③ 丁文江：《玄学与科学》，《科学与人生观》，上海亚东图书馆，1923，第20页。

度问题"。①所以科学的万能（或者说，在知识里面，科学方法万能），科学的普遍，科学的贯通，不在它的材料，而在它的方法。爱因斯坦谈相对论是科学，詹姆士讲心理学是科学，梁任公讲历史研究法，胡适之讲《红楼梦》，也是科学。张君劢讲科学是"向外"的，如何讲得通？②至于如何判断概念推论的真伪，他依据杰文斯（Jevons）的《科学原则》（*Principles of Science*）提出三条原则："（1）凡概念推论若是自相矛盾，科学不承认它是真的。（2）凡概念不能从不反常的人的知觉推断出来的，科学不承认它是真的。（3）凡推论不能使寻常有论理（即逻辑——作者注）训练的人依了所根据的概念，也能得同样的推论，科学不承认它是真的。"③他强调"证据责任问题。许多假设的事实，不能证明它有，也不能证明它无，但是我们决不因为不能反证它，就承认是真的。因为提出这种事实来的人，有证明它有的义务"。④

关于科学的定义和范围，张、丁二人的主要分歧在于：一个强调对象、材料，一个强调科学方法；一个强调定量的、决定论的、有预测能力的因果律，一个则认为"科学上所谓公例（定律），是说明我们所观察的事实的方法（记述知觉之先后秩

---

① 丁文江：《玄学与科学》，《科学与人生观》，上海亚东图书馆，1923，第12页。
② 丁文江：《玄学与科学》，《科学与人生观》，上海亚东图书馆，1923，第20页。
③ 丁文江：《玄学与科学》，《科学与人生观》，上海亚东图书馆，1923，第11页。
④ 丁文江：《玄学与科学》，《科学与人生观》，上海亚东图书馆，1923，第12页。

序），若是不适用于新发现的事实随时可以变更"，[1]因而不承认科学的定律，有必然性。

关于公理现象是否受因果律支配的问题，心理学家唐钺认为："我所谓因果律，就是说一切现象都有原因。"他认为："一切心理现象是有因的，所以心理现象也受因果律的支配。"[2]哲学家范寿康认为，唐钺说的是"广义的因果律"，"没有包含同因必生同果的意思"。[3]唐钺答辩，他认为心理现象也是同因必生同果，也就是"可以互从推知的意思"。[4]但是，范寿康既反对陈独秀的意志绝对决定论，又反对张君劢的意志绝对自由论，他认为目的因不同于动力因，因为在意志活动方面，同一的因未必生同一的果，存有意志的自由。[5]张东荪进一步介绍了罗素的观点，认为心理的因果律不同于物理的因果律，因为心理的因素中实潜涵有过去的史迹，它也能发生影响。[6]瞿秋白则认为"社会里与自然界同样是偶然的事居多。然而凡有'偶然'之处，此'偶然'本身永久被内部隐藏的公律所支配"。"社会现象是人造的，然而人的意志行为都受因果律的支配。人若能探悉这些因果律，则其意志行为更切于实际，而能得多

① 丁文江：《玄学与科学——答张君劢》，《科学与人生观》，上海亚东图书馆，1923，第11—12页。
② 唐钺：《心理现象与因果律》，《科学与人生观》，上海亚东图书馆，1923。
③ 范寿康：《评所谓"科学与玄学之争"》，《科学与人生观》，上海亚东图书馆，1923，第20页。
④ 唐钺：《读了"评所谓科学与玄学之争"以后》，《科学与人生观》，上海亚东图书馆，1923，第2页。
⑤ 范寿康：《论人生观之根本问题》，《学艺杂志》第5卷第9号，1924年2月29日，第5页。
⑥ 张东荪：《科学与哲学》，商务印书馆，1924，第6—7页。

量的自由，然后能开始实行自己合理的理想"。①

关于什么是科学的方法，也展开了激烈的争论。张东荪认为："各种科学各有各的方法，然而这种个别的方法都是二次的与派生的。另外还有原始的与根本的方法。"②关于这种原始的根本的方法，有人似乎理解为就是形式逻辑，有人则理解为是实质逻辑（Material logic），即不像形式逻辑那样偏重推论与法则，而着重试验与事实。③

科学家王星拱认为："广义的科学是：凡由科学方法制造出来的，都是科学。""科学方法，不是形式的逻辑，其中有许多精密严毅的手续。所谓精密者，是层层不漏空，所谓严毅者，是不以感情而定去取"。④他认为，科学是凭借因果之原理（Causality）和齐一之原理（Uniformity）构造起来，它们的意思就是宇宙中之各种现象必有因果关系，而且同因必生同果。他还进一步分析个体与类的关系，认为科学的定律是建筑在类的性质上面的。王星拱还进一步说明了统计规律也是真实的，反映了感触世界中的因果关系。

在评价科学理论的方法论规范与价值标准方面，在论战中没有深入地展开讨论。1973年，美国科学哲学家库恩提出过评价理论的五个标准准则：（1）精确性。（2）一致性。（3）广泛

---

① 瞿秋白：《自由世界与必然世界》，《新青年》季刊第2期，1923年12月20日。
② 梁启超：《人生观与科学》，《科学与人生观》，上海亚东图书馆，1923，第10—14页。
③ 林宰平：《读丁在君先生的"玄学与科学"》，《科学与人生观》，上海亚东图书馆，1923，第9—10页。
④ 王星拱：《科学与人生观》，《科学与人生观》，上海亚东图书馆，1923，第2页。

性。（4）简单性。（5）有效性。①将张君劢与丁文江等的观点与库恩的五个准则相比，似乎张君劢更强调精确性和有效性，而丁文江等则更加强调一致性、广泛性与简单性。总的看来，六十多年来科学发展的历史表明丁文江等对科学的理解似乎更为符合科学的实际。20世纪20年代中期才建立的量子力学表明，同因产生同果的机械决定论的要求在微观物理世界的单个客体也不能满足。而分子生物学、认识科学和计量经济学的发展，表明生物学、心理学、经济学也日益向精确科学的方向发展。张君劢把精密科学局限于物理科学，这种观点已日益显得陈旧了。

四、关于科学与人生观

科学与人生观的关系，是这次论战的中心问题。张君劢在"人生观"一文中，首先指出："人生观之特点所在，曰主观的，曰直观的，曰综合的，曰自由意志的，曰单一性的。惟其有此五类，故科学无论如何发达，而人生观问题之解决，决非科学所能为力，惟赖诸人类之自身而已。"他接着指出："自孔孟以至宋元明之理学家，侧重内心生活之修养，其结果为精神文明，二百年来之欧洲，侧重以人力支配自然界，故其结果为物质文明。……科学之为用，专注于向外，其结果则试验室与工厂遍

---

① Carl G. Hempel, *Valuation and Objectivity in Science*, D. Reidel, 1983, pp.320—339；马克思：《1844年经济学哲学手稿》，人民出版社，1979，第320—339页。

国中也。朝作夕辍，人生如机械然，精神上之慰安所在，则不可得知也。……欧战终后，有结算二三百年之总账者，对于物质文明，不胜务外逐物之感。厌恶之论，已屡见不一见矣。"他的结束语是："方今国中竟言新文化，而文化转移之枢纽，不外乎人生观"，对于西洋文化如何采取批判吸收的态度，皆决之于人生观。①

丁文江在"评张君劢的人生观"等几篇文章中，指出："人生观不能同科学分家。""在知识界内科学方法万能。"②"人类今日最大的责任与需要是把科学方法应用到人生问题上去"。③丁文江还指出："欧洲文化纵然是破产（目前并无此事），科学绝对不负这种责任，因为破产的大原因是国际战争。对于战争最应该负责的人是政治家同教育家。这两种人多数仍然是不科学的。"④

科学家任叔永在"人生观的科学与科学的人生观"一文中指出："人生观不能成为科学"，"浑沌复杂的人生观，当然不受科学支配。""而科学的人生观却是可能的事""物质界的知识愈进于科学的，而人生观之进于科学的，也与之为比例"。不仅如此，"直接的科学还可以造出一种人生观来"。其要点是："第一，科学的目的在求真理，而真理是无穷无边的，所以研究科

① 张君劢：《人生观》，《科学与人生观》，上海亚东图书馆，1923，第1—2页。
② 丁文江：《玄学与科学——答张君劢》，《科学与人生观》，上海亚东图书馆，1923，第41页。
③ 丁文江：《玄学与科学》，《科学与人生观》，上海亚东图书馆，1923，第29页。
④ 张君劢：《再论人生观与科学并答丁在君》，《科学与人生观》，上海亚东图书馆，1923，第22页。

学的人，都具一种猛勇前进，尽瘁与真理的启瀹，不知老之将至的人生观。""第二，因为科学探讨的精神深远而没有界限，所以心中一切偏见私意都可以打破，使他和自然界的高迈的精神相接触"。第三，科学研究可以给人一种因果的观念。研究科学的人把因果观念应用到人生观上去，事事都要求合理，从而建立合理的人生观。①他的结论是："科学自身可以发生各种伟大高尚的人生观。"②

梁启超在"人生观与科学"一文中给人生观下了一个定义："人类从心界物界两方面调和结合而成的生活，叫做'人生'。我们悬一种理想来完成这种生活，叫做'人生观'。"梁认为："人生关涉理智方面的事项，绝对要用科学方法解决。关于情感方面的事项，绝对的超科学。"③心理学家唐钺认为："关于情感的事项，要就我们的知识所及，尽量用科学方法来解决。"④王星拱也认为："人生问题无论为生命之观念或生活之态度"都不能逃出因果和齐一这两个原理，"所以科学可以解决人生问题"。⑤

而范寿康则基本赞成梁启超的判断："人生问题，有大部分是可以——而且必要用科学方法来解决的。却有小部分……是超科学的。"他认为："人类的伦理的当为的先天形式——就是人类

① 任叔永：《人生观的科学或科学的人生观》，《科学与人生观》，上海亚东图书馆，1923。
② 任叔永：《人生观的科学或科学的人生观》，《科学与人生观》，上海亚东图书馆，1923，第9页。
③ 梁启超：《关于玄学科学论战之"战时国际公法"》，《科学与人生观》，上海亚东图书馆，1923，第9页。
④ 唐钺：《一个痴人的说梦》，《科学与人生观》，上海亚东图书馆，1923。
⑤ 王星拱：《科学与人生观》，《科学与人生观》，上海亚东图书馆，1923。

最可宝贵的，站在道德现象的背后而为道德现象的资本的义务意识——是超科学的。此外的一切伦理的内容法则却完全应由科学方法来解决。"①

胡适对以上的讨论表示不满，因为上述讨论只争论科学能不能解决人生或人生观问题，而没有提出科学的人生观究竟是什么。他推崇吴稚晖敢于公然承认纯物质，纯机械的人生观为科学的人生观，即自然主义的宇宙观，唯物的人生观。胡适在他写的序言中，在吴稚晖提出的新信仰的宇宙观和人生观的基础上，根据当时的自然科学和心理学、社会学知识，提出了自然主义的人生观的十个要点：（1）空间无穷之大。（2）时间无穷之长。（3）宇宙及其中万物的运行变迁皆是自然的——用不着超自然的主宰和造物主。（4）生物界的生存竞争的浪费与惨酷。（5）人不过是动物的一种，与别种动物只有程度的差异。（6）生物及人类社会演进的历史与原因。（7）一切心理的现象都是有因的。（8）道德礼教是变迁的，而变迁的原因都是可以用科学方法寻求出来的。（9）物质不是死的，是活的，不是静的，是动的。（10）个人（小我）是要死灭的，而人类（大我）是不死的，不朽的；为全能万世而生活，就是最高的宗教。②

胡适进一步指出："在那个自然主义的宇宙里，天行是有常度的，物变是有自然法则的，因果的大法支配着他——人——的一切生活，生存竞争的惨剧鞭策着他的一切行为——这个两

---

① 范寿康：《评所谓"科学与玄学之争"》，《科学与人生观》，上海亚东图书馆，1923，第18—19页。
② 胡适：《〈科学与人生观〉序》，《科学与人生观》，上海亚东图书馆，1923，第25—27页。

手动物的自由真是很有限的了。然而那个自然主义宇宙里的这个渺小的两手动物却也有他的相当的地位和价值。他用的两手和一个大脑，居然能做出许多器具，想出许多方法，造成一点文化。不但驯伏了许多禽兽，他还能考究宇宙间的自然法则，利用这些法则来驾驭天行，到现在他居然能叫电气给他赶车，以太给他送信了。他的智慧的长进就是他的能力的增加；然而智慧的长进又使他的胸襟扩大，想象力提高。他也曾拜物拜畜生，也曾怕神怕鬼，但他现在渐渐脱离了这种幼稚的时期，他现在明白：空间之大只增加他对于宇宙的美感；时间之长只使他格外明瞭祖宗创业之艰难；天行之有常只增加他制裁自然界的能力，甚至于因果律的笼罩一切，也不见得束缚他的自由，因为因果律的作用一方面使他可以由因求果，由果推因，解释过去，预测未来；一方面又使他可以运用他的智慧，创造新因以求新果。甚至于生存竞争的观念也并不见得就使他成为一个冷酷无情的畜生，也许还可以格外增加他对于同类的同情心，格外使他深信互助的重要，格外使他注重人为的努力以减免天然竞争的惨酷与浪费。总而言之，这个自然主义的人生观里，未尝没有诗意，未尝没有道德的责任，未尝没有充分运用'创造的智慧'的机会。"[1]

虽然，从六十多年后的今天来看，胡适所说的宇宙观，根据现代宇宙学、量子物理学、社会生物学的发展，有一些细节需要加以修正，但总的轮廓还是大体正确的。提出这样一个以

---

[1]　胡适：《〈科学与人生观〉序》，《科学与人生观》，上海亚东图书馆，1923，第27—29页。

当时自然科学为基础的宇宙观，在当时封建迷信仍然盛行的旧中国，不能不说它有巨大的进步作用。

马克思主义者陈独秀坚决反对张君劢、梁超启的观点。他也不满意范寿康的先天的形式说和任叔永的"人生观的科学是不可能的"说法。他认为丁文江对张君劢的批评也只是五十步笑百步，自己并没有提出："科学何以能支配人生观"的证据。他说："我们相信只有客观的物质原因可以变动社会，可以解释历史，可以支配人生观，这便是唯物的历史观。"①胡适在写序前不久对他说："唯物史观至多只能解决大部分的问题"，他希望胡适通过这回辩论，能"百尺竿头，更进一步"。他还指出："把欧洲文化破产的责任归到科学与物质文明，固然是十分糊涂，但丁在君把这个责任归到玄学家教育家政治家身上，却也离开事实太远了。欧洲大战分明是英德两大工业资本发展到不得不互争世界商场之战争……哪里是玄学家、教育家、政治家能够制造得来的。如果离了物质的经济的原因，排科学的玄学家、教育家、政治家能够造成这样空前的大战争，那末，我们不得不承认张君劢所谓自由意志的人生观真有力量了。"②

对于陈独秀的唯物（经济）史观，胡适坚持认为"至多只能解释大部分的问题"。但他同意"只有客观的原因（包括经济组织，知识，思想等等）可以变动社会，可以解释历史，可以

---

① 陈独秀：《〈科学与人生观〉序》，《科学与人生观》，上海亚东图书馆，1923。

② 陈独秀：《〈科学与人生观〉序》，《科学与人生观》，上海亚东图书馆，1923，第1—11页。

支配人生观"。①针对胡适把知识思想与经济相并列的观点，陈独秀表示："思想、知识、言论、教育、自然都是社会进步的重要工具，然不能说他们［在］可以变动社会，解释历史，支配人生观［方面］和经济立在同等地位。"②这就是陈独秀和胡适的分歧所在。

张君劢认为，西洋的科学是机械的、物质的、向外的、形而下的，其结果仅仅是物质文明，而这种文明就要破产了，需要用东方的精神文明来加以解救。任叔永、丁文江、吴稚晖等却认为："大多数的科学家，都是道德完备，人格高尚的人。""他们的人生观，就在他们的科学研究里面"。③西方不是没有精神文明，西方科学的发展，有助于精神文明建设。而张君劢所提倡的则是内心修养，所谓东方精神文明，既没有解决中国人民的衣食问题，也没有建立起很有价值的精神文明，却是一种应该打倒的"无信仰的宗教"和"无方法的哲学"。④在对待精神文明与物质文明，东西方文化这两个问题上，双方存在着尖锐的对立。

---

① 胡适：《〈科学与人生观〉序》，《科学与人生观》，上海亚东图书馆，1923。
② 陈独秀：《答适之》，《科学与人生观》，上海亚东图书馆，1923，第41页。
③ 任叔永：《人生观的科学或科学的人生观》，《科学与人生观》，上海亚东图书馆，1923，第5页。
④ 丁文江：《玄学与科学》，《科学与人生观》，上海亚东图书馆，1923，第26—27页。

五、关于科学与玄学（哲学）

丁文江在开始批评张君劢的"人生观"一文时，就以"玄学与科学"为标题，提出了"打倒玄学鬼"的口号，所以科学与玄学（哲学）的关系，也是这场论战的一个中心议题。有人甚至以"科学与玄学之争"，来称呼这场论战。

张君劢在"人生观"一文中，除反复论述"人生观问题之解决，决非科学所能为力"之外，还列举了古今中外一些对人生观问题有重大贡献的思想家，其中有中国的孔子、孟子、荀子、老子、墨子、杨朱以及宋元明的理学家；有外国的释迦、耶稣、柏拉图、莱布尼兹、康德、黑格尔、边沁、亚当·斯密、马克思、达尔文、叔本华、哈德门、克鲁泡特金等。他提到的各种人生观有：出世主义和入世主义，有悲观主义与乐观主义，有修身齐家主义与泛爱主义，有为我主义与利他主义，有个人主义与社会主义，有生存竞争论与互助主义，有有神论与无神论，有无为与行健，有义务观念与功利主义，有国家主义与世界主义，不一而足。而他特别推重自孔孟以至宋元明之理学家，侧重内心生活之修养，认为这才能导致精神文明。

正如哲学家张东荪所指出，玄学（Metaphysics）可以理解为广义的（包括认识论在内的）哲学，也可以理解为狭义的（以本体论为中心的）哲学。如果把玄学理解为广义的哲学，那么，丁文江提出"打倒玄学鬼"的口号，并说："玄学在欧洲渐渐没有地方混饭吃"，就是自相矛盾的。因为他并不是一般地反对哲学，他反对的只是张君劢提倡的中国的孔孟儒学，以及宋元明的理学、柏格森的直觉主义，杜里舒的"活力论"、倭铿的"精神论"与厄威克的"精神元素论"。丁文江把这些称之为"中西合璧式的玄学"。但他却提倡为一种哲学，即马赫、皮耳生的实证主义（或感觉主义）的认识论和赫胥黎的不可知论。他自己就承认，他赞成科学的知识论，即"存疑的唯心论"。他说，"凡研究过哲学问题的科学家如赫胥黎、达尔文、斯宾塞、詹姆士、皮耳生、杜威以及德国马赫派的哲学，细节虽有不同，大体无不如此"。[①]实际上，在这次论战中联合起来批评张君劢的有信奉马赫、皮耳生的实证主义的丁文江，有信奉杜威的实用主义的胡适，有赞成罗素的新实在论的王星拱等，也有赞成机械唯物论的吴稚晖等，还有赞成马克思主义的唯物史观的陈独秀等。而批评丁文江的许多哲学家，大都深受康德哲学的影响（如张东荪、瞿菊农、范寿康等）。张君劢也很推崇康德的哲学，认为康德综合了英国休谟的经验论和德国沃尔夫的理性论，对哲学有巨大贡献。他主张，中国的哲学家要在康德哲学的基础上。吸取英、美、德哲学之所长，结合中国的宋元明理学，有所独创，反对一味追随英、美派的哲学。[②]张东荪也高度评价了康德对哲学的划时代贡献。他还指出，科学为了进行科学的自我批判，为了进行科学的综合，不能不另创一种学

---

① 丁文江：《玄学与科学》，《科学与人生观》，上海亚东图书馆，1923，第12页。
② 张君劢：《再论人生观与科学并答丁在君》，《科学与人生观》，上海亚东图书馆，1923，第52—53页。

问（哲学）以担任这个职务。[①]张东荪还指出，丁文江所推崇的马赫、皮耳生与罗素等人的哲学，有一共同点，即否认旧物理学的决定论的因果律，认为因果只是现象间的关系。皮耳生说："对于科学，引起或促成一个特定的知觉后果的原因是没有意义的——我们从没有任何一种能引起或促成其他事物的经验。"又说："原因只是经验程序中的一个阶段，而不是由在必然性程序中的一个阶段。"旧式的因果律既打破，则科学当然只是叙述事象而不是说明事象了，科学是叙述而不是说明。正如皮耳生所说："科学不回答为什么"，结果，不能不把"说明"的任务，回答"为什么"的任务，又交还给哲学。[②]所以，丁文江一方面主张科学万能，要取消玄学，另一方面又给科学限定了范围，给玄学留下了地盘，使自己陷入了两难的境地。

如果把玄学理解为本体论，丁文江的处境也并不有所改善。丁文江主张存疑的唯心论，认为"觉官感触的外界，自觉的后面，有没有物，物体本质是什么东西，他们都认为不知，应该存而不论，所以说是存疑"。[③]可是问到什么是觉官触觉，他又说到是觉神经系通信到脑神经的。[④]这样又由心理回到生理，由生理又可以回到物理。仍然回到了唯物论，回到了他所反对的玄学。[⑤]丁文江的这个错误，实际上是重复了皮耳生的错

---

① 张东荪：《科学与哲学》，商务印书馆，1924，第19—20页。
② 张东荪：《科学与哲学》，商务印书馆，1924，第61—62页。
③ 丁文江：《玄学与科学》，《科学与人生观》，上海亚东图书馆，1923，第13页。
④ 丁文江：《玄学与科学》，《科学与人生观》，上海亚东图书馆，1923，第8页。
⑤ 参见张东荪《科学与哲学》，商务印书馆，1924，第41—42页。

误，佩里（Perry）曾批评皮耳生说："十分明显，感觉印象（在其结构和既定秩序中）预设了整个物理系统。真正的问题不是我们为什么能超越大脑的终端，而却是为什么我们一直只能被关闭于其内。"至于丁文江的战友，吴稚晖和胡适等，他们却公然积极地主张那自然主义的宇宙观和唯物主义的人生观。他们"宁可冒'玄学鬼'的恶名，偏要冲到那不可知的区域里去打一阵"。[①]丁文江一方面要把本体论作为玄学来反对、来取消，另一方面却又把唯物论作为同盟军来依靠，这又使他自己处于两难的境地了。

所以，我们可以说，在这场论战中，在科学观上，丁文江似乎比张君劢高明。可是在玄学（哲学）观上，他却显得更为混乱而不自洽。

六、论战的意义和影响

从上面的介绍以及近六十年来各方面的评价来看，这场论战的意义是巨大的，影响是深远的，主要表现在以下四个方面：

（1）维护了"五四"前后新文化运动中高举起来的"科学"的大旗，批判了把"欧洲大战""欧洲文化破产"的原因归罪于科学的主张，认为封建、愚昧、贫穷、落后的旧中国必须走科学化与工业化的道路。即使像梁启超、张君劢这样比较保守的人，他们也不敢公然彻底地反对科学，轻蔑科学，而只是

---

① 胡适：《〈科学与人生观〉序》，《科学与人生观》，上海亚东图书馆，1923，第15页。

认为不能过分相信"科学万能"罢了。[1]他们并不敢认为，中国不需要科学，不需要物质文明，而只是主张中国在学习西方的科学与物质文明的同时，还要补充以中国的儒家理学与精神文明，儒家理学与东方的文明能否解决当代世界面临的困境，当然是一个问题。但是，科学技术十分繁荣昌盛的今天，人类社会仍面临着巨大的危险与困境（特别是核战争毁灭人类的威胁），这却是有目共睹的事实。因此，当代的科学家与哲学家，有责任研究人生哲学与价值观，为人类社会寻求一条出路。在论战中，人们讨论了科学的定义，科学与玄学的分界，科学中的规范与价值，这对于中国发展科学，也是十分重要的。

（2）在这次论战中，胡适等人积极宣扬了科学的唯物主义、自然主义的宇宙观和人生观；陈独秀等积极宣扬了马克思主义的唯物史观，这在当时封建落后迷信愚昧的旧中国，是有巨大进步意义的。可是，陈独秀主张的唯物史观确实带有浓厚的经济决定论或机械唯物论的色彩，这也许同他以后所犯的右倾机会主义错误（在民主革命中，放弃无产阶级的领导权）有关。在我看来，马克思对共产主义的解释："作为彻底的人本主义的共产主义就是自然主义，作为彻底的自然主义的共产主义就是人本主义"，[2]似乎是一个更为全面的纲领。

（3）在这次论战中，介绍并讨论了近代与当代的西方哲学的许多流派，其中包括：康德哲学，柏格森的直觉主义和自由

---

① 梁启超：《人生观与科学》，《科学与人生观》，上海亚东图书馆，1923，第7页。
② 马克思：《1844年经济学哲学手稿》，人民出版社，1979，第114页。

意识论，杜里舒的活力论，倭铿的精神论，马赫——皮耳生的实证主义的认识论，赫胥黎的不可知论，杜威的实用主义，罗素的新实在论，马克思的唯物史观等等。在论战中也用近代哲学观点对中国宋元明的理学（心性之学）和清代的经学（考据之学）进行了比较考察。所以，这次论战，实际上是对西方与东方近代哲学的大检阅。对中国学术界，开阔眼界，活跃思想，提高哲学水平是有巨大作用的。

（4）开创了百家争鸣，自由争论的学术空气。参加这次论战的，有学术界的老前辈（如梁启超），也有新从国外回来的青年学者（如范寿康）；有政治活动家，社会活动家，也有学者与教授；有自然科学家，也有哲学家。他们抱有种种不同的哲学观点，大家都能毫不顾忌地指名批评，激烈争论。这在中国近现代的学术史上不仅是空前的，而且在以后的六十多年中，也不多见。因此，这是一种特别可贵的、良好的学术风气。

这场论战已经过去六十多年了。今天，我们国家在经历了长期的民族解放战争和国内革命战争之后，在经历了新中国成立以来的曲折道路之后，真正开始走上了现代化与科学化建设的大道，为引进西方的先进的科学技术和包括马克思主义在内的优秀文化，敞开了大门。但是，如何处理好科学与人生观、科学与哲学的关系，处理好物质文明与精神文明建设的关系，正确处理好我国传统文化与西方文化的关系，仍然是一个有待深入探索并加以实践的问题。正因如此，六十多年前这场有关科学与人生观的大论战，今天仍有认真地进行回顾与反思的必要，对于当前"文化热"的参与者们，似乎尤其如此。

鲁迅思想的形成

竹内好/著　　李心峰/译

一

我曾写过：《狂人日记》发表以前的北京生活时期，即林语堂称为第一个"蛰伏期"的时期，在鲁迅的传记中是最不清楚的部分。这是什么意思呢？我认为，这个时期对于鲁迅来说是最重要的时期。他还没有开始文学生活。他在会馆的"闹鬼的房间"埋头于古籍之中。外面也没有出现什么运动。"呐喊"还没有爆发为"呐喊"。只能感到酝酿着它的郁闷的沉默。我想，在那沉默中，鲁迅不是抓住了对于他一生可以说是具有决定意义的回心①的东西了吗？作为鲁迅的"骨骼"形成的时期，我不能想到别的时期。他晚年思想的变化，可以大致追溯其过程，不过，在根本上形成的鲁迅本身的生命和基础，只能认为是这个时期在黑暗中形成的。所谓黑暗，对于我来说，就是无

---

① 回心（かいしん），佛教用语，指对于信仰的同心转意；或指由于悔悟而皈依。这里指鲁迅走上文学道路的一个关键性的契机。也可译为转折点、关节点，但都不太确切，因后文经常出现这一概念，故仍用原概念。——译者

法说明的意思。正像其他时期是明白的一样，这个时期是不明白的。在所有人的一生中，大概有某种决定性的时机以某种形式存在吧。大概不是各种要素都作为要素发挥着机能，而是总有某种可以形成围绕着一生的回归之轴的时机吧。而且，一般地说，它对于别人多少有些无法说明吧。不过，我认为，在这方面，像鲁迅那样明显的人，在中国的文学家中不是也很少见吗？一读他的文章，总会碰到某种影子似的东西；而且那影子总是在同样的场所。影子本身并不存在，只是因为光明从那儿产生，又在那儿消逝，从而产生某一点暗示存在那样的黑暗。如果不经意地读过去就会毫不觉察地读完。不过，一经觉察，就会悬在心中，无法忘却。就像骷髅在华丽的舞场上跳着舞，结果自然能想起的是骷髅这一实体。鲁迅负着那样的影子过了一生。我称他为赎罪的文学就是这个意思。而且，可以认为，他获得罪的自觉的时机，除了在他的传记中这段情况不明的时期之外，别无其他了。

鲁迅的这段情况不明的时期，恰巧也与中国文学的不明的时期相一致。这种"不明"带有时代的性质。不久，就产生了"文学革命"；爆发的酝酿期的中国文学，即现代文学前夜的中国文学，可以看到投入其中的形形色色的重要的先驱者的身姿；但是，就在投入其中的同时，各个身影都消逝了，形成一个暗黑的断层与下一个时代联系着。在这前后有截然的区别；有价值的转换。这恰是个历史性的时代。我想，这个历史性的时代与鲁迅文学的回心时期相重叠，这不是使鲁迅本身有了双重的难懂了吗？

《新青年》在民国四年九月创刊。这个杂志后来成为文学革命的领导机关。最后随着陈独秀思想的变化，它不得不承担转向政治杂志的不可思议的象征性命运；这个还在称为《青年杂志》的创刊号的封面上刊登了卡内基①的肖像照片等等。可见，这个时代一切都是混沌的。屠格涅夫、王尔德、泰戈尔和易卜生一起被介绍；陈独秀、吴稚晖、高一涵和苏曼殊一起执笔，却没有一点不协调。《新青年》只是被陈独秀为人的诚实支持着，它本身却没有自觉到自己的命运。不仅《新青年》是那样，整个中国文学都是如此。在上海，"礼拜六"式的鸳鸯蝴蝶派很有势力，林琴南在《小说月报》这本杂志上也还健在。胡适在美国，郭沫若在冈山②的高等学校。谁都还没有预料到自己的命运。不料，成为"文学革命"先声的胡适的《文学改良刍议》，被登载于民国六年一月发行的《新青年》第2卷第5期上。次月的第6期集中刊登了回答它的陈独秀的《文学革命论》、在四川"只手打倒孔家店"的吴虞最初的寄稿《家族制度为专制主义之根据论》、胡适的白话诗《尝试集》；显示出中心正在渐渐地产生。"文学革命"论战达到白热化是在民国六年三月发行的第3卷第1期之后。而鲁迅的《狂人日记》被发表，更是在一年后的民国七年五月《易卜生特辑》的前一号、《新青年》第4卷

①　卡内基：据1919年9月15日出版的《青年杂志》（即《新青年》的前身）第1卷第1号上刊载的彭德尊撰《艰苦力行之成功者——卡内基传》介绍："安多留·卡内基（Andrew Carnegie）者，英之苏格兰人也。一八三七，生于苏格兰之达华姆兰都。"少时曾做过丝厂徒工，后曾做铁路职员。经艰苦创业，先后经营过寝车、煤油、钢铁等。——译者

②　冈山，日本城市名。——译者

第5期上。这又比最终决定"文学革命"的胜利的林琴南和蔡元培著名的公开论争早一年。

这里，按照顺序，也许应该把"文学革命"的情况叙述一下。不过，"文学革命"的基本情况大概都为人们所熟知，再深入去思考它的话，就太烦杂了，所以，把这一切手续从略。"文学革命"，总而言之，在本质上是口语和书面语一致的运动，还承担着口语和书面语一致的运动所承担的开拓新文化的使命，而且也可以认为它成了以"五四"为中心的第一次国民启蒙期的先驱，并成了这种精神支柱。现在我回过头来再叙述鲁迅。先把《年谱》上自民国元年以来到《狂人日记》发表的各项抄一下：

民国元年（一九一二年，三十二岁）

一月一日，临时政府成立于南京，应教育总长蔡元培之招，任教育部部员。

五月，航海抵北京，住宣武门外南半截胡同绍兴会馆藤花馆，任教育部社会教育司第一科科长。八月任命为教育部金事。

是月公余纂辑《谢承后汉书》。①

民国二年（一九一三年，三十三岁）

六月，请假由津浦路回家省亲，八月白海道返京。

十月，公余校《嵇康集》。

---

① 引文中的着重号均为作者竹内好所加，下同。——译者

民国三年（一九一四年，三十四岁）

是年公余研究佛经。

民国四年（一九一五年，三十五岁）

一月辑成《会稽郡故书杂集》一册，用二弟作人名印行。

同月刻《百喻经》成。

是年公余喜搜集并研究金石拓本。

民国五年（一九一六年，三十六岁）

五月，移居会馆补树书屋。

十二月，请假由津浦路归省。

是年仍搜集研究造像及墓志拓本。

民国六年（一九一七年，三十七岁）

一月初，返北京。

七月初，因张勋复辟乱作，愤而离职，同月乱平即返部。

是年仍搜集研究拓本。

民国七年（一九一八年，三十八岁）

自四月开始创作以后，源源不绝，其第一篇小说《狂人日记》，以鲁迅为笔名，载在《新青年》第四卷第五号，抨击家族制度与礼教之弊害，实为文学革命思想革命之急先锋。

是年仍搜罗研究拓本。

他的文笔生活在这年以后渐渐频繁。而另一方面他的拓本研究，仅据《年谱》的记载，在这之后又继续了两年。而且，《嵇康集》的校正一直延续到民国十三年。

这个时期的事情，鲁迅后来在最初的小说集《呐喊》的自序中，有如下的回忆：

> S会馆里有三间屋，相传是往昔曾在院子里的槐树上缢死过一个女人的，现在槐树已经高不可攀了，而这屋还没有人住；许多年，我便寓在这屋里钞古碑。客中少有人来，古碑中也遇不到什么问题和主义，而我的生命却居然暗暗的消去了，这也就是我惟一的愿望。夏夜，蚊子多了，便摇着蒲扇坐在槐树下，从密叶缝里看那一点一点的青天，晚出的槐蚕又每每冰冷的落在头颈上。
>
> 那时偶或来谈的是一个老朋友金心异，将手提的大皮夹放在破桌上，脱下长衫，对面坐下了，因为怕狗，似乎心房还在怦怦的跳动。
>
> "你钞了这些有什么用？"有一夜，他翻着我那古碑的钞本，发了研究的质问了。
>
> "没有什么用。"
>
> "那么，你钞他是什么意思呢？"
>
> "没有什么意思。"
>
> "我想，你可以做点文章……"
>
> 我懂得他的意思了，他们正办《新青年》，然而那时仿佛不特没有人来赞同，并且也还没有人来反对，我想，他们许是感到寂寞了，但是说：

"假如一间铁屋子，是绝无窗户而万难破毁的，里面有许多熟睡的人们，不久都要闷死了，然而是从昏睡入死灭，并不感到就死的悲哀。现在你大嚷起来，惊起了较为清醒的几个人，使这不幸的少数者来受无可挽救的临终的苦楚，你倒以为对得起他们么？"

"然而几个人既然起来，你不能说决没有毁坏这铁屋的希望。"

是的，我虽然自有我的确信，然而说到希望，却是不能抹杀的，因为希望是在于将来，决不能以我之必无的证明，来折服了他之所谓可有，于是我终于答应他也做文章了，这便是最初的《狂人日记》。……

这篇文章写于民国十一年十二月。为了让他写《狂人日记》，金心异（实际上就是钱玄同。金心异这个名字像是从林琴南诽谤文学革命的模特儿小说中来的，[1]在那细微的情形中可以看到鲁迅在论争中的态度的片鳞只爪）从访问他的寓所的日子起，已经经过了近五年的日子。据我看，鲁迅在文章中谈到自己的时候，大多采取追忆的形式，这已在前面谈过；而在"所谓回忆者，虽说可以使人欢欣，有时也不免使人寂寞"这样的心情下写出的《呐喊》自序，那种感觉尤为深切；只是相应地虚构的东西较多。所谓由于金心异的访问产生了《狂人日记》，恐怕这并非完全事实吧。至少他没有以深入事实的方法来对

---

① 金心异，林纾小说《荆生》中的人物，影射钱玄同。——译者

待事实。在五年后，他那样追忆过去，对于现在的心情来说，要说五年前的事实是怎样的，无论怎样都是可以的。事实不过是为追忆所利用罢了。不过，追忆本身却是真实的。他必然要追忆过去的心情没有虚假。就是说，他大概是想说明自己走向"呐喊"的经过；想说明开始"呐喊"的根源；或者是想诉说那种情况是多么难以说明吧？但是，与其说既然他要虚构过去就无法说明现在的心情，毋宁说，我们只能看到他对说明的回避。他说"我自有我的确信"，然而却没有说明那种"确信"。至少没有用语言说明。这与他不是个思想家也有关系。不过，我认为，还有比这稍深一些的意义。就是说，这与他的回心之轴有关。可是在考虑这个问题之前，我们再稍微引用一下《呐喊》自序。这篇文章在他的自传性文章中也是比较概括的，因此常被引用；不过，在我看来，问题也非常多。

他在留学时代的后半期，离开仙台的医学校来到东京的时候，计划发行文学杂志。当时的留学生界以为实用科学万能，"没有人治文学和美术"，可是，在那"冷淡的空气中"，幸而也得到了"几个同志"，取"新的生命"的意思将杂志命名为"新生"。然而，到了出版的时候，同人和出资者都逃走了，这个计划完全失败了。下面是接着"并未产生的《新生》的结局"的叙述：

　　我感到未尝经验的无聊，是自此以后的事。我当初是不知其所以然的；后来想，凡有一人的主张，得了赞和，是促其前进的，得了反对，是促其奋斗的，独有叫喊于生人中，而生人并无反应，既非赞同，也无反对，如置身毫无边际的荒原，无可措手的了，这是怎样的悲哀呵，我于是以我所感到者为寂寞。

这寂寞又一天一天的长大起来，如大毒蛇，缠住了我的灵魂了。

然而我虽然自有无端的悲哀，却也并不愤懑，因为这经验使我反省，看见自己了：就是我决不是一个振臂一呼应者云集的英雄。

只是我自己的寂寞是不可不驱除的，因为这于我太痛苦。我于是用了种种法，来麻醉自己的灵魂，使我沉入于国民中，使我回到古代去，后来也亲历或旁观过几样更寂寞更悲哀的事，都为我所不愿追怀，甘心使他们和我的脑一同消灭在泥土里的，但我的麻醉法却也似乎已经奏了功，再没有青年时候的慷慨激昂的意思了。

紧接着这段引文之后的是前面所引的对绍兴会馆的描写。我一边抄写，一面觉得不能不说它是相当难懂的文章。鲁迅的文章普遍地难以理解，而且，这是鲁迅的一个重要特征，是个需要特别加以研究的问题。不过，这儿的引文的难解程度，与那些文章的难解相比，我觉得好像还有种别的东西。他说感受了用"悲哀"啦，"寂寞"啦之类的词汇表现出来的东西，并说最初这是没有的，而是"一天一天地长大起来"的；还说道，它的形成大概有个决定性的时机；说他以那个决定性的时机为界限变得自觉了；还说他此后为了逃避那种痛苦"用了种种法"，这在他的文章中大体上是可以理解的。可是，可以称为"寂寞""孤独"之类的东西，换句话说，在他那里，孤独的自觉是由于什么而实现的呢？他是怎样形成思想的？或者，他在各种各样的可能性中舍弃了什么？这从他的文章中无法判断。鲁迅没有用语言说明自己的回心之轴。认为发行杂志的失败这件事导致了他的"悲哀"之类，那就太滑稽了。《新生》事件也许是投入他那文学回心的坩埚的许多铁片中的一片。可是，《新生》事件所象征的当然不只是《新生》事件本身。譬如，在他的传记中成为我的疑问的那两三点，当然是可以列入这些铁片之列吧。某个人，直到获得了对于他的一生具有决定意义的自觉为止，恐怕是要有无数要素的堆积吧。不过，他一旦获得了自觉之后，要素就会反过来由他选择。《新生》事件就变为应该追忆的事情了。鲁迅所得到的自觉是什么呢？我认为，若是勉强地用我的语言来表达的话，就是通过对政治的对立而得到的文学的自觉。不过，在谈这个问题之前，剩下的是应该对回心以前的鲁迅再稍微思考一下。

二

鲁迅在仙台的医学校看到日俄战争的幻灯后才立志于文学这件事情普遍地脍炙人口。这是他的传记被传说化了的一个例证，我对他的真实性怀有疑问。我认为，恐怕没有那样的事情吧。不过，不管怎样，这给鲁迅的文学的自觉投上了某种影子，这大概是无可怀疑的。所以，把这种说法与我所说的他的回心相比较，作为研究他所获得的文学自觉的性质的手段，大概是个方便的办法吧。

那种说法的出处仍然是他的文章。一是《呐喊》自序，一是收入《朝花夕拾》的《藤野先生》。《呐喊》自序在叙述他在东京《新生》失败前不久的情况时这样写道：

　　我……便渐渐的悟得中医不过是一种有意的或无意的骗子，同时又很起了对于被骗的病人和他的家族的同情；而且从译出的历史上，又知道了日本维新是大半发端于西方医学的事实。

　　因为这些幼稚的知识，后来便使我的学籍列在日本一个乡间的医学专门学校里了。我的梦很美满，预备卒业回来，救治象我父亲似的被误的病人的疾苦，战争时候便去当军医，一面又促进了国人对于维新的信仰。我已不知道教授微生物学的方法，现在又有了怎样的进步了，总之那时是用了电影，来显示微生物的形状的，因此有时讲义的一段落已完，而时间还没有到，教师便映些风景或时事的画片给学生看，以用去这多余的光阴。其时正当日俄战争的时候，关于战事的画片自然也就比较的多了，我在这一个讲堂中，便须常常随喜我那同学们的拍手和喝采。有一回，我竟在画片上忽然会见我久违的许多中国人了，一个绑在中间，许多站在左右，一样是强壮的体格，而显出麻木的神情。据解说，则绑着的是替俄国做了军事上的侦探，……而围着的便是来赏鉴这示众的盛举的人们。

这一学年没有完毕，我已经到了东京了，因为从那一回以后，我便觉得医学并非一件紧要事，凡是愚弱的国民，即使体格如何健全，如何茁壮，也只能做毫无意义的示众的材料和看客，病死多少是不必以为不幸的。所以我们的第一要著，是在改变他们的精神，而善于改变精神的是，我那时以为当然要推文艺，于是想提倡文艺运动了。……

这段文章很容易理解。与前面所引的、紧接在这段之后的难懂的段落相比较，这段文章的容易理解是无需说明的。要说为什么容易明白，这是基于他对待事实的不同的态度。在这里，他以断然的结论说明了事实。他没有为自己现在的"影子"所苦恼。事实毕竟是事实，而对待这种事实的启蒙者鲁迅则是个完的启蒙者。他由于父亲的病以及在南京受到的新学的影响，为了拯救国民而立志于医学；又由于知道精神比肉体更重要，便弃医从文。我想，这大概就是事情本来的样子吧。"豫才那时的思想我想差不多可以民族主义包括之"（《关于鲁迅之二》）。[1]这儿的叙述与周作人的这一意见并无矛盾。如果还要补充几句，我以为，鲁迅让这段文章包含了这样的象征意义：对于医学在当时代表了实用学科、维新、光复这种风潮来说，文学命运般地联系着他走向发现自己的孤独的道路。这些姑且不论，上面对于他的精神发展史的解释，在那个限度内，

---

① 《关于鲁迅之二》一文，周作人作，见上海书店1979年复印的《鲁迅先生纪念集》，鲁迅先生纪念委员会编，1937年初版。——译者

我不认为是错的。我的疑问是别的东西。

　　同样的事件在《藤野先生》中的记载多少有些不同。"只有他的照相至今（民国十五年）还挂在我北京寓居的东墙上，书桌对面。每当夜间疲倦，正想偷懒时，仰面在灯光中瞥见他黑瘦的面貌，似乎正要说出抑扬顿挫的话来，便使我忽又良心发现，而且增加勇气了，于是点上一枝烟，再继续写些为'正人君子'之流所深恶痛疾的文字"。他这样说，好象对藤野先生怀有无比的爱情，"不知怎地，我总还时时记起他，在我所认为我师的之中，他是最使我感激，给我鼓励的一个"。藤野先生与给幼时的鲁迅买了山海经画册的婢女阿长和遭到不遇之死的范爱农一起，成为他在《朝花夕拾》中以深深的爱情回忆着的少数人中的一个，甚至几乎可以感到象征性。这个藤野先生是个有时忘记系领带、乘火车时有时被人错认作扒手的人。他并没有特别地照顾鲁迅。他只是默默地给他修改笔记、教导鲁迅"解剖图不是美术"。而且，鲁迅决定不学医学，他只是叹息道："为医学而教的解剖学之类，怕于生物学也没有什么大帮助。"然而，鲁迅是这样写的："我常常想：他的对于我的热心的希望，不倦的教诲，小而言之，是为中国，就是希望中国有新的医学；大而言之，是为学术，就是希望新的医学传到中国去。他的性格，在我的眼里和心里是伟大的，虽然他的姓名并不为许多人所知道。"

　　我的笔不由地停在藤野先生这个人物身上了。这是因为，这篇文章不仅对于鲁迅，而且对于我们也是应该珍惜的。象这样的朴素的、可以接受的文章并不多。而要说那是什么缘故，这和我现在的课题完全没有关系。不过，这应该是另外加以考虑的问题。

现在把话题转到前面。《藤野先生》一文在叙述《呐喊》自序曾写过的幻灯事件之前，写到了《呐喊》自序所没有写的一件事。那就是由于藤野先生给他修改笔记，一部分同级生便诽谤他考试时大概漏了题，因而是个让人讨厌的事件。这个事件的性质以及他所采取的做法与他以后在论争的场合下的态度极为相似，但我现在不准备谈这件事。反正，这件事不久便证明了同级学生们的误解，从而得到了解决。此后，他这样写道：

> 中国是弱国，所以中国人当然是低能儿，分数在六十分以上，便不是自己的能力了：也无怪他们疑惑。但我接着便有参观枪毙中国人的命运了。第二年添教霉菌学，细菌的形状是全用电影来显示的，……

在这里，事情比《呐喊》自序复杂。形成他离开仙台的动机的并不只是幻灯事件。在幻灯事件之前还有一件事。我们不如说，幻灯事件本身并不像在《呐喊》自序中所写的那样，具有形成文学志向的"开端"的单纯性质。幻灯事件与在此之前的令人讨厌的事件有关联，在这种情况下，这两者的共同之处，便是问题所在。他在幻灯的画面上不仅看到了同胞的惨状，而且在那惨状中看到了他自己。这怎么说呢？就是说，他并不是抱着以文学解救同胞的精神贫困这类很光彩的志向离开仙台的。我认为他恐怕是蒙受了屈辱后才离开仙台的。我认为，他大概并没有因为医学无用才去搞文学这么一种从容不迫的心情吧。这个时期在《年谱》上纠缠在他暂时回国上。正像前面所写的那样，我不明白这种关系，所以，不打算去虚构。不管怎么说，幻灯事件和文学志向并没有直接的关系，这就是我的判断。幻灯事件与那个令人讨厌的事件有关，但与文学志向没有直接的关系。我认为，幻灯事件给予他的东西是与那个令人讨厌的事件同样性质的屈辱感。屈辱，更是他自己的屈辱。与其说是怜悯同胞，不如说是怜悯不得不怜悯同胞的他自己；而不是一面怜悯同胞，一面想到文学。对同胞的怜悯甚至成了联系他的孤独感的一个路标。即使幻灯事件与他的文学志向有关，而且那确实不是没有关系；但是，幻灯事件本身并不意味着他的回心。他所受到的屈辱感在形成他的回心之轴的各种原因中增加了一个要素。因此，这个事件与其说是《新生》事件的原因，不如说，它同时间上有无联系并无关系；对于他的回心来说，它与《新生》事件在性质上具有同等价值。

我执拗地反对把他的传记传说化，决不是由于我打算吹毛求疵；而是因为它关系到从根本上解释鲁迅文学的问题。因为，不能由于传说的有趣，而歪曲了真实。我不把鲁迅的文学在本质上看作功利主义；不看成是为了人生、为了民族或者是为了爱国的文学。鲁迅是个诚实的生活者，热烈的民族主义者，而且还是个爱国者。不过，他并不是以此来支持自己的文学的。我们毋宁说，正是在排除它们的过程中形成了他的文学。鲁迅文学的根源是应该被称为"无"的某种东西。获得了那种根本的自觉，才使他成为文学家。不然，民族主义者鲁迅、爱国者鲁迅还毕竟是句空话。我站在把鲁迅称为赎罪的文学的体系上，发表我的异议。

三

鲁迅终究形成了他的文学的自觉。如前所述，至于这种形成的作用是什么，我是不明白的。我只知道产生于其中的鲁迅和被投入其中的那无数要素中的一部分。在鲁迅走过的道路上，大概躺着各种各样的石块吧。即使拾起那些石块看一下，也无法明白走过这条道路的人。拾起来的东西仅仅成了我的纪念，而且我所捡取的石块并不多。

在鲁迅思想形成的途程上摆着的许多材料中，可以称为"有影响"的事情（由于"影响"一词暧昧不清，不想用这个词，但是不管怎么说，在某些意义上使人感到是给鲁迅带来阴影的事情），有儿时的朋友闰土、长妈妈、藤野先生、阿Q、孔乙己、祖父和周作人等等，具有同样的意义的还有《山海经》、《二十四孝图》、《玉历钞传》、"It is a cat"、"Der Mann，Das Weib，Das Kind"。尽管他们也具有同样的意义，但我凡想从中取出六种与上面所提到的稍有不同意义的要素，也就是被人们用庄重的语言谈到过的要素，这就是梁启超、严复、林纾、章炳麟、欧洲弱小民族的文学以及尼采。这六种要素和鲁迅的关系距离不等，但大体上有同样的性质和方向。其中，前三者主要与留学以前有关；自然而然地由外面所给予的倾向较强；后三者主要与留学期间有关，由他自己选择的倾向较为明显。这里，我想要提的问题是：在这六者中，实际上只有梁启超最为重要。不过，大致上按顺序概括全体的方法是方便的。所以，我仍然打算引用手边的周作人的提纲挈领的文章：

　　……在南京的时候，豫才就注意严几道的译书，自《天演论》以至《法意》，都陆续购读。其次是林琴南，自《茶花女遗事》出后，随出随买，我记得最后的一部是在东京神田的中国书林所买的《黑太子南征录》，一总大约有三二十种罢。其时"冷血"的文章正很时新，……末了是梁任公所编刊的《新小说》。《清议报》与《新民丛报》，的确都读过，也很受影响，恒是《新小说》的影响总是只有更大不会更小。梁任公的《论小说与群治之关系》当初读了的确很有影响，虽然对于小说的性质与种类后来意见稍稍改变；大抵由科学或政治的小说渐转到更纯粹的文艺作品上去了。不过这只是不侧重文学之直接的教训作用，本意还没有什么变更，即仍主张以文学来感化社会，振兴民族精神，用后来的熟语来说，可以说是属于为人生的艺术这一派的。丙午年春天豫才在仙台的医学专门学校退了学，回家去结婚，……豫才再到东京的目的他自己已经在《朝花夕拾》中一篇文章里说过，不必重述，简单的一句话，就是欲救中国须从文学始。他的第一步的运动是办杂志。那时留学生办的杂志并不少，但是没有一种是讲文学的，所以发心想要创办，名字定为《新生》……

　　办杂志不成功，第二步的计划是来译书。……结果经营了好久，总算印出了两册《域外小说集》……

《域外小说集》两册中共收英美法各一人一篇，俄四人七篇，波兰一人三篇，波希米亚一人二篇，芬兰一人一篇。从这上边可以看出一点特性来，那一是偏重斯拉夫系统，一是偏重被压迫民族也。其中有俄国的安特莱夫作二篇，伽尔洵作一篇，系豫才根据德文本所译。那时日本翻译俄国文学的风气尚不发达，比较的介绍得早且亦稍多的要算屠格涅夫，我们也用心蒐求他的作品，但只是珍重，别无翻译的意思。每月初各种杂志出版，我们便忙着寻找，如有一篇关于俄文学的介绍或翻译，一定要去买来，把这篇拆出保存，至于波兰自然更好，不过除了显克微支的《你往何处去》，《火与剑》之外，不会有人讲到的，所以没有什么希望。此外再查英德文书目，设法购求古怪国度的作品，大抵以俄国、波兰、捷克，塞尔维亚，勃耳伽利亚，波思尼亚，芬兰，匈加利，罗马尼亚，新希腊为主，其次是丹麦，瑙威，瑞典，荷兰等，西班牙，意大利便不大注意了。那时候日本大谈自然主义，这也觉得是很有意思的事，但是所买自然主义发源地的法国著作大约也只是茀罗培尔，莫泊三、左拉诸大师的二三卷，与诗人波特莱耳，威耳伦的一二小册子而已。上边所说偏僻的作品英译很少，德译较多，又多收入"勒克阑姆"等丛刊中，价廉易得……

这许多作家中间，豫才所最喜欢的是安特莱夫，或者这与爱李长吉有点关系罢，虽然也不能确说。此外有伽尔洵，其《四日》一篇已译登《域外小说集》中，又有《红笑》，则与勒尔蒙托夫的《当代英雄》，契诃夫的《决斗》，均未及译，又甚喜科罗连珂，后来多年后只由我译其《玛加耳的梦》一篇而已。高尔基虽已有名，《母亲》也有各种译本了，但豫才不甚注意，他所最受影响的却是果戈理，《死灵魂》还居第二位，第一重要的还是短篇小说，《狂人日记》，《两个伊凡尼支打架》，以及喜剧《巡按》等。波兰作家最重要的是显克微支……。用滑稽的笔法写阴惨的事迹，这是果戈理与显克微支二人得意的事，《阿Q正传》的成功其原因一部分亦在于此……。捷克有纳路达，扶尔赫列支奇，亦为豫才所喜，又芬兰"乞食诗人"丕佛林多所作小说集亦所爱读不释者，均未翻译。匈加利则有诗人裴多菲山陀耳，死于革命之战，豫才为《河南》杂志作《摩罗诗力说》，表彰摆伦等人的"撒旦派"，而以裴象飞为之继，甚致赞美，其德译诗集一卷，又唯一的中篇小说曰《绞刑吏的绳索》，从旧书摊得来时已破旧，豫才甚珍重之。对于日本文学当时殊不注意。森鸥外、上田敏、长谷川二叶亭诸人，差不多只看重其批评或译文，唯夏目漱石作俳谐小说《我是猫》有名，豫才俟各卷印本出即陆续买读，又曾热心读其每天在《朝日新闻》上所载的小说《虞美人草》，至于岛崎藤村等的作品则始终未尝过问。自然主义盛行时亦只取田山花袋的小说《棉被》，佐藤红绿的《鸭》一读，似不甚感兴味。豫才后日所作小说虽与漱石作风不似，但其嘲讽中轻妙的笔致实颇受漱石的影响，而其深刻沉重处乃自果戈里与显克微支来也。豫才于拉丁民族的文艺似无兴趣，德国则于海涅之外只取尼采一人，《扎拉图斯忒拉如是说》一册常在案头，曾将序说一篇译出登杂志上，这大约是《新潮》吧……

豫才在医学校的时候学的是德文，所以后来就专学德文，在东京的独逸语学协会的学校听讲。……戊申（一九〇八年）从太炎先生讲学，来者……共八人，每星期日至小石川的民报社，听讲《说文解字》。丙午丁未之称我们翻译小说《匈奴奇士录》等，还多用林琴南笔调，这时候就有点不满意，即严几道的文章也嫌他有八股气了。以后写文多喜用本字古义，《域外小说集》中大都如此……

豫才在那时的思想我想差不多可以民族主义包括之。如所介绍的文学亦以被压迫的民族为主，俄则取其反抗压制，希求自由也。但他始终不曾加入'同盟会'，虽然时常出入民报社，所与往来者多是与'同盟会'有关系的人。他也没有加入"光复会"。（《关于鲁迅之二》）[①]

这里，在叙述上有没加整理之嫌（这一半是引用者的责任），不过，我们觉得应该说的大体上已经说尽了，所以没有加以修改。只是需要作两三点注释。严复（几道）是最早合理

_____

① 见上海书店1979年复印的《鲁迅先生纪念集》，鲁迅先生纪念委员会编，1937年初版。——译者

地引进欧洲近代思潮的人，在思想史上来说，给张之洞一派的"中学为体，西学为用"论（把欧洲的技术加之于中国精神的主张）当头一棒，是近代中国开放的有功之臣。有《天演论》（赫胥黎《进化与伦理》）、《法意》（孟德斯鸠《法之精神》）等八种翻译，都很著名；而其中的《天演论》是有代表性的作品，很流行，在清末的青年中几乎没有人没读过它。由此，中国思想开始有了进化的观念。林纾（琴南）是最初的欧洲文学的介绍者，他的翻译大约达到二百种。他没有学过外语，所谓的翻译也近于改编。因而，介绍的态度也不像严复那样自觉，但他所带来的影响却很大。《茶花女遗事》（小仲马的《茶花女》）最为著名（《黑太子南征录》是科南达利的作品，原题不详）。后来，他反对"文学革命"。"冷血"是他的号。梁启超（任公）是清末的第一个编辑，作为一个彷徨于康有为的维新派和孙文的革命派之间的人，就不用解释了吧。《清议报》《新民丛报》《新小说》都是他主办的杂志。他的启蒙作用与他创造的独特文体一起，为开拓近代文化的前史划出了一个时期。关于《论小说与群治之关系》后而再谈。在《新生》失败后的宣统元年，因得到别人的资助，《域外小说集》以周作人的名义出版了，本打算继续发行，但是销路太差，连资金都无法收回，第二册便中止了，它使用了古雅的文语，这是最早自觉介绍欧洲近代文学并且只限于小说的书。刊载鲁迅译的《扎拉图斯忒拉》序章的是《新潮》第2卷第5号（民国九年），被收录于《集外集拾遗》。章炳麟（太炎）是清末的国学家，复古倾向很强。因此，尽管是个热烈的革命者，但是辛亥革命后却与革命派分道扬镳了。不过，辛亥以前，他鼓吹革命，轰动一时，特别是作为《民报》主笔时的活动功绩辉煌。同盟会和光复会的情况大概就不用解释了吧。

　　有关鲁迅在修学时期的环境，上面所引的周作人的文章把主要的情况都说了。其中促使我注意的地方，第一是他学习严复、林纾、梁启超，不久又放弃了。这是清末许多新青年走过的共同路程，丝毫不难理解。只是我觉得他在放弃的方法上多少有些不同。这表现在下面这一点上：他听章炳麟的国学讲义，受到他的文章的影响；恐怕也受到了他的复古思想和民族主义（与后来的民族主义有本质的不同）的影响，但终究没有加入政治团体。其次，他耽读欧洲近代文学，却对拉丁语系的作家不感兴趣。喜欢俄国文学，但与屠格涅夫和契诃夫相比，更喜欢安特莱夫和伽尔洵。对弱小民族的文学有特别的兴趣。对日本文学是冷淡的，对当时流行的自然主义小说尤其如此。酷爱尼采。此外，还有一些，但主要之点就是这些。这与周作人大体上也是一致的。只是在对于尼采的爱好上相反。对于俄国文学，爱好的倾向也不同。这在周作人的文章中也是相当清楚的。但是那一部分在引用时省去了。因为我认为，现在去考虑它，会招致混乱。关于鲁迅的文学的学业，最好论述得再详细些，但是，我既没有材料，也没有能力。不管怎么说，仅就以上几点来看，也可以得到有关他的思想形成道路的部分暗示吧。

　　这里，我回头来谈谈梁启超，思考一下鲁迅对于梁启超放弃了什么。关于严复和林纾，几乎没剩下什么问题，但是，关于梁启超却留下了这样的问题。

继《清议报》和《新民丛报》之后，光绪二十八年（明治三十五年），梁在横滨创办了《新小说》文学杂志。《清议报》和《新民丛报》是政治性的启蒙杂志；而《新小说》与次年（光绪二十九年）以李伯元为编辑、由商务印书馆发行的《绣像小说》一起，成为中国文学杂志的滥觞。在登载了三回他亲自创作的、未完成的政治小说《新中国未来记》的《新小说》杂志创刊号的卷头上，梁写了《论小说与群治之关系》这篇论文。"当初读了的确很有影响，虽然对于小说的性质与种类后来意见稍稍改变"——周作人这样回忆的这篇论文，如果用一句话来说的话，总而言之，就是政治小说论。

> 欲新一国之民，不可不先新一国之小说。故欲新道德，必新小说；欲新宗教，必新小说；欲新政治，必新小说；欲新风俗，必新小说；欲新学艺，必新小说；乃至欲新人心，欲新人格，必新小说。何以故？小说有不可思议之力支配人道故。[1]

他写了这一段之后，接着就针对人们为什么爱读小说这个问题说："答者必曰：以其浅而易解故，以其乐而多趣故。是固然；虽然，未足以尽其情也。"什么原因呢？因为，平易的文章未必一定是小说；而且，读小说，悲伤不是比快乐更多吗？

---

[1] 《论小说与群治之关系》，郭绍虞主编《中国历代文论选》第四册，第207—211页。下同，不另注。——译者

据梁所说，小说能够使入快乐，"冥思之，有两因"：一是"凡人之性，常非能以现境界而自满足者"，给我们实现那种"所谓身外之身、世界外之世界"的即是小说。一是"人之恒情，于其所怀抱之想象，所经阅之境界"有非常想表现出来的东西，但由于自己不能表现，便希望别人代为表现。其最上乘者乃是小说。前者为"理想派小说"，后者为"写实派小说"。"小说种目虽多，未有能出此两派范围外者也"。此为"小说之体"。其次，作为"小说之用""有四种力"。第一，"薰"是直接的感化力；第二，"浸"是被感化后的影响；第三，"刺"是刺激，相对于前二者之渐变性来说，是急剧的；第四是"提"，相对于前三者是从外面来的影响来说，它是由内部迸发出来的东西，可与"佛法之最上乘"相匹敌。"文家能得其一，则为文豪，能兼其四，则为文圣。有此四力而用之于善，则可以福亿兆人；有此四力而用之于恶，则可以毒万千载"。由于有此体和用，"小说之在一群也，既已如空气如菽粟，欲避不得避"，因此，如果空气和菽粟变成毒的话，人们都要受到毒害。"知此意，则吾中国群治腐败之总根源"，"盖百数十种小说之力直接间接以毒人"，就可以理解了。"故今日欲改良群治，必自小说界革命始；欲新民，必自新小说始"。

梁基于这一政治小说论，在光绪二十八年十月创办了作为同年一月开始在横滨发行的《新民丛报》的援军的《新小说》；不过，他对小说的这种想法，在戊戌政变亡命日本时创办的那代替《时务报》的《清议报》时就已经有了，所以，他在这《清议报》杂志上译载了东海散士的《佳人之奇遇》和矢野龙溪的《经国美谈》，并在《译印政治小说序》（一八九八年十一月发行的创刊号）中说明了译载的理由。"在昔欧洲各国变革之始，其魁儒硕学，仁人志士，往往以其身之所历，及胸中所怀，政治之议论，一寄之于小说。于是……往往每一书出，而全国之议论为之一变。彼美、英、德、法、奥、意、日本各国政界之日进，则政治小说为功最高焉"。①

　　《论小说与群治之关系》把四年前的这篇《译印政治小说序》展开了，不过，两者之间并无本质上的变化；这与政治杂志《清议报》和文学杂志《新小说》之间并无本质上的差别一样。梁因此提高了对政治小说的舆论，不过，这与梁在别的事业上的情形一样，与其说是基于他的先觉，不如说，更多的是基于他对时代潮流的敏锐的感受性。所以，如果考虑到《清议报》创刊的光绪二十四年正是明治三十一年，在明治十六年的《经国美谈》、明治十八年的《佳人之奇遇》、明治十九年的《雪中梅》这样的时代背景下，由于类似于西南战争的庚子（义和团）事件的刺激，中国在清末迎来了政治小说的全盛时代并不是由于梁一个人的功劳，这是显而易见的。不过，说梁巧妙地利用了这一时代风潮，大概是可以的，在这个意义上，《论小说与群治之关系》是当时有代表性的文学论的先锋。而在《译印政治小说序》发表的光绪二十四年，鲁迅才十八岁，进了南京的江南水师学堂。在《论小说与群治之关系》发表的光绪二十八年，鲁迅才二十二岁，开始踏上日本的土地，他和

①　《译印政治小说序》，见郭绍虞主编《中国历代文论选》第四册，第205—206页。——译者

当时一般的进步青年一样，当然也从中受到了"相当大的影响"。像在传记一章所稍稍触及到的那样，他这时还在翻译《月界旅行》《地底旅行》这样的科学小说，这在科学本身就是政治的当时，像是鲁迅式的做法，大概可以说明这种影响之大吧。不过，正像周作人所写的那样："对于小说的性质与种类后来意见稍稍改变，大抵由科学或政治的小说渐转到更纯粹的文艺作品上去了"，所以，不久就离开了梁启超。考虑到明治十八年《小说神髓》、明治二十年《浮云》、明治二十年《水沫集》所谓明治二十五年这样的时代背景时，毋宁说这是十分自然的，因为，在明治二十五年即1892年，鲁迅才十二岁，只是在乡里的私塾迷恋着绘画。与脱离梁启超的影响相比，脱离时代风尚是否是鲁迅留学日本的更重要的原因呢？也未必是那样。在写出《论小说与群治之关系》两年后，已有王国维这样的先觉人物说出了"美术中以诗歌戏曲小说为其顶点，以其目的在描写人生故"（《红楼梦评论》）这样的话，考虑到这一时代背景，自然能认为中国文学本身在有了政治小说同时，也有了别的东西，这种想法是正确的。

叙述有些混乱了。我想说的结论如下：鲁迅也许如周作人所说的受到了梁启超的影响。不过，与认为受到了影响相比，认为没有受到影响，作为思考方法不是更为正确吗？不是吗？至少在他的本质方面，并没有受到"影响"。而且，即使他接受了，但他的接受的方法是为了从中选择自己本质的东西而投身于其中的这种方法，他不是用了这种"挣扎"的接受方法吗？因而，这也是与后来在革命文学情况下的态度是一致的。我想说的就是这些。周作人谈到"对于小说的性质与种类后来意见稍稍改变"，所谓"小说的性质与种类"大概指的是《论小说与群治之关系》所举的"理想派小说"与"现实派小说"的区别以及"体用说"和由此引出的功用论。据周作人说，可以认为鲁迅受到了这一功用论的影响，后来又摆脱了它。不过，我认为这大概并不正确。因此，周作人的"只是不看重文学之直接的教训作用，本意还没有什么变更，即仍主张以文学来感化社会，振兴民族精神"这段话，对我来说听得也很糊涂。至少这篇文章写得容易被人误解。我不是说鲁迅不想"振兴民族精神"。但无论如何也不能认为是为了"感化社会"才"运用文学"。我认为，他不仅"不着重文学之直接的教训作用"，而且也不重视间接的教训作用。不仅是不重视，而且我觉得，对于他的文学来说，这种情况不是从最初就已经不成问题了吗？诚然，周作人所谈的这种见解，鲁迅自己在前面所引的《呐喊》自序中也讲过，在《我怎么做起小说来》中更清楚地肯定说："例如，说到'为什么'做小说罢，我仍抱着十多年前的'启蒙主义'，以为必须是'为人生'，而且要改良这人生。"①但是，对于这样的表白，我并不原封不动地加以接受。因为，如果原封不动地接受的话，就无法说明它与作品之间的矛盾。那么，要说如何解释，下面，我打算从另一方面思考一下。不管怎么说，在鲁迅和梁启超之间，有种决定性的对立；那种对立也可以认为把鲁迅本身的内在矛盾对象化了，因此，我认为，

① 《南腔北调集》，《鲁迅全集》第4卷，第512页。——译者

与其说鲁迅受到了梁启超的影响，毋宁说鲁迅在梁启超那儿看到了被对象化了的自己的矛盾，难道不正是这样的关系吗？换句话说，也应该说是政治和文学的对立这样一种关系。我觉得，所谓鲁迅受到梁启超的影响，以后又摆脱了它，不是应该解释为他在梁启超那儿破坏了自己的影子，清洗了自己这层意思吗？这种情况不是由于他在后来选择了章炳麟、尼采和弱小民族的文学而被证明了吗？对于这几点，我现在不去详细触及。只是关于文学和政治的关系，我想就浮现于我脑中的想法补充一句：鲁迅与因怀疑文学的功用而成为文学家的二叶亭相比，除了在气质、文体和业绩之外，不是有着更深刻的本质的类似吗？

五四式反传统思想与中国意识的危机
——兼论五四精神、五四目标与五四思想

林毓生

一

五四新文化运动至今已六十年，六十年不能算是一段很短的时间；然而，今天我们回顾这六十年来文化与思想的发展，我们知道，成绩实在是很有限的。今天我们纪念"五四"，在思想上首要之务是应把"五四"精神、"五四"目标与"五四"思想加以分析，使之分离。如此，我们才能创造地继承"五四"传统而不被其所囿。

什么是"五四"精神？那是一种中国知识分子特有的入世使命感。这种使命感是直接上承儒家思想所呈现"先天下之忧而忧，后天下之乐而乐"与"家事、国事、天下事、事事关心"的精神的；它与旧俄沙皇时代的读书人与国家权威与制度发生深切"疏离感"（a sense of alienation），因而产生的知识阶级（intelligentsia）激进精神，以及与西方社会以"政教分离"为背景而发展出来的近代西方知识分子的风格，是有很大出入

的。这种使命感使中国知识分子以为真理本身应该指导政治、社会、文化与道德的发展。我们这些追求真理的人看到了政治上、社会上的不合理现象，便极感不安，深觉自己应该加倍努力，一方面觉得应该参与爱国运动，另一方面觉得自己的工作与国家前途甚有关联，只要把它做好便是救国之一途。这种使命感发展到最高境界便是孔子的"知其不可为而为"的悲剧精神。因为我们具有使命感，所以我们有所归属。即使我们对政治与社会许多不平、不合理的现象深感愤慨；但我们不消极，不气馁，不自怨自艾，不上山静思，也不玩世不恭（做这类事的当然也有；不过，那不是中国知识分子的主流）。这种入世的使命感是令人骄傲的"五四"精神，我们今天纪念"五四"，要承继这种"五四"精神，发扬这种"五四"精神。

什么是"五四"目标？大家都知道五四运动最初是一个内除国贼外御强权的民族主义爱国运动。所以它的基本目标是：使国家强盛。但强国的办法很多，如要逞一时之快，用法家或近代极权主义的独裁办法在短期之内是可能奏效的，虽然这种办法有其内在不稳定性。五四运动是在合理、合乎人道、合乎发展丰富文明的原则之下进行的爱国运动。所以它是与自由、民主、法治、科学，这些目标分不开的。虽然这六十年来这些"五四"目标受到了不少左右政治势力的分化与压迫，以及中国知识分子内在思想混乱的干扰；但是在今天，我们可以说"五四"对自由、民主、法治、科学的要求是中国人民一致的愿望，不是任何统治集团可以抹煞的。人民的愿望不但未被任何统治工具所扰乱，到头来，仍然是要要求民主与法治。这种要求的渊源实种因于五四运动，可见五四运动影响之深远。经过六十年的历史考验，五四运动所追求的目标，在今天看来，产生了更为崭新的意义。凡是真心关怀国家前途的中国人都应为实现这些"五四"的目标尽最大的努力。

什么是"五四"思想？这个问题可分为思想内容与思想模式两方面来看。而思想内容可再分为形式的与实质的两个层次。在形式层次上，"五四"人士喊了不少口号，高谈自由、民主、科学、思想革命、文学革命等。但他们到底认为什么是自由、民主、科学、思想革命、文学革命呢？我们虽不必对"五四"人士过于深责，因为他们的思想深受当时种种环境的影响，之所以不能深入是有客观的历史因素的。但不能不指出，他们的这些观念在实质的层次上是相当肤浅、浮泛，甚至错误的，例如胡适主张的"八不主义"文学革命论，现在看来是很不通的。他们把科学看成了宗教，对之产生了迷信，这种"科学迷"式的科学主义是很不科学的。最糟糕的是，许多"五四"人物为了提倡自由、科学与民主，认为非全盘而彻底地把中国传统打倒不可。这是与自由主义基本原则完全违背的。而这种"全盘否定传统主义"却直接引发了"全盘西化"那种大概只能产生在中国的怪论。

我们今天纪念"五四"，要发扬"五四"精神，完成"五四"目标；但我们要超脱"五四"思想之不足，重新切实检讨自由、民主与科学的真义，以及它们彼此之间的和它们与中国传统之间的关系。这件事当然不是一朝一夕可以达成；然而，与其在圈子内平原跑马，人马皆惫而毫无进境，不如做一点切实功夫，更上一层楼。"五四"人物，不是悲歌慷慨，便是迫不及待，很少能立大志，静下心来做一点精深严谨的思想工作，当我们今天痛切体验到文化界、思想界浮泛之风所产生的结果之后，我们应该在这个时候领略一点历史的教训了。

"五四"思想之实质内容，实在地说，与他们未能从传统一元论的思想模式（monistic mode of thinking）中解放出来有很大关系。而这种思想模式是导引形式主义式的全盘否定传统论的重要因素。我们今天要破除这种形式主义式的思想，进行多元的、分析的、根据具体事实的实质思维。根据博兰霓的知识论与孔恩（Thomas Kuhn）的科学史的观点，只有这种实质思维才是真正创造的过程。换句话说，我们要产生新的实质思想来解决我们的问题。

下文我将根据一篇原用英文发表的短文，说明在英文拙著《中国意识的危机》一书中所讨论的"五四"全盘否定传统主义的谬误的原因与含意，希望借此指出，我们今天如要创造性地继承"五四"传统，必须开始进行对传统创造的转化（creative transformation）这份艰巨的实质工作。

二

在20世纪中国史中，一个显著而奇特的事是：彻底否定传统文化的思想与态度之出现与持续。近代中国的反传统思想，肇始于1890年中国社会中第一代新知识分子的兴起。但是，在传统中国政治与文化架构崩溃之前，亦即辛亥革命爆发之前，中国人一直认为中国传统是一个混合体而不是一个化合体——其中包含多种不同的成分与不同发展的倾向；而这些不同成分与不同倾向是彼此不能相融的。是时，传统尚未解体，所以尚未产生以传统为一完整有机体的概念。当时对传统的反抗者，虽然甚为激烈，但他们的攻击是指向传统中特定的点、面。可是，崛起于"五四"早期的，第二代知识分子中对传统做全盘彻底的反抗者，却把传统中国文化、社会与政治看成了一个整合的有机体——他们认为真正属于中国传统的各部分〔那些世界各国文化（包括中国文化）所共有的公分母不在此列〕都具有整个传统的基本特性，而这个传统的基本特性是陈腐而邪恶的。因此，中国传统被视为每个成分都具有传统特性的、应该全部摒弃的整合体或有机体。这种彻底的全盘否定论自然可称作整体性的（totalistic）反传统思想（在本文中"全盘否定传统论""全盘否定传统主义"与"整体性反传统主义"皆指谓同一现象）。

但是，"五四"整体性的反传统思想者对于中国传统全盘否定的"意缔牢结"式的（ideological）献身，事实上，并不蕴涵他们已经与中国社会与文化的遗产隔绝；也不是说他们因此便能够不承认中国过去在许多方面的成绩，或不声称中国过去有许多成就。这些"承认"与"声称"，从逻辑的观点来看，是与他们"意缔牢结"的立场（即：对中国传统的全盘否定）相互矛盾的。不过，这种"承认"与"声称"本身却深受全盘否定传统主义的影响。这些对于中国过去成就的"承认"或"声称"不是根据外国的观念架构被形式地或专断地提出来，便是指谓人类各种不同文化的共相（因此，不是中国文化的特色）。一些极少数的人，如鲁迅以及与他的思想具有契合感的知识分子，因为内心资源比较丰富，可以拒抗自己的"意缔牢结"的立场；但是，为了避免显然的矛盾，他们对于在传统架构崩溃以后尚能生存、游离的、中国传统的一些价值之意义的承认与欣赏，是在未明言的意识层次（implicit level of consciousness）中进行的。根据以上的陈述，我们可以肯定地说，整体性或全盘式的反传统思想在"五四"时代占有极大的优势是一项明显的事实。

此种有力的全盘否定传统主义对于激进的与保守的思想与"意缔牢结"均有深远的影响。例如，毛泽东自己曾说过，在他的思想形成期的青年时代，他是《新青年》的热心读者，并是那个杂志主要发言人的崇敬者。中式马克思主义有许多特色，这些特色反映着中式马克思主义的前提与马克思主义、列宁主义的前提有实质的不同。这些特色包括：李大钊与毛泽东对马克思主义的新解释（特别注重意志功能，强调思想具有改变社会现实的能力），以及持续不断的"文化革命"的要求（这种要求一向以对旧文化的激烈排斥为其前提）。

如果我们把眼光转到20世纪中国学院的与政治的保守主义思想与意识形态，①这些思想与意识形态大都在社会层面不甚有效，而在文化层面也并无冲刺之力。保守主义思想与意识形态之软弱无力，正说明了20世纪中国缺乏可资它们成长的社会、政治、与文化的环境。同时也说明了在不同程度上"五四"时

---

① Ideology在本文中，因为行文脉络之不同，有时译为"意缔牢结"，有时译为"意缔形态"。

代的全盘否定传统主义对于它们的影响力——许多保守思想与意识形态，在自身无法独立发展的情况下，成为对"五四"反传统思想的直接反应。

尤有进者，虽然反传统态度与反传统运动在别的时代与别的地方也曾发生过；但，就"五四"反传统思想笼罩范围之广，谴责之深，与在时间上持续之久而言，在整个世界史中可能是一个独一无二的现象。由于它对中国的过去之攻击是采取全盘式的，这个整体性反传统主义影响所及，使得中国民族主义的一个重要方面形成了独特的性格。这种性格在其他各国的民族主义中也是少见的。一般而言，民族主义的自觉是经由对自己民族之过去的珍惜之情而培养出来的。民族主义者通常倾向夸耀与歌颂自己的历史与自己的文化；倘若自己民族的文化遗产，由于来源庞杂或尚未高度发展（如非洲、中东或东南亚许多国家）——因而不易明确的界定，在这种民族当中的民族主义者，通常是要热情地找寻自己历史的根源，以便重建此一文化遗产。相反地，"五四"时代的反传统主义者，虽然也认为他们的传统文化与政体是他们特有民族生活的泉源，但是他们却与这个传统文化与政体产生了极大的疏离感，为了民族的生存与发展，他们对中国传统文化与政体进行了强烈的反抗与抨击。他们也是民族主义者，但他们底民族主义是反传统的民族主义。在"意缔牢结"的层次上，整体性的反传统主义不允许任何传统成分得到正面的估价与理解。但是，整体性反传统主义与民族主义在思想上的混合，产生了极大的紧张，造成了日后中国思想史与政治史上许多难以解决的问题。

笔者在用英文写成的《中国意识的危机：五四时代的激烈反传统主义》（*The Crisis of Chinese Consciousness：Radical Antitraditionalism in the May Fourth Era*）一书中曾试图研究上述反传统思想的新异特性与它在近代中国思想史与政治史上的含意。为了能够深入探讨此一问题的矛盾性、繁复性、分歧性与统一性，经过多方探索，我发现最好的办法是对"五四"知识分子中三位领袖人物——陈独秀、胡适与鲁迅——的反传统意识的源流及性质做一比较研究。这三位人物极不相同。但在他们的思想中却都达到了一共同的结论：现代中国社会、政治与经济改革的先决条件是思想革命，而这种思想革命首先需要全盘摒弃中国的过去。此种"五四"激进知识分子建基于整体性反传统主义的，对于根本思想变迁应具有优先性的主张，并不是由于他们之间彼此性格甚为类似的缘故，也不是由于他们持有相同的政见，或具有相同的文化、思想的发展趋向所导致的（事实上，在任何同一时代里，我们很难找到在性格上、做人风格上、政治意见及行为上与思想的发展上，有像陈独秀、胡适与鲁迅那样迥然不同但却又坚持同一"意缔牢结"的三位知识界的领袖）。因此，这种"五四综合特征"（The May Fourth Syndrome）不是心理学、政治学、经济学或社会学的律则所能解释。这是一个真正的历史问题，必须从二十世纪中国繁复而辩证（dialectical）之思想的、[①]社会的"变迁"与"持续"的脉

---

① 我在这里所谓"辩证"的"变迁"与"持续"，是指整体性反传统主义。整体性反传统主义之兴起，原是中国思想上影响深远的重大"变迁"，但它的由来却主要是因为"五四"知识分子在西方思想与价值的冲击之下没有能从传统一元论的思想模式中解放出来（即传统思想模式"持续"）的缘故。

络中加以探讨。

此一激烈反传统运动的统一性，可从考察它呈现的不同方式与它内在的冲突的涵义而得知。这个运动在中国近代史中的涵义也可由此掌握。拙著中对于这三位"五四"领袖的思想、基设（presuppositions）、与关怀的分析主要是为了了解这一运动之统一性与繁复性及其成因与涵义。从这一观点来看，拙著并不是这几个思想家的合传。

前已提及，"五四"反传统主义者认为中国传统为一有机体。因此，根据"五四"式反传统主义的理路思辨下去，他们的反传统运动，若有任何意义，就必须是整体性（全盘式）的。易言之，根据他们的观点，传统中的许多可恶成分都不是单独事件，它们实在都与中国文化的特质有关。而他们认为中国文化的特质是导源于中国最基本的思想；所以，只攻击所厌恶的某些规范、教条，对"五四"反传统主义者而言，实在不够深刻。由于他们认为中国最基本的思想影响及于传统中每一成分，所以，不打倒传统则已，要打倒传统，就非把它全部打倒不可。当然，他们的全盘否定论并不是在对中国过去的一切，经过详切的研究以后，发现无一是处，才提出来的。根据他们的观点，这种仔细研究中国过去一切的工作，并不值得考虑；并不是因为这种庞大的工作任何人都不可能做到，而是因为那是一件迂腐而并无必要的工作。因为，根据他们的一元论所肯定的中国传统为一有机体的观点，他们无需做此工作就已经知道中国特有的一切都是要不得的。所以，整体性反传统思想，实际上，犯了"形式主义"或"抽象主义"的谬误（the fallacy of formalism or abstractionism)（这里"形式"二字相当于"形式逻辑"中所谓"形式"的意义。所谓"形式主义"谬误，是指一种根据未对实质问题仔细考察而武断采用的前提，机械地演绎出来的结论）。这种谬误是一种对于文化与社会之形式建构的了解，犯了这种谬误的人却（不自觉地）以为这种了解是实质的了解。形式主义只是头脑中的建构，但形式主义者却以为这种头脑建构实有所指。事实上，它无可避免地把具体事实扭曲化了、简单化了。因此，探寻整体性反传统主义之起源，主要是要解释为什么"五四"时代的反传统主义者会对视中国传统为一有机体的那种观点，那样地深信不疑；易言之，为什么他们不能洞悉他们论点的谬误。

　　"五四"整体性反传统主义之崛起，主要是由于三种因素——输入的西方文化，传统政治秩序崩溃以后所产生的后果，与深植于中国持续不断的文化倾向中的一些态度——相互激荡而成。经由"普遍王权"（universal kingship）的符号与制度的整合作用，中国道德、文化中心与政治中心是定于天子的位置之上。［虽然中国传统中有"从道不从君"的观念，虽然这项观念与天子承受"天命"为天下政治与道德中心的观念之间产生了中国传统中的一种"紧张"（tension），但因种种此处不能详论的原因，"从道不从君"这个观念并未使位于中国政治与社会秩序中心的天子也是道德与文化中心的观念发生动摇］因此，我们可以说，中国的政治秩序与道德、文化秩序是高度地整合着的。"普遍王权"建基于对"天命"的信仰上，从汉代以降，更因儒家思想中产生了极为精巧的有机式宇宙论而得到增强（这种有机式宇宙论之兴起主要是因为阴阳五行学说已糅杂在儒家之中的缘故）。因此，"普遍王权"的崩溃不仅导使政治秩序瓦解，同时也使文化秩序损坏了。这不是说，在这种文化解体的情况下，中国人就不再持有任何传统的观念或价值，而是说经由传统的整合秩序所形成的价值丛聚（cluster of values）与观念丛聚（cluster of ideas）（一组价值或观念彼此相互连结曰丛聚）遭受腐蚀，或从原来接榫处脱臼了。易言之，传统文化与道德之架构解体了。那些仍要维护传统观念与价值的人被迫只得寻求新的理由。因为在中国传统思想内容之内，已经没有任何东西可安稳地被视为当然，所以其中每一方面均可能遭受怀疑与攻击。从分析的观点来说，传统政治与文化架构的解体，为"五四"反传统主义者提供了一个全盘否定传统论之结构的可能（structural possibility）。于是，在结构上便可采用从传统中演变而成的一个思想模式（mode of thinking）做武器，来对中国过去进行全面而彻底的攻击。从这个意义上看，全盘否定传统主义是辩证地与中国传统中的特点关联着的。但是，我在这里却不欲引发一个纯粹有机体的影像用来形容传统的中国，使它看来好像是以不能分隔的成分造成的一个整体。在《中国意识的危机》一书中，我曾指出，传统中国中一些分歧的思想并未融会在通行的正统学说之内；诸如柳宗元的素朴的社会演化观与《抱朴子》中所收录的鲍敬言对于"天命"观念的批评（他认为那只是虚构的神话）。但正因这些异端思想不能汇入儒家思想的主流，无论它们如何具有原创性，却都很难在传统的中国得到发展。当我们对"传统中国社会具有高度的整合性"这个命辞做了必要的保留与加减以后，我认为，无论从理论的建构或材料的证明上说，这个命辞都是站得住的。既然我们已经明了传统中国社会的确具有高度的整合性，我们便可探讨它对中国传统与近代历史之深远的影响。①

正在中国传统的思想内容解体之时，"五四"反传统主义者却运用了一项来自传统的，认为思想为根本的整体观思想模式（holistic-intellectualistic mode of thinking）来解决迫切的社会、政治与文化问题。这种思想模式并非受西方影响所致，它是在辛亥革命以后政治与社会的压力下，从中国传统中认为思想为根本的一元论思想模式（monistic-intellectualistic mode of thinking）演变而来。这里所谓的一元论思想模式，是中国文化的一个特殊倾向，是被视为当然的，是横越中国许多派思想藩篱的共同特点。这种视思想为根本的整体观思想模式，认为中国传统每一方面均是有机地经由根本思想所决定并联系在一起。在反传统主义者接受了许多西方思想与价值以后，当中国传统文化因其架构之崩溃而失去可信性时，其中陈腐而邪恶的成分，从这种思想模式的观点看去，并不是彼此隔离的个案，而是整个（产生根本思想的）中国心灵患有病毒的表征。这种

---

① 我对中国传统政治与文化高度整合性的陈述有别于已故赖文森（Joseph R. Levenson）教授把中国传统完全当作一个有机体的看法［因此，他认为在另一有机体（近代中国）崛起以后，传统的一切便失去理智上的价值］。同时，我的陈述与"五四"反传统主义者把"传统"与"现代"截然二分的看法也是不同的。我认为，虽然"五四"对传统全盘否定式的攻击是与传统政治、社会、文化具有高度整合性有关，但传统架构解体以后并不蕴涵每一传统思想与价值便同时都失去了理智上的价值。一些传统的思想与价值虽然因原有文化架构之解体而成了游离分子，这些游离分子有的失去了内在的活力，但有的却与西方传入的思想与价值产生新的整合的可能。

病毒侵蚀了每件中国事物。因此，如要打倒传统，就非把它全盘而彻底地打倒不可。这个极为"意缔牢结"式的全盘否定传统运动，之所以如此僵化而热烈，主要是因为它自身有其形式的一致性与"合理"性，而这种形式的一致性与"合理"性是因为它的论式与其他想法"绝缘"的关系。

换句话说，"五四"人物根据他们所强调的根本思想决定一切的整体观思想模式去看许多传统成分的罪恶，他们发现这些罪恶与腐朽实与传统中的基本思想有一必然之有机关系。他们认为这些罪恶不是单独的、互不相干的个案，而是由于基本思想有了病毒之故。当然，中国传统并非无一是处；不过，如前所述，传统中仁爱之说等等，在"五四"反传统者的眼里，只是世界文化的公分母，不是中国特有的东西。中国特有的东西均因产生它们的母体患有病毒而患有病毒。所以，如要革新，就非彻底而全盘的反旧不可。

"五四"知识分子思想之内并没有资源可以用来对这种"意缔牢结"做批评性的检讨；这种单简论式的立场完全受了视为当然、预设的、思想模式（assumed mode of thinking）所左右。人不能否定他视为当然的预设（assumptions）——只要这种预设一直被视为当然。

在这篇短文中我不能充分地说明我对陈独秀、胡适、鲁迅反传统思想的分析；不过，我可以说陈氏代表整体性反传统主义（全盘否定传统论）的直接反映，而胡氏改革主义在思想上之所以失败，是因它受到他的整体性反传统主义自上而下控制的缘故。①在另一方面，鲁迅在近代中国思想上的地位可从他运用自己的精神力量去超越他的全盘否定传统主义来观察——在明显的、辩难的意识层次上，他对传统的攻击超过了口号的呐喊，达到了对传统中国文化黑暗面与中国人性格症结的犀利而深入的了解；而在隐示的、未明言的意识层次上，他能认知一些尚存的传统道德价值的实质意义。因为在他创造的笔触之下他能使形式主义式的反传统运动，变成了对传统罪恶的具体描述，凡读过他的作品的中国读者，很少能不对自己的文化与自己的性格反省的。就达成反传统的目的［暴露与清除传统的邪恶与/或（and/or）无用的思想与行为］而言，他的成就远超过其他反传统主义者。虽然鲁迅在显示的意识层次上以中国传统为一有机体而对之做无情的全盘攻击；但他对具体事实的确切感（concrete sense of reality）与他内在的精神力量［一种抗拒把心灵不同层次中复杂不协调的思想化约（reduce）为简单的"统一"思想的力量］，导使他用艺术的形式（小说的体裁）来说明一些传统的道德原则与价值。这些道德原则与价值虽然已离开了他们在过去架构中的碇泊之处，它们却仍是他内在的、纯正的理智与道德的肯定的一部分。我曾尝试阐明其中的一端："念旧"——这一道德原则为鲁迅及许多现代的中国人所普遍接受。

---

① 一些人并不把胡适看作是一个中国传统全盘否定论者，胡适晚年也常为早期"打倒孔家店"的口号自辩。胡到底是不是传统全盘否定论者，是一极为繁复的问题。我的看法是：他的改良主义是不纯正的，主要是因为他从全盘否定传统出发的缘故。读者欲知其详，请参阅拙文《五四时代的激烈反传统主义与中国自由主义的前途》，或拙著*The Crisis of Chinese Consciousness*第五章。

儒家世界观（world view）的要点之一是："真实"（reality）的"超越性"（transcendence）与"内涵性"（immanence）具有有机式（organismic）的关联：在现世的人生"内涵"着"超越"的意义，身后之事反而是不被重视的。建基于道德自主之上，非功利的人际关系之真正情感一旦产生（无论是经由已有的社群关系或因偶然的机遇），便构成了人生过程中一个基本的创造的泉源，由此，人可以接触到宇宙之中"内涵"的与"超越"的"真实"。从这个观点来考察，中国人所注重，象征人际关系之真正情感的"念旧"，不仅是一个道德原则，似乎亦具宗教的涵义。

在"五四"时代，虽然鲁迅持有非凡的理知与精神力量，他最终却未能在他显示的、辩难层次上超脱"传统"与"现代"形式主义的二分法，同时也没能更进一步探讨在他的隐示的、未明言的意识层次中，他所"发现"至今尚存的传统文化中一些成分的理知与道德价值的意义；虽然，这种"发现"就是对上述"二分法"的具体而实际的超脱。在强烈的全盘否定传统主义弥漫的气氛之下，他对一些中国旧有思想与价值尚具生命力的认识，似已到了他的艺术视野的极限。鲁迅不仅未能更深一层地探寻如何超越整体性反传统思想，并进而为中国传统之创造的转化（creative transformation）奋斗；相反的，他的灵魂反而被他的"发现"所扯裂，这个"发现"在他的灵魂深处引起了复杂而强烈的冲突，因它与他所献身的全盘否定传统主义是无法相容的。这种鲁迅思想中的冲突，由他自己独特的方式，反映着20世纪中国意识的危机。

五四运动中的意识与组织
——五四思想史新探

阿里夫·德里克/著　朱志敏/译

　　五四运动是近代中国史研究中最受重视的事件之一。然而，我们对运动的理解仍只停留在表面，局限于对运动的各个侧面的研究，并通常限于思想领域。除了依次提供的这些侧面得以获得意义和历史方向的来龙去脉，我们尚须清楚地获得由这些成为要素的侧面所构成之五四运动的整体认识，还必须清楚地了解使这一运动成为历史事件的各个侧面之间变动不居的相互关系。换句话说，我们所缺乏的，是使之构成"运动"的辩证的过程观念。

　　没有这一过程观念，"运动"这一术语本身似乎成了人为的、主观的产物，一个把历史现象（如果这些现象是政治的、社会的或文化的话）拼凑起来的便利方式。这些现象被拉到一起，只是因为它们在时间上的偶合。它们的统一，很可能是从外部强加的，因为还看不出有把它们的基本矛盾统一起来的有力论证，而这种矛盾或表现在它们的统一上，或表现在它们的分立上，但不会同时表现在二者身上。当我们在把"运动"放到近代中国历史过程方面有所进展时，其成就仍是有限的，因为解释它所表达思想的任务仍有待于完成。甚至五四运动作为一种运动的自我形象之推论的意义也无从知晓。在形成这种自我形象和产生"运动纲领"的自觉意识方面，五四运动成了近代中国史的分水岭。在它之前有农民起义、改革与革命；自它以后，似乎中国历史由一个又一个接连发生的运动所组成，这些运动不仅具有"五四"以后历史的革命意识，并且具有可以追溯到"五四"前的整个中国革命史的意识。我认为，这些也许在中国革命意识中有所意味的解释，可能为下面的工作提供了出发点，发掘运动本身的推论依据，和我们自己把它们作为近代中国史上重要历史现象的肯定评价，这种评价一再把五四运动本身的意识说成是新时代的开端，如孙隆基所说的"时代的顶峰"（较早明确作出这种表述的是无政府主义者）。

本文无意重新解释五四运动，或重新评价它在近代中国史上的地位。以下的讨论涉及我认为是五四运动的推论性特征时，我没有系统地解释哪种论点，因为我认为要使我们在同一水平线上理解运动，还为时过早。本文也几乎没有对众多有关五四运功的论著的优缺点加以评论，而这在目前是可能的。我所关心的是我们的推论，并且仅仅涉及那些有助于说明我们以往已经进行的和尚待进行的研究的推论。我在这里首先关心的不是有关五四运动的已有定论的东西，而是那些尚未研究的问题。关于五四运动，已有许多有价值的论著，但其中只有少数直接论述运动的，^①其他则大都从特定的观点出发，通常是通过那些在运动中扮演重要角色的，或构成运动基本关系的杰出个人的传记进行研究。但是不管怎样，以往的成果尚未触及运动的某些问题。本文的目的是指出这些未受注意的问题。我认为，这些问题对于辩证地评价这一运动是十分重要的。因为这些未被触及的问题，大体属于历史过程问题，故而有必要探入考察五四运动的社会结构特征。米克尔·福考尔特（Michel Foucault）认为：推论不只包含脱离现实的思想和反省的思维方式，它还深深地根植于社会与政治实践。^②对这些实践的说明比对其所表达思想的说明更为重要，正是在这一领域，我们对五四运动的研究显得过于薄弱。因为甚至如周策纵的《五四运动史》（哈佛大学出版社，1960）这样十分注意运动结构特征的研究著作，对各种组织结构之间、组织结构与思想之间，以及整个五四运动与其社会和思想因素之间相互联系的辩证关系也缺乏探讨。本文以下的大部分内容集中于这些问题的思考。我将最终阐明这种思考如何使我们有可能比过去更好地理解五四运动的辩证法。

---

① 这里没有包括微拉·施瓦支《中国的启蒙运动——知识分子与五四遗产》一书。（加利福尼亚大学出版社，1986）该书在本文写作时，尚未出版。

② 福克尔特的观点可参阅保罗·拉比诺编辑的《福克尔特选集》，福尼亚大学出版社，1984；关于同样的思想，持马克思主义观点的，见雷蒙德·威廉《文学与革命》，牛津大学出版社，1977；与下述理论的方法论讨论有关论著有：卡尔·曼海姆：《空想意识与乌托邦》，哈考特·布拉斯·乔万诺威克出版公司，1955；路易斯·奥尔萨瑟：《思想与表达思想的器官》，《列宁与哲学及其它论文》，每月评论出版社，1971；弗雷德里克·詹姆斯：《政治的无意识》，克内尔大学出版社，1981；迈克尔·瑞安：《马克思主义与解析》约翰·霍普金斯大学出版社，1982；当然还有马克思本人的著作，特别是《德意志意识形态》。

五四运动是近代中国史上的第一个运动这一论断的真正理由在于：它是一个"普遍性"的运动。正是地理范围的普遍性，它的影响及于中国大部分城市；正是社会范围的普遍性，它聚集了中国社会不同的集团、阶级，它的影响甚至扩展到农民中间；正是思想范围的普遍性，它的关怀涵盖了一切思想问题和社会、政治问题，并且从个性异化问题扩展到经济改造、社会重组和政治变革等一系列问题；并且正是世界观方面的普遍性，使运动充满了雄心壮志。这些情况都是我们从已有的论著，特别是周策纵的著作中了解到的。

　　然而，同样显而易见的是，尽管我们承认五四运动是一个整体，但这一运动所吸引学生而几乎排斥其他一切的，是它的思想，更确切地说是少数运动领导者的思路。只有陈约瑟（Joseph Chen）的《上海的五四运动——近代中国社会运动的产生》（布里尔出版社，1971）认为，"五四"学生把五四运动看作思想运动时所考虑的，是这些思想与其他思想的联系，而不是其与思想社会背景的联系。这种看法的一个突出例子是本杰明·史华慈主编的《五四运动的反省·专题论丛》（哈佛大学出版社，1972）。文集的作者们都为"五四"思想与"五四"前后思想的联系所吸引，无一谈到这些思想蕴含在与五四运动直接相关的社会和政治关系之中。这的确是带有普遍倾向的问题，甚至很大程度上在周策纵的《五四运动史》中也如此，它把政治和制度的发展描述为一种与各种思想出现和消失于思想舞台相对照的背景，而这些思想在其背景中与社会和政治运动缺乏明确的关联。周的著作自发表以来，作为一部十分全面的学术论著，一直备受重视，在对历史过程的敏感性方面，尚无其他论著可与之相比。然而，它却未能使读者得到一个有关五四运动辩证关系的明晰认识。具有讽刺意味的是，也许由于周氏对运动的政治与制度背景作了详细介绍，五四运动的研究者们便满足于这些被认为是理所当然的结论，因而把注意力转向了它的思想方面。其结果是思想渐渐脱离它们的社会甚至社会内容，以致"五四"思想成了脱离历史的抽象。林毓生的《中国意识的危机》（威斯康星大学出版社，1979）即是一例。在书中，意识本身不是作为一种历史的现象，而是作为一种范型的表现而出现的。

这里的问题不在于应否研究，而在于如何研究思想。从社会关系中抽象出来的思想与观念，忽视了思想的创造者及其接受者所具有的意义。此即作为一个中心问题而出现的，五四运动的构成问题之所在。一个在鼓舞人心和富有抱负两方面都具有普遍性特征的运动，正是基于它的由许多运动构成的真实性质。它从许多"局部的"运动［这里指的不是地理概念，它相当于伊凡·伊利（Ivan Illich）用来比喻语言的"方言"］获得动力。[1]这种局部的运动虽带有普遍性，但在其具体形态中及其后来的方向上也打下了自己的印记。只要"局部的"观点与"普遍"的认识带有不同的含义，便会导致在运动的相互关系之间出现疑问。在这种意义上，五四运动既是把抽象的普遍性引入

---

[1] 伊凡·伊利克：《投影工程》，马里恩·博亚尔斯出版社，1981。至于近来运用马克思主义分期理论的，见特奥多·山尼恩《晚期的马克思与俄国道路——马克思主义与"资本主义的界限"》，每月评论出版社，1983。

中国舞台去指导其"局部"要素思想变革的具有变革意义的历史事件，又是其普遍性常常由"局部的"关系而转化的事件。进一步说，五四运动在其展开过程中越具有普遍性及蕴涵力，它的整体内容也就越矛盾。迄今为止，我们过于注意它的普遍性方面，而忽视了它的具体的"局部"内容，并因此忽视了为它提供动力的矛盾的一面。

让我们举例来说明这一点。民主的概念对于"五四"思想有决定性意义，它无疑是为引导社会与政治改革而提供抽象目标（一种乌托邦）的、可转化的抽象概念之一。但无论是其本身的内容，还是从其中引申出来的思想都已失去了它本质上的涵义。它的具体内容是在社会实践中获得的。因此，它在不同的社会实践关系中带有不同涵义。这是我们在对五四运动中人们的民主观念的观察中所得到的。在那里，这个概念对于运动中不同的社会派别具有不同的含义，随着运动的展开出现了互相矛盾的解释，在其范畴内产生了不同的社会阶级，并且在变革社会关系的过程中，提出了关于民主涵义的问题。在运动早期的《新青年》杂志中，民主对于那些持不涉政治态度的倡导者来说意味着思想民主，一种要求废除思想统治，而表现自由探索方式的自由开放思想。它的目标是新一代知识青年，即后来五四运动的领导者追求的，对政治束缚的摆脱。到1919年5月，当运动开始政治化时，民主不再意味着单纯的思想民主，而是成了涉及人们参与决定国家政治命运的权利的政治民主。到了1919年夏天，由于工人阶级加入运动，民主的含义又有了新的改变。它的结果是新的民主思想——"经济民主"的产生，它对始于那年夏天的社会主义思想的迅速崛起起了推波助澜的作用，而仅仅在几个月以前，运动的思想领袖们还鲜少关心社会主义。[1]由于这同一概念的多层含义，在社会的罗盘上指向运动的普遍化，但在仅仅不久前还似乎观点一致的运动领导者中，同一过程也导向矛盾的增长。换句话说，一种可转化的抽象概念已转化为多种社会概念，其含义变成了思想斗争的目标。请注意，这里的意义问题限于那些置身于运动参加者中间的，对改革持不同态度的知识分子领袖。当我们进一步探究这一概念可能对参加者本身意味何在时，问题便远远复杂化了。学生们从这一概念中发现了罢课的合理性，和甚至对那些他们认为并未实行自己民主主张的进步先生加以批评的理由，以至于使首先教给他们民主意义的先生大为恼火。[2]工人们在这一概念中找到为改善经济状况进行罢工的合理性，也使那些在引发工人激进主义中起过作用，但现在发现自己正面临始料未及的、威胁其所希望获得的激进运动领导地位的社会激进主义的人，再度感到懊恼。[3]而妇女们则从这一概念中寻觅到她们离开家庭的合理性……如此等等，不一而足。这里的关键是，抽象民主思想的倡议者发现，在这种思想的普遍化——也意味着它被按

---

[1] 所有这些民主概念都可以在陈独秀一个人那里见到：第一种含义在《新青年》中是常见的；第二种含义见陈的《实行民治的基础》，《新青年》第7卷第1期，1919年12月；第三种见陈的《谈政治》，《新青年》第8卷第1期，1920年9月；最后一种和陈在1919年晚些时候开始表述的一种观点相同。

[2] 施存统：《"工读互助团"的实验和教训》，《五四时期的社团》（二），生活·读书·新知三联书店，1979。教授们轮番批评学生，连陈独秀也有时批评学生说，他们的行动走得"太远"了。

[3] 关于这个问题有许多文章载于《星期评论》，该刊是"五四"时期涉及劳动问题的最激进期刊之一。

照"局部"的利益和观念特殊化——发生之时，他们对这种思想的控制力受到了挑战。除非我们深入研究在运动过程中出现的这一概念的多层含义，我们对这种民主思想在运动中所起作用的理解，是毫无意义的。因为那样就不能对这一术语的多重社会意义加以说明。

与作为五四运动的社会结果的其他概念一样，民主的意义成了意义问题斗争的竞技场。在这里，使民主的定义"局部"化的倡导者寻求建立他们自己的普遍化的定义，并因此排斥别的可能存在的意义。这种通过强调某种意义优于他者，而排斥其他可能性的意义的"封闭"性界定行为，本身是一种思想性的社会行为。抽象地看待这一概念，仿佛它具有先定的与历史无关的意义，这样就是把思想强加给历史，从而使某些派别优于其他派别的主张合理化。

这并不是为相对性辩解，而是为了认识概念的"玄想"与历史意义之间的区别，这对于一种真正批判性的历史研究是十分重要的。批判性的方法要求对各种不同的意义都予以承认，并不是因为每一意义中都包含有某种真理，而是因为普遍性的要求只有与其他意义的可能性比较，才可能被批判性地评价，这一点揭示了任何意义的定义中包含的"思想框框"的局限性。迈克尔·瑞安（Michael Ryan）指出：解析教我们"注意排斥的态度"，努力因局部化而取代有限的乌托邦式的民主概念（或类似的别的概念），因展开而取代它的概念化。这是因为：任何抽象的民主概念所表达的不是带普遍性的真理，而是被赋予普遍真理地位的局部化的定义。①然而，和"解析论者"相反，一种普遍的、确切说是空想的民主概念，对于任何历史的民主主张的批判性评价都是必要的。因为如果没有这样的概念，"解析"本身大概就要退化为"认识论上的虚无主义"。评价必须在普遍和局部辩证关系之间，在无尽头的空想允诺和历史与社会的限定定义的乌托邦表现之间保持认识，这种定义因其排他性，背离了它们自己的要求普遍性的主张。在它们被混淆之处，历史便不是在其对立统一（或者，如解析论者所说的"互补差异"）中被理解，而是在思想面前退却了：把民主的一种定义强加给历史分析，相当于压制对历史特点可展开的诸种可能性的历史思考。如前所述，"五四"思想所产生的不只是一种民主思想，尽管来自同一语源，但它们彼此之间是矛盾的。而且，这些思想不只是在抽象中思想加工的产物（奥尔萨瑟引用马克思在《德意志意识形态》中对思想的看法——这种看法把思想的产物作为社会关系与再生产的一部分——写道："思想无历史"），②而且是作为一个社会运动的普遍化的产物。换句话说，围绕意义的思想斗争，是环绕政治进程中所包含的内容而进行的社会斗争的一个方面，或一部分。这些社会斗争及其赖以表现的社会组织结构，必定会最大限度地为这一进程提供以上列举的情况。这样，抽象的思想就获得了具体的历史意义，从而

---

① 关于排斥的思想见上引瑞安和詹姆森的著作。我这里使用的"乌托邦"概念与韦伯的"理想"概念相同。我倾向于选择这一词汇，是因为它具有行动主义的涵义。毕竟，这些词汇表达的不是学术概念，而是人们为之奋斗的，按照他们自己解释的理想。
② 奥尔萨瑟。

改变了普遍性概念本身。

下面打算从这些带有方法论性质的看法出发，简述一些由这一涉及五四运动，特别是"五四"思想的基本论争所揭示的问题。首先，我们还没有搞清新文化运动与五四运动之间的关系。这个问题是由陈约瑟提出来的。他在《上海的五四运动》一书中敏锐地指出：这两个运动有不同的参加者，因此，它们的思想倾向也有所不同。新文化运动局限于知识分子，并且宣扬反本土主义的世界主义思想；五四运动则除了知识分子以外，还包括城市商人、工人等其他阶层、集团。后者参加运动是出于民族主义的动机，而没有新文化运动的世界主义和反本土主义。我认为，陈夸大了知识分子的反本土主义倾向（如果可以理解为反民族主义的话）。但他提出的是一个有意义的问题，甚至对我们考虑知识分子的民族主义是一个十分重要的问题。当时，某些地方可能有未把自己和中国独立的命运联系起来的知识分子，但这种人为数甚少。甚至采取反国家主义，反民族主义者立场的无政府主义者，也找到了民族斗争合理性的思想依据。那么我们如何使这十分强烈的民族主义与同样强烈的反本土主义协调起来呢？或者反过来看，我们如何解释知识分子在高度评价西方观念时所流露的思想上的西方主义与其政治上的反西方主义的矛盾呢？

作为1919年五四运动结果的另一个问题，是1919年文化激进主义向社会激进主义的转变。新文化运动是一场旨在知识分子中间传播新思想、新价值，和限于教育与出版方面的知识分子运动。其活动范围仅限于教育机构。那里有知识分子自己的"根据地"。然而，在1919年夏季，对思想变革的关注很快让位于对社会改革的热情，如同在知识分子中间社会思想的扩散所表明的。有可靠证据证明，除了少数无政府主义者，大部分社会活动家在1920年以前，并没有和工人阶级建立紧密的联系。但社会行动主义的思想根源却可清楚地追溯到1919年6月，上海工人罢工支援五四运动之时。中国历史学家由于众所周知的原因，拔高了这一事件的历史地位。而我们却毫无疑问把它看得过于微不足道。然而，这一过渡究竟是如何发生的？文化的、社会的目标究竟怎样被统一起来（或未统一起来）？它对"五四"思想的影响是什么？都是有待于回答的问题。

显然，抽象地回答这些问题是不可能的。过于拘谨地把这些问题当作抽象的公式，对我们也于事无补。诸如"民族主义者""文化""社会"这类术语本身是没有具体内容的抽象概念，也就是说，当我们在历史分析中使用它们时，需要深入研究它们的含义。这就要求我们认识这些概念在各种思想联系中辩证的相互作用。就上面讨论的民主概念来说，它们并没有确实的意义，只是从属于赋予它们历史的具体涵义的解释，这些可能矛盾的具体涵义体现某种选择，表明社会关系的思想倾向。十分清楚，民族主义概念的涵义不只一个：文化的民族主义概念与其他社会的或政治的民族主义并不相同，它们之间甚至争执不休。任何民族主义的特殊定义，其"思想框框"都试图将带有某种倾向性选择的思想概念化并强加于别的定义。然而，由于同一理由，将任一民族主义的定义当作民族主义的真理，也只是观念上的。因为这样就是承认某种思想解释享有优于他者的特权。定义本身，只有在它试图压制的、各种不同的民族主义概念的关系之中，才可以被理解。原因在于，定义的过程是以民族主义的不同概念化之间的某种关系为条件的。相同的情况在文化的、社会的，或政治的激进主义概念中也存在，这些概念相互之间不排斥，反倒可以仅仅依照它们的相互关系，而被历史地定义。坚持排斥本身表明思想态度。进而说，术语本身从其产生条件的社会关系中获得具体的意义。试图把新文化扩张到工人阶级中的文化激进主义，同以知识分子为参与者的文化激进主义有很大不同，它表明自己具有社会激进主义的直接潜能。二者都不是社会主义，一个明显的差别是，社会主义的社会内容是真正社会的，而非文化的。这就是1919年当社会主义者认识到他们迫切的任务是把新文化的文化目标扩展到工人阶级那里去时，伴随"五四"社会主义的事实。

试图依据我们自己事先认定的抽象概念，作出严格的历史分期，同样是无道理的。在历史研究中，必须划分时期，因为时期不同，推论的根据也将改变。但对时期的识别必须依赖于对分辨某种论说的或然性的认识，并且不满足于依据表面现象的划分。如果"推论"实践不仅仅是关于思想的问题，而是承担作为思想推论基础的"社会实践"的整个过程时，作为我们时间与空间划分基础的或然性必定能解释这些实践，并且不只是依赖思想。

为了说明这些看法，我们也许要回到陈约瑟对新文化运动与五四运动，知识分子文化的世界主义与民众的民族主义之间所作的笼统的划分上来。本文一直用"五四运动"来描述

1915年——我们习惯上认为标志运动发起的年代——以后七八年思想、社会和政治发展的相互联系。这种用法把新文化运动纳入了五四运动范畴。很明显，这两个运动是不同的，确切说，五四运动是发生在1919年5、6月份大约两个月时间内的孤立的历史事件；新文化运动在其自身的罗盘上，具有更多的模糊性，也许除了"文化"之外而没有其他因素的帮助，是无法清楚地划归某一种时期范畴的。这两个运动的参与者也不相同，这再次表明两者的差别不仅仅是思想的。如果把两个运动混淆起来，其错误不下于忽略它们之间的辩证关系，而将它们说成是两个互不相干的运动。新文化运动不只是文化的，正如周策纵在有关五四运动的研究开头就指出的那样：运动带有始于1915年的反日主张，那一年与新文化运动的最早喉舌《新青年》创刊的时期相吻合，尽管这一吻合尚留有疑问。1915—1919年的文化激进主义不仅是文化的，或缘于世界主义的反本土主义的。因为文化激进主义本身是由解救中国困境的愿望促成的，如果说不是由这个目标引发的话，它的世界主义只有在与这种强烈地关怀中国独立命运的联系中，才能被理解。

我们也不能因为文化问题在这些年里成为中国思想界的突出问题，就断言这样的运动只不过是思想运动。特别在1917—1919年是中国青年热衷于组织团体的几年，这样一些组织纯粹是由对民族的关怀所促成的。例如1918年组成的少年中国学会、学生救国会，就是由归国的留日学生为反对日本侵占中国主权发起，其他具有同样目的的青年参加而组成的。还有些组织则是"新文化运动"的产物，如1917年开始，在蔡元培的直接指导下，成立于北大的许多学生社团。和同时代许多人一样，蔡元培确信，中国青年不但需要新思想、而且需要新的社交习惯。平民教育讲演团就产生于这些团体之中，其正式成立在1919年3月。

这种组织社团的行动不限于北京、上海两个中心城市。在其初起时，也并非都不具有远大抱负。1918年初正式成立于长沙的新民学会，如果不是出于爱国的理由，则缘起于其发起者获得新知识的愿望。武汉利群书社的情况也是如此。在全国各地，文化革新运动——其中文化革新与爱国热情融为一体——伴随着由新的社会理想激发的建立组织的活动。这种新社会理想寻求确定一种与新世界中的新中国相协调的新个性。

具有讽刺意味的是，整个1919年这些爱国社团常常在无政府主义或无政府思想中，寻找他们组织上的价值。无政府主义的反对国家似乎与爱国主义相矛盾，而无政府乌托邦主义更使无政府主义失去了与时代问题的任何具体联系。然而在这些组织的相互关系中，无政府主义以及与之直接关联的无政府主义理想则显示出相当大的"功能"。无政府主义宣传的"互助"思想，可以成为组织凝聚的工具，这就使无政府主义具有在新的组织运动关系中的具体价值。无政府主义者倡导的新一代青年创造的工读结合，不仅给整个社会改革提供了新的共同基础，并且指出了废除脑力劳动与体力劳动差别，结束社会冲突的希望。这些社团的激进主义不仅是思想性的也是社会性的，因为它把创造新的社会形式作为探索目标。它很快成为爱国主义的和世界主义的，因为新的社会形式将成为国家与世界变革的基础。讨论这些激进分子是属于爱国主义的还是世界主义的，不仅得不到结果，而且毫无意义。使这二者显得相互排斥的，正是我们的概念定义，而不是那些追求生活于历史之外的人的观念。

当1919年五四运动爆发之时，推动它的是那些已经存在的组织；使其合理化的则是新思想。过去我们倾向于把五四运动看作由对凡尔赛会议决定的愤怒所引起的群众爱国的自发表现。实际上，所谓运动的自发性的总结很难成立。当发展中的运动将导致组织与思想行动的巨大扩张时，它的反抗行动的效应依赖于已经产生的学生组织。1919年5月3日聚集于北大而决定第二天采取行动的学生，并非突然间将义愤化为行动主义的一些个人，而是其行动主义至少可以追溯到一年前的组织的代表。正是他们，在随之而来的运动中充当了领导角色，并正是通过他们的行动，使建立广泛的新组织的首创精神被人们所理解。他们也不是在其后的"五四"事件中才与大众普遍地接触。在运动中起重要作用的北大平民教育讲演团成员，与北京"平民"的对话早在3月即已开始。他们的讲演不仅涉及爱国问题，而且也涉及诸如新发现的物理法则一类的"新文化"题目。

五四运动又反过来在思想和社会活动中，扩大与强化了这些既存倾向。如果像陈约瑟断言的那样，新文化运动的思想产物由于思想隔阂而与五四运动其他部分相脱离，那么，正是运动把它们凝聚到一起，并承担了在人民中传播新思想的任务。易言之，由于跨越至今仍把知识分子与其他人分开的社会鸿沟的桥梁已经建成，运动进一步要求建成跨越那个思想鸿沟的桥梁。随五四运动而来的新文学的巨大发展、通过采用一种不同的语言，使思想问题更易为人民群众充分理解。它本身是新文化"普遍化"的充分象征。这些以汉语出版物为阵地的新文学，的确是当时社会激进主义的原动力。它不是来自对作为五四运动新产物的社会改革必要性的认识，这种新产物是：社会改革必须超越个性解放的范畴，而扩展到社会和经济平等的问题，以及社会和政治进程中的大众参与问题。

阶级和"社会"一词一样，开始愈来愈经常地出现在这一时期的出版物上。但是，社会激进主义最初仍大量地限于文化内容。所不同的是，它暗示着新文化思想向被压迫阶级方面扩展，以便弥合阶级之间在教育上的差距，从而结束压迫与剥削。这就是关心教育、追求废除脑体劳动之间差别的无政府主义在新激进分子中具有吸引力的另一个原因。无政府主义者不仅把这作为理论上的目标，并且为实现这一目标采取了实际行动。当北大平民教育讲演团中萌生的马克思主义者，将其影响扩大到北京以外时，他们所掌握的是无政府主义者吴稚晖编辑的，便于促进知识分子与人民之间真正交流的识字课本。[①]进一步说，这一最初是由无政府主义者培育的社会激进主义，包含的不是对民族主义的拒绝，而是把民族视为由利益相互矛盾的社会各阶级构成之统一体。这种观念仍然试图唤起一种新的民族主义，一种以消除破坏统一的阶级隔阂为前提条件的民族主义。即使其中包含民族内部冲突的需要。

中国社会在这些年里跨越了漫长的路程，中国思想也是如此。但并非所有经历了这种跨越的中国人都循着同一路径或同

---

① 《平民教育讲演团和劳动补习学校》，《五四时期的社团》（二），第262页。

一速度前进。"五四"一代中国青年有着他们特殊的关怀与倾向，而他们激进化的过程则带有许多与其他任何地方的激进主义过程相同的社会特征。那些作为寻求激进解决途径之产物的团体（思想的、社会的或政治的）成了新的激进主义的信息交换所。为实现统一而建立的社团，在那些曾认为抱有同一目标与思想的青年人，从许多社会冲突中发现他们依据的那些思想不能得出同样的结论时，变成了新的分裂的根源。

由差异求统一，又由统一产生新的差异，作为一种新的社会激进主义出发点的共同生活的实验，仅仅表明了知识分子与他们希望改造的社会之间新的差距。张国焘回忆说："在所有的宿舍里，学生们以小组的形式讨论这些问题（如何救国的问题），我的房间就是激烈争论的一个中心。多数学生最后得出的结论是：'学生整体必须参加救国运动，救国是最要紧的事，从最保守的人到无政府主义者，每个人都应起来团结救国'。"[1]这种统一也是短暂的，因为每个人对救国的理解各异。不过，与毛泽东对埃德加·斯诺所描述的他在那一时期的混乱思想很相似，张的回忆提供了"五四"激进主义的又一典型事例。它使我们想到可能是五四运动最新和最基本的特征，那些置身于新的社会关系中的新组织中的激进分子，正在以新的语言的前所未有的方式相互交谈。他们所表达的思想，只有在这种关系中才可以理解。

张国焘的思想冒险经历给我们指出了这一时期许多中国青

---

① 张国焘：《中国共产党的兴起：1921—1927》（一），堪萨斯大学出版社，1971，第49页。

年以不同方向和不同速度所经历的这一道路：

> 在一开始，我是一个热烈的爱国者，像同时代的有志青年一样，我全心全意地期待中国的富强。接着，在支持新文化运动，反对旧传统，提倡通过革命改造社会、拯救国家的过程中，我变得更加激进，终于对共产主义产生了热心……[1]

这里，目的论不如实际经验来得重要。没人会事先知道，道路通向何方，谁会沿着它前进到底，谁会因为它可能逼向哪里而半途退回，以及社会经验对于首先应对认识那些社会经验负责的思想做了些什么。正是由于不同经验创造了运动，而运动又产生了新的不同经验。

这并不意味着，由于运动是由很多经验创造的，因而它因为聚力而分裂成反运动。然而，这意味着，它与其被理解为缺乏社会意义和抽象的思想运动，毋宁被理解为那些活生生的人们在具体社会关系中实践其理想的、行动的产物。倘若这种内聚力成立，我们就必须在思想得以获得其具体社会意义的水平上开始我们的研究。使五四运动成为运动的，是共同具有的经验，无论它们可能怎样为不同的个体、集团和阶级所不同地体验。构成五四运动的活动过程表明，运动是生气勃勃的；它的被作为运动而定义的矛盾，和它的理解为统一同样重要。因此，任何进一步探讨

---

[1]　张国焘：《中国共产党的兴起：1921—1927》（一），第87页。

运动的尝试，必须注意它的社会和经验两方面。

首先是五四运动广泛的社会关系。社会关系，一方面是通过新思想被认识到的；另一方面，它本身帮助形成了这些思想的意义。即便我们把五四运动看作知识分子的运动，知识分子与社会之间的关系也必须为深入研究他们宣传的思想意义提供出发点。思想符号，或它们的抽象内容，为这些思想的社会意义提供不了多少指导，甚至宣传这些思想的知识分子对于这些思想的涵义也不甚了了，更不要说他们的各类读者了。

其次，由于五四运动的确是民族范围的运动，我们必须注意必然进入思想分类以及附属于其的意义的空间关系。尽管一个激进的组织网有可能在五四运动之前就在跨城市的范围出现，但这张网怎样影响思想的传播和解释，还是不清楚的。由于中国国内已经和正在出版的新资料，这个任务比过去容易完成了。目前已有五四运动在北京、上海、武汉、广州、河南、湖南及山东的资料集，[①]其他资料亦可在更专门的集子中找到。这些资料使五四运动这一民族运动的社会和组织的基础和结果，都清楚地显示出来。从某种直接的意义上说，这些资料表明了：把五四运动只当作其少数知识分子领导的，或只是在北京、上海发生的运动，而把其他地区视为它的消极接受者的看法是错误的。如果五四运动的一般内涵需从社会关系的关联方

---

① 见彭明《五四运动在北京》，北京出版社，1979；《五四运动在上海》，上海人民出版社，1980；《五四运动在武汉》，湖北人民出版社，1981；《五四运动在河南》，河南人民出版社，1983；《五四时期湖南人民革命斗争史料选编》，湖南人民出版社，1979；《五四运动在山东》，山东人民出版社，1980。

面来理解的话，同样也应该从它最初的，不仅被吸引进运动、而且积极参与了其创造的参加者方面去理解。

第三，有必要阐明五四运动直接的结构关系。首先，它包括不只为新思想、也为新组织充当信息交换所的教育机构。这些教育机构在为知识分子提供新的同一性方面，显然起了特别重要的作用。我认为，只是由于五四运动，中国的知识分子才有可能成为独立的社会组成部分。因为只有在伴随新教育机构的成熟之时，知识分子才能为自己的目标从事活动与发展。但这也产生了知识分子按其社会关系而对于社会普遍的认同问题。对理解"五四"以后所有历史而不只是五四运动可能有重大意义的知识分子探索自治与社会力量的问题，与为知识分子的活动提供新的社会空间的组织（大学是其中之一）的出现有着密切关系。

同样，与五四运动的发展直接关联的并且由其产生的后果，是组织的建立，例如20世纪10年代末期开始在全国萌芽的学会（尽管这不是它们第一次出现在中国，并且不是第一次在中国政治中担任重要角色）。这些学会通常产生于以人际关系为基础的非正式联系，但是在它们逐渐成为五四运动中的组织的核心时则出现更抽象的组织特征。作为运动中的社会单位，它们在思想进程中，在把模糊的思想愿望改造为与行动相联系的思想方面也担当了重要角色。除此之外，本文还想简要地提及这种学会在作为五四运动最重要结果的中国共产主义运动的起源中所起的作用。[1]

---

① 我即将进行的共产主义在中国的起源研究，将对团体在中国共产党的组织过程中起的重要作用问题作详细的讨论。

1921年成立的中国共产党，产生于1920年在中国一些城市建立的马克思主义研究团体，这些团体本身是在1918—1919年以来中国的研究学会基础上形成的。毫不奇怪，这些团体的成员经历了和张国焘为他自己的冒险经历的描述相类似的通向共产主义之路。这里只说一句，正如我在上面已经分析的其他思想一样，当马克思主义出现在1919年中国思想舞台上时，它也是一种抽象观念。正是在这些其成员最初带有无政府主义倾向的社团中，马克思主义的意义及其与中国的关系被阐明了。我认为，其他各种非马克思主义的思想也往往如此。"五四"时期的这些社团融爱国主义于文化运动之中，寓社会激进主义于"新生活"实验中。他们一时似乎为中国社会改造提供了一个新的希望，而这种希望的迅速幻灭是由于这些社团的成员认识到，那种社会不是给他们带来与社会的充分接近，而只是扩大他们自己与社会其他集团之间的距离。这一认识对他们转而选择另一种更为激进的组织是一重要因素。不过，那种激进主义思想已经在这些团体的关系内部形成了。

正是在这种关系中，在其多维的组织表现形式中，我们发现，"社会实践"这一被赋予具体意义的抽象观念，"五四"时期在令人目眩的扩展中被引进中国的思想舞台。而我们只有把对这些思想的研究和对这些思想所产生的或反过来使之转变的社会实践的理解结合起来，我们才有希望不仅在认同五四运动，而且在给其后的中国历史留下印记的阐释方面，更进一步。

五四新文化运动再认识

耿云志

一、问题的重新提起

五四运动与新文化运动本不是一回事。但人们习惯上总是把它们联在一起。五四运动是一次爱国的政治运动，新文化运动是对民族文化的批判与创新运动。这一运动给"五四"爱国运动提供了新的思想基础，并在相当程度上决定了它的发展趋向。而"五四"爱国运动又推动了新文化运动向横广方面发展。本文主要是讨论新文化运动，和"五四"联起来，可以给人一个历史的概念，即我们所讨论的是1919年"五四"前后那一时期的新文化运动。

这场在历史上发生重大影响的文化运动包含两个方面：一方面是对中国的专制主义传统与现实的批判运动，是对两千年历史文化的反思。另一方面，是民族文化的振兴运动。由于认识到民族文化的弱点和危机，引进西方新思想，对古代遗产加以整理、提炼，打开新出路，创造新境界。

这场新文化运动在政治上产生的巨大震动作用，突出表现在它直接催生了中国共产党，并推动了国民党的更新。所以，这两个党的政治领袖一般都相当肯定五四新文化运动的历史意义。但就在新文化运动的高潮中，已有人对它持强烈的否定态度，后来新儒家一派学者成为这种态度的代表。也有个别原属新文化运动的先锋人物，后来转而产生忏悔心理，如钱玄同自认当时所发议论十之八九都成忏悔的材料。胡适就不赞成这种态度。他坦然地提出，对已经做过的一切，都无须忏悔，为功为罪，造福造孽，惟有挺着肩膀去承担。①

现在，新文化运动虽然已经过去70年了。但这个运动所发生的影响，却随时间的流逝，反而显得更清晰了。它所提出的问题，它所开启的新方向，至今仍是我们民族精英们继续思考着的问题。经历半个多世纪的奋斗，饱尝斗争与挫折的艰辛，兴奋与痛苦，今天，我们已有可能尽量理智地对这个运动做出进一步的总结。

过去，对新文化运动的批评来自两个方面：一是从"左"的方面的批评，一是从"右"的方面的批评。"左"的批评把新文化运动看成是马克思主义领导的运动，对运动中非马克思主义的派别的思想、活动都做了非历史的评价。实则，新文化运动基本上是资产阶级的启蒙运动和文化再造运动。在这个运动中，马克思主义穿着十月革命的彩衣被介绍到中国来，并较快地吸引了一批思想最激进的知识分子和青年。他们在新文化运动中是勇敢的先锋。但是，非常明显，马克思主义一开始主

---

① 参见北京鲁迅博物馆鲁迅研究室编《鲁迅研究资料》第9集，天津人民出版社，1982，第88—89页。

要是被当作一种救国的武器，而不是当作一般文化思想加以接受的（能够从思想文化意义上去了解马克思主义的并非绝对没有，但是极少数，且理解甚有限）。最初接受马克思主义的那些人，当他们谈论具体的文化问题时，特别是对中国封建专制主义文化传统进行批判时，实际上仍大体运用资产阶级现成的理论和思想资料。这并不奇怪，中国文化当时面对的问题是如何从中世纪式的专制传统的束缚下解放出来，迫切地需要一场资产阶级性质的启蒙运动。因此，那些发源于西方，经历反教会，反中世纪传统的斗争锤炼出来的资产阶级的思想、学说，自然就被中国当时的启蒙思想家视为最方便适用的武器。

"右"的方面的批评，来自各色各样的尊古主义者。他们或则嗜古成癖，或则以精神贵族自待。批判古代的政教制度，思想文艺，习惯礼俗，在他们看来都是亵渎神圣，危及安身立命的基础。从国学大师章太炎，到留学生出身的新保守主义者（如《学衡》派），都反对新文化运动。新保守主义者，自其主观一方面说，自有其产生和存在的理由。但他们对新文化运动采取一笔抹杀的态度，是完全错误的。

"左""右"两方面的批评者，其立场虽属相对的两极，但他们的错误却很相近：他们都对中国社会的实际状况及其迫切需要没有认识或认识不足。"左"的批评者，学了一点马克思主义的词句，以为世界上既有了马克思主义、社会主义一套道理，何必还要资产阶级的东西？他们宣称，资产阶级的东西都已腐朽了。所以，新文化运动中资产阶级的东西也都要不得。"右"的批评者拘守传统文化立场，认为中国文化既悠久又丰富，又美善，何必还要学习西方的东西？何必要改造更新？即使稍有借鉴，亦应只限于可为中国传统所溶解的东西。

近年来，国内思想界对"左"倾教条主义做了较多的批判，人们的头脑比较清醒了。但与此同时，以新儒家为代表的传统主义却有所抬头，批判五四新文化运动在海内外学界变得颇为时髦。笔者对五四新文化运动一向持积极肯定的态度，对当时的几位主要思想家的贡献，始终作积极的评价。中国人若真想摆脱愚昧、贫穷、落后，真想走向世界，走向未来，必须对过去半个多世纪的道路做科学的总结，这条道路的起点就是五四新文化运动。重新认识五四新文化运动，在今天仍有着极为重大的现实意义。

二、"五四"一代的历史课题

首先应当弄清，五四新文化运动的领袖们给自己提出的是什么样的历史课题。

陈独秀原是辛亥革命运动的积极参加者，是一位老资格的革命党人。但他不曾加入同盟会，不曾加入国民党，始终保持独立的地位。因此，他能对辛亥革命及其结果持有严峻的批评态度。他痛感到"于共和国体之下，备受专制政治之痛苦"。而"欲图世界的生存"，"必弃数千年相传之官僚的专制的个人政治，而易以自由的自治的国民政治"。[①]他断言，要确立这种共

———————

① 陈独秀：《吾人最后之觉悟》，《青年杂志》第1卷第6期，1916年2月。

和制度的"国民政治","非将国民脑子里所有反对共和的旧思想——洗刷干净不可"。[①]但是，中国专制之毒染之太深，去之不易，他把希望寄托于青年一代。他创办《青年杂志》，宣示"惟属望于新鲜活泼之青年，有以自觉而奋斗"，"奋其智能，力排陈腐朽败者以去"。他提出六条标准，做青年们奋斗之鹄的。[②]他要教育和塑造青年一代，使他们脱离中国旧传统的习染，成为具有独立自由的新观念的国民，从而改造国家，抵于真正民主共和之域。这就是陈独秀给自己提出的历史课题。正因此，他不汲汲于直接参与现实政治，不斤斤于同统治当局较高低。

新文化运动中与陈独秀齐名的另一位领袖人物胡适，对自己面临的历史课题的理解与陈独秀极其近似。甚至可以说，他比陈独秀具有更为冷静、更为清楚的理解，因此也表现得更为专一。还在留学时期，他就立意为祖国"造新因"。所谓"造新因"，就是造就新人。1916年1月，他在给国内的朋友许怡荪的信中，说："适近来劝人不但勿以帝制撄心，即外患亡国亦不足顾虑。祖国有不能亡之资，则祖国决不致亡。倘其无之，则吾辈今日之纷纷，亦不能阻其不亡。不如打定主意，从根本下手，为祖国造不能亡之因。"又说："今日造因之道首在树人，树人之道端赖教育。故适近来别无奢望，但求归国后能以一张苦口，一支秃笔，从事于社会教育，以为百年树人之计，如是

---

① 陈独秀：《旧思想与国体问题》，《新青年》第3卷第3期，1917年5月。
② 引文见《敬告青年》，《青年杂志》创刊号，1915年9月。所提六条标准是"自立的而非奴隶的"，"进步的而非保守的"，"进取的而非退隐的"，"世界的而非锁国的"，"实利的而非虚文的"，"科学的而非想象的"。

而已。"①他怀此素志，于1917年夏回国，当时正好赶上张勋复辟的闹剧，更加坚定了他从根本下手，为国造因的想法。他后来回顾说，回国后所看到的一般状况，使他深知"张勋的复辟乃是极自然的现象"。遂"打定二十年不谈政治的决心，要想在思想文艺上替中国政治建筑一个革新的基础"。②

至于新文化运动中善战的骁将鲁迅，当时虽名声略逊于陈、胡，但其对一般青年的影响，却甚深甚广。他对历史课题的认同是人所熟知的。在《〈呐喊〉自序》中，他说，在日本仙台学医时，有一次看日俄战争画片，见中国人被杀头示众的场面，受到极大刺激。想到"凡是愚弱的国民，即使体格如何健全，如何茁壮，也只能做毫无意义的示众的材料和看客。病死多少是不必以为不幸的。所以我们第一要着是在改变他们的精神。而善于改变精神的是，我那时以为当然要推文艺，于是想提倡文艺运动了"。③

新文化运动中驰驱前阵的，中国第一位共产主义者李大钊，对历史课题也有明白的认同。他深慨于国家"一切颓丧枯亡之象"，也如陈独秀一样把希望寄托于青年。在《晨钟之使命》一文中，他说："中华自身无所谓运命也，而以青年之运命为运命；晨钟自身无所谓使命也，而以青年之使命为使命。青年不死，即中华不亡。《晨钟》之声，即青年之舌。国家不可一日无青年，青年不可一日无觉醒。青春中华之克创造与否，当

---

① 胡适：《胡适留学日记》（三），商务印书馆，1947，第832—833页。
② 胡适：《我的歧路》，《胡适文存》2集第3卷，上海亚东图书馆，1925，第96页。
③ 周树人：《鲁迅全集》第1卷，人民文学出版社，1981，第417页。

于青年之觉醒与否卜之；青年之克觉醒与否，当于《晨钟》之壮快与否卜之矣。"显然也以塑造一代青年为己任。在同一篇文字中，他又说："由来新文明之诞生，必有新文艺为之先声，而新文艺之勃兴，尤必赖有一二哲人犯当世之不韪，发挥其理想，振其自我之权威，为自我觉醒之绝叫，而后当时有众之沉梦赖以打破。"①

总之，以新思想教育青年，唤醒国人，是五四新文化运动领袖们自觉承担的历史课题。他们都认为，在国家衰敝已极，实业不兴，教育落后，政治腐败，思想混沌的状态下，直接谋政治的改革，没有希望。所以才选定一条首先谋思想文化革新之路，用心血哺育青年一代，把国家的革新，国家的现代化寄托于他们身上。

三、历史的选择：时势与个人

对这样的历史选择，应作如何评价呢？

在海外执教的林毓生教授在他的《中国意识的危机——五四时期激烈的反传统主义》一书中提出，五四新文化运动的领袖们（他主要指陈独秀、胡适、鲁迅）以激烈的全盘性反传统的姿态出现，而本身却受传统思想模式的支配。他指出，传统思想模式是所谓唯智论的一元论，强调思想文化的变革在历史变革中的优先性地位。据他说，这似乎是中国独有的传统，

①　《晨钟报》创刊号，1916年8月15日。

而且有绝大之影响力，以至激烈反传统的陈、胡、鲁迅诸人终逃不脱它的支配。这里至少有两个重大问题值得讨论：（一）陈、胡、鲁迅诸人的历史抉择，究竟是由现实历史条件与其个人的背景决定的，还是中国传统思想模式决定的？（二）从思想文化入手解决问题的想法，是不是中国知识领袖们所独有的传统？

让我们先讨论第一个问题。

凡对清末民初的历史做过深入研究的人都明白，那个时期的中国先进分子，最急迫的问题是救国，从列强瓜分的危机中，从卖国残民的政府手中救出中国。为了救国的需要，他们热切地向西方寻求真理，选择各种救国的方案。为了实施这些方案，他们不能不做些宣传工作。因此，民主共和的观念，君主立宪的观念，都有所传播。甚至为了实施这些方案，他们也曾多少从思想、道德、文艺等方面做过一些输入学理、传播新知的工作。诸如严复的翻译、梁启超的办报，都相当努力地宣传过民主、自由、平等、权利、公德等思想观念。但当时能够接受这些观念的人，为数甚微。惟其极少，所以宣传家们反倒不以这些人为特定对象，而是诉诸所有的"国人"和"国民"。这种没有特定对象的宣传，不免空泛和抽象。况且，当时的宣传家本人对他们所宣传的东西也甚少理解，往往是现发现卖，应付急需，远不能深入人心。所以认真说起来，清末的宣传家们的活动，只是为救国的直接政治行动增加一些号召力，绝未成一场真正的思想启蒙运动。辛亥革命在思想上的最大动力是"驱逐鞑虏、恢复中华"。

所以，清末民初的那一代志士，大体上都是旧世界的破坏者，而不足为新社会的建设者。他们的奋斗，主要都围绕着国家政权问题。紧迫的民族危机和夺取政权的紧张斗争，不容许他们有充分的机会深入系统地研究新思想、新理论，更无暇对中国旧的文化遗产做总结整理的工夫。他们自身还带有太多旧时代的烙印。因此，他们没有可能对中华民族的历史文化做深刻的反思，也就没有可能锻造出切合中国需要的新思想、新理论，并将它们播种到中国人民的头脑中去。正因如此，辛亥革命只成就了"政权革命"，于整个社会甚少触动。革命党中较具新思想的人物，如蔡元培，宋教仁等，于民国成立后，立刻关注到社会改良的问题，①但他们本身为纷繁的政治斗争所困扰，不可能认真从事这项运动。而眼前的事实是，昔日的革命党人，有些成了残民以逞、互相争夺的军阀；有些成了卖身求荣的政客；更有的转而去拥护新皇帝。②稍具清明之志的开明分子，多被排出政治舞台，流亡海外，甚至遭到杀害。人们对政治普遍感到失望，感到民国的社会仍如清末一样的黑暗腐败。大多数人的思想观念几乎没有什么深刻的变化。官方考选人才仍从"四书五经"中命题，一套封建的纲常名教仍是束缚人心之具。社会上一面有嫖妓纳妾之风，一面却又提倡贞节牌坊。至于扶乩设坛，各色各样的迷信活动和陈腐不堪、不合人

---

① 　见高平叔编《蔡元培全集》第2卷，中华书局，1984，第137—140页；又见《宋教仁集》（下），中华书局，1981，第377—379页。
② 　拥护袁世凯称帝的筹安会六君子，刘师培、孙毓筠、李燮和、胡瑛四人都曾参加过革命党；杨度是立宪运动的领袖分子；严复则是第一个在中国传播自由平等观念的人。

道的婚丧礼俗就更不在话下了。尤使人刺目的是，民国的总统直接出面搞尊孔祭天活动，所作所为竟与旧日皇帝仿佛。过去做过革新领袖的康有为，竟栖栖惶惶地奔走活动，倡议定孔教为国教并写入宪法。西方各国改专制为民治，同时即实行政教分离。中国本无国教之说，一向政、教两途。如今改专制为民国，却要使政教结合，寓政于教，岂不是大倒退？康"圣人"甚至对共和以来，免除跪拜大礼亦极表不满，竟然指责：免除跪拜大礼，不敬天，不敬教主，则中国人"其留此膝以傲慢何为也"！①

　　总之，政治腐败，思想混沌，尊古复辟，恶俗依旧，整个社会状况令人迷惘、窒闷，而当时国际危机又逼人而来。国家前途何在？个人出路何在？一切不满于现状的人都呕呕渴望寻求一条新的出路。民初最有名的记者黄远庸在给章士钊的一封信里颇道出那时期有良知者的心情。他写道："今日政象，乃令一切之人发现其劣点，而不能现其优点"。"世事都无可谈"，"居今论政，实不知从何说起"。他感到世势在驱使人堕落，因而想出国游历，"期以恢复人类之价值于一二"。②就这样，共和国家只成一个空架子，人们作为人的价值或仍沉埋着，或得而复失。因此，中国若不甘于灭亡，就迫切地需要重振民族精神，中国人若不甘堕落，就迫切地需要发现自己作为人的价值。而后者比前者具有更为根本的重要性，因为正如胡适所说：

---

① 康有为：《以孔教为国教配天议》，汤志钧编《康有为政论集》（下），中华书局，1981，第849页。
② 见《甲寅》月刊第1卷第10期，1915年10月。

"自由平等的国家不是一群奴才建造得起来的！"①

五四新文化运动领袖们就是认识到这个根本性的时代课题，从而做出自己的抉择的，他们的选择，一方面是应时势之需，一方面也是尽己所长。陈、胡、鲁迅等人都是富于思想家和学者气质的人。他们都没有政党活动的背景，在政治上原无势力和影响可言。他们想避开政治，从思想文化途径上谋求中国问题的解决，或者说，从思想文化上为解决中国问题创造条件，这对他们来说是自然而又合理的选择。如果他们认为别人也都应该放弃政治上的努力，那自然是不恰当的。事实上他们自己后来也都不免做一些政治上的奋斗。从这一方面来批评他们是有相当理由的。超出这一点，责备他们根本就不该有从思想文化入手解决中国问题的选择，那就完全离开了历史实际和他们各自所处的地位。

四、文化革新与政治变革

现在，我们接触到一个比较微妙的问题，即思想文化革新与政治变革的关系问题。林毓生教授认为，迷信从思想文化入手解决问题是中国知识分子传统思想模式。由于陈独秀、胡适等辈受此传统支配，所以他们才发动和领导了文化革新运动。这确实是颇为新颖的见解。但我颇疑此说的合理性。前面我已经证明，陈、胡、鲁迅诸人，是有感于国家政治进步无望，才

---

① 见胡适《胡适论学近著》，商务印书馆，1935，第635页。

立意从事思想文化的革新。现在我们进一步讨论：一般地说，在历史变革的关头，人的思想观念的改变是否具有优先的重要性？特殊地说，在民国初年的社会状态下，思想文化的革新是否可为政治变革的先导？

历史是人的活动，人是有意识的，人们的思想观念如何，对于他们的活动，活动的方式，活动的后果，都有不容置疑的重要意义。因此，重视思想文化革新的优先性绝不只是中国的思想家。如果不承认思想文化观念的变革在历史变革中的先导性，他就不可能是思想家了。当变革的历史时期来临的时候，思想家们总是首先投入思想革新运动。文艺复兴时期的思想家、艺术家，法国大革命前的一大批卓越的学者、哲学家，俄国革命前思想文艺界的群星们，无不把改变人的思想观念看成是解决时代课题的当务之急。他们都曾努力传播新思想、新观念，唤醒和鼓舞人们去创造一个新的时代。晚近西方最有名的哲学家之一罗素说过："自从人们能够自由思考以来，他们的行动在许多重要方面都有赖于他们对于世界与人生的各种理论，关于什么是善，什么是恶的理论。"[①]也许人们以为，只有那些被称为唯心主义的哲学家和思想家才持有这种观点，其实非也。法国启蒙学者中有不少被公认为唯物主义的思想家，何尝不力图以自己的意见去"支配世界"？最彻底的唯物主义者马克思，不是在极度艰苦的条件下，以"下地狱"的决心，创造新理论，以便改变人们的观念，去创造一个没有剥削的新世界

---

① 罗素：《西方哲学史》（中译本），商务印书馆，1963，第12页。

吗？可见，把所谓唯智论的一元论当成中国独有的传统，把从思想文化入手解决问题视为中国近代知识分子在此传统支配下做出的选择，是没有充分根据的。

自然，在历史变革中，思想观念的优先性是相对的。因为新的思想观念的产生，是依赖于一定的社会条件的。如果社会条件无任何变化，新观念也无从产生，更不用说新观念引发的新运动了。我们离开"灰色的理论"，再度把视线转到五四新文化运动的具体历史环境，这一点就可以得到清楚的说明。

辛亥革命虽然没有取得预期的成功，但它推翻了清朝皇帝，确实在一定程度上、一定范围内，传播了民主、自由的观念。和任何重大的历史运动一样，总有大批的人是乘运动之势，寻求个人的出路。而同时另有一些人，则真诚地为这个运动的理想奋斗。正是后一种人，不因辛亥革命失败的事实而放弃自己的理想，仍然肩负民族的命运，寻求新的进路：批判旧传统，传播新观念；教育新一代国民，以冀推动国家走上现代化发展之路，这就是他们的结论。但假如没有辛亥革命，以及辛亥革命后出现的社会现实，就不会有这样一些人这样去思考，得出这样的结论。

但是，一旦新的思想观念得到传播，相当多的人受到激励而引发社会运动，它就会产生重大的社会后果。谁都看得出，中国共产党的产生，国民党的改组，都与新文化运动有重大的关系。五四运动的第二年，孙中山就指出："自北京大学发生五四运动以来，一般爱国青年无不以革新思想为将来革新事业之预备。……此种新文化运动，在我国今日，诚思想界空前之大变动。"又说:"吾党欲收革命之成功,必有赖于思想之变化。……故此种新文化运动实为最有价值之事。"[①]正是受激于新文化运动,孙中山才指示国民党人办起《星期评论》《建设》等杂志,以求更新党员思想,以为新的运动做准备。新文化运动中涌现出一批英气勃勃的新青年,他们冲决了封建罗网,摆脱了家庭亲长的束缚,到最新的学堂受教育,接受新思想、新观念,在前所未有的社会责任感的驱使下,热情奔放地投身到各种他们认为可以改造国家的运动中去。他们有的加入了共产党,有的加入了国民党。后来国共合作,大批共产党员加入国民党,使国民党成了政治上吸收新青年的大本营。因此才有"一大"的召开,才有新三民主义,才有一度轰轰烈烈的国民革命运动。试设想,若是没有新文化运动,中国的青年人仍只知道忠、孝、仁爱等一套旧教条,知识分子于"子曰诗云"之外不知有新知识,新观念,于"之乎者也"之外,不知有人民大众的活语言,那么,他们怎么可能跑到工农民众之中去做宣传组织工作,怎么会有国民革命运动?

思想文化与政治社会是相互影响的。如果抽象地讨论问题,就会陷入两难境地:是先改造了人才能改造社会,还是先改造了社会才能改造人? 这个问题不能有一般性结论。只能说,当社会改造的问题客观上已露端倪,而多数人还不觉醒的时候,去唤醒人,改造人,就是最紧迫的课题。当多数人已经对现状不满,有所觉悟,但还没有开始奋斗的时候,组织人们

---

① 见中山大学历史系孙中山研究室等编《孙中山全集》第5卷,中华书局,1985,第210页。

实际从事改造社会的斗争，就是最紧迫的课题。

差不多与新文化运动同时，孙中山总结革命经验，提出知难行易学说，这反映出他也正在思考着如何改变革命失败后的现状。他感到知之难，说明他渴望找到新的理论，开出新的境界。但在他感受到新文化运动的震动，感受到俄国革命的刺激之前，在同共产党人以及一代新青年接触之前，他自己苦思冥想，转不出新境界。只有在这之后，他的思想才发生新的转折，才预示了新的国民革命运动高潮的到来。孙中山晚年的这段经历，也是对五四新文化运动加深理解的极好旁证。

但思想文化的变革运动终究要受到其他社会条件的制约。没有继起的社会政治、经济等条件的支持，思想文化的变革运动不足以持久，不足以达到运动的预期目的。前面说，新文化运动推动了国民党的改组，起了呼唤国民革命运动的作用。但孙中山死后的国民党领导集团，很快抛弃了科学、民主的新观念，走上背离现代化发展的道路。

不能不说，历史给予陈独秀、胡适等人的机会太短暂了。新思想还没有来得及在广大普通民众中生根，新教育还没有完全走上轨道，一代新人还没有完全长成，急风暴雨就把仅有的一批新青年席卷以去。而他们本身无论是对新思想的理解，还是对中国传统社会的了解，还都只是半瓶醋，有的还只是稍涉皮毛。他们还不足以真正构成可以肩负民族命运的力量。中国要真正走上现代发展道路，还要经历许多艰难和曲折。

五、领袖分子的意识

新文化运动的实质是什么？70年来，一直有激烈的争论。新文化运动还在凯歌行进的时候，胡适就提出一种解释，他说新文化运动（他当时叫做"新思潮"）的"根本意义只是一种新态度，这种新态度可叫做'评判的态度'"。他又引用尼采的话解释，所谓"评判的态度"就是"重新估定一切价值"。[①]这个解释基本可以概括新文化运动诸领袖及其拥护者们的主张。但反对新文化运动的人，不承认这种解释。他们根本否定新文化运动的合理性，对新文化诸义多所曲解。例如"学衡派"健将吴宓即认为"所谓新文化者似即西洋文化之别名，简称之曰欧化"。他甚至攻击"新文化运动之流，乃专取外国吐弃之余屑以饷我国之人"。[②]以后，反对新文化运动的学者大体都沿袭此种偏见，把新文化运动只看作是一次"西化"运动，而且是很肤浅很要不得的西化运动。直到20世纪70年代，乃至80年代的今天，海外一些新儒家学者仍作如是观。例如钱穆先生即认定新文化运动是"一意西化"。[③]

现在又提出一种新指责，说陈独秀、胡适、鲁迅等人是"全盘性反传统主义"者，新文化运动是"全盘性反传统"的

---

① 胡适：《新思潮的意义》，《胡适文存》1集第4卷，上海亚东图书馆，1925，第152—153页。
② 吴宓：《论新文化运动》，《学衡》第4期，1922年4月。
③ 钱穆：《太炎论学述》，转引自余英时《五四运动与中国传统》，《五四研究论文集》，台北：联经出版公司，1979，第116页。

运动。他们甚至把新文化运动与六七十年代的疯狂的"文化大革命"相提并论。

我认为，无论是"一意西化"，还是"全盘性反传统"，都不足以表示新文化运动的实质，都只是极表浅的一偏之见。

诚然，新文化运动就其反对国粹主义思潮说，确有提倡"西化"的倾向，但不能归结为西化运动。同样，就其批判尊儒崇古的思潮而言，确也表现了相当的反传统的精神，但不能把它归结为反传统的运动，尤不能概之为"全盘性反传统"的运动。

指责新文化运动为"西化"运动，或所谓"全盘性反传统"运动，皆属及反对派一种宣传的手法，并没有严密的学理上的论证。

新文化运动的几个主要领袖分子，都既非全盘西化论者，也非全盘性反传统主义者。我们即以林毓生教授提出的三个代表人物为例：

陈独秀要算新文化运动领袖人物中最激烈的一个了。林氏批评他全盘性反传统的主要论据是说他全面地反孔教。把反孔教即视为全盘性反传统，已属合逻辑。此点姑且不说，让我们弄清楚陈独秀到底是如何反孔教的。林氏曾多次征引陈独秀《答俞颂华（宗教与孔子）》一文，但却偏偏不肯正视这篇重要文章最后部分一段极重要的议论。陈氏说："中外学说众矣，何者无益于吾群？即孔教亦非绝无可取之点。惟未可以其伦理学说统一中国人心耳。"[①]这段文字有两点必须注意：（一）陈

---

① 原文载《新青年》第3卷第1期，1917年3月。

独秀并非不分青红皂白地全盘性反孔教，承认孔教亦有"可取之点"。（二）陈独秀之所以激烈地批评孔教，是因为有人力图继续封建王朝时期的圣贤事业，以孔教统一中国人心。陈氏认为，孔教在封建王朝时代，可为统一人心之具，入20世纪，时势大变，孔教已不能适应时代需要，因而也不足以继续统一人心。陈独秀这个反孔的理由也是其他先进分子共同的理由。而这个理由既有历史的根据，又有现实的需要，在理论上是站得住的。

有些学者研究问题，往往缺乏历史的观念。他们把历史上的争论问题，当成是抽象的东西，不肯联系具体的历史条件作具体的分析。谈到陈独秀反孔教问题，就必须记起康有为反对共和，要求定孔教为国教，袁世凯尊孔祭天为复辟帝制开道等等这些历史事实。这是促使陈独秀反孔教的现实理由。当时为孔教辩护的人，则力言两千年来孔教为统一中国人心之具，如去孔教，中国人心即不可收拾。陈独秀反驳他们，指出，封建帝王为统治人民的需要，罢黜百家，独尊孔教，以此束缚人心。其结果阻塞了百家竞进之路，阻碍了中国人思想的开拓与进取。因此，孔教对中国的愚昧落后实负有责任。这是陈独秀反孔的历史根据。忘记了或忽视了这些基本的根据，忘记了或忽视了站在陈独秀对立面的那些人的主张，忘记了陈独秀的言论都是有所激而发，有所指而言的，把他的片断言论只当作孤立的抽象的东西，只作为纸上完成推论的材料，是不能得出近乎正确的结论的。

再如鲁迅，他用文艺作批评旧传统的武器，往往充溢着愤激之情。如不假分析，鲁迅确有"全盘性反传统"之嫌。但我们细看他那些文章，每一篇都是有所指而言，有所激而发。他针对那些利用传统害人，自己玩赏着传统堕落下去的人，满腔义愤。但每一篇也都流露出对被损害的"下等人"的同情。他为我们塑造了闰土、祥林嫂等那样一些纯朴、善良的普通中国人的形象。他对中华民族充分自信。因为"有埋头苦干的人，有拼命硬干的人，有为民请命的人，有舍身求法的人"做"中国的脊梁"。[1]可见，鲁迅在批判那足可害人，并使害人者堕落的旧传统的同时，他渴望发扬光大那被埋没在普通人心灵中的真正优美的中国传统。诚如他自己所说："新文化仍然有所承传，于旧文化也仍然有所择取"。[2]他治中国小说史，关心民俗艺术，都包蕴着如此深心。岂能简单地以反传统来概括鲁迅。

胡适的例子会使人们更清楚地看到所谓"全盘性反传统"的指责根本不合事实。

如果我们把新文化运动大致划分为思想、学术与文艺三条阵线，那么，陈独秀、胡适、鲁迅实可看作分任这三条阵线的前敌总司令。而学术这条阵线实在是新文化运动的内在核心。正因此，反对、否定和批判新文化运动的人，越到后来越把进攻的子弹更多地射向胡适。说他是"全盘西化"的罪魁，说他是提倡"全盘性反传统"和鼓吹民族虚无主义的祸首。所以，要澄清新文化运动的本来面目，弄清其实质，有必要多花一些

---

① 鲁迅：《中国人失掉自信力了吗?》，《鲁迅全集》第5卷，人民文学出版社1981，第118页。
② 鲁迅：《集外集拾遗·〈浮士德与城〉后记》，《鲁迅全集》第7卷，人民文学出版社，1981，第355页。

笔墨来讨论胡适的思想主张和他的活动。

首先可以肯定一点，胡适一生从未讲过一句全盘否定中国传统的话。他留学美国初期，还多次作讲演、发表论文，宣扬中国文化传统。以后思想虽有变化发展，但终未曾有完全吐弃中国传统之想。对中国旧礼俗，也只有改良之意，决无废绝之心。而对中国古代学术则更是饶有兴味。人们读他的《先秦名学史》或《中国哲学史大纲》，不可能找到什么"全盘性反传统"的痕迹。恰恰相反，在胡适看来，中国人在文化上所面临的"真正的问题可以这样说：我们应当怎样才能以最有效的方式吸收现代文化，使它能同我们的固有文化相一致、协调和继续发展"。[①]必须承认，这是一个冷静的学者经过深思熟虑的主张。这个主张，胡适一生都不曾放弃，人们不应摘取他同国粹主义者、尊古主义者、民族自大主义者辩论时讲的某些稍带激愤的片言只语（实际上，胡适是新文化运动领袖人物中比较冷静、最少激情的人），就武断声称，他是"全盘性反传统"。他在《中国哲学史大纲》的《导言》中，也同样是主张中西两大哲学系统互相接触，互相影响，从中"产生一种中国的新哲学"。[②]胡适一生极力提倡的治学方法，就是将西方校勘学与中国考证学相结合的产物。[③]足见，中西结合，创造中国的新文化，才是胡适抱定的目标。

他在《新思潮的意义》那篇说明新文化运动的宗旨的著名

① 胡适：《先秦名学史》（中译本），学林出版社，1983，第8页。
② 胡适：《中国哲学史大纲》（上），商务印书馆，1922，第5、9—10页。
③ 参见《胡适口述自传》第6章，葛懋春、李兴芝编辑《胡适哲学思想资料选》（下），华东师大出版社，1981。

论文中，提出"研究问题，输入学理，整理国故，再造文明"的纲领，同样体现了中西结合，创造新文化的基本精神。他始终坚持这一基本精神。他有时对旧传统做严厉的批判，那只是为了反对一些人食古不化，把中国传统中某些并非顶高明，顶美善的东西拼命吹嘘，加以膨胀，从而闭塞聪明，自我牢笼。他研究中国古代哲学史，把一向被排斥的诸子哲学加以新解释，使之发出光彩。即对孔子及儒家哲学也给予了相当肯定的评价。他研究中国文学史，搞小说考证，使一向被正统主义者视为邪僻的古代文学作品得到了应有的历史地位。他研究中国思想史，给予一些改革家以很高的地位。他这样做，无非是向人们指出，在中国传统中，除了一再被人歌颂的那些徒具虚文，已无实用，或只是迷信的对象的那些东西之外，还有大量久被埋没，因而不被人注意，但至今还保留其光泽的东西。他无非是要打破人们对某些旧传统的迷信，更全面更真切地认识中国人自己的文化传统。

胡适一生在文化事业上，除了其他重要贡献之外，他还主持了两项重要的工作，一是整理国故，一是编译西书。前者旨在系统整理中国古代文化遗产；后者旨在系统介绍西方文化典籍。两项工作的根本目的在求中西文化的互相结合。只可惜，时代条件太严酷了，他没有充分的机会把两项工作富有成效地坚持下去。

胡适被蒙上"全盘西化"的罪名，至今仍有些人习焉不察，继续如此批判。其实，在五四新文化运动时期，胡适绝未说过"全盘西化"一语，更未尝有全盘西化的思想。只是在

1929年写的一篇英文论文（《今日的文化冲突》）里，使用过"全盘西化"的字样，但其真实意义，远不像人们所批判的那样。①因此，说胡适是"全盘西化"论者，或是"全盘性反传统主义"者，都是缺乏根据的。

总之，新文化运动几位最重要的领袖，都不是简单的西化论者或全盘性反传统主义者，而是追求中西结合创造新文化的先驱分子。这对于我们认识新文化运动的性质是至关重要的。

六、新文化运动实绩的分析

考察一下新文化运动的实绩，将使我们对这个运动的实质获得更明确的认识。

文学革命运动是新文化运动中争论最激烈、影响最深广，而成绩亦最卓著者。但白话文学取代文言文学成为中国现代文学的正宗，谁也不能说这是"全盘西化"，谁也没有根据说这是全盘性反传统。白话文学是固已有之的，并非胡适所创造，只是它一向被排斥于文坛之外，为正统文学大家所鄙弃。文学革命运动使固已有之的白话文学取代古文文学的正宗地位，使千百个文学家运用新的语言创造新的文学，反应新的时代。提倡白话文的胡适诚然受到西方近世文化运动与文学发展演变的启示，但能说他把西方的语言文学搬到中国来了吗？能说他废弃了传统的中国语言文学了吗？鲁迅用白话创作的新小说，诚

---

① 详见拙著《胡适的文化观及其现代意义》，《走向未来》1989年第2期。

然也是受了外国文学大家的影响，但能说鲁迅的《狂人日记》《孔乙己》等等，是西方文学而不是中国文学吗？能说鲁迅的创作与中国古典文学毫无关系吗？只要不怀偏见，谁都看得出，白话的新文学继承了中国古代文学的优良传统并借鉴了西方文学的长处，在反映中国现代生活方面取得了伟大的成功。白话新诗，一直受人诟病，至今仍有人怀疑它的生命力。过去曾有人误解"新诗实际就是中文写的外国诗"。胡适曾坚决驳斥这种说法，他强调新诗"是用现代中国语言来表现现代中国人的生活、思想、情感的诗"。[①]如果研究一下中国新诗发展史，我们就会明白，最早的一批新诗人是如何逐渐从中国古代诗人的格调中挣脱出来的。就是说，白话新诗不但受到西洋诗的影响，同时也有自己民族的根源，它有一个从古代诗歌脱胎的过程。胡适的《尝试集》最可表现这一点。因此，中国白话新诗实在也是中西结合的产物。

新文化运动中另一个斗争的焦点是有关伦理观念的问题。陈、胡、鲁迅等人批判旧道德，提倡新道德，引起守旧人士的激烈反对。斗争的中心是个人价值问题。旧派人士认为，固有的纲常伦理是具有永恒价值的，忠、孝为人伦之本，事上必以忠，事父母必以孝，妻事夫必以从。这些都是无条件的。尽管历代学者偶有委婉的解释，但大纲已定，优势已在"上""父""夫"一方，为臣，为子，为妻者断无自由可说。如此，人生于世被固定在伦理之网中，没有自由发展的机会与

---

① 胡适1931年夏写给徐志摩的信，据原件。

条件，历史上许许多多的大悲剧遂因此而发生。新文化运动的领袖们认为这是窒息人性，压抑创造力，阻遏民族生机的大问题，乃奋起疾呼：要独立的人格，要自由的意志，要个人的发展。概括言之，提倡个人主义。由于中国人受旧礼教束缚数千年，绝少有人真能懂得个人主义之为何物，一讲个人主义，必以为是自私自利，逞情肆欲。其实，喜欢高谈礼教的人，往往本身是自私自利、逞情肆欲之徒。因为惟有把别人的利益、情欲之路堵塞，他们才可以为所欲为。所以旧礼教大多只是虚文，越到后来，越具有欺骗性。真正的个人主义，从中世纪的教会统治中挣脱出来的个人主义，从旧礼教的批判中得到伸展的个人主义，究其实，不过是认取个人价值，力求实现个人的价值这样一种观念。诚然，我并不认为这种观念具有人类发展终极的性质。但我们可以说，与封建纲常名教和各种宗教箴规相比，个人主义毕竟是更为健全的观念，是更加合乎人道，更有益于发展人类的各种美、善本质，发挥其创造智慧的观念。

中国旧礼教最根本的意义是要每一个人忘记个人的价值，而全其"名分"。为人臣者，君要臣死，臣不得不死，死前还要谢主隆恩，算是全了名分，否则就是未尽臣道，是为"叛臣"。为人子者，必严守父命，稍有逾越就是未尽孝道，是为"逆子"。按封建家法，父教子，捶挞至死，法律不能问。为人妇者，对夫须绝对服从，稍有忤逆，亦可家法从事，有"七出"之条可依，逐出家门，一生蒙受耻辱，无法做人。除了最高统治者，每个人都被套上名分的重枷，或为人臣，或为人子，或为人妇，唯独不成其为"个人"。试问"名教""名分"哪里来的？无非是死了几百几千年的所谓"圣人"垂教，或是祖宗遗制，都是死人的东西。所以，礼教的本质就是要活人为死人作牺牲。所谓礼教吃人，就是死人吃活人。死人长埋地下，自己不能吃人，于是为王、为宫、为尊、为上者就肩起礼教的大旗执行着吃人的使命。明白了这一点，才可以真正理解陈独秀、胡适、鲁迅诸先辈在"五四"时期的言论表现了何等人类的尊严和高度的人道主义。鲁迅写《狂人日记》痛斥礼教吃人，陈独秀要青年独立、自主、进步、进取，要青年"内图个性之发展，外图贡献于其群"；[①]胡适要人立志首先"把自己这块材料铸造成器"。[②]这些，都是在提倡个人的尊严、个人的价值，主张还给每一个人以做人的权利，而不做别人（或"名分"）的附属品、牺牲品。

也许会有人说，这种个人主义的伦理观、人生观纯是西方的东西，提倡它，就是提倡西化，就是反传统。

许多材料反映出，人们对传统往往只有极笼统的概念，殊不知传统不是单一的，任何一个民族总有自己的长处，否则不足以自立于世界，不足以缔造千百年历史。但也都会有短处，所以总不免走曲折的道路，有时甚至真正遇上倒霉，抬不起头来的年代。所以，我们不能不承认一个民族有好的传统，也有不好的传统；有居于主导地位的传统，也有只居次要地位，甚至长时间被埋没的传统。我们上面所讲的近代开始抬头的个人主义，是否在中国历史上完全找不到一点根据，必须全部

① 《新青年》第2卷第1期，1916年9月。
② 胡适：《易卜生主义》，《新青年》第4卷第6期，1918年6月。

从西方移植？我看并非如此。在先秦诸子中就有杨朱那样的人物，"拔一毛利以天下而不为"。[①]至魏晋时期，特立独行若孔融、嵇康、阮籍之流，何尝不表现出一点自全人格、自求实现其个人价值的精神？晚明的李贽"强力任性，不强其意之所不欲"，[②]蔑视礼教，不恤众疾，终至牺牲生命，又何尝不可以看作是自认人生价值，努力加以实现的个人主义的胚芽？清代大思想家戴震给人的情欲的正当性予以理论的论证，这何尝不是对旧伦理的一种挑战？我认为，尽管中国旧礼教垂统数千年，但历史上并非没有为实现个人价值而奋斗的奇人异士，他们前后呼应也构成了中国思想史上另一种虽很微弱但并非不存在的传统。事实上，"五四"前后的启蒙思想家和学者，正有不少人努力发掘这一传统。胡适，鲁迅等人都曾卓有成效地做过这类工作。

还要看到，传统不是一成不变的。先秦有先秦的传统，汉魏有汉魏的传统，唐宋有唐宋的传统，明清有明清的传统，虽前后相袭，但颇不乏变革的成分。近代以来，追求人的解放、自由、民主，何尝不可以认作中国近现代思想史的一个优秀传统？

在人的解放中，一个突出的问题是女子的解放。倡言男女平

---

① 通行诸本《杨朱篇》皆作"拔一毛以利天下而不为"。故人们皆把杨子视为极端自私自利之徒。据别本有作："拔一毛利以天下而不为"，只利、以二字位置不同，意大殊。据别本，意谓，以天下之利诱杨子拔其一毛，而杨子不为，是杨子自全其人格，不肯以利为交换。作此解释，方近古人原意。
② 袁中道：《李温陵传》。

等，鼓励女子教育，保护男女的婚姻自主权等等，这些主张也只是舶来品，在中国历史中毫无根据吗？其实，中国历史上只是宋代理学鼎盛之后，女子的地位才变得特别凄惨。这以前，颇不乏宣扬女子的个性、女子的才华和歌颂男女坚贞爱情的记载。理学家宣扬"存天理、灭人欲"，把女子视为不洁和罪恶之源，重重加以牢笼，居然有"女子无才便是德"的训条灌输人间。据考，女子缠足亦是宋代始大兴。这种极不人道的"刑罚"，竟被当作一种美，为无聊文人所描摹，真是近乎变态心理。

新文化运动的领袖们对极端不合人道的男尊女卑的社会偏见表示极大的义愤。提倡女子解放，鼓励女子受教育和走出家庭四壁，积极参与社会生活，这不过是要求回复人类社会应有的面目，并非只是照搬哪个西方国家的模式。如果再注意一下，俞理初早在西方敲开中国大门之前，在19世纪30年代即已倡男女平等之说，[①]辛亥时期，已有女子留学，女子参加革命之事，那么，岂不是可以说，新文化运动正是继承了前人的优秀传统吗？

新文化运动造就了中国新一代女杰。他们在政治界、学术界、文艺界都曾发挥了重大作用。谁也不能说她们因此就不再是中国的女子。谁也没有理由指责她们完全背叛了中国的传统。事实上，她们恰恰具有中国人所敬慕的某些优秀美德，这正是她们确立自己地位的重要原因之一。人们只要注意到邓颖超这个典型例子就足够了。

---

① 见《癸巳类稿》之《节妇说》《贞女说》《妒非女子恶德说》等诸条，该书初刻于1833年。

新文化运动直接推动了中国新教育的形成和发展。新文化运动的几个著名领袖差不多都服务于教育界。他们对发展中国现代教育都倾注了极大的热情和心血。

中国的新教育不始于"五四"时期。但此前只是处于萌生阶段。受新文化运动之赐，才得以成形。所谓新教育主要有三点。一是新的教育思想的确立，打破读书做官的传统模式，使教育面向社会，培养社会生活中实际需要的人。二是新学制的确立。1922年由胡适亲自主稿的新学制案一直推行到50年代初期。这个学制案虽然明显地受了美国学制的影响，但它处处顾到了中国的特点。中、小学及职业教育尤其强调适合中国社会的实际需要。高等学校中亦充分注意国学基础的训练，如果因小学—中学—大学这种教育体制的外部形式雷同于美国，因而就说它是"洋货"，那是不顾事实的说法。新教育的第三个要素是新的课程设置尽量考虑到社会实用价值。胡适有一次谈到农村小学教育时曾说道："列位办学堂尽不必问教育部规程是什么，须先问这块地方上最需要的是什么。譬如我们这里最需要的是农家常识、蚕桑常识、商业常识、卫生常识，列位却把修身教科书去教他们做圣贤！又把20块钱的风琴去教他们学音乐！又请一位60块钱一年的教习教他们的英文！……我奉劝列位办学堂切莫注重课程的完备，须要注意课程的实用。尽不必去巴结视学员，且去巴结那些小百姓。视学员说这个学堂好是没有用的，须要小百姓都肯把他们的子弟送来上学，那才是教育的成效。"①这种充分注重社会实用价值的教育思想不是胡适一个人独有的。那时的绝大多数具有新思想的教育家，如蔡元培，陶行知、蒋梦麟、张伯苓等等都是如此。"五四"以后的新教育虽因国家不安定，没有走上稳定发展的轨道，但毕竟已具雏形。这个雏形同样也是中西结合的产物，而不是什么"全盘西化"，或什么"全盘性反传统"的结果。

新文化运动的另一个显著的实绩是改造中国旧学术。胡适的《中国哲学史大纲》（上）可以说是新学术卓然成立的重要标志。继之而起的，鲁迅的《中国小说史略》，顾颉刚的《古史辨》等等，他们在著作体例上，理论与方法上，都使人耳目一新。他们又影响了一整代学人。20世纪二三十年代中国学术取得可观的进步，可谓肇基于此。新学术的根本特点就是中西结合，即借鉴西方学者的理论和方法，改造中国传统的理论与方法，重新研究中国的文化遗产或开创崭新的中国社会科学和人文科学。不消说，胡适的考证，顾颉刚的疑古，鲁迅的"钩沉"，都有中国自家传统为根据，绝非简单照搬西方的理论与方法。

还有一点不能不在这里说一说，就是新文化运动促进了中国科学事业的发展。诚然，新文化运动的领袖们本身都不是科学家。但他们都极端地尊重科学，极端地信服科学，极端地热心于科学事业的发展。20世纪二三十年代相继发展起来的中国科学事业都曾直接间接蒙受到新文化运动的影响。作为新文化运动领袖的胡适，他差不多和各个领域的第一流科学家都有着

---

① 胡适：《归国杂感》，《胡适文存》1集第4卷，上海亚东图书馆，1925。

非常密切的个人友谊。他直接间接支持和帮助过的科学家及其事业的，可以开出一个长长的名单。且随便指出几个，例如，丁文江的地质调查所，汪敬熙的实验心理学研究，任鸿隽的科学社及化学研究所，胡先骕（尽管此人大骂过胡适！）的生物学研究，高鲁的天文学研究，北京大学的古生物学研究等等。

新文化运动留下的许多实绩，和它所提倡的新观念、新事业，至今与中国人的生活息息相关，如白话国语的通行，标点符号的采用，汉语拼音的创立；男女平等、人格独立，个性自由等新观念；发展科学乃至节育优育的提倡，等等。对于这些，即使最保守的中国人，包括那些斥责新文化运动为"全盘西化""全盘性反传统"的人，大概也未必一定要反其道而行之。

总结上述，可以看出，新文化运动本质上是中西结合，创造中国新文化的运动。尽管它在各个领域进展是不平衡的，而且都还不同程度地存在这样那样的缺点，有待后来者批评补正，但它所代表的中西结合创造中国新文化的方向是不容否定的。

七、总结与前进

五四新文化运动是个未完成的运动。它所提出的基本目标至今仍有待我们努力加以实现。七十年后回看新文化运动，其最大功效是它的启蒙作用。不难理解，没有个人价值的确立，是不会有民主的；没有破除对偶像与教条的迷信，不扫除虚文空谈的习气，是不会有科学的发展的。我们说的启蒙作用，就是指这种为确立民主、发展科学而扫除障碍、开辟先路的作用。

但是中国的启蒙运动主要是在外部刺激下发生的，因此明显存在底气不足的弱点。新人物中不少人往往义愤多于理智，勇气有余而学养不足，缺乏长远的眼光。一向被目为"右翼"代表的胡适，要算是这次运动中比较稳健的了。他能在国家混乱的年代里，自守学者责任，领导起整理国故和介绍西学的两大工作已属难能。

但是，五四新文化运动不能持之以久，未能达到预期目标，主要原因还不在于其领袖人物本身的素质，而是在于客观的社会条件。有时文化运动超前一步是可能的，但没有继起的政治经济条件的支持，它断难持续进行下去。

五四新文化运动呼唤科学与民主，并为之做了开榛辟莽的工作。但政治、经济领域里缺少为确立民主发展科学所必要的中坚力量。结果是民主制度无法实现，科学也得不到应有的发展。新文化运动自身也累遭厄运，屡受攻击和剿禁。奇怪的是，有些人不知是何用意，他们竟把中国民主不能实现，科学不能发达，中国整个现代化的延搁的责任反推到新文化运动的头上。真是冤哉枉也！

我不否认新文化运动中有一些很偏激的言论，我也不否认陈、胡、鲁迅等人那时曾把主要精力用之于攻击旧传统，而较少揭示中国传统中的优秀的方面，他们在建设方面的实绩也确属有限。但这些都是中国严峻的社会现实所决定的。事实是混乱与腐败的政治社会使优秀的传统精神受到窒塞，而给一切朽恶的东西的迅速膨胀提供了温床。在那种情况下，空谈优秀的传统实等于回避现实，粉饰太平，麻痹群众。事实是，正是保守反动的统治当局才乐于炫耀什么"优秀传统"，而借以压抑新思想的发展。至于说新文化健将们在建设方面的实绩有限，那更是社会环境所使然，并非他们无心于建设。

人们应该记得，国民党取得统治权不久，胡适等人就察觉这个新政权对新文化运动是反其道而行之。他指斥国民党是反动派，并为人权问题同统治当局发生正面冲突。此后，国民党在文化思想方面愈来愈趋于保守、反动，乃至直接压迫新文化运动，查禁书刊、迫害进步文化人。正是在那个时候，国民党的一位要人却高谈什么"中国本来是一个由美德筑成的黄金世界"。[①]这本身是很可发人深省的。试问，在这种政治态势下，能够指望几个知识分子抵挡整个统治当局的压力，而把中国现代化的车轮推向前进吗？

新文化运动半途夭折了。但它既已提出了为人所接受的新观念，也就是向全民族提出了新的历史课题。如果当权的政治力量终究不能解决这个历史的新课题，它自己也终难持久，终必退出历史舞台。

在日本的现代化历史中，有过启蒙思想时期，但没有像中国"五四"时期那样轰轰烈烈的文化革新运动。这种轰轰烈烈的运动，只在前进的潮流受到阻挡而又阻挡不住的时候才会发生。如果没有康有为的孔教运动，没有袁世凯、张勋的复辟活动，未必会有那样规模的新文化运动发生。明治以后的日本，统治当局本身是一个肯革新的政治力量。因此，政治与思

---

① 叶楚伧：《由党的力行来挽回风气》、胡适：《新文化运动与国民党》，《新月》第2卷第6—7期合刊，1929年9月。

想文化的革新大体呈同步推进的状态，故不曾发生有如中国的新文化运动那样的运动。

近年来中国知识界掀起"文化热"，在各种文化讨论中所提出的问题，绝大多数都同五四新文化运动有联系。目前的"文化热"算不上一场运动，只是一次较为深入的反思。如果反思所得的积极成果能够被政治改革所吸收，那么，我们有理由相信，中国从此将可以走上比较健全的发展轨道，而不再重复文化运动——政治运动都不产生预期效果的恶性循环。但这首先须对思想界，文化界乃至整个知识界提出严格要求，必须认真总结五四新文化运动的历史经验，认准我们前进的方向，提高我们自身的素质，以高度的民族复兴的热忱，加上严格求实的精神，做艰苦深入的研究工作。重复一些陈年老调，或堆砌一些最新的时髦词语，都是无济于事的。

五四新文化运动多少再现了古代百家争鸣的气象。蔡元培先生的兼容并包原则起了非常健全的作用。如今又有些人在做统一思想的迷梦，幻想复兴儒家一尊的地位。他们的尊古崇儒的热情如果发自衷心，我们可以给予相当的尊重，正如我们尊重任何宗教徒的虔诚信仰一样。但如果他们要求别人也须像他们那样尊古崇儒，否则即斥为"全盘西化"或什么"全盘性反传统"，那就犹当别论了。我个人认为，中华民族文化的复兴，除了其他条件之外，将部分地取决于我们在多大程度上再现百家争鸣、诸流并进的局面。五四新文化运动的领袖们深以"统一思想"为耻，竞相为思想自由、学术自由而奋斗。这是我们应当继承的一种可贵的传统。

试论五四时期"人的觉醒"

钱理群

这里又谈到了"五四",而且是"五四""人的觉醒"。是否有一个难以超越的"五四情结",试图用"五四"的药方来解决当今中国之问题?"五四"已过去了七十年,今天的人们大概不至于如此简单对待。我想做的事,无非是尽可能地接近"五四"本来面目;然后再看一看,那段历史上的东西,对于我们今天还有没有启示意义。

正是为了"尽可能地接近五四本来面目",我有意识地接触了当年的一些原始材料,才发现我们过去的一些结论都有些"想当然",或者具有很大的片面性。为了说明问题,本文不得不有较多的引证,这是要请读者谅解的。

一

翻阅"五四"时期的报纸期刊,给人最强烈的印象是"五四"时期"人"所特具的个体自由意识与人类(世界、宇宙)意识。

刘纳同志在她的极有创造性的论文《辛亥革命时期至五四时期我国文学的变革》里曾经指出：辛亥革命时期，"先进的人们突破了传统观念中国家与个体之间不可缺少的中间层次——家族，而直接以'国民'的概念将个体生命与国家联系起来"。这就是说，现代中国"人"的觉醒是从"国民意识"的获得为开端的；而正如刘纳所说，"'国民'，并不属于自己，他属于'国'，属于'群'"，因此，辛亥革命时期的国民意识中，所注重的"不是作为国民的自由的权利，而是责任"。也就是说，20世纪初，中国先进的知识分子摆脱了"家族"的束缚，却仍然自觉地将人的个体附属、服从以至消融于以"国家"形态表现出来的"群体"（"类"）之中。

在汹汹而至的国家主义、民族主义思潮下，保持着清醒的头脑，坚持"个体自由"的，是鲁迅。他在1908年所写的《破恶声论》里，即明确指出："聚今人之所张主，理而察之，假名之曰类，则其类之大较二：一曰汝其为国民，一曰汝其为世界人。前者慑以不如是则亡中国，后者慑以不如是则畔文明。寻其立意，虽都无条贯主的，而皆灭人之自我，使之混然不敢自别异，泯于人群"。于是，鲁迅大声疾呼："人丧其自我矣，谁则呼之兴起？"但这在当时，是不可能得到响应的。鲁迅的超前意识要到十年以后——"五四"时期才成为人们的自觉意识。

新的历史任务是由李大钊明确提出来的。李大钊在写于1919年7月1日（即"五四"之后三个月）的《我与世界》里，发出了这样的召唤："我们现在所要求的，是个解放自由的我，和一个人人相爱的世界。介在我与世界中间的家园、阶级、族界，都是进化的阻碍，生活的烦累，应该逐渐废除"。与李大钊相呼应的，还有陈独秀。他在一九一八年新文化运动兴起时，就已指出："今日'国家''民族''家族''婚姻'等观念，皆野蛮时代狭隘之偏见所遗留"，[①]并明确地把"国家"列为应予"破坏"的"偶像"之一。[②]于是，对"国家主义"以至"爱国主义"的批判，就成为"五四"新思潮的一个重要方面；这恰恰是我们过去所严重忽视了的。陈独秀在讨论"我们应当不应当爱国"时（问题提出本身就反映了一种时代气氛），所提出的下述观点实际上是具有深远意义的："爱国大部分是感情的产物"；他阐述说，"当社会上人人感情热烈的时候，他们自以为天经地义的盲动，往往失了理性，作出自己不能认识的罪恶"，"这是因为群众心理不用理性作感情的基础，所以群众的盲动，有时为善，也有时可为恶"，[③]中国近代史上不断出现的在"爱国"旗帜下盲目排外的事件就足以证明这一点。陈独秀同时提醒人们要拒绝借口"爱国"而要求人民无止境地"为国家作牺牲"的蛊惑，这也非无的放矢。正是出于对在"爱国"口号下对"人"的个性自由的剥夺的警惕，李大钊才着重提出："我们应该承认爱人的运动比爱国的运动更重。"[④]李大钊的这一意见因为不符合权威意识形态对于"五四"的分析，而长期被淹没，以至我们今天重提这一重要论断，不能不感到某种历史的遗憾。

---

① 陈独秀：《答钱玄同》。
② 陈独秀：《偶象破坏论》。
③ 陈独秀：《我们应当不应当爱国》。
④ 李大钊：《"少年中国"的"少年运动"》。

因此，毫无疑问，"五四"的时代最强音是："我是我自己的，谁也没有干涉我的权利。"[1]这里所表现出来的，是一种完全自觉的个性意识与主体意识。"五四"时期主体的个性自由意识在理论上的表现，即胡适、周作人所提出的"个人本位主义"——

　　"社会最大的罪恶莫过于摧折个人的天性，不使他自由发展"，"须使个人有自由意志"，"社会是个人组成的，多救出一个人，便是多备下一个再造新社会的分子"。[2]

　　我所说的人道主义，并非世间所谓"悲天悯人"或"博施济众"的慈悲主义，乃是一种个人主义的人间本位主义。这理由是：第一，人在人类中，正如森林中的一株树木。森林盛了，各树也都茂盛。但要森林盛，却仍非靠各树各自茂盛不可。第二，个人爱人类，就只为人类中有了我，与我相关的缘故。墨子说，"爱人不利己，己在所爱之中"，便是最透彻的话……所以我说的人道主义，是从个人做起。要讲人道，爱人类，便须先使自己有人的资格，占得人的位置。[3]

这是对"人"的个体价值最充分的肯定。"个体"不再消溶

---

① 鲁迅：《伤逝》中子君语。
② 胡适：《易卜生主义》。
③ 周作人：《人的文学》。

在"类"（或社会、国家，或民族，或家族）之中，而作为实在的独立存在受到了尊重。而且在理论上确立了：个体的存在与发展，是社会、民族、国家、家族存在与发展的前提与基础。既否定了"三纲五常"的封建伦理观，也根本不同于辛亥革命时期，"屈己而利群"的伦理观。但也正是在这里，体现了五四新文化运动的彻底反封建性。

以上我们反复地强调了"五四"时期的个体自由意识及其对爱国主义的批判，是否就因此否定了"五四""爱国救亡"的主题的存在呢？当然不是。无论是"五四"学生运动本身，还是五四新文化运动，都有一个明显的政治、文化、心理的背景：帝国主义对中国侵略的日益加剧，由此而产生的民族危机感和民族自强、自力以救亡的历史要求，这都是不能否认的事实。也正为此，"五四"那一代，在强调个体意识时，也同时强调了自我牺牲精神。有意思的是，他们当时并不感到这二者的矛盾，而是努力用进化论将其统一起来。鲁迅在《我们现在怎样做父亲》里，即指出，人一要"生存"，要保存生命，就必须"爱己"，保证个体生命精神与体质的健全；二为了保证生命的延续、民族的发展，在前者、长者的生命应牺牲于在后者与幼者。这样，"五四"那一代人就提出了一个以进化论为基础的、"发展自我与牺牲自我互相制约与补充"的伦理模式。这一伦理模式所包含的两个矛盾着的侧面实际上是反映了"五四"本身的内在矛盾（即所谓"启蒙"的主题与"救亡"的主题）的。在"五四"以后，就外化为鲁迅所说的"个人的无治主义"与"人道主义"的矛盾；进而形成两条发展路线：相当一部分知识分子发展了"五四""爱国救亡"的主题，由牺牲自我走向了无产阶级战斗的集体主义；少数知识分子则发展了"五四"对于爱国主义的批判，他们放弃了对社会、民族的责任感，一再地批评爱国群众运动中的非理性主义倾向，同时坚持"五四""救出我自己"的个性主义原则，形成了一股在中国现代思想、文化、文学史上始终不占主导地位、却又从未断绝过的自由主义、个性主义的思潮。应该说，囊括了中国绝大多数知识分子的上述两种选择，对于"五四"传统，都是既有肯定继承，又有否定、背离（或超越）的。而始终坚持"发展自我与牺牲自我互相制约与补充"的"五四"伦理观的极少数知识分子，如鲁迅者，就陷入了几乎是无以自拔的矛盾和痛苦中。过去，我们根本否认鲁迅式的矛盾的存在（时至今日，还有人认为鲁迅只主张"自我牺牲"，而看不到鲁迅直到晚年仍坚持"自我独立发展"的要求的这一面），而将"走向无产阶级战斗的集体主义"的这条道路，定为"五四"传统的"正宗"，不加分析地予以全盘肯定，对"五四"后的自由主义、个性主义的思潮，则加上"背叛五四传统"的罪名，不加分析地全盘否定。这样的价值判断，固然十分痛快，却既不符合"五四"及"五四"以后中国政治、思想、文化、文学发展史的实际，更不利于我们对这一段历史的科学总结。近几年，我们对有关的具体历史人物的具体评价，作了大量的重新审视的工作，这自然是极有意义的；但我们如果不从全局上对"五四传统究竟包含什么内容"？"如何看待五四后中国知识分子的各种选择与五四传统的关系，及其相互关系"等基本问题弄清楚，特别是如果我们继续囿于"正统论"、"不是全对就是全错，或者革命或者反革命"的二元对立论，以及"存在就是合理的"、"历史发展只有一种可能性"、"成则为王，败则为寇"的历史观，我们仍不可能对"五四"及"五四"以后的历史（包括历史人物）作出科学的实事求是的评价。

应该说，"五四"时期及"五四"以后的自由主义、个性主义思潮没有得到充分发展，是有客观原因的。陈独秀在当时即已指出："现代生活以经济为之命脉，……故现代伦理学上之个人人格独立，与经济学上之个人财产独立，互相证明"，"西洋个人独立主义，乃兼伦理、经济二者而言，尤以经济上个人独立主义为之根本也"。[①] 在陈独秀看来，伦理上的个性自由必须以经上的个人自由原则的确立为基础与前提，这正是抓住了"五四""人"的个体自由思潮的要害：一方面，这一思潮是以第一次世界大战期间中国自由商品经济得到了一定程度的发展为物质基础，因而达到了前所未有的规模；但另一方面，中国自由商品经济始终未能得到充分发展，经济上的个人独立主义从未得到真正确认，这又不能不使"五四"时期的个体自由思潮在中国的影响只能限制在狭小的范围内，未能真正扎下"根"来。在这个意义上，我们对"五四"时期个体自由意识的觉醒所达到的深度，它的实际作用与影响，确实不能作过高的估价，它仅仅是一个好的开端而已。对于建筑在发展不

----

① 陈独秀：《孔子之道与现代生活》。

充分的自由商品经济基础上的"五四"个性解放运动所必然具有的历史局限性，应该有一个清醒的认识；在这一点上，一些同志的提醒，是有意义的。只有看到这一点，我们才能科学地说明，为何以抹煞"个人"为特征的封建伦理观，虽在五四新文化运动中遭到致命的打击，但它很快就死灰复燃，而且渗入到了"五四"以后最为急进的社会主义思潮中，在"无产阶级战斗集体主义"旗帜下偷运新奴隶主义的私货，形成了对"五四"传统的真正反动。历史已经证明，"五四"那一代人的"启蒙至上主义"仅仅是一个幻想；思想启蒙必须与经济、政治变革互相配合，而且以后者为基础与前提，否则，终将是软弱无力的。

二

"五四"时期的"个体自由意识"是与"人类（世界）意识"连结在一起的。正如周作人所说："种族国家这些区别，从前当作天经地义的，现在知道都不过是一种偶象。所以现代觉醒的新人的主见，大抵是如此：'我只承认大的方面有人类，小的方面有我，是真实的'"，"这个人与人类的两重的特色，不特不相冲突，而且反是相成的"。[①]周作人对"人类意识"产生背景的分析也许更值得重视。他指出，构成"古代文学"基调的爱国主义、民族主义等"纯以感情为主"，而构成现代文学基

---

① 　周作人：《新文学的要求》。

调的"大人类主义"经了近代的科学的大洗礼","正是感情与理性的调和的出产物"。①鲁迅就是从现代科学的最新成就（如达尔文进化论，施莱登、施旺的细胞学说，康德关于太阳系起源的星云假说，以及海克尔的人类种族的起源和系统论）中得到启示，建立起"有生无生二界，且日益近接，终不能分"的新的世界图景，达到了对互相联系的世界整体性把握的。而建立在现代大生产基础上的世界统一市场的形成，特别是第一次世界大战后世界人民命运的相通，使"五四"时期的中国知识分子终于觉悟到中国与世界的不可分割，"现在全世界的生活关系，已竟是脉络相通……亚洲若有一国行军国主义，象从前的德国一样，中国的民主政治，总不安宁。我们的政局，若是长此扰乱，世界各国都受影响"。②同样不可忽视的是，在十月革命以及随之而起的世界性社会主义热潮推动下，中国先进知识分子对"世界革命""世界大同""改造世界"产生了巨大热情。这在李大钊的言论中表现得最为突出。他预言，十月革命开创了人类的新纪元，这将是"世界革命的新纪元，是人类觉醒的新纪元"。③他甚至提出建立亚洲联邦的设想："凡是亚细亚的民族被人吞并的都该解放，实行民族自决主义，然后结成一个大联合，与欧美的联合鼎足而立，共同完成世界的联邦，益进人类的幸福。"④问题不在于这类带有浓重的空想社会主义色彩的"设想"能否实现，而在于显示了一个新的眼光，新的胸襟：

---

① 周作人：《新文学的要求》。
② 李大钊：《联治主义与世界组织》。
③ 李大钊：《新纪元》。
④ 李大钊：《大亚细亚主义与新亚细亚主义》。

自觉地将"我们居住这个地域，当作世界的一部分。由我们居住这个地域的少年朋友们下手改造，以尽我们对世界改造的一部分的责任"，[1]即将中国与世界，中国的改造与世界的改造联结起来。《新潮发刊旨趣书》里曾经宣言："今外中国于世界思想潮流，不啻自绝于人世"，必"引此'块然独存'之中国同浴于世界文化之流"，这大概是能够代表"五四"年青一代的志向的。由这种世界眼光、人类意识而产生的民族危机感，也是属于那一时代的。鲁迅说得好，"现在许多人有大恐惧，我也有大恐惧……我所怕的，是中国人要从'世界人'中挤出"，[2]这类中国将被世界挤出的"恐惧"，绵绵不绝，使几代中国的志士仁人为之寝食不安，成为中国改革事业的精神推动力之一，这是既能令人从中看到希望，又不免引起悲凉之感的。

三

以上是将"人"置于"人类——国家（民族、社会）——家庭——个体"的纵坐标上来考察其价值；以下我们将要讨论："五四"时期对于"人"自身，即"人"的本质的认识。

最完整地显示了"五四"时期认识水平的，仍然是周作人在《人的文学》里的表述——

"人"是"从动物进化的人类"，其中有两个要点，

---

[1] 李大钊：《"少年中国"的"少年运动"》。
[2] 鲁迅：《热风·随感录·三十六》。

（一）"从动物"进化的，（二）从动物"进化"的，我们承认人是一种生物，他的生活现象，与别的动物并无不同……但我们又承认人是一种从动物进化的生物。他的内面生活，比别的动物更为复杂高深，而且逐渐向上，有能够改造生活的力量……这两个要点，换一句话说，便是人的灵肉二重的生活……这灵肉本是一物的两面，并非对抗的二元。兽性与神性，合起来便只是人性。

虽然在总体上"五四"时期追求"灵"与"肉"，"神性"与"兽性"，"精神"与"物质"，"社会的人"与"自然的人"的统一与和谐，但在具体实现形态上，却或者出现了不同的追求重点，从而表现出不同的思想、文学倾向与派别，或者显示出二元追求的矛盾的紧张与痛苦。《新潮》创刊号曾发表过一篇题为《哲学对于科学宗教之关系化》的文章，在指出"理性与感情，同为吾人心理常存之性质"的同时，又着重揭示其不同的机制："智力作用分析者也，而感情作用则为综合"，"智力作用意识者也，而感情作用则为无意识"，"智力作用静止也，而感情作用则具有动力"，"智力作用必然者也，而感情作用则极为自由"。如果承认这一分析多少有些道理，那么，"五四"时期的思想家与文学家，正是在"分析"与"综合"，"意识"与"无意识"，"静止"与"变动"，"必然"与"自由"之间，进行着艰难的选择。

最具吸引力的，首先是对"自然人性"的追求。可以称得上"五四的命题"的是："人的一切生活本能，都是美的善的，应得完全满足"，^①"凡是人欲，如不事疏通，而妄去阻塞，终于是不行的"。^②这在中国历史上是破天荒的：人的自然本能不但取得了存在的权利，而且获得了"美"的品格，并且被充分肯定了其合道德性。其矛头所向显然是统治了中国几千年的封建禁欲主义。作为其完整而系统的表现形态的宋明理学"存天理，灭人欲"的原则受到了猛烈的攻击。作为压制人的天性、自然本能欲望的封建理性主义的宋明理学的历史对立物，"五四"时代的自然人性论具有鲜明的非理性主义的色彩。

"五四"许多先进知识分子都在热烈地呼唤自然的生命力，原始的兽性（蛮性）。鲁迅曾经把"西洋人的脸"（民族性格）与"中国人的脸"（民族性格）概括为"人+兽性＝西洋人"，"人+家畜性＝某一种人"，这里隐含着的沉重是谁都可以感觉到的。鲁迅一再提出中国"人"的驯化问题，以为这是人的本性的"萎缩"与"奴化"。^③陈独秀更是大声疾呼，要将培育、恢复"兽性主义"作为中国教育的根本方针："兽性之特长谓何？曰意志顽狠，善斗不屈也，曰体魄强健，力抗自然也，曰信赖本性，不依他为活也，得顺性率真，不饰伪自文也。白种之人，殖民事业遍于天地，唯此兽性故。日本称霸亚洲，唯此兽性故。……余每见吾国曾受教育之青年，手无缚鸡之力！心无一夫之雄，白玉纤腰，妩媚若处子，畏寒怯弱，柔弱如病夫，以如此心身薄弱之国民，将何以任重而致远乎？"^④用原始

---

① 周作人：《人的文学》。
② 周作人：《读〈欲海回狂〉》。
③ 鲁迅：《略论中国人的脸》。
④ 陈独秀：《今日之教育方针》。

的"兽性"来改造中国国民性中柔弱素质，这几乎是"五四"时期先驱者的共同愿望，虽然带有浓重的理想成分，但他们自身却是极其认真的；呼唤"蛮性"的风尚对于文学的影响也许是更为深远的。

"五四"那一代人更热烈地赞美与肯定"人"的生存本能与自然情欲，呼唤感性形态的"生"的自由与欢乐。陈独秀曾经发表过一个总结性的意见："知识理性的冲动，我们固然不可看轻，自然情感的冲动，我们更应当看重。"[①]鲁迅也将人的生存权利与保证人的正当欲望——物质的充分满足与精神的充分发展，置于至高无上的地位，强调"我们目下的当务之急，是：一要生存，二要温饱，三要发展"。[②]人们还听到了如下历史性的呼唤："世上如果还有其要活下去的人们，就先该敢说，敢笑，敢哭，敢怒，敢骂，敢打，在这可诅咒的地方击退了可诅咒的时代"，[③]"站在沙漠上，看看飞沙走石，乐则大笑，悲则大叫，愤则大骂"[④]——"五四"时代人的解放，不仅是思想意义和道德意义上的解放，更是情感意义、审美意义上的解放，人的一切情感——喜、乐、悲、愤、爱、恨……都被引发出来，在空前广阔的审美天地里，作自由的、奔放的、真实、自然的表现，无所顾忌地追求"天马行空"的心灵世界，"天马行空"的感情世界与艺术世界，实质上就是追求人目的"放恣"状态。这对于习惯于压抑自己的情感，心灵不自由的中国人，

① 陈独秀：《基督教与中国人》。
② 鲁迅：《华盖集·忽然想到·六》。
③ 鲁迅：《华盖集·忽然想到·五》。
④ 鲁迅：《华盖集·题记》。

自然也是破天能的。"五四"时代彻底洗净了东方固有的不净思想，赋予人的"性欲"以"美"与"善"的品格，于是，出现了郁达夫式的宣言："知识我也不要！名誉我也不要！我所要的就是爱情！我所要求的就是异性的爱情！"这种"爱情至上主义"的呼声在"五四"时代简直是具有革命意义的。

"五四"时代的"人"由此而自然地摒弃了传统的"忍苦的人生观"，而信奉着"求乐的人生观"。李大钊在一篇题为《现代青年的方向》的文章里这样宣布了他这一代人人生选择上的转变："我从前曾发过一种谬想，以为人生的趣味就在苦中求乐，受苦是人生本分，我们青年应当练忍苦的本领，后来觉得大错，避苦求乐，是人性的自然，背弃自然去做，不是勉强，就是虚伪。这忍苦的人生观，是勉强的人生观，虚伪的人生观，那求乐的人生观，才是自然的人生观，真实的人生观，我们应该顺应自然，立在真实上，求得人生的光明。"在有着根深蒂固的"安贫乐道""禁欲主义"思想的中国，这"求乐"的呼声弥足珍贵而又极其微弱，它仅仅在"五四"时期经由少数先进知识分子之口大声地喊出，很快就消失在以"革命""爱国"的名义发出的"自我克制"的要求之中。以至今天的一些年青人重复当年李大钊的呼吁，竟被人们侧目而视，这是不能不令人感慨系之的。

"五四"先进知识分子进一步把"求乐"与"劳动"连在一起，这是很能显示出"五四"的时代特色的。李大钊在宣布了"求乐"的"方向"以后，紧接着又指出："人生求乐的方法，最好莫过于劳动，一切乐境，都可向劳动得事，一切苦境，都可由劳动解脱。劳动的人，自然没有苦境跟着他……劳动为一切物质的富源……至于精神方面，一切苦恼，也可以拿劳动去排除他。"李大钊把这称之为"乐劳主义"，这与"五四"时期盛行一时的托尔斯泰的泛劳动主义直接相关，又有所区别与发展。周作人在提倡"新村运动"时说："俄国托尔斯泰的躬耕，是实行泛劳动主义了；但他尊重'手'的工作，排斥'脑'的工作……所以不能说是十分圆满。"①可见"五四"先驱者们强调脑力劳动与体力劳动的结合，以此作为"求乐"的道路，还是着眼于"人"自身的全面发展的，这里同样也表现出"空想社会主义"的倾向。

为追求人性的和谐发展，"五四"时期的先进知识分子在鼓吹对人的自然本能的充分满足的同时，又警惕着"只知有肉体之我，不认识有精神上之我"，"兽性放肆，便使昏蔽神明，破坏幸福"，因而又提出了"限制纵欲"的要求。②因此，鲁迅在提出"生存、温饱、发展"的三大奋斗目标之后，又对之进行了限定："我之所谓生存，并不是苟活；所谓温饱，并不是奢侈；所谓发展，也不是纵欲。"③周作人则是明确提出要用"理性"对自然本能进行适当的抑制与调节。在他看来，无论是"力"的发泄，还是"理"的调节，都是出自人的本性的自然过程，无须外力的强制性阻塞或压抑。这构成了"五四"时期"自然人性论"的两个侧面。这样，"五四"时期的个性

① 周作人：《日本的新村》。
② 平伯：《我的道德观》，《新潮》第1卷第5号。
③ 鲁迅：《华盖集·北京通信》。

主义也包含了两个互相联系、互相制约的方面，既要求自由发展自我，又要求自我控制与自我负责，这在一定程度上也是要求非理性精神与理性精神二者的互相联系、渗透与制约。片面地强调任何一方面而否定另一方面都不能全面地反映"五四"精神。

四

有的同志把"五四"看作是中国的文艺复兴运动，其中一个重要理由是"五四"时期对于人的价值与自由意志的充分肯定。胡适在《我们对于西洋近代文明的态度》里，就利用现代自然科学的成就相当有力地证明了自然科学的发展，必然促进了"人类能力的发展，扩大了人的眼界"，而"人类能力的发展，使他渐渐增加对于自己的信仰心，渐渐把向来信天安命的心理变成信仰人类自己的心理"，从而建立起"现代人化的宗教"：确认"人"是"世界的主人翁"，"要在这个世界建立'人的乐园'"，"信仰科学的方法是万能的，人的将来是不可限量的"。——对"人"及人的自由意志的这种信仰与赞美，确实很容易使人们想起欧洲文艺复兴时期的先哲。但是，西方现代科学的发展同时又向中国"五四"时期的先进知识分子展示了"人"自身的局限性与"人"所能获得的"自由"的有限性。也是胡适，在另一篇题为《科学与人生观序》的文章里，又这样提醒人们注意：现代天文学、物理学、地质学、古生物学等科学，揭示了宇宙"空间的无穷之大"，"时间的无穷之长"，这就从根本上决定了"人"这个"平均高五六尺，人寿不过一百年的两手动物"在空间上的有限性与时间上的短暂性，其"自由是很有限的"。这样，就达到了对于"人"的主体价值的一种辩证认识：既充分肯定"人"的个体价值，"人"的自由意志实现的无限可能性，又充分认识"人"自身的局限性，"人"的自由意志在实现过程中必然是有限的。正是在后一方面，"五四"时期对"人"自身的认识对欧洲文艺复兴时期有了超越，而与20世纪世界潮流相接近。

"五四"时期的另外一位先驱者鲁迅则是从自我英雄崇拜的丧失与自我和旧世界千丝万缕的历史联系中达到了对自我的怀疑与否定。鲁迅在20世纪初也曾做过"登高一呼，应者云集"的"英雄"梦，个人与外界——个人与传统，个人与社会，个人与庸众——的对立中，所达到的是对个人、自我的更进一步的肯定。而现在，经历了辛亥革命、二次革命……的失败，鲁迅开始了对自我的反思，得出了"我决不是一个振臂一呼，应者云集的英雄"的结论，而在"五四"时期的第一声呐喊中，鲁迅终于"明白"："有了四千年吃人履历的我"，也难免于无意中吃了妹妹的肉，自己还不知道。正是自我与旧世界的深刻联系决定了对旧世界的否定必然伴随着对自我的否定。在《野草》里，鲁迅更展开了对"人"的"生存"本身的思考。在《过客》里，老翁问："你是怎么称呼的？""你是从那里来的呢？""你到那里去？"过客的回答，只是一句"我不知道"。在《影的告别》里，"我"宣布"我不过一个影，要别你而沉没在黑暗里了。然而黑暗又会吞并我，然而光明又会使我消失"。

而《死后》一开头就说:"这是那里,我怎么到这里来,怎么死的,这些事我全不明白。总之,待到我自己知道已经死掉的时候,就已经死在那里了。"无论是"生",是"死","人"都是不能自己把握,绝对无能为力的。这种极其深刻的惶惑感,失落感,荒诞感……都是属于20世纪的。这就是说,"五四"时期"人的觉醒",是既包括19世纪西方人文主义思潮的自我肯定,又与20世纪西方现代主义思潮对自我绝对性的怀疑与否定相通。这就决定了,"五四"时代情绪必然包含两个侧面:一面是对"人"的价值的充分肯定,昂扬向上的时代最强音;一面却又是感伤,悲凉,颓废……情绪的笼罩,感伤、悲凉、颓废……背后,就是自我绝对性的怀疑,自我的否定,失落与寻找,彷徨中的追索,这里所说的自我肯定与否定的交织,与前述理性精神与非理性精神的交汇,以及空想社会主义思潮……的渗入,都说明:构成"五四""人的觉醒"的"五四精神"绝非单质的,而是多元的;这反映了"五四"思想发展的"浓缩"特点:正像许多研究者都已指出的那样,"五四"短短几年中走了西方几百年的思想历程。这同时也表现了"五四"时代的开放的、宽容的态度:"五四"是中国历史上最不求统一的时代;除了"思想、个性自由"的追求是共同的以外,各人具体的追求内容、方向,对中、外思潮的引入吸收,尽可以不同。这样,"五四"时期对于"人"的认识必然也是"浓缩"了西方各时期、各阶段的认识成果,具有多元、多层次的特点。我们之所以不赞成将"五四""人的觉醒"等同于西方文艺复兴思潮,并非否认西方人道主义的深刻影响,而是因为这类概括不能如实地反映"五四""人的觉醒"已经达到的"综合"水平，容易忽视与否认包孕其中的一些极有价值的思想萌芽。但另一方面，我们也必须清醒地看到，"五四"的"多元综合"，并非各元思想都得到充分发展以后，再进行的更高层次的综合性改造：恰恰相反，"五四"那一代人对每一类西方思潮的把握，既是敏锐的，却又是浮光掠影、未经真正消化的，是"热情匆忙的运用"多于"冷静的理性的思考与理解"的。这种思想的肤浅与过分情绪化，构成了"五四""人的觉醒"的基本弱点，这也是以后未能深入下去的重要内因。

五

鲁迅在"五四"时期所写的《灯下漫笔》里，曾经十分沉痛地指出，在中国封建等级制度中压在最下层的是妇女与儿童，在其上则是农民为主体的下层人民。受压迫，这不仅是经济的压榨，更是精神上的奴役，在一定程度上可以说，受压迫最深的也就是最不觉悟的。因此，一个民族的觉醒，"人"的觉醒，归根结底，是要看处于社会结构最底层的"人"——妇女、儿童、农民的觉醒。

"五四"时期正是这样提出问题的：

在居人类的半数的女性，人格尚不被正确的认识，尚不曾获得充分的自由，不能参与文化的事业以前，人类无论怎样的进化，总是偏枯的人类。①

就这样，女人、儿童以及以农民为主体的下层人民独立意义与价值的发现和肯定，就成为"五四""人的觉醒"的一个重要方面，而这一方面，是最能显示出五四新文化运动的民主主义、人道主义性质的。

人们首先注意到，"五四"时期的妇女运动（包括观念）具有不同于辛亥革命时期的特殊意义。辛亥革命时期的妇女问题是从属于政治的，所强调的是妇女在政治上与男子的平等，即与男子一样平等地担负起对于国家、民族、社会的责任，共尽"国民"的义务。这样，就必然以"妇女的男性化"作为妇女解放的标志与追求的目标，而"五四"时期的妇女问题则服从于"人"的解放这一时代的总主题的。因此，在"五四"先驱者看来，所谓妇女独立价值的发现与觉醒，必须"使女子有了为人或为女的两重的自觉"。②首先，要确认：妇女不是"儿媳妇"，"不是我的妻"，而是"一个人"，也即妇女具有"人"的独立意义与价值。为此，必须"提高女子的人格与能力，使和男子一般高，使成促进社会的一员"。③围绕着"使妇女成为人"这一中心，"五四"时期提出了极为广泛的课题，诸如男女社交公开、婚姻、家庭、贞操、妇女教育、妇女职业、儿童公育、人口、废娼等等问题，其中最具有革命意义的是妇女经济

---

① 沈雁冰、周作人、胡愈之等：《妇女问题研究会宣言》。
② 周作人：《妇女运动与常识》。
③ 沈雁冰：《妇女解放问题的建设方面》。

独立问题。"五四"时期的先驱者们同时又清醒地指出，简单地把妇女解放看作是"与男子一样"，"男子做什么，女子也做什么"，也会产生偏颇。①那不但将使妇女失去了"女子之为女子"的"自我"的个性，而且会导致整个人性发展的畸形化。李大钊在《妇女解放与民主》一文中就指出："男子的气质包含着专制的分子很多，全赖那半数妇女的平和，优美，慈爱的气质相调剂，才能保住人类气质的自然均等，才能显出民主的精神。"这表明，在"五四"那一代人心目中，妇女的解放是与人性健全发展密切联系在一起的，在他们关于妇女问题的思考里，实际上是包含了整个人性发展的思考在内的。正因为如此，"五四"时期的先驱者对于妇女本性中的"母性"曾给予了极大的关注。沈雁冰曾专门著文介绍过著名妇女问题专家爱伦凯的"母性论"："母性具有广大无边的力，他的本性，是'授予'，是'牺牲'，是'抚益'，是'温柔'，……'一切的创造都原出于母'，……利他主义的根即伏在母性内"，"在母性之爱的烈焰下"，"灵肉的冲突，利他和利己的冲突……都消融为一"；如果"因为妇女运动影响到妇女的知识使轻视母职，尊贵的母性，要受了障碍，不能充分发展。这是将来世纪极大的隐忧"。沈雁冰在文章最后说："看了爱伦凯的母性论的，能不替中国民族的前途担上几万分的忧呢？"②以后历史的发展证明沈雁冰并非杞人忧天，对妇女解放的片面理解导致"母性"未能充分发展，对我们民族气质的消极影响至今仍是随处可见的。

---

① 张慰慈：《妇女解放与家庭改组》，《每周评论》第34号，1919年8月10日。
② 沈雁冰：《爱伦凯的母性论》。

"五四"时期对于儿童的发现，同样可以概括为两句话："儿童是人"，"儿童是儿童"。周作人在著名的《儿童的文学》的讲演里的一段话，也许能够代表"五四"时期的认识水平——

> 以前的人对于儿童多不能正当地理解，不是将他看作缩小的成人，拿"圣经贤传"尽量的灌下去，便将他看作不完全的小人，说小孩懂得什么，一笔抹杀，不去理他。近来才知道，儿童在生理心理上，虽然和大人有点不同，但他仍是完全的个人，有他自己的内外两面的生活。……自有独立的意义与价值。……我们应当客观地理解他们，并加以相当的尊重。

这里，同样是在肯定了儿童与成年人一样的"人"的价值与地位的同时，更强调了儿童有别于成人的"独立的意义与价值"。这样，直到"五四"时期，我们才有了真正的儿童与真正的儿童文学——不是徒有儿童的外衣，而像成人一样思维、说话、做事的"小大人""假儿童"，也不是"讲儿童事，写给大人看"的"伪儿童文学"。"五四"时期所出现的"儿童热"：对儿童学及儿童文学（包括童话、神话、儿歌、故事）少有的理论兴趣，出现了大量为儿童写的创作作品与译作，报刊上对儿童教育、儿童文学展开了广泛而深入的讨论，在"五四"文学作品中出现了"小儿崇拜"的倾向，等等，其意义不仅在于由此确立了"以儿童为本位"的儿童教育学与儿童文学的新原则与新道德，正像郭沫若所说："人类社会根本改造的步骤之一，应当是人的改造。人的根本改造应当从儿童的感情教育、美的教育着手。"① "五四"时期对儿童的关注，同样是与人的改造、人性和健全发展相联系的。周作人说："世上太多的大人虽然都亲自做过小孩子，却早失了'赤子之心'，好像'毛毛虫'的变了蝴蝶，前后是两样情状，这是很不幸的"，②人们追寻的，是失去了的"童年"：在儿童及其文学中保留着的"人"与"文学"的"自然之本相"。对儿童及儿童文学的迷恋，实质上是表现了对于不受任何人为束缚，原始的、自然状态的、因而也是更为健全的"人性"的神往。

　　与人类幼年时代紧密相连的，不仅有小儿，还有处于自然经济下的农民；从这个意义上，对儿童的发现必然与对农民的发现联系在一起。这就是说，人们首先关注到的是人类文化学意义上的农民；农民的简朴的生活方式，纯厚的品德，特别是农民所从事的体力劳动，农民与自然的关系，以农民为主体的民间文学的美学价值，都在人性的"返璞归真""渐近自然"的要求下，受到了高度评价。"五四"时期的民间文学热、民俗学热正是表现了这种热情。当然，对于农民价值的发现与肯定，更有着深刻的社会、历史的，以至政治的背景。当李大钊从俄国革命的胜利预感到新的世界到来时，他这样提醒人们："须知今后的世界，变成劳工的世界。"③由此而形成了"五四"时期"劳工神圣"和"平民主义"的思潮。所谓"平民主义"，即

---

① 郭沫若：《文艺论集·儿童文学之管见》。
② 周作人：《自己的园地·阿丽思漫游奇境记》。
③ 李大钊：《庶民的胜利》。

是"把政治上，经济上，社会上一切特权阶层，完全打破"。[①]即是破除"英雄""偶像"崇拜，充分肯定普通人平凡的人生的价值与意义。发表于《新潮》第1卷5号的一篇文章里，公开宣称："为国多劳的大总统，勤于其职之总长，是有价值的。那街上来来往往的车夫，和那善于煮饭做菜的灶婢，也是有价值的。他们的价值并且是一样的，是同等的。"[②]周作人在他的影响很大的《平民的文学》里也明确提出，新的文学"不必记英雄豪杰的事业，才子佳人的幸福，只应记载世间普通男女的悲欢"。李大钊更把"平民主义"思潮提高到唯物史观的高度，指出："我们要晓得一切过去的历史，都是靠我们本身具有的人才创造出来的，不是那个伟人圣人给我们造的，亦不是上帝赐予我们，将来的历史亦还是如此。"[③]这样，"五四"时期的"平民主义""劳工神圣"已超出了人道主义的范畴，与社会主义思潮紧密联系在一起。而像李大钊这样的少数先驱者则更进一步从对中国国情的研究中，认识了农民在中国社会变革中的特殊作用与地位，他在一篇题为《青年与农村》的文章中指出："我们中国是一个农国，大多数劳工阶级就是那些农民，他们若不解放，就是我们国民全体不解放"，这已经孕育了以后的"以农民为主体"的中国革命的思想。

值得注意的是，"五四"的先驱者，在充分肯定农民及下层人民的独立意义与价值时，并没有因此而看轻或否定知识分

---

① 李大钊：《平民主义》。
② 吴景超：《谈平等》。
③ 李大钊：《唯物史观在现代社会史学上的价值》。

子的意义与价值。蔡元培在著名的《劳工神圣》的演讲里，特地郑重宣布："我所说的劳工，不但是金工木工等等，凡用自己的努力，作成有益他人的事业，不管他用的是体力，是智力，都是劳工。所以农是种植的工；商是转运的工；学校职员、著述家、发明家，是教育的工；我们都是劳工"。在他看来，脑力劳动者与体力劳动者同作为劳动者都具有"神圣"的意义与价值。李大钊在前述《青年与农村》一文的结尾号召知识青年到农村去，因为"只要知识阶级加入了劳工团体，那劳工团体就有了光明"，更是对知识分子启蒙作用的一种历史的肯定。于是，在"五四"先驱者的启蒙意识中，一面包含了以农民为主体的下层人民"人"的价值的肯定与期待，他们的被抹煞、被损害，所具有的浓重的悲剧性，引起了广泛而深刻的同情；另一面，先驱者又不能不注意到以农民为主体的下层人民精神上所受的奴役造成的落后、愚昧、麻木的不觉悟状态。因此，在现实的思想文化关系中，尚未觉醒的农民与下层人民是作为一种保守的思想力量，与已经觉醒的、代表现代新文化的先驱者处于对立的地位，不觉悟的下层人民的精神面貌也就必然具有强烈的喜剧因素。正是以农民为主体的下层人民的双重性，他们终于被肯定、发现的"价值"与自身不觉悟状态的尖锐矛盾，在先进知识分子这里，产生了鲁迅式的"哀其不幸，怒其不争"的矛盾心境，引发出了"改造国民性"的文学主题。在这里，启蒙者的知识分子与被启蒙者的下层人民之间所具有的"平等"意识，是最能显示"五四"时代特色的。

总之，"五四"时期对于妇女、儿童，以农民为主体的下层人民的"发现"，是一种全面的"人"的"发现"，既是政治、经济、社会、历史意义的"发现"，又是人类学、美学、伦理学意义的"发现"，因而它引起的中国政治、经济、社会、思想、文化、文学……的变革是极其深刻与广泛的。过去，我们将其局限于政治的狭窄范围内，显然是存在偏颇的。而尤其可悲的是，随着农民在中国政治革命中地位的提高，知识分子的价值却受到了人为的贬抑，"五四"时期的"启蒙"对象最终成了"神"，农民与知识分子的关系变成了改造与被改造，"一个吃掉一个"的关系。另一面，农民在被"神化""偶像化"的同时，也失去了自身的真正独立价值，变成了适应某种政治需要的工具——"偶像化"也就是"工具化"，这是同一个过程。"五四"的思想启蒙的传统，也就从根本上被否定与曲解。它所造成的严重后果，在我看来，至今仍未根除。

因此，我们今天重论"五四"时期"人"的觉醒，就不能不怀着十分沉痛而复杂的感情。记得鲁迅说过，每当人们重新提起他的文章，他总是感到悲哀，因为"我以为凡对于时弊的攻击，文字须与时弊同时灭亡，因为这正如白血轮之酿成疮疖一般，倘非自身也被排除，则当它的生命的存留中，也即证明着病菌尚在"。①我们对于"五四"的感情又何尝不是如此！我完全理解一些朋友希望"五四""复归于它的历史性"，即真正成为一个"历史"的存在，而不再具有现实意义的善良愿望——说实在话，我们今天的一切努力（包括笔者所写的这篇

---

① 鲁迅：《热风·题记》。

文章）都是为了促进"这一天"的早日到来，那将意味着我们的民族、社会最终走出了"历史循环"的怪圈，获得了真正的历史进步。但是，善良的愿望并不等于现实——现实远要无情得多。不错，我们今天的社会变革在某些方面已经"超越"了"五四"，特别是商品经济的冲击下所面临的许多问题，所出现的许多文化（包括文学）现象，是"五四"那一代人不曾遇到过的。但是，"五四"所提出的许多问题，包括在一些朋友看来，已经是十分肤浅、软弱、幼稚的人道主义命题，在当今多数或相当部分中国人民中还被认为是"大逆不道"的"异端邪说"而遭拒绝，以至围剿；唯其肤浅、软弱、幼稚（在这一点上，我与一些朋友在认识上并无分歧），这些命题仍然具有的现实意义，就特别令人感到悲哀与沮丧：我们仍然未从根本上走出"历史循环"的怪圈。有什么办法呢，我们只能如鲁迅1925年所说的那样，"什么都要从新做过"。[①]更准确地说，既是前进又是停滞、循环的现实逼得我们一方面要做出新的努力，解决"五四"所未曾提出的问题，另一方面却又不能不对"五四"所提出的许多问题"重新做起"，而且要接受"五四""浮光掠影"，"浅尝即止"的历史教训，"做"得更扎实，更深入，更彻底。这是需要科学的理性与韧性精神的。如果不是这样，把追求目标当作现实存在，仅凭一时的热情，或者抓住某些现象，轻易地宣布"五四"已成为"历史"，那反而真正会重复"五四"过于肤浅与情绪化的弱点，客观上想"超越"，最后仍

① 鲁迅：《华盖集·忽然想到·三》。

回到原来的起点上。说句老实话，我最担心、忧虑的恰恰是，几十年后，我们的后代又要来"重新做过"，再像今天的"我"似的，写着《论五四时期"人的觉醒"》这样的文学史的研究论文，却不断地想着"仿佛什么也没有变"的现实，心沉甸甸的，笔也沉重，却要继续写下去，尽管明知文章写出来，发表了，也不过"如一箭之入大海"，不会有什么作用的……

1988年10月29日初稿

1989年1月7日改毕

预言与危机
——中国现代历史中的"五四"启蒙运动

汪　晖

引　言

　　五四新文化运动也被称为启蒙运动。要描述这个运动，不能只考察这一运动所提出的思想观点和表述这些思想观点的时序，正如恩斯特·卡西尔在论述西方启蒙思想时说的，"启蒙思想的真正性质，从它的最纯粹、最鲜明的形式上是看不清楚的"，"在这种形式中，启蒙思想被归纳为种种特殊的学说、公理和定理。因此，只有着眼于它的发展过程，着眼于它的怀疑和追求、破坏和建设，才能搞清它的真正性质。这整个不断起伏的过程是不能分解为个别学说的单纯总和的"。[①]我在这里所要写的主要是思想的叙述而不是事件的记录，但这些思想不仅是那个时代的思想家表述的思想原则，而且是那些有意无意地支配、指导和限制了他们的行动（包括表述某种思想观点）的

----

① E·卡西尔：《启蒙哲学》序言，山东人民出版社，1988，第5页。

思想，那些较之明确的观点更为内在、与他们的历史处境和个人经验更为密切的思想。它至少包含了这样两个层次的内容：第一，五四新文化运动是由千差万别、相互矛盾的思想学说构成的，然而作为一个统一的历史运动，它实际上必须找到一种基本的精神力量或情感趋向，从而使得各种纷纭复杂的思想学说获得某种"历史同一性"。一切对新文化运动或启蒙的思想运动的历史叙述，都必须在这种"历史同一性"基础上进行，因为只有这样，才能找到打开个别学说和思想原则之迷宫的通道，才不致在观念的大杂烩中不知所措。第二，五四新文化运动的历史使命与它用以完成这一历史使命的思想武器之间，存在不存在内在的分裂，也就是说，五四新文化运动在提出它的一系列基本命题的时候，是否已经存在自我瓦解的因素？五四新文化运动的悲剧性命运在多大程度上源于自身的危机，在多大程度上来自客观的历史情势？五四新文化运动的性质、意义和它的命运就隐藏在对于这些问题的解释之中。

上篇："五四"启蒙运动的"态度的同一性"

一、启蒙的两种同一性

假如我们想寻找18世纪西方启蒙运动的一般特征，那么按照传统回答，它的基本特征显然是它对宗教的批判和怀疑的态度。然而，启蒙思想家在几乎一切知识领域——自然科学、心理学、认识论、宗教、历史、法和国家以及美学等等——进行重新思考，它显然不能用"态度"这个过于模糊混沌的词来表述。按照卡西尔的观点，启蒙思想千差万别，却存在着一个作为所有这些思想活动的出发点和归宿的清晰可辨的中心：启蒙思想抛弃了17世纪形而上学的抽象演绎的方法，而代之以分析还原和理智重建的方法。启蒙思想家不仅把这一方法论工具运用于心理学和认识领域，还把它运用于历史、宗教批判、法和国家以及美学领域。所谓认识某一对象，就是把它分析、还原为它的终极组织因素，然后在思想中把这些因素重建为一个整体。这种分析重建法正是启蒙哲学的最根本的方法论特征，也就是被启蒙运动树为旗帜的"理性"这一官能的真正功能之所在。与此相联系，启蒙哲学在各个思想领域中的活动带有鲜明的经验论的、实证的倾向，它的感觉论的心理学和认识论便是典型的例证。启蒙哲学强烈反对十七世纪形而上学，反对从原理、原则、公理演绎出现象和事实，而主张从现象和事实上升到原理和原则。正是通过这场斗争，启蒙运动极大地推动了西方思想的世俗化进程，促成了科学的蓬勃发展。这也被认为是启蒙运动最伟大的历史功绩之一。[①]

当人们把五四运动作为一个启蒙运动来分析时，首先涉及的是这个运动用各种"新"思想批判和否定了中国几千年的封建传统，提出了"人的解放""民主"和"科学"等现代思想，

---

① 参见E·卡西尔《启蒙哲学》，第一章"启蒙时代的精神"。

并没有人从启蒙思想的方法论特征这一基本线索来描述五四新文化运动的复杂内涵。这不是偶然的。新思潮的一些代表人物也曾试图把分析和实验的方法运用于历史、宗教和文学领域，例如吴虞、陈独秀等人对家族制度与专制主义的关系的分析，[①]李大钊关于物质变动与道德变动的论述，[②]胡适的白话文理论和用实验的方法对《红楼梦》进行的考证……《新青年》第7卷第1期的《本志宣言》明确声明："我们相信尊重自然科学实验哲学，破除迷信妄想，是我们现在社会进化的必要条件。"[③]不能把这仅仅视为受杜威实用主义哲学影响才偶然出现的字句，事实上，启蒙思想家只有对中国社会的政治结构、经济结构、伦理结构……作出精密的分析、还原和重建，才能真正认识从而改造一种心理现象和社会现象。一个成功的改革运动，必须具备关于改造对象和改造结果的相对精密而完备的知识，而这种知识的获得又需要理性的分析和科学的实验。这就是西方启蒙思想对于法国以至欧洲的资产阶级革命的最为重要的贡献。

然而，试图在五四新文化运动中寻找某种一以贯之的方法论特征几乎是不可能的。这不仅因为新文化运动缺乏欧洲启蒙哲学的那种深刻的思想传统和知识背景，更重要的是，中

---

① 参见吴虞《家族制度为专制主义之根据论》，《新青年》第2卷第6号，1917年2月，第10—13页；陈独秀：《孔子之道与现代生活》，《新青年》第2卷第4号，1916年12月，第1—7页；守常（李大钊）：《孔子与宪法》，《甲寅》日刊，1917年1月30日。

② 李大钊：《物质变动与道德变动》，《新潮》第2卷第2号，1919年12月，第207—224页；《由经济上解释中国近代思想变动的原因》，《新青年》第7卷第2号，1920年1月，第47—53页。

③ 《本志宣言》，《新青年》第7卷第1号，1919年12月，第4页。

国启蒙思想所依据的各种复杂的思想材料来自各个异质的文化传统，对这些新思想的合理性论证并不能简单地构成对中国社会的制度、习俗及各种文化传统的分析和重建，而只能在价值上作出否定性判断。这里涉及两个方面的问题：第一，五四新文化运动所推崇和宣扬的各种新思想主要是从西方搬来，而不是来自对中国社会结构和历史过程的独特性的分析，因此许多深刻的思想命题是"悬浮"在人们所处的实际生活状态之上的，它们可能引起人们的震惊，却难以成为全社会持续关注的问题。只有当一种思想与它所分析的对象达到真正契合时，才有可能得出有效的结论。真正地体现了"五四"新思想的历史深度的，是吴虞、鲁迅等人对中国家族制度和礼教的分析和批判，这种分析和批判直接触及了中国社会的专制制度和组织结构之不同于西方社会的独特性，从而也就揭示了中国社会变革之不同于西方社会变革的独特性。他们的分析不仅指向中国社会组织结构和伦理体系对"人"的严重戕害，而且以此说明中国社会变革将不是以皇权或宗教权威的消灭为标志，因为中国的专制主义是渗透在社会的基本细胞家庭及其伦理形态之中，它并不会伴随专制君主的灭亡而灭亡。事实上，一系列肯定性的命题，如个性解放、妇女解放、思想自由等等，只有在人们意识到自身所处的实际处境之后才具有它们的历史意义，也正由于此，新文化运动的政治激进性（对于共和的热情）最终呈现为对家庭伦理的激烈攻击和破坏。第二，尽管"五四"时期全面地引入了各种西方思潮和学说，但并不像人们想象的那样，是在几年的时间里"走完了"西方几百年才走过的历程。

相对而言，欧洲新兴思想、学说的脉络较为清晰，无论它以如何叛逆的、反抗的姿态出现，我们都能从社会生活的变迁和思维逻辑的衍展中发现它与产生它的社会结构和文化传统的历史的和逻辑的联系。例如马克思主义作为一种崭新的思想体系，它的科学基础、社会生活基础和思维源泉都是十分明晰的。这个学说对于古典经济学、古典哲学和空想社会主义的批判否定是在一种历史逻辑的发展中进行的。然而，对于中国在相当短暂的时期内同时引入的各种学说和社会思想来说，那种内在的历史与逻辑联系并不存在，即使像鲁迅这样深刻的思想家，也可以把施蒂纳、尼采与托尔斯泰、卢梭相并提；许多青年思想家同时信奉着马克思、巴枯宁、克鲁泡特金、列宁、尼采、罗素、杜威……的学说。对于一个思想运动以至一个思想家来说，各种"异质的"学说相并存的局面，是以这些思想学说之间的历史的和逻辑的联系的丧失为前提的，因为只有在这个前提之下，各种"异质的"学说之间的那种对抗性、矛盾性和不可调和的分歧才能被忽略不计。[1]但是，任何一种思想学说丧失了它的历史和逻辑的生长环境，也就丧失了它的严格的规定性和由这种规定性所产生的历史价值。在这样的历史状况中，寻找作为一个启蒙运动的"五四"新思潮的统一的方法论基础自然变

---

[1]　毛泽东在回忆《新青年》对他的影响时说："在这个时候，我的思想成了自由主义，民主改良主义，乌托邦社会主义等等观念的一种奇怪混合物。关于'十九世纪的民主主义'，乌托邦主义，和旧式的自由主义等等，我有一些模糊的情感，但是我是确定地反军阀主义的……"中国社会科学院近代史研究所主编《五四运动回忆录》（上），中国社会科学出版社，1979，第7页。

得格外困难。

二、态度的同一性

那么，在缺乏统一的方法论基础，缺乏内在的历史和逻辑的前提下，是什么力量使千差万别的学说、个性各异的人们组成了一个"思想运动"或"新文化运动"？在中国历史上，没有一个时代的文人像五四新文化运动者那样相互之间（团体之间、个人之间）区别得那么分明，也没有一个时代的文人像五四新文化运动者那样在如此分明的歧异中保持着较之"歧异"更为"分明"的"同志感"。这种"同志感"是如何形成的？

这种在各种理论矛盾之中仍然保持着的内在统一性乃是一种"基本态度"。如果说使用"态度"这个词描述西方启蒙运动太过模糊和混沌的话，那么这个词的既明确又模糊的特点却完全适合于五四新文化运动的特点：它的统一性和它的模糊性。"态度"不属于理论的范畴，不具备理论逻辑的意义，而是人们对于对象的一种带有倾向性的比较稳定的心理状态。胡适后来回顾说："据我个人的观察，新思潮的根本意义只是一种新态度。这种新态度可叫做'评判的态度'……'重新估定一切价值'八个字，便是评判的态度的最好解释。"[1]根据胡适的看法，这种评判的态度表现为两种趋势。一方面是讨论社会、政

---

[1] 胡适：《新思潮的意义》，《新青年》第7卷第1号，1919年12月，第6页。

治、宗教和文学的种种问题，如孔教问题、文学改革问题、国语统一问题、女子解放问题、贞操问题、礼教问题、教育改良问题、婚姻问题、父子问题、戏剧改良问题等等；另一方面是介绍西洋的新思想、新学术、新文学、新信仰，如《新青年》的"易卜生号""马克思号"，《民铎》的"现代思潮号"，《新教育》的"杜威号"，《建设》的"全民政治"的学理，以及北京的《晨报》《国民公报》《每周评论》，上海的《星期评论》《时事新报》《解放与改造》，广州的《民风周刊》等报纸杂志介绍的种种西方学说。胡适把这两种趋向归结为"研究问题"和"输入学理"。[①]但是，在当时的"反传统"的潮流中，"评判的态度"中认知的因素远弱于情感的因素，因此不足以在总体上建立起"评判的方法"。尽管新文化人物在"研究问题"时发表了不少精辟的分析性意见，但在基本上，"价值判断"的意义远胜于对问题的"结构分析"。1923年登场的、由新文化运动的参与者发起的"整理国故"运动和在这场运动中发展起来的"古史辨"运动具有强烈的方法论取向，但这些衍生性知识运动的崛起也正是新文化运动衰落的标志。因此，当新文化运动倡导的"评判的方法"真正落实为一种"方法"之时，这场文化运动恰恰因为"态度"的分歧而趋于解体。

胡适说："评判的态度，简单说来，只是凡事要重新分别一个好与不好"，[②]对于孔教、旧文学、贞操等等的讨论就在于它们对于今人的"价值"。各种西方思想纷至沓来，同一个群体

---

① 胡适：《新思潮的意义》，《新青年》第7卷第1号，1919年12月，第7页。
② 同上，第6页。

以至同一个个人可以同时信奉相互矛盾的学说，其前提就在于"价值判断"而不在方法上的同一性："对于旧有学术思想的一种不满意，和对于西方的精神文明的一种新觉悟。"①因此，"评判的态度"首先是一种价值判断，而不是"分析重建"，虽然这种判断过程包含了某种"分析重建"的因素，但从总体上说没有贯彻为一种普遍的方法。胡适的《新思潮的意义》一文别有针对马克思主义传播的含义，但他把"评断的态度"视为"新思潮运动的共同精神"和"根本意义"，的确抓住了"五四"启蒙运动的基本特征。1915年9月发刊的《青年杂志》第1卷第1号发表陈独秀的《敬告青年》一文，那著名的六条准则概括了《新青年》的基本倾向："自主的而非奴隶的""进步的而非保守的""进取的而非隐退的""世界的而非锁国的""实利的而非虚文的""科学的而非想象的"——这六条准则与其说标明了一种思维的方法，不如说建立了一种对待自身和社会的态度、一种道德律令。②"五四"人物也意识到"新思潮"自身常常流于空泛，因而强调审慎分析，例如《新潮》"特辟'出版界评'，'故书新评'两栏……就书籍本身之价值批评者甚少，借以讨论读书之方法者甚多"，③并指出应分析中国社会的独特性。然而，即使是这些明确地意识到"新思潮"在倡导"科学"的同时却缺乏科学方法的刊物，也并没能真正贯彻它们的宗旨，事实上，"五四"前后的新文化团体和刊物往往是建立在某种"基

---

① 　胡适：《新思潮的意义》，《新青年》第7卷第1号，1919年12月，第8页。
② 　陈独秀：《敬告青年》，《青年杂志》第1卷第1号，1915年9月，第1—6页。
③ 　《新潮发刊旨趣书》，《新潮》第1卷第1号，1919年1月，第3页。

本态度"之上，他们虽然有时也标榜某种"主义"，但在理论上从未有过纯粹的"逻辑一致性"。茅盾、郭沫若、郑伯奇、鲁迅等人在阐述文学研究会、创造社和语丝派时，不约而同地强调了各个社团内部的分歧，并使用"基本的态度"[①]"创作的态度"[②]"共同的态度"[③]来表述他们的内在"同一性"以及他们相互间的分歧。如果说分歧的个人由于某种"态度"的既明确又模糊的统一性形成了团体，那么对立或歧异的团体也由于某种更为基本的"态度"的既明确又模糊的统一性形成一个历史性的文化运动。

　　这就是说，五四新文化运动在政治、伦理、哲学和文学等方面呈现了一种"无序"而矛盾的特征，它的内在同一性从表面上是看不出来的：作为一个思想启蒙运动，它找不到一个共同的方法论基础，缺乏那种历史的和逻辑的必然联系。然而，这绝不意味着，"五四"启蒙运动没有它的内在同一性，只是这种"同一性"不存在于各种观念的逻辑联系之中，而是存在于纷杂的观念背后，存在于表达这些相互歧异的"观念"的心理冲动之中，也即存在于思想者的"态度"之中。近年来引起巨大争议的"五四反传统主义"，就是作为一种对于对象的相对稳定的心理状态，作为一种"态度"，持续地存在于"五四"以及

---

①　茅盾：《关于"文学研究会"》，《中国新文学大系·小说一集·导言》，良友复兴图书印刷公司，1935，第4页。
②　郑伯奇：《中国新文学大系·小说三集·导言》，良友复兴图书印刷公司，1935，第9页。
③　鲁迅：《我和〈语丝〉的始终》，《萌芽月刊》第1卷第2期，1930年2月，第46页。

其后的中国历史之中。

三、启蒙命题的内在逻辑矛盾

任何一个思想运动都体现了一种对待历史传统、现实与未来的"态度"，然而，当一个缺乏内在的方法论基础的思想运动仅仅依靠"态度"的统一性来维系自身的时候，它的命运也就不难想象。在进一步论述"五四"提出的启蒙命题的内在逻辑矛盾之前，我想先分析一下在"态度的同一性"基础上形成的五四新文化运动的一些基本特征：

第一，"态度"作为一种心理倾向，它总是指向一定的对象，离开了特定的对象，"态度"的统一性也就不存在了。因此，五四新文化运动的最重要的特征就是它的对象性：对于中国传统文化和社会的批判与怀疑。"态度"的对象性特征决定了这个思想运动的各个组成部分必然在与对象的否定性关系中一致起来：重估一切价值、偶像破坏论成为"五四"时期最为流行的思想口号正说明了这一点。1919年1月，陈独秀在《新青年》第6卷第1号发表《本志罪案之答辩书》，实际上总结了《新青年》几年来的工作。他指出传统社会"非难本志的，无非是破坏孔教，破坏礼法，破坏国粹，破坏贞节，破坏旧伦理（忠孝节），破坏旧艺术（中国戏），破坏旧宗教（鬼神），破坏旧文学，破坏旧政治（特权人治），这几条罪案"。尽管陈独秀声明，这种"破坏"背后蕴涵了一种共同的价值理想，即"只因为拥护那德莫克拉西（Democracy）和赛因斯（Science）两位先生，才犯了这几条滔天的大罪"。①但实际上，《新青年》同人对"民主"和"科学"的理解并不一致：陈独秀把近世文明归结为人权说、生物进化论和社会主义，而在他看来这一切都来自法兰西革命，人权说出自拉飞耶特（Lafayette）（他甚至认为美国《独立宣言》亦其所作），生物进化说"本诸法兰西人拉马尔克（Lamarck）"，社会主义则始于巴贝夫（Babeuf）、圣西孟（Saint-Simon）和傅里耶（Fourier）；②李大钊则认为，法兰西革命是"立于国家主义上之革命，是政治的革命而兼含社会的革命之意味者也。俄罗斯之革命是20世纪初期之革命，是立于社会主义上之革命，是社会的革命而并著世界的革命之采色也"，因而他呼唤"吾人对于俄罗斯今日之事变，惟有翘首以迎其世界新文明之曙光，倾耳以迎其建于自然、人道上之新俄罗斯之消息……"；③胡适则崇拜美国式的民主制度，"美国独立檄文，细细读之，觉一字一句皆扪之有棱，且处处为民请命，义正辞严，真千古至文……"，④他把杜威"实验主义"作为"生活和思想的向导"，"自己的哲学基础"；⑤鲁迅在倡导"科学"的同时，对"议会制"却存在着怀疑态度……这种对于某种表面看来"共同的"价值理想的不同理解必然而且事实上导致他

---

① 陈独秀：《本志罪案之答辩书》，《新青年》第6卷第1号，1919年1月，第10页。

② 陈独秀：《法兰西人与近世文明》，《青年杂志》第1卷第1号，1915年9月，第1—3页。

③ 李大钊：《法俄革命之比较观》，《言治》季刊第3册，1918年7月，第1页。

④ 胡适：《藏晖室札记》卷一，"1911年3月9日记"，上海亚东图书馆，1939，第13页。

⑤ 胡适：《胡适口述自传》，台北：传记文学出版社，1981，第91—92页。

们的严重分歧，一旦偏离他们一度共同拥有的批判和否定的对象，这种分歧将会以更加尖锐，甚至相互对立的方式呈现出来。这就是说，"五四"新文化精神的持续性主要是从它的否定方面，即所谓"破坏"的方面，衍生和发展起来，肯定方面只有在这个运动没有离开它的直接批判对象时才能呈现出它的模糊的一致性，否则对立和分离就必不可免。

第二，"民主"和"科学"是在新文化运动对中国传统和现实的批判和否定中获得它的意义的，也就是说，"民主"和"科学"首先是作为一种衡量对象的尺度、价值出现在新文化运动的批判"态度"之中的。因此，我们不应到政治哲学和自然哲学，而应到伦理学中去寻找它们的实际的历史意义，应当把它们作为"五四态度"的核心即价值来把握。从某种意义上说，"科学""民主""进化"等思想已近于宗教式的信念，"怀疑"的态度建立在这种信念之上却并不指向自身。新文化运动总结明中叶以来中国人在"西学"影响下对改造中国的种种"觉悟"，认为政治制度的变革仅仅是较为肤浅的一步，"自西洋文明输入吾国，最初促吾人之觉悟者为学术，相形见绌，举国所知矣；其次为政治，年来政象所证明，已有不克守缺抱残之势。继今以往，国人所怀疑莫决者，当为伦理问题。此而不能觉悟，则前之所谓觉悟者，非彻底之觉悟，盖犹在惝恍迷离之境。吾敢断言曰：伦理的觉悟，为吾人最后觉悟之最后觉悟"。[①]

因此，独立自由平等首先是作为道德政治的"大原"，作

---

① 陈独秀：《吾人最后之觉悟》，《青年杂志》第1卷第6号，1916年2月，第4页。

为人的基本伦理准则而出现的，"民主"作为一种"制度化的现实"的意义似乎不如其伦理意义来的重要。在1914年至1918年间，《新青年》月刊在批判中国专制主义传统的同时，对"民主"思想和民主政治进行了广泛的宣传，然而，这种宣传仍然停留在"态度"的领域，提不出任何实现民主政治的具体方案。多数人倡言不谈政治，个别人物如陈独秀，虽然热心政治问题，并分析了"民治主义之基础"，但无论是在理论的深度和广度上，还是在寻找建立民主的有效的现实途径上，都难以形成始终一贯的、切实可行的方法与路径。①

  "科学"的口号在这里也是作为一种道德律令出现的。作为一种律令，它并不旨在确立一种关于物性的论点，并不指向有组织的科学技术研究，与其说新文化运动试图建立一整套科学原理，不如说其对"科学"的倡导主要停留在"人生观"和哲学理论与方法如达尔文学说、孔德实证主义、杜威实验主义、克鲁泡特金的互助论等方面。"把科研作为一项持续进行的工作制度，建立一种由社会传播的、有意识加以发展和利用的理论和实践的体系"，②是科学家群体和国家体制共同推动的方向，然而，正如传统的"格物"一样，新文化运动中的科学概念"科学"虽然指涉科学的观察和利用，但其关注的重心是研究人事。如同费正清说的，中国人治学一直以社会和人与人之间的关系为中心，而不是研究人如何征服自然。作为"科学"

---

① 参看《新青年》第3卷第1号，1917年3月的《对德外交》第3卷第4号，1917年6月的《时局杂感》第5卷第1号，1918年7月的《今日中国之政治问题》等文。

② 费正清：《美国与中国》，商务印书馆，1987，第56页。

倡导的一个结果，胡适等人提出了"整理国故"的任务，试图以批判和实证方法治学，然而这种方法正像清代乾嘉学派那样体现在文史训诂等领域，不甚关心物质技术；同时，"科学"的提倡也没有导致新文化运动的主要领导者制订出一套比较完整的逻辑体系，使人们能够据此以概念来检验概念，并系统地将一种陈述与另一种陈述进行对比。①因此，新文化运动者在"科学"的名义下对东西文化的比较和其他社会问题的分析，必然是笼统的、含糊的。

兹以"进化论"为例。这个"科学"学说是新文化运动的各方代表普遍接受并作为他们的自然科学基础的。然而，这个学说是以传统文化和现实秩序的挑战者和控诉者的面目出现的，它根本不再是一种关于自然的理论，而是试图为人的思想和信仰树立一种规范的律令。在"五四"一般学者那里，"进化论"的这种把"必然"与"必须"混为一谈的内在矛盾完全没有呈现出来，即使如鲁迅这样的认识到进化学说与中国历史生活的"循环""轮回"特征的矛盾的人，在表述"进化"学说时也没有试图以这种矛盾为基础发展新的认识体系，甚至并不为此而感到困窘，为什么呢？这是因为"进化论"在"五四"新文化人物那里并不是作为科学真理，而是作为道德命令出现的，当他们发现历史进程与这种"道德律令"的冲突时，心中涌出的是更加汹涌和悲愤的批判的激情。事实上，正是这种"科学"的伦理化倾向才导致了后来（1923）的"科玄"论

---

① 这也正是费正清所分析的中国科学发展的重要障碍之一，它确实与传统儒家思想传统有很内在的联系。参看费正清《美国与中国》，第57—58页。

战，环绕着"科学的人生观"问题，讨论的并非科学本身，而是寻找一种对待世界和人生的"态度"或信念。对于"五四"人物来说，"民主"和"科学"是揭发昏乱、妥协、肤浅的思想模式与生活方式的最基本途径，是"五四态度"（其对象是传统文化与西方文明）的功利主义的运用，是带有宗教信仰意味的"科学主义"和以反传统主义而不是以制度化的实践和逻辑体系为基础的"民主主义"。

第三，启蒙主义的基本特征即对"理性"的崇拜，"理性主义"强调的是"主观—客观"的同一性，所谓分析重建的方法就是理性主义的体现。"五四"启蒙主义标举"理性"的旗帜，然而"理性"一词如同"科学""民主"一样是以对于传统文化和人格的挑战者和控诉者的面目出现的，它没有或者主要地不是体现在"五四"启蒙思想的方法论之中。因此，当"五四"思潮在"态度同一性"的支配下形成一个历史运动时，它的情感性的思考较之理性分析更深刻地表明了这个思想运动的特点。一般说来，"态度"包含认知、情感和意图三种相互联系和制约的成分，在认知成分与情感成分不一致的情况下，情感成分往往比认知成分更重要。情感成分在态度中具有调节作用，当认知成分固定下来演变成一种情感体验时，它就会长期地支配人。

"五四"思潮的这种"情感性"特征可以从下述几个方面来分析：

首先，"五四"文化批判经常不是从某种理论逻辑出发，而是和个人的独特经验相关，对于对象的分析是在独特而深切的个人经验中形成的。正由于此，理智的分析恰恰是以个人的强烈激情为基础的。即使把卢梭这样富于激情的思想家的著作，如《社会契约论》和《论人类不平等的起源》，与鲁迅、胡适等人对中国家族制度和婚姻制度的分析相比较，也不难发现中国启蒙思想与个人经验的更为深刻、极其罕见的血肉联系。胡适与鲁迅不仅社会政治见解和各自信奉的思想理论各不相同，而且个人的风格也相差甚远，然而，在抨击"孝道"和"节烈"观的问题上却达到惊人的默契，1918年7月胡适发表《贞操问题》，①8月鲁迅发表《我之节烈观》，②1919年8月胡适发表《再论"我的儿子"》，③11月鲁迅发表《我们现在怎样做父亲》。④这种共同的态度和相近的立论来自他们相近的个人经验，尤其是内心承受的传统婚姻的痛苦。对于鲁迅来说，偏执狂式的想象（《狂人日记》）和自我牺牲的表达（《我们现在怎样做父亲》），都是一种反叛和脱离社会的特殊方式，但不仅如此，它撕破了生活的陈腐而使人麻木的表层，使他接触到某种更深刻和更丰富的、但不幸也可能是"虚幻"的事物：鲁迅通过这两种方式充分地表达了传统的残酷和强烈的自我意识，但同时也试图以某种"崇高的道德感"（这种"自我牺牲"的道德与他在理性上确认的"自他两利"的道德是冲突的）来为自己无法解

---

①　胡适：《贞操问题》，《新青年》第5卷第1期，1918年7月，第5—14页。

②　唐俟（鲁迅）：《我之节烈观》，《新青年》第5卷第2期，1918年8月，第92—101页。

③　胡适：《再论"我的儿子"》，《每周评论》第35期，1919年8月，第4版。

④　唐俟（鲁迅）：《我们现在怎样做父亲》，《新青年》第6卷第6期，1919年11月，第555—562页。

脱的生活状况作出道德化或合理化的解释。因此，基于他的个人经验，竟然同时出现了逻辑上相互矛盾的道德观。"五四"时期许多思想家和文学家的矛盾不应到逻辑体系中去寻找，而应到他们的个人经验和情感体验中去寻找。他们和他们笔下的反叛人物远非彻底的无所顾忌的英雄，而是陷于传统的世界和偏执狂的世界之间，各以自己的方式陷入混乱。对于他们来说，恰好是对于孤独、迷惘、无用和自己是环境的牺牲者的感觉的自我诉说，表达了他们与传统的疏离：他们通过创造一种新的理解方式而把自己的孤立无援和自卑感转变成胜利和批判的激情。

其次，"五四"人物大多背乡离井，他们或者从异国归来，或者告别故乡并接受了西方文明，他们丧失了传统文人与"乡土"或"地方"的联系和亲近感，因而在自我感觉上成了传统秩序的流放者。尽管他们实际上与这个秩序存在着难以摆脱的联系，但他们却是以一种完全游离于这个秩序的叛逆者的心态展开批判的。在艺术领域，现实主义小说对"乡土"的描绘直接表明了他们的作者对于乡土秩序的残酷与愚昧的否定，而"唯美主义对于人生的发掘和象征主义对于形象的探索，都表明一种态度，即对于人们在世界上曾经一度共有的准则与体验，表示极端厌恶或怀疑"。① "五四"人物把个人的独立性，如"孤立的人""独异""个人的自大"作为普遍性的思想命题，这与同时期文学作品越来越夸张地专注于人的内心和情

① F.H.欣斯利编《新编剑桥世界近代史》第11卷，中国社会科学出版社，1987，第181—182页。

感，以至形成各种远离现实世界的"理想"和某种程度的滥情倾向是同源的，都和"五四"人物与乡土秩序的这种疏离感相联系：无论是孤独，还是自卑，都已不是偶然的、个别的情绪，而是一种普遍性的态度，一种意识形态，一种整整一代知识者所共有的生活方式。伴随着这种疏离情绪越来越被强调，文化理论上的"反传统主义"也就愈加激烈，以至超越他们对传统文化的理性的认知和分析，表达出那样被称为"整体性的（totalistic）反传统主义"的意识趋向。应当提醒注意的是，这种"整体性"不是体现为一种"理论"，而是体现为一种未加逻辑分析的意识形态，一种在理性旗帜覆盖下的感性的力量。

上述分析说明：由于缺乏统一的方法论基础，"五四"启蒙思想没有形成一个有力的思想体系，从而为制度化的社会实践和科学的发展提供理论基础；各种思想学说在"态度的同一性"支配下构成了一种怀疑主义的意识形态，它们的逻辑前提的丧失也表现了一种实用主义的倾向，"五四"的广泛的包容性体现了"思想自由"的原则，却也与这种实用的态度相联系（即忽略各种学说的内在规定性）；"五四"思想与个人经验的深切联系体现了一种激情的力量，而激情的"激烈性"又总是与它的短暂性的与非理性相联系。"五四"启蒙思想在批判中国传统的过程中，提出了"民主"与"科学"以及有关"自由"的现代命题，完成了它的伟大的历史使命，但由于缺乏那种分析和重建的方法论基础，从而未能建立一种由社会传播的、有意识加以发展和利用的理论和实践的体系。作为一个例外，"五四"白话文的成功，正是由于白话文的倡导建立了这样一种理论和实践的体系，从而使得社会及政府把白话文的实践作为一项持续进行的工作制度。

下篇："五四"启蒙运动的意识危机

一、炽情的而非经济的个人主义

正如卡西尔说的，"怀疑论往往只是一种坚定的人本主义的副本而已。借着否认和摧毁外部世界的客观确实性，怀疑论者希望把人的一切思想都投回到人本身的存在上来"。[①] "五四"人物对传统的政治秩序和道德秩序的否定和批判，无非是把人作为人本身这一人本主义命题当作启蒙思想的基本原则："人的觉醒"是"五四""反传统主义"的真正本质。从文学上的浪漫主义倾向，到伦理领域的非道德化的自然主义，直至政治哲学领域的无政府主义的流行，这一切表明："人"力图从各种实体的或观念的桎梏中获得解放。

然而，"五四"时代的中国面临着较之16或18世纪的欧洲远为复杂的局面，"人的觉醒"的运动并没有真正形成那种与"自由主义"文化，即和资本主义经济关系自然地联系在一起的所谓"个人主义"文化。在第一次世界大战的背景之下，资本主

---

① 卡西尔：《人论》，上海译文出版社，1985，第3页。

义经济关系已经以帝国主义全球体制的形式出现，并渗透在殖民地、半殖民地社会的政治、经济和文化关系内部。因此，"人的觉醒"不可能与帝国主义时代的抵抗政治相脱离。

但抵抗的逻辑本身却相当复杂。罗素说过，初期自由主义在有关知识的问题上是个人主义的（请想想笛卡儿的"我思故我在"），在经济上也是个人主义的（他把它称为"用财产权调剂了的民主主义"），"但是在情感或伦理方面却不带自我主张的气味。这一种自由主义支配了十八世纪的英国，支配了美国宪法的创制者和法国百科全书派"[1]。"五四"关于"人"的启蒙却并非如此，它更近似于"由卢梭开端，又从浪漫主义运动和国家主义获得力量"的那个运动（罗素称之为"自由主义的对立面"），其中，"个人主义从知识的领域扩张到了炽情的领域"，[2]也很少关注"民主"与自由主义经济关系的内在联系，从而形成了一些西方学者称之为"民主—自由"相分离的思想格局。尼采的名字显然比培根更加引人注意，而尼采正是自由主义发展为其自身的对立面的哲学代表。

问题并不这样简单。事实上，周作人的《人的文学》一文较为完备地表述了古典的"个人主义的人道主义"思想，在更早时期，严复在《论世变之亟》里已相当深刻地陈述了自由主义的精髓，而胡适的《易卜生主义》不啻是一篇个人主义的宣言。陈独秀在《孔子之道与现代生活》一文中也把"经济学上个人财产独立"作为"现代伦理学上之个人人格独立"的"根

---

① 罗素：《西方哲学史》下卷，商务印书馆，1976，第128页。
② 同上。

本"，①可见问题不在于"五四"人物是否提出了有关"个人"的各种命题，因为原始材料使我们确信"五四"人物关于"人的觉醒"的思考是相当广泛的。在进一步分析历史进程的影响之前，我想先从意识的层面分析"五四"人物提出"人"的命题的过程和方式中所隐含的悖论和显著的矛盾。这就是说，"五四"人物在提出"人"的命题时，已经暗含了这个命题的内在危机，历史事件无非是加速了这个危机的爆发。

我从下述几个方面进行分析。

二、启蒙的三组悖论

（一）个体意识的觉醒与民族主义的前提

"五四"人物把"人"的觉醒归结为人的独自性，也就是把人从各种群体的、类属的、观念的领域解放出来。这样一种寻找"人"的独特性的努力必然导致对于家族、伦理以至民族和国家的否定，因为一切外在于"人"本身、"个体"本身的东西都构成了对"人"的压迫，易卜生的"国民之敌"和"孤立的人"成为"五四"人物普遍推崇的人生准则，不仅表明了他们道德上的优越感，更表现了一种对于"国家"和"种族"观念的反叛。鲁迅把"个人的自大"与"合群的爱国的自大"作为对立的范畴，认为"'个人的自大'，就是独异，是对庸众宣战……但一切新

① 陈独秀：《孔子之道与现代生活》，《新青年》第2卷第4号，1916年12月，第3页。

思想，多从他们出来，政治上宗教上道德上的改革，也从他们发端"，而"'合群的自大'，'爱国的自大'，是党同伐异，是对少数的天才宣战……他们举动，看似猛烈，其实却很卑怯。至于所生结果，则复古尊王，扶清灭洋等，已领教得多了"。①陈独秀把"国家"同"宗教""君主""节孝"一道视为应当"破坏"的"虚伪的偶像"，②他在钱玄同讨论中国文字的存废时指出"鄙意以为今日'国家''民族''家族''婚姻'等观念，皆野蛮时代狭隘之偏见所遗留"，③李大钊也把"家园、阶级、族界"视为"解放自由的我"的对立物，"都是进化的阻碍，生活的烦累，应该逐渐废除"。④"五四"人物在伦理方面虽然强调了灵肉一致的古典和谐，但实际上，在情感的趋向上，他们对于培根、笛卡儿、莱布尼茨以至黑格尔的"理性主义"并不热衷，而对卢梭、叔本华、施蒂纳、尼采、柏格森以至弗洛依德的学说有着自然的亲近。这些非理性主义哲学家"要求这样一个宇宙，在那里，人生不仅仅是一出木偶戏，或者各种人物在其中只演分配给他们的角色的一出戏。他们都摒斥这种世界，其中缺乏自由、创造性、个人责任……他们的兴趣由一般转向个别，由类似机械的性质转向有机性，……"⑤"五四"人物重视的正是人的独特

---

① 唐俟（鲁迅）：《随感录》，《新青年》第5卷第5号，1918年11月，第515—516页。
② 陈独秀：《偶像破坏论》，《新青年》第5卷第2号，1918年8月，第89—91页。
③ 钱玄同：《中国今后之文字问题（附陈独秀答书及胡适跋语）》，《新青年》第4卷第4号，1918年4月，第356页。
④ 守常（李大钊）：《我与世界》，《每周评论》第29号，1919年7月，第4版。
⑤ 梯利：《西方哲学史》下册，商务印书馆，1979，第355页。

的感性存在和自由创造的能力。

问题并不在于"独立的个体"是否具有现实可能性，因为"个体意识"对于"五四"人物来说并没有构成如施蒂纳和尼采那样的完整学说，而只是一种"精神"或"态度"。我所说的悖论或矛盾在于："五四"人物在表述他们的个体独立性的同时，事实上已经把个体的独立态度建立在这种个体意识和独立态度的否定性的前提之上。在帝国主义时代，这一否定性前提的首要原则是民族主义。在理论上，"五四"人物力图破解民族的界限，建立一种人类的意识，以"个体—人类""我—人"的关系超越家族与民族的关系。[①]鲁迅甚至把"国"的概念看得"愚"如"省界"，"国"的灭亡或许已证明"人道主义"的胜利；[②]陈独秀、李大钊都明确地分析了"爱人"较之"爱国"更为重要，[③]其关键就在于"国家""种族"的思想以"集体"的名义取消了人的独立性和自我意识，从而陷入了一种人的无主的盲目状态。

但是，"五四"人物的上述思想并没有形成逻辑一致的体系，"个人"的思想只有在它的特定批判对象——中国传统文化相联系时，它才是真正有效的，也即是说"种族""国家"只有作

---

① 参见周作人《人的文学》《新文学的要求》，周作人：《中国新文学的源流》，人文书店，1932。
② 《鲁迅全集》第1卷，第354页。
③ 只眼（陈独秀）：《我们究竟应当不应当爱国》，《每周评论》第25号，1919年6月，第3版，李大钊：《"少年中国"的"少年运动"》，《少年中国》第1卷第3期，1919年9月，第1—3页。

为"从前当作天经地义的""一种偶像"时，①它才会成为"个体意识"的否定对象，超出"反传统"的范围，它们恰恰构成了"个体意识"的形成前提和部分归宿，因此，对于这些标举"个体意识"，批判"合群的爱国主义"的"五四"人物来说，投身于政治性的、而非文化性的民族主义或爱国主义运动，原是件极其自然的事件。这种意识上的分裂状况是中国近现代思想的独特现象，不独"五四"时期如此。在此之前，谭嗣同的《仁学》中，"反传统"的非国家思想就与保国、保种、保教的族类思想并行不悖，他的大同主义的人类意识是以民族主义思想为现实的基础的。②另一个例子是鲁迅，1907至1908年，鲁迅在《文化偏至论》和《破恶声论》中，以施蒂纳、叔本华、基尔凯郭尔和尼采的"个人"学说为哲学背景，"把人各有己，朕归于我"作为通达"人国"的途径，否定了一切外在于人的物质的和精神的"专制"形式：国家、道德、伦理，观念以及"国民"和"世界人"等类属概念。③但在《中国地质略论》和《摩罗诗力说》中，又鲜明地表现了他的强烈的民族主义情绪。"五四"时期他一边斥责"合群的爱国的自大"，一边担忧着"中国人"会不会从"世界人"中被挤出。④明确提出"我们究

---

① 参见周作人《人的文学》，《新青年》第5卷第6号，1918年12月；周作人：《新文学的要求》（1920年1月在北平少学会的演讲），《艺术与人生》，上海群益书社，1931。
② 李国祁：《中国近代民族思想》，《港台及海外学者论近代中国文化》，重庆出版社，1987，第100页。
③ 参见鲁迅《文化偏至论》，《鲁迅全集》第1卷，人民文学出版社，1981；《破恶声论》，《鲁迅全集》第8卷，人民文学出版社，1981。
④ 《鲁迅全集》第1卷，第357页。

竟应当不应当爱国？"问题的陈独秀，在《敬告青年》一文中，把拯救中国社会的希望寄于青年的自觉，在《我之爱国主义》一文中，他又说："欲图根本之救亡，所需乎国民性质行为之改善"，"一国之民精神上物质上如此退化，如此堕落，即人不伐我，亦有何颜面有何权利生存于世界"？[①]中国社会的兴盛与灭亡正是几代启蒙思想家的最基本的思想动力和归宿，无论他们提出什么样的思想命题，无论这个命题在逻辑上与这个原动力如何冲突，民族思想都是一个不言而喻的存在，一种绝对的意识形态力量。在这个意义上，不是救亡压倒启蒙，而是救亡催生启蒙并引导其运动，构成了这一时代的主要思想基调。

那么，应当如何解释"五四"人物在"民族"和"国家"问题上的如此明显又如此轻易地被忽略了的矛盾呢？这可以从两个方面进行分析。

首先是中国民族主义的性质。费正清曾延续清儒的看法指出：近代初期的中国还保留了非民族主义的传统，即只要统治者把儒家思想作为无所不包的、普遍适用的治国之道，那么即使由异族如清朝来统治，也是可以接受的，这也意味着中国文化（生活方式）是比民族主义更为基本的东西。在西方，例如法国和德国，即使在政治冲突中也拥有共同的基督教文化，而"中国正相反，政府在概念上始终是同整个文化相关联的。政治形态和文化几乎已经熔合在一起"。[②]因此，当中国面临在文

---

① 陈独秀：《我之爱国主义》，《新青年》第2卷第2号，1916年10月，第1—2页。
② 费正清：《美国与中国》，第74页。

化上处于"异质"状态的西方入侵时，它的民族主义兴起是一种"文化民族主义"：无论是"以夷制夷"，还是"中体西用"，以至孙中山的"民族主义"，文化之体都处于核心位置。[1]经过戊戌变法、辛亥革命，中国知识分子在文化价值上逐渐接受了西方文化而不仅仅是西方物质文明的先进性，中国近现代革命形成了一种反传统的方式。这就产生了中国民族主义与背叛传统的独特结合。因此，"五四"人物在"反传统"的过程中对这种"文化的民族主义"持批判态度是顺乎自然的事，而"外抗强权，内惩国贼"的民族主义已经不是一般的"文化民族主义"，而是"政治民族主义"——民族独立和政治主权而不是文化（尤其是"五四"人物反叛的儒家文化）和传统社会制度的普遍适用性，成了这个时代知识分子的新民族主义的中心内容。所以，"五四"人物对"爱国"的批判是一种文化的批判，而不是政治的批判。

其次是中国启蒙思想的性质。中国近代启蒙思想不是在固有文化中衍生的，不是在"人"和"上帝"的关系中萌发的，也不是科学知识进化的自然结果，而是在帝国主义时代的民族危机、民族文化的危机中发展起来的，所谓"伦理的觉悟"来自对民族生存问题的思考：从鸦片战争时代地理学的发现（中央大国的幻觉的打破）起，经历了洋务运动对西方技术的发现，戊戌运动对西方行政制度的发现，辛亥革命对西方政治制度的尝试，然而这一切不仅仍然使"吾人于共和国体制下，备

---

[1] 孙中山倡导民族主义，尤强调恢复固有道德，固有智识及固有能力，甚至在"五四"之后，他也强调民族道德对于外国民族的道德的优越性。

受专制政治之痛苦",①而且民族危机日益深重,于是,"人"的启蒙问题才应运而生。因此,从基本的方面说,中国启蒙思想始终是中国民族主义主旋律的"副部主题",它没有也无力构成所谓"双重变奏"中的一个平等和独立的主题。

这就是为什么"五四"启蒙思想像毫无困难地越过其理论矛盾而投身并领导了"五四"学生运动的双重原因。但是,把"五四"爱国运动简单地视为"新文化运动"的直接成果显然是一种错觉,作为一个民族主义运动,它的成分相当复杂,这只要举出孙中山、唐绍仪、康有为、吴佩孚、张敬尧等各种政治和文化背景的支持者的名字就可以发现,这些人物在文化上与新文化运动是对立的。人及其个体性的命题终于湮没在"民族主义"的命题之中。应当指出的是,政治民族主义在"五四"时代是一个难以回避的历史课题,而在今天,一个政治主权稳固的时代,"民族主义"又日益恢复了它的"文化的民族主义"的特点,而这种"文化的民族主义"正是"五四"启蒙思想家抨击和否定的对象。因此,对"五四"的否定在一定程度上也正是"五四"目标已经达成的结果。

因此,以集体性和文化的普遍性为其特征的民族主义与以个体和思维的独立性为其特征的"个体意识"之间的冲突,从一开始就无法构成实质性的对抗,后者在那个特定时期仅仅是前者的历史衍生物,从未成为一种独立的现实力量。

---

① 陈独秀《吾人最后之觉悟》,《青年杂志》第1卷第6号,1916年2月,第2页。

（二）人的发现与人的分裂

西方人文主义关于独立自主地创造自身命运的自由人思想在十八世纪的启蒙哲学中获得了它的"理性主义"，特别是"自然法"的理论基础。"人的本性"的概念是自然法学说的出发点。这一理论的基本方法，是从具有定理性质的某些原理演绎的唯理论方法。从自然法的观点看，现存的关系通常作为"非自然的""不合理的"关系而被摒弃，和它相对立的自然秩序则是一种逻辑地起源于自然的秩序，是由一切理性认为可信的、合乎逻辑的论据所证明的某种理性事物。例如，在一个历史地存在着的人身上，能够区分出一些自然赋予人的和人所固有的特点。尽管由于文化进步和社会设施的发展，人也增加了一些特点。由于这种区分的结果，得出某种概括的人，即构成以后一切理论的逻辑基础的抽象概念，从人的永恒不变的本性中产生的权利是自然的权利。这些权利是人所固有的，它们同那些可以符合自然规律，也可以不符合自然规律的成文法没有任何依从关系。自然法的理论家们不是把自然规律解释成实际的存在所固有的规律性，而是把自然规律解释成由我们的理性加于存在的抽象准则。

"五四"人物的启蒙思想从方法上说（虽然是不自觉的）也是用逻辑上先于社会而存在的个人利益和需要来论证社会的必要性，就此而言，他们建立的关于人及其自然权利的思想显然比孙中山的学说更接近于西方启蒙主义的理性原则。孙中山否定"天赋人权"学说而倡导"民权"的依据是前者不符合历史事实，即把"天赋人权"这一超越性的价值准则或由理性加于存在的抽象准则作了一种现实性的理解。周作人在《人的文学》中，从两个方面，即"从动物"进化的和从"进化的"来分析灵肉二重的"人"。正如自然法的"人的本性"概念一样，他"相信人的一切生活本能，也是美的善的，应得完全满足。凡是违背人性不自然的习惯制度，都应排斥改正"。[1] "五四"时期的"人道主义"或"个人主义的人间本位主义"思想以这种逻辑上先于社会而存在的理性原则来批判和否定中国的传统制度习俗和伦理体系，从而在理性的基础上建立了关于"灵肉一致的""完全的人"的理想。[2] 李大钊在《自然的伦理观与孔子》中，也正是用"自然法"的理论抨击作为"历代君主所雕塑之偶像的权威"和"专制政治之灵魂"的"孔子之道"：宇宙自然的一切现象，包括道德现象均"循此自然法而自然的、因果的、机械的以渐次发生渐次进化"。[3]

但是，中国启蒙思想面临着深刻的历史冲突：为了拯救在帝国主义时代风雨飘摇的中国，二十世纪初中国社会思想的首要任务是摧毁专制政治和伦理体系，建立真正的民主共和国和新的社会伦理秩序，进而赢得民族的独立与发展；与此相应，以自由、平等和民主为中心内容的理性精神构成了中国近代革命的主要思想基础。但另一方面，西方资产阶级的一些敏感的思想家已经从自身社会的历史发展中感受到深刻的危机，他们

---

① 周作人：《人的文学》，《新青年》第5卷第6号，1918年12月，第576页。
② 同上，第577页。
③ 李大钊：《自然的伦理观与孔子》，《甲寅》日刊，1917年2月4日。

对资本主义青年时代的一切理想持深刻的怀疑态度，从施蒂纳、叔本华、尼采、基尔凯郭尔以至柏格森等人，他们通过对自身所处的社会和启蒙哲学以来的理性主义哲学体系的批判，以个人——主体的个别性和不可重复性——为中心建立了他们的非理性主义的思想体系。在这些各不相同的思想体系中，启蒙主义所倡导的种种社会理想，从民主政治、自由平等原则、科学的发现以至"人"的理性主义理想陷入了深刻的危机，它们恰恰构成了对个体人的严重的抑制。"如同笛卡儿发现自我这件事是近世同中世纪区分开来的主观分界线那样，将现代从近世、近代中区分出来的主观分界线正是笛卡儿所坚持的自我的分裂"。[①] 人的悲剧性的分裂的主题成为"20世纪"的一个具有特征性的命题，这个命题本身即已证明启蒙主义在反对一切权威的过程中，把"理性"奉为绝对的权威，从而用"理性"的宗教代替了上帝的崇拜，"完全的人"不过是理性的抽象原则的体现者。"五四"启蒙思想的特点就在于：一方面，它必须为中国的社会变革提供理性主义的思想体系，另一方面，"五四"人物对引导二十世纪西方文化思潮的现代思想体系的敏感与认同，必然使得这一启蒙思想呈现出不同于18世纪西方启蒙主义哲学的精神特点：他们必须把尼采等非理性主义者的名字同启蒙运动的理性原则融为一体。

这种"融合"在对待"传统"的否定性"态度"的前提下是可能的。例如，胡适和鲁迅曾一再引用易卜生在《人民公

[①]　今道友信：《美学的现代课题》，马克思主义文艺理论研究编辑部编选《美学文艺学方法论》上册，文化艺术出版社，1985，第286—287页。

敌》中的那句名言即"世界上最有力量的人是最孤立的人"，用以否定传统的偏见，宣传个性解放的思想。然而，易卜生的这一教义并不能用古典人文主义或启蒙运动的理性原则加以理解，它来自存在主义的理论先驱基尔凯郭尔关于"孤独个体"的思想，而后者的真正的涵义是指一种孤独的非理性的主观心理体验，这种体验是与超验性相联系的个人在自己的存在中领会和意识到的。实际上，基尔凯郭尔所说的那种孤独的非理性的主观心理体验，也就是后来的存在主义者所表明的"存在"概念。"孤独个人"的思想表现的对群众的否定也即基尔凯郭尔的"公众的概念就是非真理"的命题，它强调的是人只有意识到自己的存在、与自身发生关系时，人才能成为一个"自我"。胡适、鲁迅显然忽视了"孤立的人"的命题中包含的非理性内容，而对之作了理性主义的理解。

然而，如果说理论命题的现实化理解是一种思想宿命的话，那么这种命题隐含的思维逻辑影响人对现实的理解也是一种必然。在"五四"人物提出"人"的启蒙主义命题的同时，也出现了对于这个命题的深刻怀疑。这种怀疑既不是所谓"救亡压倒启蒙"的后果，也不是以明确的理论方式呈现的，而是渗透在"五四"任务在表述"人"的命题的过程之中。在艺术领域，郭沫若、郁达夫等人强烈地渲染了"性"的压抑和变态对人的支配作用；在《银灰色的死》等小说里，病态的、闪烁着异样的美的"死亡"成为难以摆脱的主题。他们正是用这种自怜自艾、悲观厌世的调子表现了他们的精神觉醒和反叛的激情，但这类作品对"人"的理解与《女神》对人的精神力量的崇拜之间的距离是一目了然的。

最深刻地体现了"五四"时代对"人"的悖论式的理解的无疑是鲁迅：他的深刻之处就在于他不仅体现了这个时代的一切理想，而且还体现了对于这些理想的怀疑。早在1907—1908年，当他提出"立人"命题的时候，就同时表示了对于理性主义的"知见情操，两皆调整"的"理想之人格"或"知感两性，圆满无间"的"全人"的怀疑。[①]他的"个人"是对启蒙主义理性原则的反叛，是以主观意志为本抵的非理性主义思维的结果。鲁迅把施蒂纳、叔本华、基尔凯郭尔、易卜生和尼采看作二十世纪"新思想之朕兆，亦新生活之先驱"，[②]并以他们的思想为依据，对法国革命的自由平等原则、对以多数原则为基础的民主政治、对科学技术发展造成的物质文明——总之，对启蒙主义的理想与后果进行了激烈的抨击，其原因就在于它们用普遍的、一般的东西，无论是物质的还是精神的，压抑了唯一性的个体的自然和独立。应当指出，尽管这种关于"个人"的思想表达了对中国传统的政治和文化秩序的否定，但它同时也包含了对这种否定的否定，因为前一个否定在当时的中国主要体现为对自由平等原则、民主政治和物质文明的追求。由于鲁迅把立论的基础建立在具体个别的感性存在即个人之上，因此从思维方法上说，他也就否定了一切先于这个具体个人的抽象准则和"自然规律"，从而完全离开了启蒙哲学的思想形式。

"礼教吃人"是鲁迅的深刻的思想发现，也是"五四"启

---

① 鲁迅：《文化偏至论》，《鲁迅全集》第1卷，第54页。
② 同上，第49—50页。

蒙思想的普遍命题。启蒙思想家从各个方面揭示"礼教"对于人的压抑和戕害，并由此阐释了中国专制秩序的内部结构和基础。把人或人的个性同"礼教"相对立，这种立论的方式说明这些思想家是把"礼教"作为一种外在于"人"的强制性力量来看待的，因此这里的"人"也就是一种逻辑上先于社会的理性主义理想。从这个角度看，"五四"启蒙思想家与人文主义的启蒙主义的那种"人"与宗教、"人"与专制制度的二元对立的思维方式是一致的。

但是，人与外在于"人"的强制性制度并不仅仅是中国制度所独有的，也是那些被人们自觉追求的、称之为"现代"的制度的特性。正由于此，在鲁迅那里，有关个人的思想与启蒙主义的理性人之间的一致是暂时的。《狂人日记》的叙述过程包含了深刻的悖论："吃人"世界的反抗者自身也是有了"四千年吃人履历"的"吃人者"，由独自觉醒而产生的"希望"被证明是虚妄的，对自身历史的"有罪"的自觉使狂人在"绝望"之中产生"赎罪"的心理愿望。在第一层关系中，鲁迅用"真的人"与礼教相对立，从而揭露了"礼教吃人"的"非人"本质；在第二层关系中，鲁迅显然又证明了"真的人"及其世界是不存在的，它是通过同现实世界相对立而构成的：既然它纯属道德光学的幻觉，它事实上就是虚假的世界。"救救孩子！"的呼唤似乎是对希望的呼唤、对"真的人"的世界的憧憬，但狂人的心理独白恰恰又证明"孩子"也已怀有了"吃人"的心思，就像卡夫卡《判决》中的格奥克遭到的"叛决"一样："你本来是一个天真无邪的孩子，但你本来的本来则是一个恶魔一般的家伙"——对于狂人和"吃人"世界的每一个生存者以至后来者来说,"本来的本来"使他们无可挽回地成为"罪人"。因此,在"觉醒的人"与"吃人"的世界之间存在着既对抗又同一的关系,从而"觉醒的人"必然是意识到自身的内在分裂的人。事实上,对"觉醒的人"的这种分析已经动摇了"觉醒"这一启蒙主义命题的基础,因为这一命题是建立在"人"与"吃人"世界的二元对立的思想形式之上的,而"有罪"的自觉却建立在"人"与"吃人"世界的"同一"关系之上。如果说"人"的"本来的本来"使每一个觉醒者感到"绝望"的话,那么对于自身的"本来的本来"的洞察也将促使他"反抗绝望"——对于"吃人"世界的斗争同时成了"赎罪"。

从"真的人"的立场对"吃人"世界的揭示表达了一种"人"的乐观理想,然而对外部世界的认识和反抗却导致"觉醒者"对自身的悲剧性理解:"人"的分裂。在《野草》中,这种"人"的分裂的主题体现为一种根本性的情绪:深刻的焦虑与不安——一种找不到立足点的惶惑心态:"我"告别了一切天堂、地狱、黄金世界,却处于一种不明不暗、无家可归的两难境地(《影的告别》);"我"要反抗和战斗,却陷于"无物之阵"(《这样的战士》);"我"要不停地寻求,却不过是走向死亡;"我"渴望理解,却置身于冷漠和各色各样的"纸糊的假冠"之中(《过客》);"我"憎恶这个罪恶的世界,却又不得不承认自己与这个世界的联系(《墓碣文》)。……但恰恰是这种无可挽回的"绝望"处境和令人沮丧的"罪"的自觉唤起了"我"对生命意义的再认识:生命的意义犹存在于"绝望的反抗"之中。"反抗绝望"的人生哲学把个体生存的悲剧性理解为赋予生命和世界以意义的思考相联系，从而把价值与意义的创造交给"赎罪的"个体承担。《野草》把个人面临世界时的感情、情绪、体验置于思维的出发点，从主观的方面寻找人的自由、创造性的活动和人的真正存在的基础和原则，在孤独、惶惑、死亡、有罪感、焦虑、绝望等非理性情绪体验中，获得了关于"人"与世界及其相互关系的理解，这种理解方式与尼采、基尔凯郭尔以及他们的追随者雅斯贝尔斯、海德格尔、加缪、萨特更为相近，而他们的思想体系恰恰是在对启蒙主义的理性原则的怀疑和批判过程中形成的。

由于意识到"人"的分裂，对世界的批判才会同时成为对自我的批判。这样一种思维方法不仅构成了鲁迅人生哲学的特点，而且也构成了那个时代的"启蒙思想"的特点：不是以"人"的名义对政治的、宗教的、道德的强制力量的批判和反抗，而是改造"国民性"、改造民族灵魂，构成了"五四"启蒙思想的更具特点、更加持久的命题。尽管问题由个人转到了民族，但"内省的""赎罪的"思维方式却是一致的：民族的新生存在于它的每一个子民的自我批判之中。陈独秀在《一九一六年》中说："盖吾人自有史以讫一九一五年，于政治，于社会，于道德，于学术，所造之罪孽，所蒙之羞辱，虽倾江、汉不可浣也。当此除旧布新之际，理应从头忏悔，改过自新。……吾人首当一新其心血，以新人格；以新国家；以新社会；以新家庭；以新民族；必迨民族更新，吾人之愿始偿……"①鲁迅对"民族"问题的思考似乎同样体现了一种"罪"的自觉和"反抗绝望"或"赎罪"冲动，他认为"民族根性造成之后，无论好坏，改变都不容易的"，②中国民族的衰败早在几百代的祖先那里就种下了"昏乱"的种子，如果民族不"扫除了昏乱的心思，和助成战乱的物事"，③那么进化的自然法则"便请他们灭绝，毫不客气"。④值得注意的是，改造国民性的命题实际上是把民族的解放归结为每一个人的精神解放，这个精神解放不是一般的"人的觉醒"，不是"人"对外部世界的一切强暴的反抗，而是认清自己的"罪恶"，进行"赎罪"式的自我否定。"我们现在虽然好好做'人'，难保血管里的昏乱分子不来作怪，我们也不由自主……这真是大可寒心的事"。⑤把民族的解放问题首先归结为个人的道德状态的问题，这种独特的思路与《狂人日记》的叙事逻辑不是有着内在的联系么？

欧洲启蒙精神的特点是把人类与自然界、人与宗教等等理解为主体—客体关系，因为只有把自然界和其他力量作为客体与自身对立时，人才可能摆脱并征服它们。从笛卡儿到黑格尔哲学，都把人的认识能力和道德实践能力放在至高无上的地位，人似乎已成了人格化的逻辑范畴和道德规范。理性主义把人的注意力导向对"客体"的控制，从而以工具、技术和自然

---

① 陈独秀：《一九一六年》，《青年杂志》第1卷第5号，1916年1月，第2页。
② 《鲁迅全集》第1卷，第313页。
③ 同上，第313页。
④ 同上，第314页。
⑤ 同上，第313页。

科学为标志的人控制自然的能力空前发展了，作为人类自我控制的社会组织、经济组织、政治组织和国家机构也日趋严密，而人作为一个独特个体的精神活动和内心要求却被忽视了。然而，"五四"人物在宣传理性主义的"人"的理想时，却把思维的中心从"主体—客体"的关系转移到人与自身的关系，不是通过主体对客体的认识和掌握来发展人类征服自然和自我控制的能力，而是通过自我（个别的和民族的）的"反思"来达到对自身的理解。"人"的分裂以及与之相伴随的自我否定（或"赎罪"）的命题，就是在这种"反思"的精神活动中产生的。对于"五四"人物来说，"内省"较之"认识"是一种更为深刻的思维形式，人的存在及其悲剧性分裂的主题作为一个"现代"命题，就是在这种思维形式中产生的。事实上，改造国民性的命题体现了对于"人"的解放的期待，同时也体现了对于"人"的解放的可能性的悲观主义理解，因为"赎罪"的行为将是永恒的——难道有人能够彻底地摆脱自身的文化传统而成为自由的人吗？而这个"人"的命题同时又是一个民族的命题：难道一个民族能够彻底地摆脱自身的文化传统而成为自由的民族吗？

因此，与启蒙哲学的理性主义的乐观精神形成对比的是，中国知识分子在从事"改造国民性"的事业时充满了一种深沉的悲剧感。就鲁迅而言，他摒弃了乐观的希望，又拒绝承认绝望，所谓"绝望之为虚妄，正与希望相同"，从而以"绝望的反抗"作为他的人生信念。

（三）个人的自由与阶级的解放

启蒙哲学关于人的自然权利和人的理性自由的思想面临着另一更为严峻的挑战，这种挑战来自社会主义思潮，特别是马克思主义。马克思揭示了启蒙哲学的"自由的人性"和"理性"不过是"资产者的中等市民的悟性"，[①]和对"利己的市民个人"及其社会生活内容的承认罢了。[②]马克思不是用"自然法"的理论观察"人"及其本性，而是从人的经济利益的角度、从"社会关系的总和"的角度分析"人"及其本质，从而用变更经济关系和阶级的解放的思想取代了启蒙主义的"人"的解放的命题。

马克思主义的传播和共产主义运动的发展构成了中国现代历史的一个最为重大、最为持久的现象。正如西方一样，中国的社会主义和共产主义学说是在启蒙思想内部作为这个思想的一个独特部分发展起来的，但是，一旦这个学说找到自己的现实力量和成熟的思维方法，它便作为一个独立的思想体系而存在，有着完全不同于启蒙思想的目标、使命、历史观，从而成为启蒙运动的一种"否定的"力量。它的那些原本就与启蒙命题相冲突的思想将以明确的方式呈现出来。事实上，当陈独秀、李大钊等人起初试图用马克思主义来完成启蒙的任务时，他们并不清楚这个强有力的思想武器本身已经包含了对启蒙主

---

① 中共中央马克思恩格斯列宁斯大林著作编译局编译《马克思恩格斯选集》第3卷，人民出版社，1972，第297页。
② 中共中央马克思恩格斯列宁斯大林著作编译局编译《马克思恩格斯全集》第2卷，人民出版社，1957，第145页。

义命题的否定。但历史证明了这一点："五四"启蒙运动分化的原因之一，即马克思主义的中国信徒已经获得了不同于启蒙主义的新使命。胡适与李大钊关于"问题与主义"的激烈论战的实质也就在这里。应当指出的是，对于十七世纪和十八世纪的早期社会主义体系来说，唯理论的社会哲学，特别是自然法是它们与启蒙主义共同的理论基础，但是中国的启蒙主义并没有它的统一的思想基础，马克思主义在起初之能成为启蒙运动的一部分是在这一运动的"态度的同一性"而不是在社会哲学的同一性基础上形成的，一旦中国的马克思主义者对马克思主义有了更为深刻的了解，这种"态度的同一性"将为世界观的分歧所取代。对于陈独秀、李大钊来说，马克思主义的传播和共产主义运动的实践，也同时宣告了启蒙主义思想运动作为一个运动的终结。

现在需要研究的是，马克思主义在"五四"启蒙运动中呈现的特点，它对"启蒙"命题的发展和否定，由于它的出现而导致的启蒙思想的内在矛盾。首先一个问题是：马克思主义作为启蒙主义的资产阶级世界观的反动，为什么能被纳入中国的启蒙主义文化思潮中去？

第一，马克思主义是和十月革命的历史实践一道在中国传播的，[①]启蒙思想家把它作为一种现代"革命"或"变革"的思想而加以利用，在李大钊的文章里，"民主主义""社会主义""布尔什维主义""劳工主义"是作为并立的革命思想而存

---

① 尽管此前朱执信、江元虎等人已对马克思学说有所介绍，但"传播"的事实却在十月革命之后。

在的。[1]在进化论的基础上，启蒙思想家把法国革命与俄国革命视为历史进程从"政治革命"到"社会革命"的自然发展，[2]因此，他们实际上模糊了这两种革命及其思想背景的区别，罗家伦说"革命以后，民主主义同社会政策，必定相辅而行"，"民主主义同社会主义固然日益接近，就是社会主义同个人主义，也是相关的而不是反对的"，[3]正说明了这一点。

第二，中国启蒙思想与民族主义有着深刻的联系，巴黎和会关于山东问题的消息刺激了民族主义的发展。既然中国的民族主义已经和"反传统"的倾向紧密地结合在一起，中国的知识分子也就难以在民族自身的价值观和文化中汲取对于西方资本主义—帝国主义的批判力量。马克思主义和列宁主义作为一种对于资本主义和帝国主义的批判学说，既来自"先进的"西方，又适应了这种民族主义对于西方资产阶级的怀疑。另一方面，马克思主义作为一种以人类解放为使命的学说，也使得那些对于狭隘的"爱国主义"和"国家主义"持批判态度的启蒙学者感到亲切。对于他们来说，"社会革命"是作为现代世界的普遍的革命形式来理解的，"历史者，普遍心理表现之记录也。……法兰西之革命，非独法兰西人心变动之表征，实19世纪全人类普遍心理变动之表征。俄罗斯之革命，非独俄罗斯人

---

① 参见李大钊《庶民的胜利》《布尔什维主义的胜利》，均刊于《新青年》第5卷第5号，1918年11月。
② 陈独秀：《二十世纪俄罗斯的革命》，《每周评论》第18号，1919年4月20日，第3版。
③ 罗家伦：《今日之世界新潮》，《新潮》第1卷第1号，1919年1月，第20—21页。

心变动之显兆，实20世纪全人类普遍心理、变动之显兆"。①因此，这个革命及其思想基础既满足了启蒙思想家的民族主义情绪，又满足了他们的"人类意识"。从表面看，"五四"启蒙人物的"世界主义"倾向与他们强烈的民族主义精神相互冲突，但实际上，正如李大钊把法、俄革命看作世界革命的普遍形式一样，中国的马克思主义者也把中国的民族革命理解为具有世界意义的革命。这种理解方式在毛泽东身上体现得更为强烈，他不但要求将中国革命的具体实践与共产主义学说的普遍真理结合起来，而且也把中国革命看作世界革命的策源地之一。

第三，启蒙思想家重视"国民性"的改造和民众的普遍觉悟，而李大钊等人对马克思主义的民粹主义的理解使这两者在当时获得某种共同性，甚至可以说，后者扩展了启蒙主义的内容。1919年初李大钊在《每周评论》发表《唐山煤厂工人生活》，②同年2月在《晨报》连续发表了《劳动与教育问题》③和《青年与农村》二文，④强调了对于民众进行教育的必要性，他特别指出中国作为农业国家，农民阶级的"不解放""苦难""愚暗"与"利病"，就是整个民族的"不解放""苦难""愚暗"和"利病"。因此，他鼓励中国青年学习俄国青年的榜样，"到农

---

① 李大钊：《法俄革命之比较观》，《言治》季刊第3册，"论丛"，第3页。
② 明明（李大钊）：《唐山煤厂工人的生活》，《每周评论》第12号，1919年3月9日，第2版。
③ 守常（李大钊）：《劳动与教育问题》，《晨报》第64号，1919年2月14日，第7版。
④ 守常（李大钊）：《青年与农村》，《晨报》第70—74号连载，1919年2月20日—23日，第7版。

村去"，使农民知道"要求解放、陈说痛苦，脱去愚暗"。①这种强调农民的自觉和平民教育的思想不仅适应了启蒙思想试图通过普遍的"伦理觉悟"而改造中国的思路，而且就是中国启蒙思想的内在部分。

第四，李大钊等人在宣传马克思主义思想时，特别强调了"伦理"的方面，从而使启蒙主义与马克思主义在人道主义问题上获得了它们的一致性。在《我的马克思主义观》中，李大钊强调"以人道主义改造人的精神，同时以社会主义改造经济组织"，"可是当这过渡时代，伦理的感化，人道的运动，应该倍加努力，以图铲除人类在前史中所受的恶习染，所养的恶性质，不可单靠物质的变更。这是马氏学说应加救正的地方"。②这种对马克思主义的道德化的修正显然表明李大钊在当时仍然试图把马克思主义与启蒙运动一致起来。③中国马克思主义特别强调意识或主观意志在变革社会的过程中的巨大作用，在此后的中国革命中，这种对主观因素的关注逐渐转化为对于阶级概念的政治性运用，"思想改造"的命题正是由此衍生而来的。

然而，即使如此，即使新文化运动的范畴内，马克思主义也构成了对启蒙命题的否定力量。马克思主义自身的那种强大

---

① 守常（李大钊）：《青年与农村（一）》，《晨报》第70号，1919年2月20日，第7版。
② 李大钊：《我的马克思主义观（上）》，《新青年》第6卷第5号，1919年5月，第536页。
③ 在《物质变动与道德变动》中，李大钊试图用唯物史观解释道德问题，但他的结论仍然具有启蒙主义色彩："我们今日所需要的道德，不是神的道德、宗教的道德、古典的道德、私营的道德、占据的道德；乃是人的道德、美化的道德、实用的道德、大同的道德、互助的道德、创造的道德。"参见李大钊《物质变动与道德变动》，《新潮》第2卷第2号，1919年12月，第224页。

的逻辑力量不可能被包裹在启蒙主义的外衣之中。首先是中国马克思主义的传播，尤其是其阶级概念，动摇了建立在个人与理性范畴之上的启蒙的政治信念即"民主"，进而产生了一种与此对立的民主观。"民主""共和"作为一种国家组织、社会制度和伦理观念是"五四"启蒙思想的反对"重在尊卑阶级"[①]的专制主义的旗帜。法国大革命作为自由平等原则的实践而得到陈独秀等人推崇。然而，1919年5月李大钊即指出法国大革命不是"平等精神"的体现，而是代表"资本家的中级势力"；[②] 1920年陈独秀在《新青年》第8卷第3号发表《国庆纪念的价值》，指出"共和政治为少数资本阶级所把持，无论那国都一样，要用它来造成多数幸福，简直是妄想"。[③] 在第8卷第4号他又发表《民主党和共产党》一文批判"民主政治"："民主主义是什么？乃是资产阶级在从前拿他来打倒封建制度的武器，在现在拿他来欺骗世人把持政权的诡计"，"若是妄想民主政治才合乎全民意，才真是平等自由，那便是大错特错"。[④] 十八年后，经历了中国革命的多次波折和共产主义运动的分裂，陈独秀才终于承认他和早期马克思主义者对"民主"的否定是一种"超资

---

① 陈独秀：《旧思想与国体问题》，《新青年》第3卷第3号，1917年5月，第2页。
② 李大钊：《我的马克思主义观（上）》，《新青年》第6卷第5号，1919年5月，第531页。
③ 陈独秀：《国庆纪念的价值》，《新青年》第8卷第3号，1920年11月，第2页。
④ 陈独秀：《民主党和共产党》，《新青年》第8卷第4号，1920年12月，第4页。

本主义的小资产阶级社会主义的幻想"，[①]他认为"民主是……每个时代被压迫的大众反抗少数特权阶层的旗帜，并非仅仅是某一特殊时代历史现象"。[②]他总结苏联的教训说："不幸十月以来，轻率地把民主制和资产阶级统治一同推翻，以独裁代替了民主，民主的基本内容被推翻，所谓'无产阶级民主'、'大众民主'只是一些无实际内容的空调名词，一种抵制资产阶级民主的门面语而已。"[③]陈独秀从"民主"的急先锋到"民主"的批判者，进而又在对共产主义运动的思考中重新举起"民主"的旗帜，这一曲折的历程本身具有深刻的象征性。

其次是中国马克思主义的经济决定论动摇了启蒙主义的文化决定论。"五四"人物重视伦理的觉悟和"国民性"的改造，然而正如李大钊指出的，唯物史观认为"一切社会上政治的、法制的、伦理的、哲学的，简单说，凡是精神上的构造，都是随着经济的构造变化而变化"，[④]因此"经济问题的解决，是根本解决。经济问题一旦解决，什么政治问题、法律问题、家族制度问题、女子解放问题、工人解放问题，都可以解决"。[⑤]"根本解决"的途径由伦理觉悟转向经济变革：除了生产力的发展之外，经济权、所有制的变革，构成了几代中国马

---

① 陈独秀：《"五四"运动时代过去了吗？》，《政论》旬刊第1卷第11期，1938年5月15日，第9页。

② 陈独秀：《给西流的信》（1940年9月），《陈独秀书信集》，新华出版社，1987，第503页。按：西流即濮德治。

③ 同上，第504—505页。

④ 李大钊：《我的马克思主义观（上）》，《新青年》第6卷第5号，1919年5月，第530页。

⑤ 李大钊：《再论问题与主义》，《每周评论》第35号，1919年8月17日，第1版。

克思主义者最为关心的问题。

　　第三是马克思主义的阶级和阶级斗争学说动摇了启蒙主义的"个人主义"思想。"五四"启蒙思想家蔑视"每喜从同"的"群众意识"，倡导"力抗群言，独标异见"的个人精神，[①]陈独秀进而从经济和伦理两方面加以论证："现代生活，以经济为之命脉，而个人独立主义，乃为经济生产之大则，其影响遂及于伦理学。故现代伦理学上之个人人格独立，与经济学上之个人财产独立，互相证明，其说遂至不可动摇"。[②]1919年5月，李大钊在《我的马克思主义观》中首先批判了亚当·斯密、马尔萨斯、李嘉图和穆勒的"个人主义经济学"，声言"现在社会主义、人道主义的经济学，将要取此正统的位系，而代个人主义以起了"。[③]启蒙思想家把个人作为家族、群体、民族、国家、伦理观念的对立物，从而把个人的自由解放视为首要的任务。而马克思主义则把"阶级的自觉""阶级竞争"视为历史的根本特点，"既往的历史都是阶级竞争的历史"。[④]在这样的思想基础上，唯物史观事实上也动摇了"五四"启蒙思想家共同认可的"进化论"的历史观，在此后几十年的历史中，"人"或"人的解放"被作为抽象人性论的命题而遭到严厉批判，在"阶级斗争"的疾风暴雨中，"人的解放"的命题成为有待重新发现的过

---

① 陈独秀：《抵抗力》，《青年杂志》第1卷第3号，1915年11月，第2页。
② 陈独秀：《孔子之道与现代生活》，《新青年》第2卷第4号，1916年12月，第3页。
③ 李大钊：《我的马克思主义观（上）》，《新青年》第6卷第5号，1919年5月，第523页。
④ 同上，第527页。

去的命题。

应当指出，即使是在《我的马克思主义观》《阶级竞争与互助》等文中，李大钊也试图把马克思主义与启蒙思想相结合：把阶级斗争与互助的人道主义伦理法则相结合，把进化学说与唯物史观相结合，把"人"的思想同阶级的思想相结合。陈独秀甚至试图把马克思主义同实用主义相结合，多次劝说胡适信仰唯物史观。然而，中国知识分子并不是把马克思主义作为一种分析世界客观规律的科学方法和理论来接受的，正如他们倡导"民主""科学"和进化学说一样，马克思主义也"是作为意识形态，作为未来社会的理想来接受，来信仰，来奉行的"。[①]因此，在态度的同一性之下，马克思主义与其他学说一样，构成了启蒙的内在要素，但作为纯粹的思想准则，马克思主义与启蒙原则之间的矛盾和冲突终将在历史和政治的变迁中爆发。因此，一旦脱离了"态度的同一性"的逻辑，那种"结合"的企图是不可能真正实现的。问题正在于：早期马克思主义者承认启蒙主义的含混的思想命题的历史合理性，但伴随着理论的发展和实践的变迁，以马克思主义为旗帜的运动逐渐进入了一个完全不同于五四新文化运动的历史氛围之中。

马克思主义的广泛传播和共产主义运动的持续发展与"五四"启蒙运动的短暂形成了鲜明的对比。除了中国历史发展中民族危机的影响，中国革命面临的问题、置身的国际和国内处境已经不再是新文化运动所能想象的。新文化运动所借重

---

① 李泽厚：《中国现代思想史论》，东方出版社，1987，第150页。

的启蒙原则与帝国主义政治—经济逻辑的关系、启蒙价值与中国传统的矛盾一再地成为此后的文化和政治运动必须处理的问题。由于缺乏统一的方法论基础，中国的启蒙思想无力建立起一整套对于自然、历史现实和未来的逻辑严密的思想体系，也没有提供人们制度化和系统化地进行社会改造的途径。"五四"人物多年在国外或在西方的文化中流浪，他们在精神上处于中国社会和文化的"边缘"。所谓"反传统主义"说明他们在心理上把中国社会视为一个统一的整体，然而他们的那些缺乏系统的反叛思想似乎无法改变，甚至也无法让他们自己认识这个整体的运行规律。马克思主义在俄国的具体实践的陪伴下恰恰在这时为一部分中国知识分子提供了完整的、逻辑严密的世界观和方法论，从而满足了他们对中国社会问题作"根本解决"的内心期待。借助于马克思主义，中国的知识者发现他们面对的那个社会和传统并不是一个固定的整体，它的运动方向是不同利益和目标的社会集团之间的斗争的结果，是各种社会力量相互作用的结果。当这些孤独的"反叛者"（就对秩序而言）意识到"阶级斗争"将影响这个社会以及每一个人的未来时，他发现必须使自己选择一个真正属于未来的社会集团的力量。于是他们不再是这个社会的"边缘人"或"流放者"，他们有了自己的阶级的敌人和朋友，从而回到了这个社会并获得了目标。他们从"叛逆者"变成了"革命者"，从"人的解放"的鼓吹者变成了"阶级解放"的信仰者和实践者。马克思主义不仅解释了历史和现实，而且为他们找到了自己的位置和回到自己的社会的道路。把"五四"人物与20世纪30年代左翼知识分子做总体对比，后者不再有前者的那种焦灼、惶惑和孤独；对于"找到了"自己位置和信念的人来说，一切都是"必然的"，也许斗争更加艰苦，然而内心却获得了安宁。当一种思想学说成为一个有组织的社会群体的信仰体系，那么它作为超越于一切个人至上的绝对的精神力量而存在。[①]至此，这一脱胎于"五四"的"重估一切价值"的思想终于摆脱了"重估"的命运。

思想武器的选择体现了"五四"人物对于启蒙命题的理解。各种思想与启蒙主义在目标和对象上的暂时统一却可能最终导致对启蒙命题的否定，这对那些思想武器使用者来说也许并不自觉。例如完整系统地提出启蒙主义的"人"的命题的周作人却把"新村主义"作为他的启蒙理想加以宣传。从表面看，"新村主义"的根本主张是要人人"尽了对于人类的义务，却又完全发展自己的个性，"然而这种发展如同胡适所说是"想要跳出现社会去发展自己的个性，故是一种独善的个人主义"。[②]周作人把改造个人与改造社会分割开来，离开了启蒙主义的那种"主体—客体"的思维方式，而更接近于孟轲的"穷则独善其身"的思想和中国传统知识分子如自食其力的陶渊明那样的"山林隐逸的生活。""新村主义"与启蒙主义的那种进取、改造、征服的精神是背道而驰的，却仍然标举着"人"的旗帜。又如无政府主义在反对专制和反对旧伦理的斗争中与启蒙主义有着共同的对象，然而中国的无政府主义者却常常把老子及其

---

① 马克思主义在中国的传播是一个异常复杂的现实过程，仅仅在观念的领域对之作出解释显然是不够的，我希望有机会就此作专门的研究。

② 胡适：《非个人主义的新生活》，《新潮》第2卷第3号，1920年4月，第470—471页。

小国寡民的生活奉为无政府主义的鼻祖和社会理想，把克鲁泡特金的"互助"思想和中国墨家的"兼爱"思想相提并论，[①]把"无政府主义"和孔子的"大同"思想混为一谈。无政府主义一面反对封建专制，一面对资本主义以至社会主义心存恐惧，他们的那种绝对自由的思想和虚无主义态度是与启蒙主义的"理性"原则相对立的。无政府主义几乎影响过整整一代启蒙思想家，从陈独秀、李大钊到鲁迅，都曾在不同程度和不同方面把无政府主义思想纳入到启蒙的思想范畴之内，并在当时却同样没有意识到启蒙的使命与这种思想武器之间的内在冲突。

　　以上的分析说明了"五四"启蒙思想的内在复杂性和矛盾性。作为一个思想运动，它是在面对过去、反叛过去的激烈的态度中形成的。"五四"启蒙思想没有共同的社会哲学基础，从而没有建立起自己的逻辑体系，而启蒙主义的思想原则一旦离开了它的逻辑体系，也就丧失了它的明确规定性。在"态度的同一性"基础上形成的启蒙思想运动，同时包含了对启蒙的思想原则的否定，即使各种"主义"仍然标举启蒙的口号。但这些"主义"在更为基本的前提和精神上与启蒙原则的对立和冲突，必然导致中国启蒙思想的内在的混乱和启蒙运动的迅速地分化与解体。这就是我所谓"五四"启蒙思想的"危机"。"危机"不是外在的，不是由外部历史事变决定的，而是内在于启蒙思想运动的。民族矛盾的尖锐化和中国社会政治的分化只是促成了"危机"的爆发。

---

① 李大钊也曾如此。

当然，这并不是说"五四"启蒙运动的"危机"仅仅停留在意识的或精神的领域，"意识的危机"表现的是社会生活的更为深刻的矛盾：首先，中国的启蒙运动发生在20世纪，这个时代对于西方人来说正是启蒙主义的一系列信念破产的时代，是人们试图超越启蒙建立各种新的思想体系，从事新的社会实践的时代，而中国人在从事自己的启蒙使命的过程中不可能不受同时代西方包括俄国的影响；其次，中国的资本主义经济关系的相对弱小，无论是资产阶级还是无产阶级都处于软弱的位置，使得启蒙思想找不到自我实现的有力的物质基础，农民阶级由知识分子的启蒙对象到改造知识分子的主要力量的角色转换正是由于中国革命（无论是资产阶级性质还是社会主义性质）不得不以农民作为阶级基础。在这个前提下，中国的传统文化才能借着各种形态的思想形式影响人们思想以至生存方式。因此，在整个20世纪，传统主要是通过大众性运动及其生存方式来展现自身的。第三，"五四"时代是中国各派政治势力处于混乱和对抗的时代，北洋军阀政府面临革命力量的挑战和各派势力的挟制，因此，新文化运动才能在政治夹缝中发展起来。一旦政治专制形成，启蒙主义的思想运动也就必然遭到压制。1929年9月胡适发表《新文化运动与国民党》一文，从文学革命、思想自由和对待旧文化的态度等三个方面，指出"国民政府"和"国民党"是对新文化运动的"反动"。这一方面是因为"根本上国民党的运动是一种极端的民族主义运动，自始便含有保守的性质，便含有拥护传统文化的成分"，而一党专制之下，这个政党的保守性质和反动的理论就"可以阻碍一国文化的进步","天天摧残思想自由，压迫言论自由，妄想做到思想的统一"。①

　　正是在新文化运动的发展、矛盾和解体过程中，中国社会萌发新的政治。因此，恰恰是在分析了新文化运动的解体之后，我们需要追问：什么是新文化运动的政治？

---

① 胡适：《新文化运动与国民党》，《新月》第2卷第6—7号合刊，1929年9月，第5、12、14页。

评五四运动

周策纵/著　刘雪明　凌伟中/译

一、五四运动的性质

五四运动实际上是一场知识界和社会政治界的复合运动，其目标就是通过中国的现代化，实现民族独立、个性解放和社会公正。实质上，这是一场广泛的知识分子的革命。首先，它基于这样的设想：知识分子的变化是现代化的先决条件；其次，它促进了知识分子的觉醒与转变；最后，它是由知识分子领导的。五四运动也促进了一系列社会、政治和文化的变革。运动的最重要目的是，捍卫民族的生存与独立，实际上这是19世纪后半叶以来一切主要改良和革命所要实现的目标。

为了实现这个目标，"五四"时期思想界主张改革的人，与其前几代人不同，他们提倡中国文化的所有重要方面，从文学、哲学、伦理学到社会、政治、经济秩序、风俗习惯等等，都必须实行现代化和西化。他们率先攻击中国的传统，重新估价中国的思想，按照现代西方文明进行社会实践。他们认为，现代西方文明的本质就是科学和民主。所以，运动的基本精神就是，抛弃传统，创造一种"救国"的新式现代文明。

个性解放是"五四"时期占主导地位的思想观念之一，尤其是在其第一阶段更是如此。1915年后，大部分年轻的、生气勃勃的、主张改革的思想界人士都开始相信，要振兴民族，首先应当把人的个性从传统的污浊的道德原则和制度中解放出来。如果每个人都从古老过时的思想、从自我满足、从建立在农业社会基础上的家长制和宗族制中解放出来，那么，民族就可以强盛。于是，摧毁中国的传统，嘲弄抨击中国的习俗成了运动最引人注目的现象。因而，攻击传统儒家学说，攻击文言文和古典文学，揭露民族性格和风俗习惯的弊端，嘲笑东方文化的"精髓"，砸碎古代神话的偶像以及青年反叛旧式婚姻和家庭生活等等，所有这一切都充分体现了讥讽嘲弄、批判攻击、彻底破坏的精神。建设现代文明是这些改革先驱所宣告的目标，可是，他们在这方面的成就与他们的破坏活动相比，却显得相形见绌。这种破坏的结果，使得保守主义和传统主义失去了对年轻的中国知识分子的吸引力。

在这种批判性地重新评价中国传统文明的早期过程中，理想主义、自由主义、实用主义、理性主义、功利主义、现实主义、不可知论等等，都在青年知识分子思想中得到了广泛的传播。总之，这些要求改革的人确信，思想意识和风俗习惯的变革是具体的社会政治转变的先导。他们不遵守传统的束缚，崇尚个性自由，而且，尽管这些人情绪激昂，爱国心切，但他们对问题的攻击是理智的、合乎逻辑的，至少是他们宣称打算这样做。他们向权威挑战，怀疑现存的社会秩序和道德原则，要求重新估价一切功利标准。"证实一切"和"给我证据"是他们的口号，但是在实际行动中，他们并没有总是做得尽善尽美。[1]

然而，"五四"时期时髦的个性解放和西方吹捧的个人主义并不相同，更不是西方意义上所提倡的自由主义。对许多要求改革的中国青年来说，个性解放主要为了挽救民族生存，而不是为了维护人权。中国人对自我价值、主体意识的认识在"五四"时期的确比以前任何时候都要深刻，而且也强调个人对社会和民族的责任感。这与近代西方个人主义的兴起是有区别的。原因就是，中国面临着帝国主义侵略者的强权，仍需诞生一个民族主权的国家。结果，中国人背叛传统，尤其是背叛大家族制度的个性解放，很快就被建立一个组织良好的社会与国家，成立强盛的政府的愿望所抵销。自由主义在这个时期也得到了信奉各种思想主张的社会的广泛宣传。除了那些受18、19世纪英法思潮和实用主义影响的自由主义者外，还有无政府主义者、虚无主义者以及形形色色的社会主义者，他们当时都把自己看作是自由的斗士，都在为冲破传统和习俗提供强劲的推动力。

这些社团的分化、民族至上的呼声，以及国内外政治冲突的影响，促进了"五四"事件后民族主义势力和社会主义势力的成长。"五四"事件压制了个人主义的趋势。近代西方的爱国主义、民族主义和建立一个独立的倾向于社会主义的主权国的观念在中国得到了迅猛发展。知识分子很快意识到，如果要救国富民的话，那么，就必须唤醒民众对民族危机和自身利益

---

① 参见胡适《新思潮的意义》，《新青年》第7卷第1号，1919年12月1日。

的认识，并去组织他们、领导他们。因此，群众运动、宣传组织、革命纪律，被年轻的知识分子看作是反对世界强权政治和军阀主义斗争的意义重大的、合适恰当的手段。那些主张贫困阶级和殖民地获得解放，宣扬国际主义和天下亲如兄弟的社会主义者和马克思列宁主义者，又进一步为这种思想观念和具体实践提供了更为道德的辩护。结果，"五四"时期末期，反对自由主义、反对个人主义的倾向抬头并发展，这可能为后来国民党的家长制统治和共产党的集体主义作了准备。但是，对大多数中国知识分子来说，在"五四"事件随后几年的环境下，直接的、有组织的活动，群众的游行示威，显然是促进中国真正民主化的最可能的途径。他们这样做的目的，就是通过民众活动的方式给政府带来压力。这种组织活动似乎主要是一种抗议政府压迫本国人民的合乎民众愿望的形式，而对外国侵略势力却显得软弱无力，因为改变现状的唯一途径可能是一场流血的革命，而这并不是大部分参加五四运动的人的目标。

　　总之，五四运动的基本方面都充分体现着"变"的性质。通过对运动前后中国的考察，人们不能不承认，中国民族经历了一次根本的、全面的思想意识和社会政治的变革。这是在抨击传统之后，经过激烈的辩论和有组织活动的迅速发展而取得的。在这个过程中，历史悠久的中国经受了一次诞生新民族国家和新社会的阵痛。随着改革活动的逐步发展，在不同的阶段呈现出不同的特征。从某种意义上说，运动在其重点和后果方面，看起来像是过去三四个世纪中西方思想革命的重演。从长远的观点来看，毋容置疑，五四运动是现代中国思想、文化和社会政治历史的分界线，标志着一个新时代的开始。

二、五四运动的成就

人们通常以这种观点——这是一次成功的运动还是一次失败的运动——来全面地评价五四运动。这就导致了对这样一件无计划的、错综复杂的事情的认识过于简单化。对这种事情是不能用"成功"或"失败"这类词语来分析的。各党派也根据自己的观点来评价五四运动。毛泽东认为，五四运动取得了伟大的成就：建立了强大的反帝统一战线，推动了反叛旧道德、旧文学的反封建斗争，为共产党的成立及其以后的革命活动奠定了基础，开始产生了属于无产阶级领导的世界社会主义文化革命一部分的、新民主主义的、辉煌灿烂的新文化。[①]关于运动的缺点，毛泽东说，"这个文化运动，当时还没有可能普及到工农群众中去"，[②]因此，以前在反封建思想斗争中起过革命作用的资产阶级思想，很快就被资产阶级知识分子和其他坚持"外国帝国主义的奴化思想和中国封建主义的复古思想"的"反动同盟"和开始结束这次运动的资产阶级的右翼联盟击败了。[③]"那时的许多领导人物，还没有马克思主义的批判精神"，"他们使用的方法，一般地还是资产阶级的方法，即形式主义的方法。他们反对旧八股、旧教条，主张科学和民主，是很对的。但是

---

① 毛泽东：《新民主主义论》，1940年1月，《反对党八股》，1942年2月8日。
② 《毛泽东选集》第二卷，人民出版社，1965，第693页。
③ 《毛泽东选集》第二卷，第690页。

他们对于现状，对于历史，对于外国事物，没有历史唯物主义的批判精神"。①非马克思主义评论家依据毛泽东所使用的历史资料却得出完全相反的结论。例如，他们认为许多领导人物缺乏马克思主义的方法是运动的光荣而不是运动的缺点。

从我们的观点来看，运动的最重要成就，是这个时期在社会均势内出现的思想观念的转变和现实社会的变革。相比之下，现实社会变革的程度要比思想观念的转变轻得多。五四运动加速了旧式政治制度和农业经济的解体，促进了新兴民族工商业的兴起，打破了绅士、地主和支持他们利益的官僚之间的传统联盟，并且建立了一种新型联盟关系。新知识分子发动了一场反对统治权力的革命。年轻的知识分子，其大部分依然来自地主和官僚家庭——和那些出身新兴工商业阶级的知识分子一道——反对传统的思想、制度、习惯以及地主、官僚的利益。更有意义的是，他们的反帝活动得到了工人、商人和资本家的支持。在社会秩序的这种变革中，常常是知识分子率先起来从思想观念上反对传统的偶像。一些革命历史学家把这种现象叫做"知识分子效忠的转换"现象，②有人则称之为"知识分子的背弃"现象。③五四运动为此提供了一个很好的例证。

在这种社会变革的过程中，人民尤其是青年知识分子思想的根本转变是对传统社会的最沉重的打击。在五四运动中，传统的道德原则和伦理教条遭到了毁灭性的破坏，其实在此之

---

① 《毛泽东选集》第三卷，人民出版社，1965，第833页。
② 参见P·爱德华兹《革命的自然规律》，1927，第38—66页。
③ 参见克兰·布林顿《革命的剖析》，1938，第41—52页。

前，偶像和权威就已经开始动摇了。尽管传统主义者和保守分子后来作了不懈的努力，但终究还是没有恢复传统在中国文化中的优势。对新生活、新事物的热情向往取代了对昔日的崇拜。"五四"时期，中国青年对新学的渴求是空前绝后的，并开始形成了新的标准，文人学士对生活的理解，对世界的认识改变了，而且比以前开阔得多了。

"五四"时期白话文的倡导，人道主义、浪漫主义、现实主义、自然主义等新文学的兴起，报刊及公共教育事业的迅速发展，都促进了思想观念的变革。尽管守旧当局后来试图鼓励维护文言文，但白话文还是成了写作的通用形式，从此，新文学在中国文学领域占了统治地位。"五四"期间，首先是新诗歌、新杂文、新故事、新戏剧蜂拥而至，随后立即出现了新小说。作为"革命的文学"，这些新形式在后来的与保守分子和国家主义者的思想斗争中得到了左派和进步分子的支持和广泛的应用，那些保守分子和国家主义者几乎没有创作出一部大众化的杰出的文学作品。其他人文科学，如绘画、雕塑、音乐也受到文化大变革的深远影响。

"五四"事件后，中国的报刊和公共舆论事业取得了辉煌的成就。如果对"五四"前后出版的报刊作一比较的话，那么，人们便会发现后者在技巧和内容上都有极大的提高。各种出版物如雨后春笋，其增长之快是中国历史上空前的。这些刊物拥有更广泛的读者，并且比以前任何时候都更引起政府和民众的重视。

在公共教育蓬勃发展的同时，也进行了其他的教育改革。

知识分子的生活待遇普遍得到了明显的改善，学术成果也有显著的提高。五四运动后，讲授现代知识的学校越来越多；工业培训的发展开始与新兴民族工业的关系愈来愈密切；师生的各种组织日益增大，其社会活动、学术活动也日渐增多；西方的哲学、逻辑学介绍到了中国，社会科学和新的历史哲学迅速得到了传播，近代经济学、政治学、社会学开始在中国生根发芽。

"五四"时期及"五四"时期后很短的一段时间内，自然科学的研究也取得了明显的进展。研究自然科学的大部分著名协会都是在1915年后的十年间成立的，生态学、地质学、古生物学、气象学、物理学、生理学、生物化学等领域的研究也卓有成效。最为重要的是，科学的方法、科学的态度引进来了，并且得到比以前更加普遍的应用。

随着思想观念的变化和新思想的发展，发生了社会的变革。五四运动后，传统的家族制度渐渐地崩溃了，以爱情为基础的婚姻更习以为常了。在反对古老的家长制、宗族制斗争中，中国青年努力宣称，他们要实现自己的人格，维护自己在社会中的权利。可是，在"五四"时期及"五四"时期以后，更大规模的社会联合代替家庭和家族的趋势，又使得这种家长制、宗族制残留下来了。妇女的社会地位也开始上升，并建立了男女同校的学校，妇女开始从传统的道德、社会、政治束缚中获得了解放。五四运动孕育着一次更为激烈的女权运动，并且把妇女带到了政治活动和社会活动之中。的确，五四运动开始并推动了一次"家庭革命"。

在这个时期，中国的经济结构也发生了显而易见的变化。

这是地主地位的迅速崩溃、农民骚乱、部分市民政治活动增长以及劳工问题日益受到重视的结果。从某种意义上说，五四运动就是这种经济发展的产物，但它又反过来促使人们对这些问题的关注。运动分化后，城市工人与资本家之间的利益冲突变得更加突出，在年轻知识分子的影响下，工人运动的力量日益壮大，组织性日益加强，而且还开始带有政治色彩。显然当时工人还没有成为一支主要的政治势力，但是，通过运动的联合，已成为一切政治斗争和社会斗争的力量之一，并且又为新知识分子提供了更强大的推动力。

与此相随的就是运动对中国政治进程的影响。五四运动促进了各政党在组织活动中采取新的原则和新的方法，从此，密切了与人民大众、尤其是年轻知识分子的关系，同时，他们在制定党的纲领和政策时也更加重视社会问题了。中国应该成为一个民族主权国家的观念加强了。社会主义、民主以及民族自由、民族独立的观念深得知识分子的赞美，而军阀主义、帝国主义、殖民政策却成了集中攻击的政治目标，遭到了公开的彻底的反对。

总之，五四运动的趋势几乎决定了随后几十年中国思想、社会和政治的发展。在"五四"思想冲突中崭露头角的深深的社会觉醒、民族觉醒坚持下来了。新知识分子对现代"科学文化"的渴求，对于建立一个强盛政府以保护民族独立与平等的愿望，在"五四"时期后，不但继承下来了，而且还得到了加强。历史证明，反对这种趋势的政治领导和组织，如传统主义者和保守分子，都导致了失败；而那些"顺应潮流之辈"，即使误解或歪曲了这股潮流，也都得到了发展。实现个性解放、宣传民主与独立思想的成效，虽然被后来强调服从组织活动所抵销，但也不应低估其永久性的影响。"五四"时期在中国知识分子思想中播下的摧毁传统，打破偶像崇拜的种子是难于抹掉的。民主的优越性宣扬得如此之多，以至于后来即使是曾经最猛烈地反对民主的人，也不敢再公开地明目张胆地攻击它了。

三、五四运动的局限

如果说上面这些就是"五四"时期各项改革的主要成果的话，那么，它的一些带普遍性的不足之处也是应该指出的。在批判中国传统的时候，几乎没有哪位主张改革的人给中国传统以公正的、恰如其分的考虑。他们觉得几千年来的缓慢发展给中国社会的进步与改革带来了无穷的障碍。为了扫清这些障碍，极度攻击整个传统，贬低中国传统的优点也就很难避免了。结果，儒家学说的许多优良特征、许多优秀的民族遗产被忽视了、被遗忘了。从长远的观点来看，这些主张改革的人的批判在有些方面似乎是肤浅的、不分青红皂白的、过分简单的。然而，在民族昏睡的情况下，这种批判又是必要的。

另一方面，新知识分子非常轻信这时期传入中国的新思想。虽然他们公开宣称要批判性地学习这些思想，但是在实际行动中并没有完全做到。他们热衷于讨论各种含糊不清的"主义"，而对其内容却缺乏仔细的全面的考察。结果，所提倡或反对的"主义"和真正的"主义"常常不相符合，而且经常模棱两可，极不明确，甚至混乱不堪。这可能是任何一次群众性的思想变革的初期所具有的一种自然现象。

"五四"时期的那些主张改革的中国人的另一个不足之处，可能就是过分相信他们所认为是正确的、美好的东西应该在很短的时间内在中国实现。他们在处理许多困难问题、复杂问题时，缺乏耐心和持之以恒的精神。如此巨大的、涉及国家局势诸多方面的文化变革和社会变革，需要进行漫长的、耐心的努力。期望中国在几年内实现西方几个世纪一直为之奋斗的、有些甚至现在也还没有完全实现的文明，当然是一种幻想。但是，"五四"时期的中国青年几乎没有人充分认识到这一点。然而，并不是"五四"时期主张改革的每一个人都这样迫不及待地要求改变中国的现状，但这种急迫感依然是他们后来批评什么、反对什么的一大特征。现在许多人在批评五四运动没有实现其目标时，都还没有意识到时间这个因素。

杜亚泉与东西文化问题的论战

王元化

一

杜亚泉，1873年（同治十二年）生于浙江绍兴府山阴县伧塘乡（今上虞市长塘）。原名炜孙，字秋帆，又署伧父。少时刻苦自修，精于历算，通日语，长于理化、矿物及动植诸科。他的治学道路颇曲折，青少年时，即觉帖括作所学，改治训诂，甲午后，又觉训诂无裨实用，再改学历算。1898年应蔡元培之聘，任绍兴中西学堂算学教员。越二年，为提倡科学，培养人才，创办亚泉学馆（后改为普通学书室），同时出版《亚泉杂志》（案亚泉二字为氩、线之省笔。氩是一种惰性化学元素；线在几何学上无体无面，这两个字原表示自谦之意。可是他没有料到，氩在今天已成为具有广泛用途的重要元素了）。1904年（光绪三十年）应商务印书馆夏粹芳、张元济之邀赴沪，将其普通学书室并入商务，任商务编辑所博物理化部主任，负责编辑教科书。（王云五《小学自然科词书序》称：经他负责编辑的教科书不下百余种之多。笔者少时读代数所用的盖氏对数表，就是他编的）至今仍在沿用的化学元素中文译名也是由他所手定。袁翰青《中国化学史论文集》所举重要论文有四篇是他发表在《亚泉杂志》的文章。由于这些成就，人们称他是"中国科学界的先驱"、徐寿以后至20世纪初成绩卓著的学者。他在主编任上，奖掖后进，做了不少工作。后来，胡愈之回忆在《东方杂志》当编辑时说，曾得到他的细心指导，并称他是忠厚长者，治学严谨，办事踏实（见胡序文《胡愈之和商务印书馆》）。

1911年（宣统三年）至1920年（民国九年），杜亚泉掌《东方杂志》笔政，前后凡十年。他出任主编后，刷新内容，扩大篇幅，使这个刊物成为当时具有重大影响的学术杂志。除主持编务外，他还勤于著述，著有《人生哲学》，译有叔本华《处世哲学》，他在《东方杂志》上发表论文达二百篇。其中有些文章，今天读来，仍有一定启迪作用。后人在他去世后，曾对他作了中肯的评价："其对于人生观和社会观，始终以理智支配欲望为最高理想，以使西方科学与东方文化传统结合为最后目的，先生实不失为中国启蒙时期的一个典型学者。"（《东方杂志》编辑部《追悼杜亚泉先生》，胡愈之执笔）蔡元培也说他"以科学方法研求哲理，周详审慎，力避偏宕"（《书杜亚泉先生遗事》）。他在胡适以前，首开以科学方法治学的风气。虽然今天看来，科学主义不免给学术研究带来不少弊端，但他在运用科学方法解释社会问题时，却比今天一些号称运用自然科学与社会科学交叉的青年学者，要通情达理得多。

"五四"时期，发生了东西文化问题论战，这场论战肇始于《新青年》主编陈独秀批判《东方杂志》上发表的三篇文章。不久，杜亚泉于1920年迫于情势（受论战影响）辞去主编职务，同时也不再为杂志撰稿，仅担任编辑课本工作，同时创办新中华学院，两年后因经费告绌而停办，负债数千元。淞沪战争爆发，商务毁于日军炮火，杜亚泉举家避难回乡。次年，患肋膜炎，12月6日逝世，享年60岁。他在病时，无钱医治，下葬时借棺入殓，身后萧条，令人倍觉凄凉。张梓生于《新社会》半月刊撰文悼念，言词极为沉痛："国人对于人物之崇仰，久失其正鹄。当曲园之死，举国淡然，时王静安已有所感。近则时局变幻，人心愈趋卑下，对数政客官僚之死亡，报纸争载，市巷纷谈；而对于品格崇高，行足讽世之学人之逝世，除三数熟友外，类皆无所感怀。"

二

杜亚泉逝世后，不但他的生平和功业很少有人提及，就连他的名字也似乎渐渐湮没无闻了。中华人民共和国成立后所出版的现代思想史论，对"五四"前后那场关于东西文化问题的论战，未置一词。这场论战就其在文化史上的意义来说，是远远凌驾于以后发生的科玄论战、民族形式问题论战等之上的。根据现在涉及杜亚泉的几篇文章来看，却是毁多誉少，有的甚至把他诋为落伍者。现在是应该对他作心平气和的再认识再估价的时候了。

杜亚泉在任主编前就已经在《东方杂志》上发表文章。最初两篇文章是《物质进化论》和《伦理标准论》，接着一篇一篇源源不断。就这些文章看，他不仅是启蒙者，也是一位自由主义者。1912年他在《减政主义》一文中说："今各国政府组织繁复之官僚政治，视社会上一切事务均可包含于政治之内，政府无不可为之，亦无不能为之。政权日重，政费日繁，政治机关之强大，实社会之忧也。"他认为政府对于社会，只能养其活力的源泉，而不要使之涸竭，只能顺其发展的进路，而不要设置障碍。只有这样，社会的活力才能得以顺畅发展，所以政府在教育事业和工商事业方面，仅仅是司其政务，而不必自己去做教育家，自己去经营工商事业。要使教育发达，并不是政府多颁学堂章程，多编教科书。他说："不察此理，贸贸焉扩张政权。增加政费，国民之受干涉也愈多，国民之增担负也愈速，干涉甚则碍社会之发展，担负重则竭社会之活力。"这种观点在其他文章中（《论人民重视官吏之害》《个人与国家之界说》等）亦多有阐发。

照杜亚泉看来，保证社会不发生专制集权现象的重要条件之一，就在于要有一个民间社会的独立空间。政府需受到法律的严格限制，才可以避免对于社会进行过多的干预。他认为社会活力具有伟大的创造力量，一国的兴衰就视其社会活力是受阻而涸竭，还是相反得到了通畅的发展。这一观点十分近于西方的小政府大社会的契约论。近年来，海外学术界重新探讨了黑格尔等市民社会理论，大多认为如果无条件地承认国家至上独尊的地位，就会导致国家对人民权力的剥夺或侵吞。杜亚泉在《个人与国家之界说》中，也批判了国家主义"强他人没入国家"与"强个人没入国家"的现象，说这是"侵犯他人的自由，蔑视基本人权"。他在《论思想战》中，把这种自由思想阐发得更为透彻。这篇文章提出四项原则，前面两条说的是开浚与广博思想，属于思想修养的问题。后两条，一条是"勿轻易排斥异己之思想"，另一条是"勿极端主张自己之思想"。这种毋意毋必毋固毋我的观点，固然来自传统资源，但杜亚泉使它和现代民主思想接轨。数十年后，胡适声称他认为"容忍比自由更重要"是自由主义的一项重要原则。在那场论战中和杜亚泉站在对垒地位的陈独秀，到了晚年也说，承认反对党的自由乃是自由的要义。但他在那场论争中，曾经是多么疾言厉色地批判了杜亚泉。杜亚泉写的《中国之新生命》一文也是十分值得注意的，其中提到中产阶级问题："现今文明诸国，莫不以中等阶级为势力之中心，我国将来也不能出此例。此则吾人之所深信也。"他在"五四"前后就提出这些看法，说明他的思想敏锐，这使他在当时知识分子中间占据了领先的地位。

三

我认为把杜亚泉看作是一位反对革新的落伍者，这种误解要归之于长期以来近代中国在历史上发生的急骤变化。近代史上的每次改革都以失败告终。鸦片战争后，以曾李为代表的洋务运动，希望从西方引进船坚炮利声光化电等科学技术。可是甲午一战，惨遭失败。继起者认识到不经过政治制度的根本改革，科学技术是不可能孤立地发展的，于是出现了康梁维新运动。辛亥革命成功，以共和代替了帝制。但政治情况却并未改善，军阀割据，连年混战，民不聊生。在共和制下，竟出现了议会贿选，政客收买猪仔议员的丑剧。继起者再一次认识到共和政治制度只能在一定的社会背景和思想基础上形成。于是"五四"的思想革命诞生了。百余年来不断更迭的改革运动，很容易使人认为每次改革失败的原因，都在于不够彻底，因而普遍形成了一种越彻底越好的急躁心态。在这样的气候之下，杜亚泉就显得过于稳健、过于持重、过于保守了。

对于改革，杜亚泉却有他自己的看法。他在《个人之改革》一文中，阐明了他的改革观念："吾侪自与西洋社会接触以来，虽不敢谓西洋社会事事物物悉胜于吾侪，然比较衡量之余，终觉吾侪之社会间，积五千余年沉淀之渣滓，蒙二十余朝风光之尘埃，症结之所在，迷谬之所丛，不可不有以廓清而扫除之。故近二三十年以内，社会变动之状况，虽左旋右转，方向不同，而其以改革为动机则一也，社会间稍有智能之人士，其对社会之运动，虽温和急进，手段不同，而其以改革为目的则一也。改革云者，实吾侪社会新陈代谢之机能，而亦吾侪社会生死存亡之关键也。"他清楚说明改革是他坚定的信念，这里没有什么虚饰或权辩，他对改革是真诚的。可是至今人们还是不能理解他那渐进温和的态度。四年后，东西文化问题论战爆发，他的东西文化调和论，被陈独秀斥之为"人类惰性的恶德"。陈独秀持急进彻底态度的原因，可用他在《调和论与旧道德》中的几句话来说明："譬如货物买卖，讨价十元，还价三元，最后结果是五元。讨价若是五元，最后的结果，不过二元五角。社会上的惰性作用也是如此。"《新青年》同仁中也有人说过类似讨价还价的话。这种要求彻底的态度一直延续到数十年后的政治批判运动中，由于矫枉必须过正，以致形成以偏纠偏，越来越激烈，越来越过于极端。

杜亚泉主张温和渐进改革的理论根据，他在《接续主义》（1914）一文中曾加以阐明。接续主义是德国学者佛郎都在其《国家生理学》一书中的用语。接续是指旧业与新业接续而成，不可割断。杜文说："接续主义表示，一方面有开进的意味，一方面又含保守意味。"他认为有保守无开进，则拘墟旧业；有开进无保守，则使新旧中间的接续中断。在近世国家中，英美两国都是开进和保守二者兼备。他大概是最早把保守和开进结合起来，并揭示保守的积极意义。他说："所谓保守者，在不事纷更，而非力求复古。"可见他是从历史发展的继承性使用保守一词的。在这篇《接续主义》中，他根据以往的历史，指出当时如果复古，结果将是摧折新机，动摇国本。历史是不能倒退的，法国革命后屡次复古卒不成功，汉高祖欲复封建为张良所阻。假使今日俄国欲复彼得大帝以前之旧法，日本欲行明治维新以前之旧制，世人岂不"皆知其不能，皆识其不可"？他引孟子的话："吾闻出于幽谷迁于乔木，未闻下乔木而入于幽谷者。"接续主义正是出谷迁乔，而不是相反下乔入谷。他说："水之流也，往者过，来者续，接续者如斯而已。若必激东流之水，返之在山，是岂水之性也哉！"

四

东西文化问题论战中的一个插曲：关于新思想问题的争论，是值得注意的。这一争论涉及理性与感情问题。1919年，蒋梦麟在《晨报》发表《新旧与调和》一文，虽然没有提杜亚泉的名字，实际上却是对他的调和论提出批评。蒋梦麟的文章说："新思想是一个态度，这一态度是向那进化一方面走，抱这个态度的人视吾国向来的生活是不满的，向来的思想是不能得知识上充分愉快的。"杜亚泉在《何谓新思想》中争辩说："态度非思想，思想非态度"，态度是心的表示，且常属于情的表示：思想为心的作用，且专属于智的作用。二者不能混同。对向来的生活与知识感到不满足、不愉快，是一种感情，感情不是思想。主张推倒旧习惯，改造旧生活旧思想，是一种意志，意志也不是思想。接着，蒋梦麟再为"新思想是一种态度"的观点进行辩论，认为态度与思想并非毫无关系，"态度变了，用官觉的方向就变，感情也就变，意志也就变，理性的应用也就变"。这篇文章刊载于《东方杂志》，文末附有杜亚泉的按语。按语再驳蒋说："以感情与意志为思想之原动力，先改变感情与意志，然后能发生新思想，是将人类的理性为情欲的奴隶。先定了我喜欢些什么，我要什么，然后想出道理来说明所以喜欢及要的缘故。此是西洋现代文明之病根。"这里所说的西洋文明的病根，即杜亚泉在下文中所指出的第一次世界大战时，西方以国家主义、民族主义、竞争主义等等名目，作为发动战争、进行侵略的借口。杜亚泉曾多次撰文对这种行径加以指摘，并引俾斯麦回答奥人的话："欲问吾开战之理由耶？然则吾于二十四小时寻得以答之。"认为这正是先有了要什么的态度再找理由去说明的生动例证。

这一问题的讨论，具有普遍意义。许多人至今仍相信思想取决于态度的正确。解决思想问题，不是依靠理性的认识，而是先要端正态度，先要解决爱什么，恨什么，拥护什么，反对什么的问题。这种态度决定认识的观点，正是马克斯·韦伯所说的意图伦理（An Ethic of Intentions），我们都十分熟悉意图伦理的性质及其危害，它使学术不再成为真理的追求，而变成某种意图的工具，这种作为意图工具的理论文章，充满了独断和派性偏见，从而使本应具有的学术责任感沦为派别意识，杜亚泉为了说明仅仅从感情冲动出发的不可靠，再援历史为证。他说："英国十九世纪初期，劳动者以生活困难之要求，闯入工场，摧毁机器，仅有感性的冲动，而无理性的作用者，即因社会主义新思想尚未发生彼等心意之中也。"

像杜亚泉这样坚持理性的人，不可能不对我国历史作出冷静思考。他的《中国政治革命不成就及社会革命不发生的原因》（1919）一文将中国历史划为三个时期，文中以大量篇幅谈到游民与游民文化问题。他说游民是过剩的劳动阶级，即没有劳动地位，或仅作不正规的劳动，其成分包括有兵、地棍、流氓、盗贼、乞丐等。游民阶级在我国社会中力量强大，他们有时与过剩的知识阶级中的一部分结合，对抗贵族阶级势力。他认为"秦始以后，二十余朝之革命，大都由此发生"。可是革命一旦成功，他们自己也就贵族化了。于是再建贵族化政治，而社会组织毫无更变，他说这不是政治革命，也不是社会革命，只能说是"帝王革命"。游民和知识阶级结合，就产生了游民文化。这种文化以尚游侠，喜豪放，不受拘束，不治生计，嫉恶官吏，仇视富豪为其特色。

杜亚泉认为知识阶级缺乏独立思想，达则与贵族同化，穷则与游民为伍，因而在文化上也有双重性。一面是贵族性，夸大骄慢，凡事皆出于武断，喜压制，好自矜贵，视当世人皆贱，若不屑与之齿者；另一面则是游民性，轻佻浮躁，凡事皆倾向于过激，喜破坏，常怀愤恨，视当世人皆恶，几无一不可杀者。往往同一人，处境拂逆则显游民性，顺利则显贵族性；或表面上属游民性，根底上属贵族性。他说，以此性质治产必至于失败，任劳动必不能忍。这些说法都道人所未道。游民和游民文化是中国历史上的特殊现象，很少被人涉及，但是研究中国文化就不能不注意这个问题。

五

陈独秀所质问的《东方杂志》的三篇文章，均发表于1918年。它们是杜亚泉的《迷乱之现代人心》、钱智修的《功利主义与学术》、平佚编译的《中西文明之评判》。当时正是第一次世界大战之后。论战发生的前一年，杜亚泉撰《战后东西方文明之调和》，说"此次大战使西洋文明露明显之破绽"。这在当时是相当普遍的意见，海外学人甚至谈得更多。杜文义说："十九世纪科学勃兴，物质主义大炽，达尔文之生存竞争说，叔本华之意志论，推而演之，变成强权主义。其尤甚者，则有托拉邱克及般哈提之战争万能论。不仅宗教本位之希伯来思想被其破坏，即理性本位之希腊思想亦蔑弃无遗。现在道德观念，竟以权力或意志为本位，而判定是否道德，则在力不在理。战争责任不归咎于强国之凭陵，而委罪于弱国之存在，于是弱者劣者为人类罪恶之魁。"这种估计虽然不免夸大，但事实却是存在的。他就是在这种背景下，提出东西文化的调和论的。《中西文明之评判》这篇文章译自日本杂志《东亚之光》，其中介绍了三位西方学者台里乌司、弗兰士和普鲁克陀尔福对中国学者胡君的著作的意见。日音胡、辜相近，胡乃辜鸿铭之误译。辜书曾以德文在德发行，一本是《中国对欧洲思想之辩护》，另一本是《中国国民之精神与战争之血路》。其内容要旨是说以孔子道德伦理为代表的中国文明，实优于基于物质主义的西方世界观。台里乌司对辜说表示同情，而弗兰士则力辟其妄。陈独秀质问的另一对象是撰写《功利主义与学术》的钱智修，钱又署坚瓠，为杜亚泉在商务的同仁，他与陈寅恪曾为复旦公学同学。1920年杜亚泉辞职后，钱继掌《东方杂志》的笔政，钱对改革的看法与杜相近，他有因革说："因者，取于人以为善，其道利在得。革者，创诸己而见长，其道利在异。因革互用，同异相资，故甲国之学，即以先进之资格为乙国所师，乙国之学亦时以后起之变异为师于甲国，而学术即因转益相师而进步。"他也和杜亚泉一样，在中西文化问题上主张调和论。他那篇引起陈独秀质问的《功利主义与学术》，主要阐明文化结构的两个不同层次，即"高深之学与普及教育之关系"。鉴于时人多以功利主义蔑弃高深之学，他对此加以批评。他借"儒学必有微言而后有大义，佛家必有菩萨乘而后有声闻乘"来说明高深之学与大众文化、通俗文化之间的关系。当时传统国学正在衰落，面临这种惨淡景象，他无限感慨地说："濂洛关闽，年湮代远，不可作矣。问有如黄顾颜王之艰苦卓绝，独创学风者乎？无有也。问有如江永戴震之立书著说，发明绝学者乎？无有也。问有如俞樾黄以周之久主书院，门弟子遍于东南者乎？无有也，问有如李善兰华蘅芳之精研历算，译著传于天下者乎？亦无有也。有之，则载政客为巨魁之学会，及元勋伟人之政书尺牍耳。"后来，王国维自沉昆明湖，陈寅恪在挽词中说："凡一种文化值衰落之时，为此文化所化之人必感痛苦。"钱智修这段话正与此相应，可以用来作为阐释王国维自杀的原因。这种思想反映了这一代受到传统文化浸润的知识分子的普遍心态。

陈独秀在《新青年》上发难，撰《质问〈东方杂志〉记者》，副题是《〈东方杂志〉与复辟问题》，时间是1918年9月。12月，杜亚泉发表《答〈新青年〉杂志记者之质问》。次年2月，陈独秀再发表《再质问〈东方杂志〉记者》。从此论战内容逐渐扩展，涉及的问题愈来愈多，参加者也愈来愈众，当时一些重要学人几乎无不参加，时间延续很长，直至1920年杜亚泉辞去《东方杂志》主编职务后，论战仍未消歇。这在我国现代思想史上是空前的。这场论战第一次对东西文化进行了比较研究，对两种文化传统作了周详的剖析，对中西文化的交流提出了各自不同的看法，实开我国文化研究之先河。以后文化研究中诸重大问题及对这些问题所持观点，几乎均可从这次论战中见其端倪。其思路之开阔，论点之坚实，见解之深邃，往往难为后人所超迈。翻阅当时资料，我颇觉惊讶，今天有关东西文化的研究，好像还在重复着这场论战中的一些重要论点。但是今天很少有人提及这场论战了，这不能不说是一件憾事。

六

陈独秀的第一篇质问共十六条。其中驳《中西文明之评判》九条，驳钱智修《功利主义与学术》六条，驳杜亚泉《迷乱之现代人心》一条，但这一条最长，其中又包括七点。陈驳杜亚泉的统整说是他的质问中最有理据的。杜亚泉提出统整之说，不仅是为了继承传统，绍述"周公之兼三王，孔子之集大成，孟子之拒邪说"的盛业，而且也出于处在当时军阀割据、列强瓜分的岌岌可危形势下要求统一的迫切心情。但是无论如何，统整说和他那自由主义思想多少显得有些格格不入。他是中西文化调和论者，主张西学融入传统文化，因而他必须发掘可与西学接轨的传统资源。这是一件十分困难而精密的工作，很容易因误差而铸成错误。他在和蒋梦麟论争新思想问题时，蒋曾说他崇尚宋儒性理之学，这话有一定道理，他在文章中多次援引孟子的话，虽然有时对孟子也取批判态度，但他在文化问题上仍多多少少受到宋儒的影响。陈独秀就他声言汉后优于先秦的观点作了有力的驳诘："中国学术文化之发达，果以儒家统一以后之汉魏唐为盛乎？抑以儒家统一以前之晚周为盛乎？

欧洲中世纪，耶教统一全欧千余年，文艺复兴后之文化，诚混乱矛盾，然比之中土，比之欧洲中世纪优劣如何？"这段话的缺点是未阐明西方文化为希腊文化与希伯来文化之综合，但它从文化的多元化来反对统整说，就比杜说显得优越。可惜这场论战没有深入探讨下去。今天海外不少学者正在进行苦苦思索，他们担心多元化也有消极的一面，这就是会导致此亦一是非彼亦一是非的相对主义。这是一个悬而未决的问题，有待今后来解决。

陈独秀驳钱智修的《功利主义与学术》也没有只字提及西方的宗教生活，这是一大缺陷。实际上，西方虽然在俗世生活中重功利、重物质，可是在俗世生活外还有宗教生活，可以使人在这个领域内吸取精神的资源，以济俗世生活的偏枯。中国情况不同，没有超越的领域，一旦受到功利观念的侵袭，正如一位海外学者所说："整个人生都陷于不能超拔的境地，所以有人慨叹现代中国人过分讲实际，过分重功利，缺乏敬业精神。很少有人为知识而知识，为艺术而艺术，只有一种工具理性。""五四"时，胡适把文学革命说成是文学工具的变迁。四十多年来，盛行学术是"阶级斗争工具论"。直到今天还有人以艺术"为人道主义服务"取代"艺术为政治服务"，作为打破教条僵局的出路，而不知道自己并没有走出工具理性一步。钱智修大概是最早对工具理性进行批判的人。他在文章中说："功利主义最害学术者，则以应用为学术之目的，而不以学术为学术之目的。所谓《禹贡》治水，《春秋》折狱，《三百篇》当谏书者，即此派思想。"这种以学术为筌蹄的观点，足以妨碍学术之独立。当时像他这样的知识分子，都向往于学术具有一种自由的精神和独立的思想。

钱文的不足是没有对功利主义在西方思想史上的地位和作用作一交代，他只是说一句功利主义之流弊"殆非边沁、约翰·穆勒辈主唱此主义时所料及者"，就一笔带过了。这就给对方留下口实。陈质问钱："以权利竞争为政治上之功利主义，以崇拜强权为伦理上之功利主义，以营求高官厚禄为学术上之功利主义，功利主义果如是乎？"这一段驳诘不能说没有道理，但是针锋不接。钱文所批评的是当时中国社会中的功利主义，因此批评者应该就钱文所说的当时社会上的功利主义是否存在以及钱的批评是否正确作为评断。这才是在同一层面上探讨问题。可是陈的质问并没有这么做，以致这场论战所提出的具有重大意义的问题，因意气纠缠而没有深入展开下去。陈在质问中称："释迦之自觉觉地，孔子之言礼立教，耶稣之杀身救世，与夫主张民权自由、立宪共和诸说……固彻头彻尾颂扬功利主义者也。"这是一个重大的论断，可是已缺乏应有的理据，而下面的驳诘则尤为不伦："功之反为罪，利之反为害，《东方》记者倘反对功利主义，岂赞成罪害主义者乎？敢问。"这已是将论战变成意气之争了。

陈独秀引《中西文明之评判》胡（辜）氏之言"此次战争使欧洲文明之权威大生疑念"，斥之为"此非梦吃乎"？又引台里乌司所谓"欧洲之文化不合于伦理之用，此胡（辜）君之主张亦殊正当"，斥之为"彼迂腐无知识之台里乌司氏，在德意志人中料必为崇拜君权、反对平民共和主义之怪物"，甚至连台电乌司援引勒萨尔的话"德意志之诸大思想家（指康德等），如群鹤高翔天际，地上之人，不得闻其羽搏之微音"也遭到谴责。勒萨尔（今译拉萨尔）是一个社会民主党人，不是反对平民共和主义的。辜鸿铭固然是复古派，但是陈对辜的每一言每一行，全都加以否定，而不问其是非曲直，也未免责诘过甚。

七

这场论战所争论的问题核心在杜亚泉的调和论中有关传统伦理道德观念。论战前，1916年，杜亚泉就已撰写了《静的文明与动的文明》一文。内称，西方重人为，中国重自然。西方是外向的，中国是内向的。西方尚竞争，中国尚和平，等等。他将西方归为动的文明，东方归为静的文明。他认为动静应当互补，各取对方之长，以补自己之短。杜亚泉虽未言明其动静说出处，但细绎其旨，便可领悟其说本之宋儒对《周易》的解释。朱子解周敦颐《太极图说》云："太极有动静是天命之流行也"，故"动极而静，静极复动"。近读余英时教授《创新与保守》一文，也采用了动静概念。他说："如果我们把创新和保守理解为中国哲学观念中的动和静，这便与这一对观念在西方文化中的原有位置和关系相去不远了。西方的观念，整体看来，是以保守和创新为属同一层次迭相交替，彼此互倚的价值，正如中国人讲'一动一静，互为其根'（周敦颐语）一样。"自然这和杜的说法不尽相同。不过，杜以内向外向来区分东西文化，这一内在超越的概念现已普遍为讨论中国传统文化的海内外学人所接受，他以前尚无人用过这一说法，他要算是最早提出此说的人了。杜亚泉的动静说是他的东西文化调和论的主要根据。动静互为其根，所以东西文化也缺一不可。1921年，冯友兰访问泰戈尔，记泰戈尔也有动静说："有静无动则成为惰性，有动无静则如建楼阁于沙上，东方所能济西方的是智慧，西方能济东方的是活动。"（见冯友兰《与泰戈尔谈话（东西文明比较观）》）泰戈尔这一说法与杜亚泉颇为接近。

在这场论战中，持调和论者多以传统资源为依据。陈嘉异于1919年发表《我之新旧思想调和论》，又于1921年撰《东方文化与吾人之大任》。陈嘉异学兼中外，造诣甚深（其生平待考，只知他曾与章行严、钱智修等交往）。他也像杜亚泉一样，从传统资源中发掘新旧调和观点。不过他更强调淬厉固有的民族精神，并以黑格尔历史哲学中理念自我发展自我运动为依据。他引曾子的话"时也者人与人相续而成"说："此与法儒某谓历史之可贵，在累积若干时代之智识道德以传之于国民之谓，同一精审。审此，则吾人如欲换新一时代之思想与制度，仍在先淬厉其固有之民族精神。"他又引《易》"天行健，君子以自强不息"以证此说。稍晚，梁漱溟在《东西文化及其哲学》中，更进一步发挥此意。另方面，《新青年》同仁李大钊于1918年发表的《东西文明根本之异点》也取动静说："东洋文明主静，西洋文明主动。"他将东西文明说成是世界进步之二大机轴，如车之两轮，鸟之双翼，缺一不可。"此二大精神之自身又必须时时调和，时时融合，以创造新生命而演进于无疆"。

陈独秀对调和论持反对意见最为坚决。他在《今日中国之政治问题》（1918）一文中声称，在政治、经济、文化各个领域内，"西洋的法子和中国的法子，如像水火冰炭，绝对两样，断断不能相容"。次年，再撰《调和论与旧道德》说："新旧调和而递变，无明显界限可以截然分离，这是思想文化史上的自然现象。"他把这种自然现象说成是"人类惰性作用的不幸现象"，而新旧杂糅调和缓进，就是这种人类惰性的恶德所造成的。陈对社会发展所持的看法是"不能说社会进化应该如此"，吾人不可"助纣为虐"。比此文早一个月发表的陈嘉异《我之新旧思想调和观》，虽然是驳张东荪的渐变不可调和说（见东荪《突变与潜变》），但正可回答陈独秀的上述观点。东荪谓Harmony为由甲乙变丙是自然的化和，而Compromise只甲乙相济则是人为的调和，并引黑格尔的突变说，以证明渐变不可调和。陈嘉异以物理学、生物学、社会学等理论以驳之，其辞甚辩，论证详博，由于引证太繁，姑简述其要。他说："调和乃是指甲乙两极之交点，所生之功用，使甲乙不逾其量而又不尽其量，以保其平衡之普遍宇宙观。"他认为"宇宙之森严万象，只可谓有'和'之功用，未可谓为'尽一'（同一）之能事"。又说："调和之功用本宇宙万物一切现象不可须臾离者，否认调和是无异否认宇宙之有差别相。"此论一出，当时几无人能驳。陈嘉异说的"否认调和无异否认宇宙有差别相"，确是这场论战的根本问题所在。试从双方对中西文化同异上的看法作一区分：

　　　杜亚泉——东西文化各有不同特点，持调和论。

　　　陈独秀——中西文化绝无相同之处，西学为"人类公有之文明"（1918年《随感录一》），反对调和论。

　　胡适——虽主张整理国故，但以西学为主体，强调两种文化之共性，不主调和论（指思想实质）。

　　吴宓——与胡适相反，以中学为主体，但亦强调两种文化之共性，亦不主调和论（指思想实质）。

　　参加论战的其他诸家，不外可归于以上四类中之一种。梁漱溟即可归为杜亚泉那一类，他在《东西文化及其哲学》中说："假使中国的东西仅只同西方化一样便算可贵，则仍不及人家，毫无可贵！中国文化如有可贵，必在其特别之点，必须有特别之点才能见长！"这是持调和论者提示中西文化各有特点的明显表示，胡适在《读梁漱溟先生的〈东西文化及其哲学〉》一文中针锋相对地说："文化是民族生活中的样法，而民族生活的样法是根本大同小异的。为什么呢？因为生活只是生物对环境的适应，而人类的生理构造根本上大致相同。故在大同小界的问题之下，解决的方式也不出那大同小异的几种。"（吴宓《论新文化运动》亦同，虽然他与胡适在新旧问题上持论相反，但在同异问题上则恰恰与胡暗合。他说新旧文化"其根本定律则固若一"）胡适驳梁说率多浮浅，今天来看很难站得住。人类思维规律固然在根本上相同，但他所说的"样法"，或更准确地说，思维方式、抒情方式、行为方式，在中西文化之间却有着明显的差异，这是文化学史论家已经证明了的。

八

这场论战诸家特别把自己的注意集中在传统伦理观念的问题上。为此，陈独秀的质问专门引用了杜亚泉在《迷乱之现代人心》中的一段话："吾人在西洋学说尚未输入之时，读圣贤书，审事物之理，出而论世，则君道若何，臣节若何，（仁暴贤奸，了如指掌；退而修己，则所以处伦常者如何，所以励品学者如何，亦若有规矩之可循。虽论事者有经常权变之殊，讲学者有门户异同之辨）（括弧内质问引时删去）而关于名教纲常诸大端，则吾人所以为是者，国人亦皆以为是，虽有智者不能以为非也，虽有强者不敢以为非也。"这段话特别引起陈独秀的反感，他在质问中提出义正词严的责难："请问此种文明此种国基，倘忧其丧失忧其破产而力图保存之，则共和政体之下，所谓君道臣节名教纲常，当作何解？谓之迷乱，谓之谋叛共和民国，不亦宜乎？"末两句话十分严厉，已经从文化问题牵连到政治问题上去了。可是杜亚泉在回答质问时毫不示弱地坚持自己的见解："至原文所谓'君道臣节及名教纲常诸大端'，记者确认为我国固有文明之基础。"这并不是任性使气，而确是他对传统的基本观点。并且这也不是杜亚泉一个人的看法，大凡对儒家传统取同情态度的人都持相同的观点，在论战后期，梁漱溟和未参加论战的陈寅恪等，都对这一观点作了更充分的发挥。稍晚，1924年，柳诒徵撰《中国文化西被之商榷》，直截了当地指出："西方立国在宗教，东方立国在人伦。"这一点甚至连陈独秀本人也不反对，1916年，他在《吾人最后之觉悟》中说："儒者三纲之说，为吾政治伦理之大原，共贯同条，莫可偏废。""五四"时期曾到中国来讲学的杜威、罗素，也都对中国传统伦理观念特别加以注意。梁漱溟曾记杜威于1920年某晚在北京大学哲学研究会上讲话，内称："西方哲学偏于自然的研究，东方哲学偏于人事的研究，希望二者调剂和合。"最近海外学者也多把中国的"道德主体""和谐意识"与西方的"认知主体""政治主体"相区别。中国的传统文化自然不能用伦理道德来概括，但它渗透到传统的各个方面，影响之广，从民间文艺的忠孝节烈观念，直到穷乡僻壤的不识字妇女（笔者少时在乡间往往可以见到作为纲常名教象征的贞节牌坊），它成为传统中十分重要的主导力量，却是不容讳言的，这也是尊重传统的人重视伦理道德的原因。如果从中抽掉伦理道德，传统也就所剩不多了。

但是，传统伦理道德观念又是和当时社会别尊卑明贵贱的等级制度紧密相连的。于是，引发了这样的问题，为什么杜亚泉、梁漱溟、陈寅恪等还会对传统伦理道德采取维护态度？他们都不是顽固派，可以说都是主张革新的开明人物。杜亚泉作为一位自由主义思想家，带有浓厚的民主色彩。他虽然服膺理学，但决不墨守。1918年，他撰《劳动主义》，称许行之言深合孔子之旨，与子路迥别，是劳动主义者。孟子则是分业（分工）主义者。他批评孟子说的"有大人之事，有小人之事"与"劳心者治人，劳力者治于人"，以为"依此，则劳心者得食于人之特权"，故称孟子的分业是"伪分业"。在这个问题上他所赞同的，不是孔孟，而是托尔斯泰在《我的忏悔》中所倡导的体脑结合"四分法"。这不是理学家所做得到的。梁漱溟的情况也一样。他自称对王学泰州学派最为服膺，认为"晚明心斋先生、东涯先生最合我意"。前人称泰州王氏父子传阳明之学，结果却造成王学的终结。这话是不错的，陆陇其曾指出泰州学派后期"荡佚礼法，蔑视伦常"。梁漱溟采用泰州学派术语，称孔子伦理观念为"絜矩之道"，但又说："古代礼法，呆板教条，以致偏畸一方，黑暗冤抑，苦痛不少。"陈寅恪也存在着同样看来类似的矛盾。他一而在《王观堂先生挽词》中感叹三纲六纪之沦丧，一面又赞赏被斥为"不安女子本分"的陈端生，说她"心目中于吾国当日奉为金科玉律之君父夫三纲，皆欲藉此描写以摧破之也。端生此等自由即自尊即独立之思想，在当日及其后百余年间，俱足惊世骇俗，自为一般人所非议"。陈寅恪从写法俗滥、为人轻视的弹词小说《再生缘》，发现了一个平凡女子为人所不见的内心世界，说明他具有一颗深入幽微的同情心。

从上述可以看出，他们并不是没有认识到传统伦理道德在旧社会中所表现的呆板僵硬和它带给人们的黑暗冤抑，他们也并不是对此无动于衷，漠然视之。甚至比他们更为赞颂传统的陈嘉异也不是主张开倒车回到从前封建时代。他说："夫一民族之成立，所悖（悖字疑讹）者非仅血统、语言、地理、宗教等关系使然；为其枢纽者端在此形成浑然一体之民族精神。……惟是此精神，其民族若不善于运用之，则易流为固定的传统思想，而不克随时代之变易以适应其环境，则此精神或且为一时代之障碍物。所谓时代错误（Anachronism or Ignorant of the Modern Time）一语，即自此而来。"陈嘉异的民族精神论乃本之黑格尔的历史哲学，这个民族精神不是凝固不变，而是发展的，与时而俱新，不断前进的。

九

杜亚泉最引人误会的是他所说的君道臣节名教纲常这几个字。陈独秀在"一时情急"下，指摘他"妄图复辟"，"谋叛共和民国"，也不是事出无因。现在哪里还有什么君道臣节、父子夫妇的封建关系？这种误会也决不止陈独秀一个人，就是今天也还有不少人是这样想（笔者过去也曾经有类似看法）。要解开这个似乎是解不开的死结，就需要多作一些冷静的思考。这里还是先从梁漱溟的《东西文化及其哲学》入手。这本书里有一段话，曾给我很大启发："孔子的伦理，实寓有所谓絜矩之道在内，父慈，子教，兄友，弟恭，总使两方面调和而相济，并不是专压迫一方面的。"他认为西方是先有我的观念，才要求本性权利，才得到个性发展。各个人之间界限划得很清，开口就是权利义务、法律关系，谁同谁都要算账，甚至父子夫妇之间也都如此。而中国则恰好相反。西洋人用理智，中国人用直觉——情感。西洋人有我，而中国人却相反。母之于子，其情若有于而无己；子之于母，其情若有母而无己；兄之于弟，弟之于兄，朋友相与，都是为人可以不计自己，屈己从人的；不分人我界线，不讲什么权利义务，所以孝、悌、礼、让之训，处处尚情而无我。他说，这是孔子伦理的要义（这颇近于上述海外学者所谓道德主体的和谐意识）。但是在过去社会中，孔子的精神理想没有实现，只有一些古代礼法，呆板教条，以致偏倚一方，黑暗冤抑，痛苦不少。然而尽管如此，在家庭里社会上，时时都能得到一种情趣，不是冷漠敌对，互相像算账的样子，因而于人生的活气有所培养，不能不算是一种长处（以上综述大意）。

尽管对于上述某些观点以及书中所设想的礼乐制度在未来文化中的陶养感情作用，笔者并不赞同，但是这段话提出了令人深思的问题，这就是伦理道德的继承问题。20世纪60年代初，这个问题曾在大陆展开讨论，但草草收场，收获不大。其实这并不是一个新问题。1920年，梁启超在《欧游心影录》下篇《中国人之自觉》中说："须知凡一种思想，总是拿它的时代来做背景。我们要学的，是学那思想的根本精神，不是学它派生的条件，因为一落到条件，就没有不受时代支配的。譬如孔子说了许多贵族性的伦理，在今日诚然不适用，却不能因此菲薄孔子。柏拉图说奴隶制度要保存，难道因此就把柏拉图抹杀吗？明白这一点，那么研究中国旧学，就可以得公平的判断，去取不致谬误了。"当时，陈寅恪的观堂挽词也说到传统伦理的现代意义所在，他说："吾中国文化之定义，具于白虎通三纲六纪之说，其意义为抽象理想最高之境，犹希腊柏拉图所谓idea（理念）者。"所谓传统伦理中的抽象理想最高之境，即是梁文中所说的排除了时代所赋予的具体条件之后，思想的根本精神，这也就是陈寅恪所谓柏拉图的理念。柏拉图的理念说，后来为黑格尔所继承。按照黑格尔的解释，个体存在只表现理念的某一方面，因此是有局限的，这局限性促成其毁灭，理念本身不可认作是任何一事物的理念，而是在这些个别的实在的结合里和关系里，实现其自身。理念的自身本质上是具体的，因为它自己决定自己，自己实现自己。在传统道德继承问题上，无论是梁启超说的"思想的根本精神"，或是陈嘉异说的"民族精神之潜力"，或是陈寅恪说的"超越时间地域之理性"即"理念"，都是指排除时代所赋予的特定条件之后的精神实质或思想实质。根据这一观点，等级制度、君臣关系等等，只是一定时代一定社会所派生的条件，而不是理念。理念乃是在这些派生的条件中所蕴含的作为民族精神实质的那种"和谐意识"。过去，在道德继承问题讨论时，冯友兰曾提出抽象继承法。这一说法容易引起误解，反不如以上诸说明晰，因为民族精神和理念都是个体的，更谈不到对它们的抽象继承。传统伦理道德除了作为一种民族精神外，也体现在中国文化的思维方式、抒情方式和行为方式上。这是有继承性的。

东西文化融会调和是极其复杂的，其中不少问题至今仍悬而未决。持调和论者多主张开发传统资源，使之与西方文化接轨。但是在许多方面，传统资源十分贫乏，比如，民主是一种思想，也是一种制度。不少学者举出孟子的君轻民贵、黎民不饥不寒之类，这是很不够的，陈焯撰《议院古明堂说》称古代明堂有今议会性质。陈嘉异据《春秋命历叙》称循蜚纪（太古十纪中的第七纪）神皇氏执政，使神民异业，说这就是政教分离。诸如此类，更不足为训。民主制是需要法治来保证的，但传统思想乃内在超越，重修身，而治国则是修身的延续，故法治理论与法治经验在传统资源中极为稀薄。梁漱溟在书中曾与陈独秀辩论法律问题，陈重法律而梁则主道德修养。在这一点上，梁说不免显得单薄，缺乏说服力。中西文化的分野是内在超越者必重道德而轻法律，外在超越者必重法律而轻道德。这是两种不同模式的文化，如何使之融合，是十分困难的。目前海外学者在对付这一难题时，也常常陷入困境。至于在个性、人权等等问题上，中西文化也存在很大的分歧。西方重个人、张个性，故这方面十分发达，但在中国传统中则很难寻觅这方面的资源。梁漱溟曾明白宣告："宋以后所谓礼教名教者又变本加厉，此亦不能为之曲讳。数千年以来，使吾人不能从种种在上的权威解放出来而得自由，个性不得伸展，社会性亦不能发达，这是我们人生上一个最大的不及西洋之处。"杜亚泉在《论社会变动之趋势与吾人处世之方针》中，也说到传统思想以克己为处世之本。他认为这种思想也"并非没有流弊，以其专避危险之故，致才智不能发达，精神不能振起，遂成卑屈萎靡，畏葸敬且之习惯。我今日社会之所以对于西洋社会而情见势绌者，未始非克己的处世法之恶果"。以上这些对于传统文化的冷静思考，都是我们今天需要认真对待的问题。

重访五四
——论五四思想的两歧性

张　灏

　　从80年代以来，随着海峡两岸"文化反思"的展开，"五四"又变成众所瞩目、议论纷纭的中心课题。可喜的是，这番讨论已经逐渐走出一些如"反封建""反帝"等政治套语的牢笼。可惜的是：这些讨论仍然时常陷入时下几个熟悉观念的窠臼——如民主、科学、民族主义与反传统主义等。在大家的心目中，这几个观念似乎代表"五四"的核心思想。因此，它们构成了"五四"的基本形象。但是这形象是否可以涵盖"五四"思想的全面？形象是否就是实质？不错，"五四"思想在某一层次上，是环绕这几个观念而展开的。问题是：这几个观念都是意义相当抽象而浮泛。究竟"五四"时代的知识分子是如何了解它们？更重要的是："五四"是由几个思想内容不尽相同的运动所组成：1915年由陈独秀创办的《新青年》（原名《青年杂志》，1916年改称《新青年》）所发起的思想文化改造运动；1917年由胡适与陈独秀所倡导的新文学运动；1919年5月4日由学生示威游行所引发的民族主义运动。就此而论，"五四"毫无疑问是一个多层多面的运动，有其复杂性。因此今天要再认识"五四"，我们不能停滞在代表"五四"形象的几个观念。我们必须正视其复杂性，从多种层面去探讨其实质。

我认为要认识"五四"思想实质的复杂性，至少应从两方面开始：第一是"五四"思想中的两歧性；第二是"五四"和传统思想的错综关系。对后者，近年来学者对之已迭有论述，此文主要是针对"五四"思想的两歧性，略作分析。

什么是"五四"思想的两歧性？几年前我在一篇讨论"五四"新文化运动的文章里曾有这样一段话："就思想而言，五四实在是一个矛盾的时代：表面上它是一个强调科学，推崇理性的时代，而实际上它却是一个热血沸腾、情绪激荡的时代，表面上五四是以西方启蒙运动主知主义为楷模，而骨子里它却带有强烈的浪漫主义色彩。一方面五四知识分子诅咒宗教，反对偶象；另一方面，他们却极需偶象和信念来满足他们内心的饥渴；一方面，他们主张面对现实，'研究问题'，同时他们又急于找到一种主义，可以给他们一个简单而'一网打尽'的答案，逃避时代问题的复杂性。"

这段话指出"五四"思想中一些对立发展的趋势，就是我所谓的两歧性。

一、理性主义与浪漫主义

"五四"是受了西方近代启蒙运动极大的影响。因此，它的思想中一个很重要成分就是以启蒙运动为源头的理性主义。但不可忽略的是："五四"思想也含有很强烈的浪漫主义。理性主义是强调理性的重要，浪漫主义却是讴歌情感的激越。"五四"思想的一大特征就在于这两种趋向相反的思想，同时并存而互相纠缠、互相激荡，造成当时思想风云中最诡谲歧异的一面。

"五四"的理性主义是最显而易见的。因为"五四"自始至终强调发扬科学是新文化运动的一个基本目的，而科学方法就是表现人类理性的唯一方式。胡适阐扬杜威的实用主义哲学与赫胥黎（Thomas Huxley）的进化论思想；陈独秀所推崇的欧洲19世纪的实证论及功利主义，以及《新潮》杂志上所介绍的新实证论都是反映这理性主义的趋向。

"五四"所谓的科学方法当然主要是指自然科学的一套方法。在欧洲启蒙运动的影响之下，"五四"认为这套方法不但可以用来了解社会人文现象，而且可以用以建立一个理性的人生与社会。但比较起来，"五四"对科学理性的信心犹超过启蒙运动，因为西方启蒙运动思想里面尚有对科学理性主义一些批判性的认识。康德（Immanuel Kant）和休谟（David Hume）所代表的理性主义都承认科学理性无从替人类的价值建立一个理性的标准。借用韦伯（Max Weber）的名词，欧洲启蒙运动多多少少认识科学只能建立功效理性，而非价值理性，但"五四"则缺少这份批判的认识，相信科学既可建立功效理性，又可建立价值理性。它既是人类客观知识的保证，又是价值观和人生观的绝对标准。

不但如此，"五四"的理性主义承袭着启蒙运动以来的趋势，对于人类的前途，抱持高度的乐观，认为随着理性的进展，人类可以建立一个完美的社会。这是一种乌托邦精神，但值得注意的是，"五四"的乌托邦精神，并不完全来自它的理性主义。另一个重要的来源是它的浪漫主义。

在"五四"的思想里，浪漫主义的比重，不下于理性主义。"五四"的知识分子，面对着时代的动乱、民族的危亡和传统的失落，很容易变得情感激越、心潮汹涌，造成浪漫主义孳生的温床。"五四"新文学运动在当时应运而生，自然挟有强烈的浪漫精神。现代学者从周作人、梁实秋，到李欧梵，对"五四"思想的这一面都曾有所剖析*。

就思想的渊源而论，"五四"的浪漫主义主要是受到欧洲19世纪文学的冲击，徐志摩对欧洲文学的浪漫主义，曾有这样的刻画：

> "自我解放"与"自我意识"实现它们正式的诞生，从忏悔录到法国革命，从法国革命到浪漫运动，从浪漫运动到尼采（与陀斯妥也夫斯基），从尼采到哈代——在一百七十年间，我们看到人类冲动性的情感，脱离了理性的挟制，火焰地迸窜着，在这光炎里激射出种种的运动和主义。

根据李欧梵和梁实秋的解释，欧洲近代的这份浪漫主义精神可以希腊神话中两个神幻为代表：戴阿尼斯（Dionysus）和普罗米修斯（Prometheus）。前者是指人的狂热肉体或精神爱，它象征着浪漫主义所强调的激情和热爱。就中国近代思想的发展而言，浪漫主义的情怀，并不始自"五四"时代，而是始自近代转型时代（1895—1920）的初期。那时的知识分子领袖如谭嗣同和梁启超，他们的文字和思想都常常闪烁着炽热的情感。尤其是谭嗣同所代表的烈士精神就是这炽热的爱的体现。"五四"沿袭这份浪漫情怀而加以光大，造成一个情感奔放、热血沸腾的狂飙时代。陈独秀拒斥基督教的神学和制度，而礼赞耶稣基督的十字架精神，李大钊歌颂青春、欢呼革命，都是激情和热爱的表现。但是作为"五四"浪漫精神的象征，"戴阿尼斯"是远不如"普罗米修斯"来得重要，后者是人的创造力的象征，它意味着人的奋斗进取精神。此处我们最好再借用德国思想家斯宾格勒（Oswald Spengler）对西方近代精神的刻画，把普罗米修斯加上欧洲近代的浮士德精神（Faustus），更能突出浪漫主义的意义，因为浪漫主义不仅代表人力的奋斗、进取和抗拒精神，而且认为这种精神的发挥是一个无限的过程，一种无止境的追求。总之，浪漫主义精神是不能缺少这无限感（sense of the infinite）。

这种无限奋进的精神，在近代转型期的开端已经出现，梁启超1910年就是本此精神，写下"世界无穷愿无尽，海天寥廓立多时"的豪语，而他同年所写的《志未酬》一诗也最可代表这份精神：

　　　志未酬，志未酬，问君之志几时酬？志亦无尽量，酬亦无尽时。世界进步靡有止期，我之希望亦靡有止期，众生苦恼不断如乱丝，我之悲恼亦不断如乱丝，登高山复有高山，出瀛海更有瀛海，任龙腾虎跃以度此百年兮，所成就其能几许？虽成少许，不敢自轻，不有少许兮，多许奚自生？但望前途之宏廓而寥远兮，其孰能无感于余情？吁嗟乎男儿志兮天下事，但有进兮不有止，言志已酬便无志。

到了"五四"时期，这种浪漫主义精神更形充沛，激荡在时代的空气里，陈独秀在《新青年》上强调"自觉之奋斗"和"抵抗力"之重要，以及他与胡适之讴歌西方近代文明都含有他们对浪漫主义精神这一面的赞颂，例如胡适就曾引用英国诗人邓内孙（Alfred Tennyson）的诗句传达出"五四"浪漫的豪情：

> 然而人的阅历就像一座穹门，
> 从那里露出那不曾走过的世界，
> 越走越远，永远望不到他的尽头。
> ……
> 朋友们，来吧！
> 去寻一个更新的世界是不会太晚的。
> ……
> 用掉的精力固然不会回来了，剩下的还不少呢。
> 现在虽然不是从前那样掀天动地的身手了。
> 然而我们毕竟还是我们，——
> 光阴与命运颓唐了几分壮志！

终止不住那不老的雄心，

去努力，去探寻，去发见，

永不退让，不屈伏。

1916年，李大钊在《新青年》上发表《青春》一文，也是颂扬无限奋进的精神。他认为"今后人类之问题，民族之问题，非苟生残存之问题，乃复活更生，回春再造之问题也"。什么叫"复活更生，回春再造"？一言以蔽之，就是要实现他所谓的"无尽之青春"，他说：

> 青年之自觉，在冲决过去历史之网罗，破坏陈腐学说之囹圄，勿令僵尸枯骨，束缚现在活泼泼地之我，进而从现在青春之我，扑杀过去青春之我，促今日青春之我，禅让明日青春之我……青年循蹈乎此，本其理性，加以努力，进前而勿顾后，背黑暗而向光明，为世界进文明，为人类造幸福，以青春之我，创造青春之家庭，青春之国家，青春之民族，青春之人类，青春之地球，青春之宇宙……乘风破浪，迢迢乎远矣。

值得注意的是：李大钊在这段激动的文字里，提到"本其理性，加以努力"。但此处所谓的理性，已不是单纯的理性。理性的后面是炽热的情感，也可以说：理性主义已为浪漫主义所融摄，转成一种对理性的宗教信念。这是一种吊诡性的思想发展。前面提到，理性主义本身已有造成高度的乐观倾向。加上浪漫主义的浸灌，乐观精神更形高涨。其结果，"五四"变成一个乌托邦思想弥漫的时代。

在李大钊的《青春》里面，从传统的"天人合一"思想出发，再吸收了西方理性主义对精神力量的无限肯定，他相信：个人凭着无限的意志力，不但自己可以进入"无尽的青春"，而且整个民族、世界、宇宙都可进入无尽的青春。是以这种理想主义精神与乌托邦的心态，李大钊迎接了苏俄的十月革命。他相信这场大革命使人类进入一个"新纪元"，使人类"复活更生"。

徐志摩是"五四"新文学运动的健将，他的政治立场和李大钊很有不同。但是他在"五四"后期写的《青年运动》一文，却和李大钊旗鼓相应。他说：

> 在葡萄丛中高歌欢舞的一种Dionysian madness，已经在时间的灰烬里埋着，真生命活泼的血液的循环已经被文明的毒质瘀住……所以我们要求的是"彻底的来过"；我们要为我们新的洁净的灵魂造一个新的躯体，要为我们新的洁净躯体造一个新的洁净的灵魂，我们也要为这新的洁净的灵魂与肉体造一个新的洁净的生活——我们要求一个完全的再生。

由《新青年》的"回春再造"，到徐志摩此处所谓的"完全的再生"是"五四"浪漫精神和乌托邦思想的自然发展。郭沫若，在"五四"时代尚未完全皈依共产主义，是一个十足的浪漫主义文学家，1921年他发表了当时传诵一时的新诗集——《女神》，把"五四"由浪漫主义精神转化成的乌托邦思想，发挥无余；他在这本诗集里唱出一个生命奋进的宇宙观，热情奔放的人生观，而归结到一个乌托邦主义的信念：旧的污浊的世界就要毁灭，在这段毁灭的灰烬上，一个新的光辉而温暖的世界就要涌现。这就是他的长诗《凤凰涅槃》的主旨。小说家巴金，成长于"五四"岁月，他回忆了他的青少年时代，读了《新青年》这些杂志，如痴如狂，好像生活在他所谓的"梦的世界"。

很显然的，"梦的世界"是一个信仰的世界。但是"五四"在理性主义的震荡之下，也是一个怀疑精神伸展的时代，这又造成"五四"思想两歧性的另一面。

二、怀疑精神与"新宗教"

在"五四"时代，怀疑精神是与理性主义结伴而来的。蒋梦麟形容"五四"当时是"问题符号满天飞"，便是指这怀疑精神的散布。"五四"两员主将，胡适与陈独秀都是提倡怀疑精神最力的人。胡适自称影响他的一生思想最大的两位思想家：一位是杜威；另一位就是欧洲19世纪，以科学理性为基础，发扬怀疑精神的赫胥黎（Thomas Huxley）。根据这种怀疑精神，他提出"评判的态度"，而认为这就是五四新文化运动的基本精神。1919年冬天，五四运动正值高潮，他特别发表《新思潮》一文，来强调这"评判的态度"。他说：

仔细说来，评判的态度含有几种特别的要求：

1.对于习俗相传下来的制度风俗，要问："这种制度现在还有存在的价值吗？"

2.对于古代遗传下来的圣贤教训，要问："这句话在今日还是不错吗？"

3.对于社会上糊涂公认的行为与信仰，都要问："大家公认的，就不会错了吗？人家这样做，我也该这样做吗？难道没有别样做法比这个更好，更有理，更有益的吗？"

尼采说，现今时代是一个"重新估定一切价值"（transvaluation of all values）的时代，"重新评估一切价值"八个字便是评判的态度的最好解释。

是这种"评判的态度"促使他整理国故，针砭传统思想，攻击各种宗教迷信；促使他劝当时人不要一窝蜂似的空谈各种主义而应该研究具体的问题；促使他要求一般人在日常生活时，要问为什么，避免盲从。这个"评判的态度"经胡适的宣扬，在当时造成很大的影响。

陈独秀在这方面的影响，不下于胡适。《新青年》创办的初期，正值当时为孔教是否应由宪法规定为国教而展开了争辩，他曾写了好几篇文章极力抨击宗教。他的理论根据，就是19世纪法国思想家孔特（Auguste Comte）的实证论。他说："孔特分人类进化为三时代，第一曰：宗教迷信时代，第二曰：玄学幻想时代，第三曰：科学实证时代。"孔特这种观点，他完全接受。因此，他认为在现代的世界，一切宗教迷信和玄学幻想，都是偶像崇拜，应该清除。他在《偶像破坏论》一文中曾有这样的话：

> 天地间鬼神的存在，倘不能确实证明，一切宗教都是一种骗人的偶像；阿弥陀佛是骗人的；耶和华上帝也是骗人的；玉皇大帝也是骗人的；一切宗教家所尊重的，所崇拜的神佛仙鬼，都是无用骗人的偶像，都应该破坏！

照陈独秀看来，不但这种"神佛仙鬼"的迷信应该打破，就是"世界上男子所受的一切勋位荣典，和我们中国女子的节孝牌坊，也算是一种偶像"。甚至他认为"国家"这个观念也是一种"骗人的偶像"，也需要破坏。

但是陈独秀和胡适一样，不是一个彻底的怀疑论者，更不是一个虚无论者。他在《偶像破坏论》的末尾，说道："此等虚伪的偶像，倘不破坏，宇宙间实在的真理和吾人心坎儿里彻底的信仰永远不能合一。"可见他主张打破虚伪的偶像，主要是因为不如此，则他无法找到"心坎儿里彻底的信仰"，无法去发现"宇宙间实在的真理"，换言之，他要求偶像破坏是为了追求他所谓的"真实的、合理的"信仰。

明乎此，我们可以了解为什么"五四"是一个怀疑的时代，也是一个信仰的时代；为什么郭沫若在他的诗集《女神》中说他既是一个偶像破坏者，又是一个偶像崇拜者。

"五四"的理性主义与怀疑精神是众所周知的事实，也是不难了解的现象。但是"五四"之为一个信仰的时代，却是一个大家忽略的事实，也是一个比较费解的现象，需要我们对

"五四"所处的"转型时代"的危机意识作一些基本的分析。

所谓转型时代指甲午到"五四"（1895—1920）大约25年的时间。在这一段时间里，两种思想危机开始涌现。一方面是民族救亡的危机意识，从甲午到"五四"，中国的政治秩序由一个大一统的帝国瓦解为军阀的割据，国家名存而实亡。同时，外来的侵略在这25年间，也进入空前的升级；由以往间歇性的列强侵略变成连续性的侵略。中国被瓜分成殖民地的危险，迫在眉睫。这内外交织的民族危机变成知识分子迫切的关怀：他们急需一套思想和信仰来作为共识和共信的基础，以认识方向，团结意志。

除了这种由民族危亡所造成的政治危机意识，我们尚需认识中国知识分子在转型时期所经历的另一种危机感。这种危机感是来自当时的"取向危机"。所谓"取向危机"是由三种危机意识所凝聚成的。最重要的危机意识是导源于儒家传统的核心思想的解纽。此处的核心思想是指儒家价值观的基本结构和以天人合一为本位的宇宙观的思想组合。尽管在这核心结构解体之后，儒家的个别价值，如仁、义、智和忠、孝、节、义，仍然有意无意地对行为有其影响力和控制性。但是由这些个别价值组成的基本价值模式如修身、经世、三纲等，则已受到严重的侵蚀而逐渐失去其威信与效用。这种思想解纽所产生最直接的后果是基本价值取向的动摇。间接的后果是文化认同取向和终极意义取向的失落。要领会这两种取向失落的严重性，我们必须记住：中国传统文化，与任何其他的文化一样，自己构成一个"精神的意义世界"（Universe of meaning）。在这意识世界里面，儒家的基本价值观和宇宙观，一方面供给我们日常行为和判断的道德准绳，同时也构成一组指标系统，不但替我们相对于世界其他的国家和社群作文化自我定位，而且也使我们对宇宙和人生有一全面的解释，从而在这架构内，认识生命的方向和意识。因此，当支撑这"意义世界"的基本价值观和宇宙观解纽时，文化认同取向和终极意义取向也会因此错乱而失效，造成精神上的空虚失落与情绪上的彷徨无主。

上面我简要地说明了"取向危机"的形成及其意义。这个"取向危机"是在转型时期逐渐显现，至"五四"而达于高峰。因此"五四"的知识分子，是面对着双重的危机：一方面是政治秩序的危机；另一方面是"取向秩序"的危机。在这双重危机的压力之下，他们是急切地追求新的价值观和宇宙观，一言以蔽之，新的信仰。

就信仰的追求而论，"五四"的思想可以说是形形色色，纷然杂陈，从无政府主义、基尔特社会主义、托尔斯泰的理想主义、马克思社会主义到自由主义；这些信仰，内容虽是庞杂，却有两个共同的倾向：一个就是前面的乌托邦主义；另一个，无以名之，名之曰：人本主义的"新宗教"。

这种"新宗教"，周作人在当时就看出"五四"思想有这方面的倾向。1920年，他给少年中国学会讲演"新文学的要求"，结尾处有这样几句话："这新时代的文学家，是偶像破坏者，但他还有他的新宗教——人道主义的理想是他的信仰，人类的意志便是他的神。"

"五四"的人道主义来源很驳杂，从欧洲文艺复兴以来的人文主义到巴枯宁、克鲁泡特金等人的无政府主义，乃至基督教和传统儒家的道德理想都有影响。重要的是：周作人认为"五四"的人道主义是一种宗教信仰，称之为"新宗教"。他这个体认和观察，衡之"五四"当时几位主将的思想成分，是相当有洞见的。

首先就周作人本人而论，他和他哥哥鲁迅在当时都很受日本无政府主义思想家武者小路实笃的思想影响，他特别醉心于武者小路实笃的乌托邦式的"新村主义"。他在晚年所写的回忆录《知堂回想录》里面就曾说新村主义是一种宗教性的信仰："这'新村'的理想里面，确实包含着宗教的分子，不过所信奉的不是任何一派的上帝，而是所谓人类，反正是空虚的一个概念，与神也相差无几了。"

胡适是一个人道主义者，也是一个服膺杜威的实验主义哲学的学者。但他的人道主义信仰却不是来自实验主义；因为后者只是教他如何思想和解决问题的一套方法，本身不含有，也无法贞定任何一组特定的价值信仰。他的人道主义主要还是来自东西的人文传统；其最突出的部分当然是受西方近代人文主义影响极深的个人主义。但胡适的个人主义却是以强烈的社会意识为前提，而这社会意识却是与中国古老传统中的一种人文宗教有极深的关系。

这种人文宗教，按照胡适的解释，是建筑在一个很独特的"不朽"观念上。此所谓不朽不是指灵魂不朽，而是指"社会不朽"，或者"大我不朽"。这种不朽论，是根据中国古老传统里的"三不朽"的观念，所谓"三不朽"是指立德、立功、立言。人死之后，他的灵魂或"神"也随之俱灭，但是"个人的一切功德罪恶，一切言语行事，无论大小好坏，一一都留下一些影响，在那个'大我'之中，一一都与这永远不朽的'大我'一同永垂不朽"。

胡适认为中国传统的祖先崇拜，和"默示"的宗教、神权的宗教、崇拜偶像的宗教一样，都是"神道设教，见神见鬼"的宗教，在现代已无法发生效力，不能制裁人的行为，所以他提出"大我的不朽"的观念作为他自己的宗教信仰，他说："我这个现在的'小我'，对于那永远不朽的'大我'的无穷过去，须负重大的责任；对于那永远不朽的'大我'的无穷未来，也须负重大的责任。我须要时时想着，我应该如何努力利用现在的'小我'，方才可以不辜负了那'大我'的无穷过去，方才可以不遗害那'大我'的无穷未来？"

很显然的，胡适的个人主义是他的人道主义的一部分，而他的人道主义是含有很浓厚的人文宗教意识。

陈独秀在他变成马克思信徒以前，也是一个人道主义者，而他的人道主义也是带有很强的宗教性。他也谈"新宗教"。他在"五四"时期对基督教前后态度的改变很能反映这种宗教性。

前面提到他在1918年夏天发表的《偶像破坏论》已表示反对基督教，其实他早在1917年的夏天在《新青年》上分两期发表长文——《科学与基督教》，猛烈抨击基督教，认为后者阻碍科学发展，是人类文明进步的障碍，但是他的态度很快就变了。在1920年2月出版的《新青年》上面，他发表了《基督教与中国人》一文。在这篇文章里，他一反以前对基督教的蔑视态度，而肯定了基督教。他肯定的理由，不是基督教的神学，更不是其仪式，而是因为基督教是他所谓的"爱的宗教"：因为"基督教底根本教义只是信与爱，其它都是枝叶"。这"爱的宗教"充分表现于"耶稣崇高的、伟大的人格和挚烈深厚的情感"。他强调这种人格和情感代表三种精神："崇高的牺牲精神""伟大的宽恕精神""平等的博爱精神"。

重要的是，陈独秀在当时不仅对基督教改变态度，而且对整个宗教有一番重估，他重估的理由是：人的生命，在"知识的理性"之外，还有"本能上的感情行动"。他说："知识和本能倘不相并发达，不能算人间性完全发达。"发展理性，当然要靠科学，可是要净化和美化感情，则宗教的重要性极大。

因此，在"五四"的后期，曾经有一段时间，陈独秀已不视宗教为迷信和偶像崇拜。对于他而言，宗教反映人的生命中所不可少的"超物质的冲动"。可是，照他看来，这种冲动有两种表现方式：一种是东方伦理式的；另一种是基督教所代表的，着重"美的宗教的纯情感"。换而言之，东方的宗教是偏重外在的、形式的情感表现，而基督教则是偏重于内在的、"纯情感"的表现。他认为中国所需要的就是这种以内在精神情感为本位的"爱的宗教"，才能"将我们从堕落的冷酷、黑暗、污浊坑中救起"。

陈独秀这些肯定宗教的主张都发表在1920年的春夏以前，也就是说，在陈独秀接受马列思想以前，他的思想曾经有很强烈的宗教倾向。这些宗教倾向，并不仅是因为他根据社会功能的需要而认识宗教的重要性，而且也是发自他内心的宗教情感。1919年，他因五四运动牵连入狱，出狱时写了一首长诗——《答半农的〈D——！〉诗》很能表现他这份宗教情感。

这首诗的一大半是抒写他如何憧憬一个以爱的关切为基础，没有权威等别，也没有阶级和种族畛域的大同社会。末了，在强调人与人之间是多么需要互相照顾和支持之后，他是这样结束他的长诗：

倘若没有他们（其他人的照顾和支持）我要受何等苦况！

为了感谢他们的恩情，我的会哭会笑底心情，更觉得暗地里滋长。

什么是神？他有这般力量？

有人说：神底恩情，力量，更大，他能赐你光明！

当真！当真！

天上没了星星！

风号，雨淋，

黑暗包着世界，何等凄清！

为了光明，去求真神，

见了光明，心更不宁，

辞别真神，回到故处，

爱我的，我爱的姊妹弟兄们，还在背着太阳那黑的方面受苦。

他们不能与我同来，我们便到那里和他们同住。

这里所表现的显然是一种宗教情怀。这世界是有神的，神可以为我们带来光明，但爱更重要，为了爱，他情愿舍弃光明，"辞别真神，回到故处"，去和世界上的弟兄姐妹在背着阳光的黑暗处一起受苦。这是耶稣基督的博爱精神，大乘佛教的菩萨精神，也就是他们所谓的"爱的宗教"。

陈独秀这种"爱的宗教"很容易使人联想到孔特的"人道的宗教"（Religion of Humanity）。前面提到，孔特的实证主义曾对陈独秀的思想产生过很大的影响。他和陈独秀一样相信科学是人类进步的基本原动力。可是在科学日昌、文明日进的人类社会里，人的情感并不因此减退，仍有其不可或缺的重要性。照他看来，为了净化与凝合人类的情感，宗教有其必要的功能。因此，孔特认为人类虽然进化到历史最后的"实证思想时代"（Positive Age），虽然已超越神学和形上学思想的牢笼，但是人的宗教性，因为植基于人类的情感，无法超越。可是，表达宗教情感的方式，却不能像从前那样迷信神，崇拜偶像；而只能崇拜人类的爱的理想，或者崇拜孔特所谓的"利他主义"（altruism），这就是他所谓的"人道主义宗教"。

陈独秀的"爱的宗教"，在精神上很类似孔特的"人道宗教"，这种信仰在西方近代思潮里颇具影响力。因此，它在"五四"思想里出现，是很可理解的。但是"人道主义"宗教，在"五四"时代，尚以其他的形式出现。例如托尔斯泰（Leo Tolstoy）和泰戈尔（Tagore）的思想，在"五四"时期，也曾风靡一时，他们的思想和孔特虽有显著的不同，但是他们各以独特的方式，表现人道主义的信仰。托尔斯泰的人道主义，是渊源于基督教《新约》的福音思想。他认为只有耶稣基督所代表的无私的爱，才能拯救人生，改造社会。泰戈尔的思想植基于古印度教的泛神论，他吸收了《奥义书》（Upanishads）和《神赞》（Bhagavad gita）里面人神一体，人我交融的哲学，用诗的语言，对生命加以肯定和礼赞。两人的思想，虽各有渊源，但都代表一种"爱的宗教"。

宗白华在"五四"后期曾任新文学重镇——《上海时事新报》副刊"学灯"的编辑，在"五四"文坛上也曾相当活跃。他当时受了泰戈尔的影响，写了一首叫"信仰"的小诗，很能传达"五四"的人道主义信仰的另一面：

　　红日出生时

　　我心中开了信仰之花：

　　我信仰太阳

　　如我的父

　　我信仰月亮

　　如我的母！

　　我信仰众星

　　如我的兄弟！

　　我信仰万花

　　如我的姊妹

　　我信仰流云

　　如我的友！

　　我信仰音乐

如我的爱

我信仰

一切都是神

我信仰

我也是神！

　　最后这一句"我信仰我也是神"是表达古婆罗门教泛神论的观念：每一个人的灵魂深处都有一个精神的真我，这精神的真我就是神的寄生。但是在"五四"当时的思想气氛之中这种含有超越意识的精神思想，却往往被理解为对"自然人"的光耀和神化。诚如周作人所说："人的意志就是神"代表"五四""新宗教"的另一重要特征。

　　我在前面讨论"五四"的浪漫主义时，已提到"五四"有"普罗米修斯"和"浮士德"的精神，强调人有无限向上奋进和追求的意志。就这一点而言，"五四"的浪漫精神不仅不与理性主义相抵触，反而相辅相成。许多西方现代史家都曾指出：西方启蒙运动，鉴于近世科学的辉煌成就，对人类的理性产生无限的自信，因此相信：人的理性可以无尽的发挥，人定可以胜天，世界可以彻底改造。西方思想家卡尔·贝克（Carl Becker），即曾指出，西方18世纪的理性主义，表面上是反中世纪对天国的信仰，但骨子里仍然承袭这一信仰而加以"人间化"，产生"人间天国"的自信。贝克之论，容有夸大偏颇之处，招致晚近史家甚多之抨击。但不可否认，自启蒙运动以来，因科学理性所产生的乐观精神，弥漫西方近世思想，特别是杜哥特（Turgot）、康多赛（Condorcet）、圣西蒙（Saint-Simon）下至孔特这一思想传承，视科技理性为历史进步的原动力，终至造成科学主义，其突出人的自信与乐观，与浪漫主义时有异曲同工之效，影响"五四"思想至深且巨。

总之，"五四"在西方启蒙运动和浪漫主义的双重影响之下，对迷信神力和神权的传统文化，产生反动，因而强调回归人的自主性。但是这种"人化"的趋势走到极端，往往不自觉地流为人的神化的倾向。前面提到胡适在"五四"以后就曾写过一篇文章叫《我们对于西洋近代文化的态度》，很能表现"五四"以来，新文化运动中"人的神化"的精神趋向。

在这篇文章里，胡适首先指出西方文明不只是物质文明发达，而且精神文明也发达。更重要的是：西方近代的精神文明也有他所谓的"新宗教"。他说："这个新宗教的第一特色是他的理智化。近世文明仗着科学的武器，开辟了许多新世界，发现了无数新真理，征服了自然界的无数势力，叫电气赶车，叫'以太'送信，真个作出种种动地掀天的大事业来。人类的能力的发展使他渐渐增加对于自己的信仰心，渐渐把向来信天安命的心理变成信任人类自己的心理。所以这个新宗教的第二特色是他的人化。"

他又说：

> 从前人类受自然的支配……现代的人便不同了。人的智力征服了自然的无数质力，上可以飞行无碍，下可以潜到海底，远可以窥算星辰，近可以观察极微。这两双手一

个大脑的动物—人——已成了世界的主人翁，他不能不尊重自己了。一个少年的革命诗人曾这样的歌唱：

我独自奋斗，胜败我独自承当。

我用不着谁来放我自由。

我用不着什么耶稣基督。

妄想他能替我赎罪替我死。

这是现代人化的宗教，信任天不如信任人，靠上帝不如靠自己。我们现在不妄想什么天堂天国了，我们要在这个世界上建造"人的乐园"，我们不妄想做不死的神仙了，我们要在这个世界上做个活泼健全的人。我们不要妄想什么四禅定六神通了，我们要在这个世界上做个有聪明智慧，可以戡天缩地的人，我们也许不轻易信仰上帝的万能了，我们却信仰科学的方法是万能的，人的将来是不可限量的……这是近世宗教的人化。

最后，胡适对西方近世文明曾作了这样的总结："他在宗教道德的方面，推翻了迷信的宗教，建立合理的信仰；打倒了神权，建立人化的宗教；抛弃了那不可知的天堂净土，努力建立'人的乐园'，'人的天堂'。"

胡适是崇拜西方近代文明的，他对西方文化这一番阐释，不啻是反映了他个人的向往，同时也反映了"五四"思想的企向。很显然的，他所描述的"宗教的人化"，已有变成"人的神化"的趋势。这种趋势，就"五四"以后的思想上发展而论，是有其危险性的。

这种人的"神化",当然是"五四"人本主义宗教的极端化。因为一般人常常忽略这极端化的危险性,故特别在此指出。不可忘记的是,同样的"五四"人本主义也产生了蒋梦麟所看到的"问题符号满天飞"以及胡适所谓的"评判态度"和怀疑精神,"五四"的吊诡就在此!

三、个人主义与群体意识

前面指出,"五四"是"转型时代"思想变化的高潮,转型时代一开始就有一个特征,那就是个人主义与群体意识相伴而来的双重倾向。"转型时代"的初期,康有为提出"破除九界"的要求;谭嗣同喊出"冲决网罗"的口号。他们的理想一方面当然是要求个人从传统的种种束缚解放出来;同时他们也希望个人完全融化在一个以爱为基础的大同社会里面。当时梁启超的思想发展和康、谭颇有不同,但是就上面指出的双重倾向而言,他的思想也不例外:例如他在风靡一时的《新民说》里,就是一方面要求个人从传统的精神羁绊中解放出来;另一方面他也要求个人彻底融化于民族国家的有机体里。"五四思想"是否也有这样双重倾向?

无可否认,个人解放是"五四"宣扬民主自由思想的最突出的特征。《新青年》在1917年特别连出两期专号,彰显易卜生主义,以及易卜生主义在当时思想界所产生的震撼。仅此就可显示个人主义在"五四"思想的特殊地位。但是,从深一层去看,个人主义在"五四"思想界绝不是一枝独秀,上面指出的双重倾向依然存在。

李泽厚先生曾以"救亡"与"启蒙"的双重奏来解释中国近代知识分子所面临的一个困境，极具洞见。他这两个观念也多少指涉到群体意识与个人主义的双重倾向，问题是：以"救亡"这个观念来代表群体意识，似嫌狭窄，因为"救亡"普通指民族主义，而"五四"的"群体意识"不仅来自民族主义；它也来自以社会为本位，以有机体为模式的集体心态。从康有为和谭嗣同的大同的观念到"五四"无政府主义和社会主义都多少含有这种集体主义心态，而这些思想，却与民族主义毫无关系。因此，讨论"五四"的群体意识绝不能仅限于民族救亡和国家富强等观念。

群体意识在"五四"早期的几位领袖的思想里已经出现。就以陈独秀为例，他在"五四"后期，接受社会主义，思想当然是以群体意识为主，但不可忽略的是：他在"五四"初期，极力提倡个人主义的时候，他所发表的文字也时时隐含一些群体意识。

例如1915年，他发表《东西民族根本思想之差异》极力颂扬西方文明，认为西方文化的一大特色和优点就是：西洋民族以个人为本位。但是1916年，他在《人生真义》里面透露：他的个人主义是掺杂着一些群体意识。一方面，他在这篇文章里强调："社会的文明幸福，是个人造成的，也是个人应该享受的。""社会是个人集成的，除去个人，便没有社会；所以个人的意志和快乐是应该尊重的"。这几句话代表十足的个人主义思想。另一方面，他也说："人生在世，个人是生灭无常的，社会是真实的存在。""社会是个人的总寿命，社会解散，个人死后没有联续的记忆和知觉"，"个人之在社会好像细胞之在人身，生灭无常，新陈代谢，本是理所当然，丝毫不足恐怖"。这些观点又很近乎社会有机体的思想，意味着群体为主、个人为辅的观念。

这种群体意识也蕴涵在他后来所写的《自杀论》里面。在这篇文章里，他不仅分析自杀的种类和成因，而且提出他反对自杀的生命观："我们的个体生命，乃是无空间时间区别的全体生命大流中底一滴；自性和非自性，我相和非我相，在这永续转变不断的大流中，本来是合成一片，永远同时存在，只有转变，未尝生死，永不断灭。如其说人生是空是幻，不如说分别人我是空是幻；如其说一切皆空，不如说一切皆有；如其说'无我'，不如说'自我扩大'。物质的自我扩大是子孙，民族，人类；精神的自我扩大是历史。"

陈独秀这一段话，很像传统宋明儒者驳斥佛家空观的论调：宇宙不是空相，而是实有，但宇宙的实有是那全体生命的大流，而非代表个体生命的人我。所以他要肯定的不是那个别的自我，而是那可代表"物质的自我扩大"的"子孙，民族和人类"与代表"精神的自我扩大"的历史，在这种宇宙观和生命观里面，群体意识是呼之欲出。

陈独秀在写《自杀论》的同时，发表了一篇《欢迎湖南人民精神》，在这篇文章里，群体意识有更强烈的流露。他说："个人的生命最长不过百年，或长或短，不算什么大问题，因为他不是真生命。大问题是什么？真生命是什么？真生命是个人在社会上的永远生命，这种永远不朽的生命，乃是个人一生底大问题。"他又说："Oliver Schreiner夫人底小说有几句话：'你见过蝗虫，它怎样渡河么？第一个走下水边，被水冲去了，于是第二个又来，于是第三个，于是第四个，前后，他们的死骸堆积起来，成了一座桥，其余的便过去了。'那过去底人不是我们的真生命，那座桥才是我们的真生命，永远的生命！因为过去底人连脚迹亦不曾留下，只有这桥留下永远纪念底价值。"

这里所表现的强烈的群体意识和陈独秀所颂扬的西方个人主义，形成鲜明的对比，但是二者却吊诡地并存于他的早期思想。

就此处所谓的双重倾向而言，胡适的思想发展是一个更有意义的例子。他在"五四"的主将里面，是受西方思想影响最深的一位。他在美国受过长期的高等教育，不但浸沉于杜威的自由主义思想，而且对英美式的个人主义，在精神上有真正的契入。他所写的《易卜生主义》可以说是"五四"早期，宣扬西方个人主义最倾动一时的文章，然而胡适的个人主义中也掺杂着浓厚的社会意识。这社会意识，诚如他说，一部分来自杜威自由主义的淑世精神。但一部分也来自他以中国传统思想为基础所阐发的群体意识。前文论及，胡适的宗教信仰是他所谓的"社会不朽论"。他认为个人死后，可以不朽。但不是灵魂不朽，因为他不相信有个人灵魂这种东西。他所谓的"不朽"是指个人在世的思想言行对社会所产生的各种正负影响。社会是不朽的，因此，个人也可以因社会的不朽而不朽。

胡适这种社会不朽论蕴含一种与个人主义相反的群体意

识。因为西方个人主义是建筑在一个前提上，那就是个人本身要有终极的价值。而胡适的不朽观近乎社会有机论，只认为个人的价值在于是否能对社会群体有所贡献；也就是说个人只有在作为社会的一个成员时，才有价值，个人本身并无独立而终极的价值。这里必须指出的是：他的社会不朽论是发表于他在1919年春天写的《不朽——我的宗教》一文。这篇文章，胡适后来强调，是一篇可以代表他的基本思想的重要文字。因此，"社会不朽论"所蕴涵的群体意识，就胡适的整个思想架构而言，其意义是可以与他当时所极力提倡的个人主义相提并论的。

胡适与陈独秀的思想发展反映个人主义与群体意识的两歧性已在"五四"初期出现。"五四"后期，学生运动展开，民族主义白热化。同时，马列主义也开始大规模地散布。群体意识因此激增。个人主义，相形之下，大为减色。但无论如何，在以胡适为代表的思想中，个人主义仍然有其重要性。因此在整个"五四"时代，个人主义与群体意识的对立之势，虽然盈虚消长，却始终存在，构成"五四"思潮的重要一面。

四、民族主义与世界主义

"五四"与民族主义的关系相当微妙。一方面，民族主义自甲午以后，开始在中国知识分子中间大规模地散布，至"五四"而进入一个新高潮。另一方面，就新文化运动的主要刊物——《新青年》而论，民族主义的声浪却相当的低沉。不错，《新青年》里面不乏爱国主义的声音。但是，以中国当时的国势环境而论，几乎每一个知识分子都多多少少是一个爱国主义者。即令陈独秀，当时深感爱国主义的情绪有干扰中国人的思想自觉和启蒙，也不得不承认他在原则上赞成爱国主义。可是，民族主义有别于爱国主义，前者是指以民族国家为终极社群与终极关怀的思想与情绪。就此而言，我们很难说，"五四"的思想空气是受民族主义的全面笼罩。因为，刻意超越民族意识的世界主义，也是"五四"新思潮的一个特色。以"五四"的思想背景而论，这种世界主义的出现也并非不可理解的。首先，"五四"的领导人物都是受过极深的传统教育，而传统思想的基本成分，如儒、佛、道三家思想都是以天下为视野，人类为关怀，因此也都是以世界主义为主趋的。同时，"五四"时代发生影响的国际思想人物如杜威、罗素、马克思、托尔斯泰、泰戈尔等，他们的思想多半是倾向国际主义或世界主义的。因此"五四"的几位思想主将有超越民族主义的倾向是不足为怪的。胡适受了当时英美自由主义的影响，对于民族主义的流弊是相当敏感的。此外，他当时认为中国的基本问题在于文化的陈旧溃烂，因此，有20年不谈政治的誓言，以专心于文化改进。所以胡适是一位爱国主义者，却不能算是民族主义的信徒。

陈独秀对于民族主义，更是有露骨的反感。上文提到他在《新青年》杂志上指出国家也可以是偶像崇拜的对象，他说："国家是什么？……我老实说一句，国家也是一种偶像。一个国家，乃是一种或数种人民集合起来，占据一块土地，假定的名称；若除去人民，单剩一块土地，便不见国家在那里，便不知国家是什么。可见国家也不过是一种骗人的偶像，他本身亦无什么真实能力。现在的人所以要保存这种偶像的缘故，不过是藉此对内拥护贵族财主的权利，对外侵害弱国小国的权利罢了。世界上有什么国家，才有什么国际竞争；现在欧洲的战争杀人如麻，就是这种偶像在那里作怪。我想各国的人民若是渐渐都明白世界大同的真理和真正和平的幸福，这种偶像就自然毫无用处了。但是世界上多数的人，若不明白他是一种偶像，而且不明白这种偶像的害处，那大同和平的光明，恐怕不会照到我们眼里来。"

陈独秀在这里提到了"世界大同的真理"，不能仅仅视为他的乌托邦幻想。前面提到，他在当时相信一种爱的宗教。这种信念，不仅来自他本于社会功利主义对宗教的认识，也本于他内心深处的情感需要。基于这种信念，他认为民族与国家的畛域是不需要的。前面提到，他于1919年从狱中出来，有《答半农的〈D——！诗〉》，其中一段很能表现这超越民族主义的大同理想：

> 弟兄们！姊妹们！
>
> 我们对于世上同类的姊妹弟兄们，都不可彼界此疆，怨张怪李。
>
> 我们说的话不大相同，穿的衣服很不一致，有些弟兄底容貌，更是稀奇，各信各的神，各有各的脾气，但这自然会哭会笑的同情心，会把我们连成一气。
>
> 连成一气，何等平安，亲密！
>
> 为什么彼界此疆，怨张怪李。

这种以爱为出发点的大同理想，在"五四"时代，并非例外，当时各种无政府主义和政治理想主义，特别是托尔斯泰和克鲁泡特金的理想，甚为风靡。这些思想里面都多多少少含有陈独秀所谓的"爱的宗教"。

即令是李大钊，西方学者如迈斯勒（Maurice Meisner）特别强调他的思想中的民族主义倾向，我们若仔细检查他在"五四"早期（也就是说在他皈依马克思主义之前）的文字，也不能把他单纯地视为一个民族主义信徒。不错，他突出了"青春中华"的观念；但他也憧憬"青春世界""青春人类"。当他以"回春再造，复活更生"为前提，欢呼一个"新纪元"的来到，这个"新纪元"，并不仅指中华民族的新纪元，也指全人类的新纪元；当俄国的十月革命成功的消息传来时，他在"五四"主将里面，是最受激动、最早响应的一位。他相信，这革命和"法国大革命一样"，是代表人类解放的"新纪元"的来到。这是一个世界主义的信念，而非民族主义的信念。

"五四"的世界主义，不仅反映于陈独秀的"爱的宗教"，也表现于周作人的"人的文学"。周作人是于1918年底，在《新青年》第5卷第6号上，发表这篇文章，据说当时这篇文章，就被胡适捧为"关于改革文学内容的一篇最重要宣言"。周氏继这篇文章之后，又写了一系列类似的文章。在这些文章里，他指出了"人性的文学""人生的文学""人道主义"的文学等口号和主张。归纳起来，他的这些主张，诚如他说，不外两点："一、文学是人性的，不是兽性的，也不是神性的；二、文学是人类的，也是个人的，却不是种族的，国家的，乡土及家族的。"

很显然，周氏的"人的文学"观念是发自他的人本主义信念，而后者是以世界意识为前提。本着这个前提，"人的文学"是要求发掘普遍的人性，探讨"理想的人性"，用周作人当时的话："重新要发现人，去辟人荒！"

这种文学要求显然不是"五四"以后新文学发展之所趋。大多数的新文学作品，是被夏志清先生所谓的"感时忧国"的胸怀所笼罩。然而，我们今天回视"五四"当年的文学理念，却不能完全透过这种狭窄的视野，以致忽忘当时"放眼世界，关怀人类"的理想！

此处，我无意夸大"五四"的世界主义。我只是希望，我们今天对"五四"思想的再认识，不要太受民族主义观点的牢笼。我所要强调的是："五四"思想的氛围是受到各方的气压的冲击。世界主义与民族主义，伴着理性主义与浪漫主义、怀疑精神与宗教精神、个人主义与群体意识，都在那里回旋激荡，造成当时五光十色、扑朔迷离的思想气氛。

上面我对"五四"思想的两歧性作了初步的探讨，这些探讨，除了展示"五四"思想的复杂性之外，还有几点意义，值得在此特别指出。

首先，认识"五四"思想中的两歧性可以帮助我们了解"五四"以来，中国文化思想出现的一些诡谲歧异的发展。例如从"五四"开始，民主自由几乎是每一个政治和文化运动的共同要求。但是环绕这两个理念却是各种乌托邦式的思想，使中国人对民主自由的了解，常常如雾里看花，很难落实。科学与理性也是"五四"以来中国知识分子的共识和共信。可是迷信偶像和崇拜权威并未因此减少。这些现象，就"五四"的思想背景而言，是很可以理解的。

同时，中国现代知识分子所面临的一些思想困境也和"五四"思想的两歧性很有关联。前面提到李泽厚所指出的启蒙与救亡两个近代思想主题，其在思想上所造成的困境就很可以从群体认识与个人主义和民族主义与世界主义所引发的思想两歧性去得到进一步的了解。一方面我们的社会需要群体的凝合，另一方面，需要个人的解放；一方面我们的国家需要对外提高防范和警觉，强调群体的自我意识；另一方面文化发展需要破除畛域，增强群体对外的开放性和涵融性，谁能否认这些不同方面的要求，在现代中国现实环境中，是一种两难困境？

但是，从另一个角度看来，这些两歧性的发展，也正反映"五四"思想的开阔性和丰富性。因为，两歧性代表"五四"思想朝着不同甚至对立的方向发展，显示"五四"的思想遗产中有多元性和辩证性发展的契机和挑战。就以个人主义与群体意识的两歧性而论，今天中国的一些知识分子，经过集体主义的长期影响，自然对群体意识有些反感。但是，我们是否可以因此走向另一极端，无条件地认可个人主义？此处，我们必须留心现代西方学者在这方面所作的研究，对个人主义在现代化社会所能产生的流弊，有所警觉。因此，面对"五四"思想中个人主义与群体意识的两歧性，我们应该避免徘徊于顾此失彼的两极端，而正视其双重的挑战，以求在思想中如何调和平衡这两种对立的理念。

再就民族主义与世界主义的两歧性而论。今天中国所面对的国内外挑战，已远非昔比。因此，我们自然不能再像第二次世界大战以前那样毫无保留地肯定民族主义。但是谁也不能否认，民族竞争仍然是今天国际的基本形势，在各方面，中国都尚未完全做到它应有的贡献和取得它应有的地位。因此，我们也不能完全无条件地扬弃民族主义。另外一方面，科技的惊人进展已使"天下一村"（global village）不仅是未来的理想，而且也是世界现实形势之所趋，我们必须发挥世界意识以适应这形势的需要。总之，"五四"这两方面的思想，在今天仍然有其重要的意义，我们也应该正视其双重挑战，而不可偏废。

理性主义与浪漫主义的两歧性，更是我们今天重估"五四"遗产所应彰显的一面。因为，在一般人的心目中，"五四"的人文意识太偏重理性主义，对"人"的了解过于偏窄。事实上，在"五四"初期是有这种倾向。但是，随着新文学运动和民族主义的展开，浪漫主义的比重也日渐增高，1920年的春天，陈独秀在《新青年》上发表《新文化运动是什么？》。他已对"五四"初期之偏重理性主义，有所自觉和反省，他在这篇文章里，除了重申科学理性的重要，特别强调：人的生命，在"知识的理性"之外，还有"本能上的感情冲动"，"知识和本能倘不相并发达，不能算人间性完全发达"，而"利导本能上的感情冲动，叫他浓厚、挚真、高尚，知识上的理性，德义都不及美术、音乐、宗教底力量大"。他已公开承认："现在主张新文化运动的人，既不注意美术、音乐，又要反对宗教，不知道要把人类生活养成一种什么机械的状况，这是完全不曾了解我们生活活动的本源，这是一桩大错，我就是首先认错的一个人。"

因此，他要呼吁大家注意蔡元培当时说的一句话："新文化运动莫忘了美育。"同时他也响应了张申甫引用法国大艺术家罗丹（Auguste Rodin）的名言："美是人所有的最好的东西之表示，美术就是寻求这个美的。"此外，如前所述，他也停止攻击宗教，重认宗教的重要性，支持张申甫的"新宗教"观念。

总之，在理性主义与浪漫主义的双重影响下，"五四"思想对理性与情感的平衡发展是有相当的自觉。但不幸的是：这种自觉在"五四"以后的思想发展中没有能够持续，造成"五四"形象中的理性主义特别突出，与中国现代文化的部分偏枯大有关系。因此今天再认"五四"，必须继续陈独秀当年对"五四"思想所作的反思，吸取由理性主义与浪漫主义相互激荡所产生的滋养，其重要性不下于我们透过"五四"的再认以反省现代思潮中的一些诡谲歧异和思想困境。

（*本文有关浪漫主义部分，受李欧梵先生中西著作启发甚多，特此志谢。）

被压抑的现代性

——没有晚清,何来"五四"?

王德威

　　有关中国文学现代化的问题,近年已屡屡被提出讨论。"五四"文学革命的典范意义,尤其引起众多思辨。而其中最值得注意的,当是晚清文化的重新定位。传统解释新文学的"起源",多以"五四"为依归;胡适、鲁迅、钱玄同等诸君子的努力,也被赋予开山宗师的地位。相对的,由晚清以迄民初的数十年文艺动荡,则被视为传统逝去的尾声,或西学东渐的先兆。过渡意义,大于一切。但在世纪末重审现代中国文学的来龙去脉,我们应重识晚清时期的重要,及其先于甚或超过"五四"的开创性。

一

　　我所谓的晚清文学,指的是太平天国前后,以至宣统逊位的六十年;而其流风遗绪,时至"五四",仍体现不已。在这一甲子内,中国文学的创作、出版及阅读蓬勃发展,真是前所未见。而小说一跃而为文类的大宗，更见证传统文学体制的剧变。但最引人注目的是作者推陈出新、千奇百怪的实验冲动，较诸"五四"，毫不逊色。然而中国文学在这一阶段现代化的成绩，却未尝得到重视。当"五四""正式"引领我们进入以西方是尚的现代话语范畴，晚清那种新旧杂陈，多声复义的现象，反倒被视为落后了。

晚清文学的发展，当然以百日维新到辛亥革命为高潮。仅以小说为例，保守的估计，出版当在两千种以上。[①]其中至少一半，今已流失。这些作品的题材、形式，无所不包：从侦探小说到科幻奇谭，从艳情纪实到说教文字，从武侠公案到革命演义，在在令人眼花缭乱。它们的作者大胆嘲弄经典著作，刻意谐仿外来文类，笔锋所至，传统规模无不歧义横生，终而摇摇欲坠。以往"五四"典范内的评者论赞晚清文学的成就，均止于"新小说"——梁启超、严复等人所倡的政治小说。殊不知"新小说"内包含多少旧种籽，而千百"非"新小说又有多少诚属空前的创造力。

而从文化生产的角度来看，晚清文人的大举创造或捏造与制造小说的热潮，亦必要引起文学生态的巨变。这是一个华洋夹杂、雅俗不分的时期，而读者不论有心无心，也乐得照单全

---

① 阿英的《晚清小说史》曾估计百日维新至辛亥革命期间，有一千种以上的小说出版。但此一估计近年已为学者重新检讨。赖芳伶推测此一时期的出版，应在二千种以上，见《清末小说与社会政治变迁（1895—1911）》，台北：大安出版社，1990，第62页。日籍学者樽本照雄则以更精密的估算方式，推论1840至1911年间小说出版计2304种，其中创作1288种，翻译1016种，见樽本照雄《清末民初小说目录》，大阪经大，1988。

收。中国现代文学的大规模量贩化、商业化，非自今始。[1]称小说为彼时最重要的公众想象领域，应不为过。借着阅读与写作小说，有限的知识人虚拟家国过去及未来的种种，而非一种版图，放肆个人欲望的多重出口。比起"五四"之后日趋窄化的"感时忧国"正统，晚清毋宁揭示了更复杂的可能。

晚清的最后十年里，至少曾有一百七十余家出版机构此起彼落；[2]照顾的阅读人口，在二百万到四百万之间。[3]而晚清最重要的文类——小说——的发行，多经由四种媒介：报纸、游戏、刊物、杂志与成书。中国最早的报纸《申报》（1872—1949）于1872年，即有名为《瀛寰琐记》的文学专刊出版，发表诗文说部创作或翻译。[4]到了1892年，由韩邦庆（1856—1894；《海上花列传》作者）一手包办的《海上奇书》出版，是为现代小说专业杂志的滥觞。[5]同时，在标榜"游戏"及"清闲"的风月小报上，小说也觅得一席之地。这些刊物可查者仍有32种之多；晚清红极一时的作者如吴趼人（1866—1910）、李伯元（1867—1906），都是由此起家。[6]而在梁启超提倡"新小

---

[1] Perry Link, *Mandarin Ducks and Butterflies*, University of California press, 1981, pp.149—155.

[2] 时萌：《晚清小说》，《国文天地》，1990，第11页。

[3] Andrew Nathan and Leo Lee, "The Beginning of Mass Culture," in David Johnson, Andrew Nathan, and Evelyn Rawski, eds., *Popular Culture in Late Imperial China*, University of California Press, 1985, p.372.

[4] 陈伯海，袁进：《上海近代文学史》，上海人民出版社，1993，第138—140页；亦见时萌《晚清小说》，上海古籍出版社，1986，第3页；袁进：《中国小说的近代变革》，中国社会科学出版社，1992，第26—27页。

[5] 时萌：《晚清小说》，上海古籍出版社，1986，第3—4页。

[6] 李伯元初抵上海时，曾任《指南报》编辑，后来创立或主编《游戏报》及《世界繁华报》。吴趼人及其他晚清作者如欧阳钜源也是这些游戏小报的经

说"的热潮后，更有30余小说出版社，①以及21种以"小说"为名的期刊出现。②其中最著名的，即所谓《新小说》《月月小说》《绣像小说》《小说林》等"四大"小说杂志。③

晚清也是翻译文学大盛的时代。阿英早已指出晚清的译作不在创作之下；④近年学者陈平原就此统计1899至1911年间，至少有615种小说曾经译介至中国。⑤狄更斯、大小仲马、雨果、托尔斯泰等均是读者耳熟能详的名字。至于畅销作家，则有福尔摩斯的创造者柯南道尔、感伤奇情作家哈葛德，以及科幻小说之父凡尔纳名列前茅。⑥

但我们对彼时文人"翻译"的定义，却须稍作厘清：它至少包括意译、重写、删改、合译等方式。学者如史华慈（Schwartz）、夏志清及李欧梵曾各以严复、梁启超及林纾为例，说明晚清译者往往借题发挥，所译作品的意识及感情指

　　常撰稿者。见魏绍昌编《李伯元研究资料》，上海人民出版社，1962，第5—10页；吴趼人曾主编《消闲报》及《采风报》《奇新报》等刊物。见魏绍昌编《吴趼人研究资料》，上海古籍出版社，1980，第4页。亦见Link书，第140—149页。

① 时萌：《晚清小说》，第9页。

② 前引赖芳伶书，第90—91页。陈平原估计1902至1916曾出现57种文学杂志，见《二十世纪中国小说史》第一卷，北京大学出版社，1989，第67—68页。

③ 前引赖芳伶书，第89—97页；Shu-ying Tsau, "The Rise of 'New Fiction'", in Dolezelová-Velingerová, *The Chinese Novel at the Turn of the Century*, University of Toronto Press, 1980，第25—26页。

④ 前引时萌书，第11页。

⑤ 前引陈平原书，第28—29页。

⑥ 同上书，第43—44页。

向，每与原作大相径庭。①不仅此也，由着这些有意或无意的误译或另译，晚清学者已兀自发展极不同的"现代"视野。②以此类推，晚清作者对传统古典的新奇诠释，也是另一种以志逆意的"翻译"。

西洋文学的影响，一向是中国文学现代化的主要关目。此一方面的研究，亦犹待加强。但就在作者、读者热烈接受异国译作，作为一新耳目的蓝本时，传统说部早已产生质变。当《荡寇志》（1853）成为太平天国时期，清廷及太平军文宣战争的焦点时，小说与政治的主从关系，迈入了新的"技术"模式。当《品花宝鉴》以男女易装的观点，混淆异性及同性恋爱的界限时，小说与情色主体的辩证，也变得益发繁复。几乎所有经典说部均在此时遭到谐仿。这也许是作者自甘颓废、愆懒因袭的征兆，但更可能是他们不奈传承藩篱，力图颠覆窠臼的讯号。

不仅此也，清末重被发掘的稍早作品，沈复的《浮生六记》及张南庄的《何典》，更具有在文学传统以内另起炉灶的意义。③《浮生六记》描摹情性自主的向往、《何典》夸张人间

---

① Benjamin Schwartz, in *Search of Wealth and Power*, Harvard University, 1964;
C. T. Hsia, "Yen Fu and Liang Ch'i-ch'ao as Advocates of New Fiction," in Adele Austin Rickeit, ed., *Chinese Approaches to Literature from Confucius to Liang Ch'i-ch'ao*, Princeton University Press. 1978, pp.221—257; Leo Lee, *The Romantic Generation of Modern Chinese Literature*, Harvard University Press, 1973, Chaps 1—3.

② 最近的讨论，可见 Lydia Liu, *Translingual Practice: Literature, National Culture, and Translated Modernity: China, 1900—1937*, Stanford University Press, 1996.

③ 前引袁进书，第18页。

被压抑的现代性——没有晚清，何来"五四"？　281

鬼域的想象，对20世纪作家的浪漫或讽刺风格，各有深远影响。《何典》依循以往话本小说生鲜活泼的市俗叙述，并点染极具地域色彩的吴语特征，自然可视为"五四"白话文学的又一先导。[①]凡此皆说明"新小说"兴起前，中国说部的变动已不能等闲视之。西方的冲击并不"开启"了中国文学的现代化；而是使其间转折，更为复杂，并因此展开了跨文化、跨语系的对话过程。这一过程才是我们定义"现代性"的重心。

二

晚清小说的丰富性既如上述，则显然与过去多年来学者投入的心力，不能成为正比。呼应80年代的《晚清小说大系》（台北：广雅出版社），90年代的《近代中国小说大系》（百花洲文艺出版社）及《中国近代文学大系》（上海书店），在资料上渐以补正以往之不足。但研究方面，仍不脱以往"四大小说"（《官场现形记》《孽海花》《二十年目睹之怪现状》《老残游记》）的窠臼；阿英、鲁迅、胡适等以"五四"为视角的理论，依旧被奉为圭臬。

这牵涉到我们怎么定义"现代"中国文学的问题。五四运动以石破天惊之姿，批判古典，迎向未来，无疑可视为"现代"文学的绝佳起点。然而如今端详新文学的主流"传统"，我

① 见范伯群《从通俗小说看近代吴文化之流变》，熊向东、周榕芳、王继权编《首届中国近代文学国际学术研讨会论文集》，百花洲文艺出版社，1994，第292页。

们不能不有独沽一味之叹。所谓的"感时忧国",不脱文以载道之志;而当国家叙述与文学叙述渐行渐近,文学革命变为革命文学,主体创作意识也成为群体机器的附庸。文学与政治的紧密结合,当是现代中国文学的主要表征,但中国文学的"现代性"却不必化约成如此狭隘的路径。我无意在此大作翻案文章;在这个所谓"放逐诸神"、告别革命"的时代,高唱"推翻"典范,打倒"传统,也无非是重弹"五四"的老调。要紧的是重理世纪初的文学谱系,发掘多年以来隐而不彰的现代性线索。

"现代"一义,众说纷纭。如果我们追根究底,以现代为一种自觉的求新求变意识,一种贵今薄古的创造策略,则晚清小说家的种种试验,已经可以当之。[①]别的不说,单就多少学说创作,书籍刊物,竞以"新"字为标榜,即是一例。从《新石头记》到《新中国未来记》,有心作者无不冀求在文字、叙述、题材上挥别以往。诚然,刻意求新者往往只落得换汤不换药,貌似故步自封者未必不能出奇制胜。重要的是,无论意识形态的守旧或维新,各路人马都已惊觉变局将至,而必须采取有别过去的叙写姿态。

有心者可以反诘,这种传统之内自我改造的现象,以往的文学史不是已屡有前例可循?晚明时期诗文小说的中兴,只是其中之一。何以我们不称之为"现代"呢?[②]我的回应,是将晚

---

① Matei Calinescu, *Five Faces of Modernity*, Duke University Press, 1987, pp.13—94.
② 或者可再思唐之于六朝及隋、元之于宋金的关系。

清文学重新放回历史语境之中。晚清之得称现代，毕竟由于作者读者对"新"及"变"的追求与了解，不再能于单一的、本土的文化传承中解决。相对的，现代性的效应及意义，必得见诸19世纪西方扩张主义后所形成的知识、技术及权力交流的网络中。①

但有心者仍可反诘，以往中国的文学，不亦曾有异邦因素的融合介入？六朝以降，西域佛学母题及叙写形式的传播；唐代中亚音乐模式的引进，对古典中国的诗词叙述，均造成深远影响。即便如是，我们仍需体认清末文人的文学观，已渐脱离前此的中土本位架构。面对外来冲击，是舍是得，均使文学生产进入一国际的（未必平等的）对话的情境。"国家"兴起，"天下"失去，"文学"也从此不再是放诸四海的艺文表征，而成为一时一地一"国"的政教资产了。准此，我们不妨复习文学史家所一再传述的中国现代文学现象：民主思维的演义，内在心理化及性别化主体的发掘，军事、经济、文化生产的体制化，都市/乡村视景的兴起，革命神话的建立，还有最重要的，线性历史时间感的渗透。这些现象既是作家创作的条件，也是他们描摹的对象。但只要把眼光放大，我们则知所有现象均可见诸西方，而且经过长期实验，方底于成。②当它们移入清末中国这样的非西方文明中，却失去时间向度，产生了立即性的迫切

---

① 我们必须注意晚清的"新"是相对于明清以来的传统流变；但另一方面明清的文学"发明"或于晚清已属陈腔，对晚清同时的西方读者，却属闻所未闻。

② 有关西方现代性崛起的书籍繁多，见Marshall Berman, *All That is Solid Melts into Air*, Penguin, 1983.

感。它们散发符咒般的魅力，催促一代中国人迎头赶上。识者称现代中国文学建立在一种"亏欠的话语"上，不是虚言。①作者读者觉得我们难偿历史进程的时差，如果不继续借镜，或借贷西方的文化及象征资本，更是无以为继。

以上的描述，也许已说明现代中国文学产生的环境或条件，却不能说明中国文学的现代性到底有什么与众不同之处。文学的"现代性"有可能因应政治、技术的"现代化"而起，但并无形成一种前后因果的必然性。②让我们再思前述"现代"一词的古典定义：求新求变、打破传承。果如是，"现代"总要冲毁历史（时间！）网罗，自外于成规典律。③假若我们对中国文学现代性的了解，仅止于迟到的、西方的翻版，那么所谓的"现代"只能对中国人产生意义。因为对"输出"现代的原产地作者读者，这一切都已是完成式了。"五四"之后作家狂热推展写实及现实主义，却要被视为捡取19世纪西方的遗唾，即为一例（而另一方而，我们也强调西方评者读者对中国的现代文学发现，不应局限于东方主义的奇观心态上。因为这里所谓的"新"，同样是来自双方的隔膜，而非不断的对话与比较）。④

就这样的说法，我丝毫无意回到理想主义式的位置，（中西

---

① 见John Zou, "Travel and Translation", paper presented at the conference "Literature, History, Culture: Reenvisioning Chinese and Comparative Literature", Princeton University, June 26, 1994 .

② 80年代的中国文学，尽管深受西方现代及后现代的思潮冲击，却衍生出独树一格的现代及后现代性，不能置诸西方文学进化论时间表观之。

③ Paul de Man, "Literary History and Literary Modernity", *Blindness and Insight*, University of Minnesota Press, 1983.

④ 《赵氏孤儿》被介绍到17世纪欧洲，即是一个例子。

机会均等，世界百花齐放！）也不因此玩弄解构主义式正反、强弱不断易位的游戏。对理论市场上，众家学者要将现代性研究落实于历史"实相"中的呼声，我其实拳拳服膺。但不能令人无惑的是，在历史化的大纛下，他（她）们的步调竟是何其之缓！许多的议论似乎并不正视现代性出现的迂回道路，也乏对历史前景坐标不断改换的警觉。他们并不求将"现代性"放入历史流变中，而是持续追逐主流论述的踪迹，复制出形异实同的小小花果。"现代性"终要成为一种渺不可及的图腾，在时间、理论及学术场域的彼端，吸引或揶揄着非西方学者。而同时，因为总陷在"迟来的现代性"的陷阱中，一股怨怼之气，油然而生。[①]

近年来，不少自然及社会学科对进化、直线历史及生物突变的探讨，或许有助于我们对文学现代性的再思。[②]我们毋须视文学的现代进程——不论是在全球或地区层次——为单一、不可逆的发展。现存的许多现代性观念都暗含一个今胜于昔（或今

---

① 见 Gregory Jusdanis, *Belated Modernity*, University of Minnesota Press.1991.
② 我的理论依据，可见William Paulson对混沌理论（Chaos theory）的讨论及其文学史研究的意义，"Literature, Complexity, and Interdisciplinary", in Katherine Hayles, ed., *Chaos and Order*, University of Chicago Press, 1991, pp.37—53；Stephen Gould 对进化论的重新评估，*Wonderful Life*,（Bentham, 1993; Clifford Geertz对北非及东南亚"多重现代性"的观察，*After the Fact*, Harvard University Press, 1995 ）；以及Charles Taylor对多元文化及现代性的省思，*Multiculturalism and "The Politics of Recognition"*, Princeton University Press, 1992; 及 "Inwardness and the Culture of Modernity", *Philosophical Interventions in the Unfinished Project of Englightment*, eds. Axel Honneth etal, MIT P. 1992, pp.88—110. Paul Cohen 的 *Discovering History in China* 强调中国现代化的因由须自中国的传统内找寻，而西方的冲击仅为因素之一。此说近于我的论点，但未强调"现代性"本身的多元可能。

不如昔）的时间表。相对于此，我以为在任何一个历史的关键上，现代性的显现都是许多求新求变的可能，相互激烈竞争的结果。然而这一竞争不必反映优胜劣败的达尔文铁律；其结果甚至未必是任何一种可能的实践。历史已一再告诉我们，许多新发明、新实验尽管有无限乐观的承诺，却竟然是时间无常因素下的牺牲。这里所说的"无常"（contingency），纯粹是就事论事，而不指任何天意或命定论的闪失。[1]

我无意暗示文学的现代化是一种无目的盲动，或缺少任何可资解读的轨迹。恰恰相反，在每一革新阶段，我们都可以看出前因后果的逻辑。然而这些因果或逻辑之所以清晰可解，正在于它们出于"后"见之明。即便如是，我们仍需认识两点：（一）现代性的生成不能化约为单一进化论，也无从预示其终极结果；（二）即使我们刻意追本溯源，重新排列组合某一种现代性的生成因素，也不能想象完满的再现。这是因为到达现代性之路充满万千变数，每一步都是牵一发而动全身的关键。历史的进化过程不像录像带，可以不断倒带重播。即使是同样的元素无一不备，历史也不会重演。用生物史学家高德的话说："只要稍稍改变事件启初的任何一个关键，哪怕是微不足道的一点，整个物种进化的过程将会形成截然不同的途径。"[2]

放在中国文学的情境里，这一观点有什么意义呢？我们要说如果晚清真是现代化的关键时刻，那是因为有太多的蜕变可能，同时相互角力。从晚清到"五四"，再到30年代以迄现在，

---

[1] 前引Gould文，第51页。
[2] 同上。

我们大抵可依照史料，勾勒一个（或数个）文学由旧翻新的"情节"。但这一信而有征的"情节"却既不能印证任何历史宿命论，也不能投射任何未来目的论。如上所述，多少契机曾经在时间的折缝中闪烁而过。有幸发展成为史实的，固属因缘际会，但这绝不意味稍稍换一个时空坐标，其他的契机就不可能展现相等或更佳（或更差）的结果。剧烈而庞杂的进化法则，无法由达尔文或马克思来预告；以西方为马首是瞻的现代性论述，也不必排除中国曾有发展出迥不相同的现代文学或文化的条件。一味按照时间直线进行表来探勘中国文学的进展，或追问我们何时才能"现代"起来，其实是画地自限的（文学）历史观。

我们不能回到过去，重新扭转历史已然的走向。但作为文学读者，我们却有十足能力，想象历史偶然的脉络中，所可能却并未发展的走向。这些隐而未发的走向，如果曾经实践，应使我们对中国文学现代性的评估，陡然开朗，我的想象借镜自日本的芥川龙之介、俄国的贝里（Bely）、爱尔兰的乔伊思及奥地利的卡夫卡等作家；他们各自为其国家文学，写下新页，而且相较于同时期他国的文学成就，也要令人眼界大开，直承前所未见。是在这一跨国界、语言及文化范畴的前提下，20世纪文学的现代性才成为如此深具魅力的课题。而尤其值得注意的是，上述这些作者从事创作时，他们国家现代化的程度，未必与他们对现代性的深切感受，形成正比或对等关系。

鲁迅一向被推崇为现代中国文学的开山祖师。但历来评者赞美他的贡献，多集中于他而对社会不义，呐喊彷徨的反应。

鲁迅这一部分的表现，其实不脱19世纪欧洲写实主义的传统之一：人道胸怀及控诉精神。摆在彼时世界文学的版图上，算不得真正凸出。据说是受果戈理（Gogol）启发的《狂人日记》成于1918年；卡夫卡的《蜕变》成于1914年，而夏目漱石的抒情心理小说《心镜》则于1916年推出。我们多半已忘记晚清时的鲁迅，曾热衷于科幻小说如《月界旅行》（凡尔纳著）的翻译；而那位曾写过散文诗《野草》以及滑稽讽刺小说《故事新编》的鲁迅，也是80年代以来才渐为学者认知。[1]我们不禁要想象，如果当年的鲁迅不孜孜于《呐喊》《彷徨》，而持续经营他对科幻奇情的兴趣，对阴森魅艳的执念，或他的尖诮戏谑的功夫，那么由他"开创"的现代文学，特征将是多么不同。在种种创新门径中，鲁迅选择了写实主义为主轴——这其实是承继欧洲传统遗绪的"保守"风格。鲁迅的抉择，已成往事。但所需注意的是，以其人多样的才华，他的抉择不应是惟一的抉择。后之学者把他的创作之路化繁为简，视为当然，不仅低估其人的潜力，也正泯除了在中国现代文学彼端，众声喧哗的多重可能。

对我而言，中国作家将文学现代化的努力，未尝较西方为迟。这股跃跃欲试的冲动不始自"五四"，而发端于晚清。更不客气地说，"五四"菁英的文学口味其实远较晚清前辈为窄。他们延续了"新小说"的感时忧国叙述，却摒除，或压抑其他已然成形的实验。面对西方的"新颖"文潮，他们推举了写实主义——而且是西方写实主义最安稳的一支，作为颂之习之的

---

[1]　如李欧梵在 *Voices from the Iron House* 中的专章研究，见 *Voices from the Iron House*, Indiana University Press, 1987.

对象。至于真正惊世骇俗的现代主义，除了新感觉派部分作者外，在二三十年代的中国乏人问津。如前所述，我们可以凭着后见之明，为"五四"以来的现代小说铺陈起承转合的逻辑。但与此同时，我们必得扪心自问，在重审中国文学现代性时，我们是否仍沉浸于"五四"那套典范，而昧于典范之外的花花世界呢？

三

所谓"被压抑的"现代性，可以指陈三个不同方向。（一）它代表一个文学传统内生生不息的创造力。这一创造力在迎向19世纪以来西方的政经扩张主义及"现代话语"时，曾经显现极具争议性的反应，而且众说纷纭，难以定于一尊。然而"五四"以来，我们却将其归纳进腐朽不足观的传统之内。相对于此，以西学是尚的现代观念，几乎垄断了文学视野——尽管这渡海而来的"现代"观念不脱时间上的落差。（二）"被压抑的现代性"指的是"五四"以来的文学及文学史写作的自我检查及压抑现象。在历史进程独一无二的指标下，作家勤于筛选文学经验中的杂质，视其为跟不上时代的糟粕。这一汰旧换新工作的理论基础，当然包括（却未必限于）弗洛依德式的"影响的焦虑"或马克思式的"政治潜意识"影响。[1]弗、马二氏的学说，在解放被压抑的个人或社群主体上，自有贡献。但反讽

---

① 见Harold Bloom, *The Anxrety of Influence*, Oxford University Press, 1973; Fredric Jameson, *The Political Unconscious*, Cornell University Press, 1981.

的是，这些憧憬解放的学说被神圣化后，竟成为压迫或压抑主体及群体的最佳借口。于是中国文学现代性的发展反愈趋僵化。

（三）"被压抑的现代性"亦泛指晚清、"五四"及30年代以来，种种不入（主）流的文艺试验。从科幻到狭邪、从鸳鸯蝴蝶到新感觉派、从沈从文到张爱玲，种种创作，苟若不感时忧国或呐喊彷徨，便被视为无足可观。即便有识者承认其不时发抒的新意，这一新意也基本以负面方式论断。

但在现代文学发展已近百年的今天，我们对"被压抑的现代性"的挖掘，极有必要。既名"压抑"，上述的诸般现象其实从未离我们远去，而是以不断渗透、挪移及变形的方式，幽幽述说着主流文学不能企及的欲望，回旋不已的冲动。

准此，我们可以回到"五四"的前身——晚清，观察中西文学擦撞出的现代火花。晚清小说，类别繁多，但我以为至少有下列四类，最能凸显一代中国文人与未来对话的野心。

第一，自19世纪中叶以来的狭邪小说，虽为"五四"学者所诟病，却在开拓中国情欲主体想象上，影响深远。这些作品杂糅了古典情色小说的两大传统——感伤及艳情，而能赋予新意。如《品花宝鉴》（1849）总结了古典以来余桃断袖的主题，竟向《红楼梦》《牡丹亭》借鉴，敷衍成一大型浪漫说部。假凤虚凰，阴阳交错。男欢女爱的至情从未如此大规模地被颠覆过。又如《花月痕》（1872）反写才子佳人的素材，因成就"才子落魄、佳人蒙尘"的凄艳故事。其中的男女主角以赴死之心"言"情"说"爱，而少及于其他，俨然以文学想象的爱欲，凌驾生理原欲的爱欲。至于小说为男主人翁营造的落魄畸零形象，必曾影响下一代郁达夫等人的颓废美学。

《海上花列传》（1892）写欢场犹如情场，又视逢场作戏为真情流露的最佳时刻，出手即不凡。作者韩邦庆为百年前一群上海妓女作"列传"，兼亦预言上海行将崛起的都会风貌。以素朴之笔写繁华之事，白描功夫要令"五四"写实主义大家们相形见绌的。《孽海花》以花榜状元赛金花艳史为经，以庚子前后30年历史为纬，交织成一政治小说。赛金花以淫邪之身，颠倒八国联军统帅，扭转国运，是20世纪中国最暧昧的神话之一。国体与女体、政治与欲望，相生相克；日后多少时新的女权议论，自此得到灵感。识者每诉病狭邪小说诲淫诲盗，却忽略在历史危机中，一代中国人的欲望与恐惧，如何流入对一己身体的放肆想象上。其极致处，连叙述方式的本身也变得枝蔓涣散，少有节制。

第二，我们也需再思公案侠义小说的热潮，实已暗暗重塑传统对法律正义（legal justice）与诗学正义（poetic justice）的论述。像《荡寇志》、《三侠五义》（1878）般的作品，写江湖侠客，保皇勤王，一向被视为《水浒》以降侠义说部的末流。鲁迅般的学者由此看到了清室衰颓，民心寄望清官豪侠扭转乾坤的幻想。但换个角度，我们又何尝不可说这是晚清作者及读者最犬儒的自嘲？当庙堂与江湖、执法者与玩法者混淆不分时，所有关于正义的演述面临崩解危机。刘鹗的《老残游记》进一步质诘此问题。我们一般不将《老残游记》放在侠义公案小说中阅读。但书中老残的任侠尚武背景，是有案可查的。只是时不我与，当年一心仗剑治天下的老残落得以笔代剑，成为浪迹江湖的郎中，而非侠客。即使如是，他与官府周旋，力申"清官比赃官可恨"论，无疑逆转公案说部的底线。

刘鹗心中的侠已沦为治病的大夫。就在《老残游记》一纸风行的同时，旅日的医科学生鲁迅正要舍医就文，以作家为专业。以笔代剑，以墨水换取血水，鲁迅的抱负或许来自他老师章太炎的"儒侠论"？这且不提，世纪初有革命心怀的作者为自己造像时，却自然援引了游侠刺客的原型。海峡两岸的学者如陈平原、龚鹏程等对此已各有发挥。①看看清末另一型侠义革命小说，如《东欧女豪杰》《女娲石》《新中国未来记》等，则可知民主斗士去古未远。早期左派文人自膺侠骨柔情者，也颇不乏人。在小说或在现实里，他（她）们毁家纾难、亡命法外，为的正是一伸助弱锄奸的大志。

第三，谴责小说，如《二十年目睹之怪现状》《官场现形记》等，一向被奉为是晚清小说的研究样本。小说的作者吴趼人、李伯元讽刺时事，笑谑人情，确是辛辣油滑。然而这类作品招到鲁迅"辞气浮露、笔无藏锋"的苛评。我们毋须为谴责小说的缺点文过饰非。比起祖师爷吴敬梓的《儒林外史》，晚清作者未免失之轻浮、毫无深度。但此一现象不仅在于作者个人的自我期许，更在于整个文学市场机制（！）的剧变。吴敬梓可以以笑中有泪的笔触，写一个儒生文士生产过剩，一介功名唯求的悲喜剧，基本不失对学优则仕的乡愁，或礼衰乐颓的喟

①　陈平原：《论晚清志士的游侠心态》，淡江大学中文系编《侠与中国文化》，台北：学生书局，1993，第227—268页。龚鹏程：《侠骨与柔情：论近代知识分子的生命型态》，《近代思想史散论》，台北：三民书局，1993，第101—136页。

叹。李伯元、吴趼人没有工夫感受儒林内外的冷暖；他们的时代已经是个学术价值四散分崩的时代。写作不只是寄情托志，更是谋生之道。他们讽刺世道不彰，自己却也得为这样的世道负责。吴、李是近代中国第一批"下海"的职业文人。

鲁迅一辈对晚清谴责作家的失望，其实泄露出他们的正统儒家心事。对他们而言，写作是事业，不是企业；是文以载道，不是言不及义。相形之下，晚清那批"无行"的文人，对文学、象征资本的挪移运用，反较"五四"志士更有"现代"商业意识些。而在一片插科打诨下，谴责小说家是极虚无的。他们的辞气的确浮露，大概因为自己也明白，除了文字游戏，再无其他。鲁迅谓其"谴责"，其实是以一老派道学口气，来看待一批末代玩世文人。吴、李作品最重要的感情标记是笑——嘲笑、苦笑、冷笑、讪笑。这笑在"涕泪飘零"的"五四"典范里，难得听闻。老舍、张天翼、钱锺书的部分作品，算是聊胜于无。此无他，笑其实比泪更有道德颠覆力。一直到80年代，晚清的种种笑声，才重现于两岸文学中。

第四，科幻小说曾在晚清风靡一时。借着翻译作品所得的灵感，作家搬演飞车潜艇，上天入地，更云游太空。古典中国小说，不乏志怪神魔佳作。但仙魔斗法、腾云驾雾之余，殊少对器械发明，产生实证兴趣。晚清作家承袭凡尔纳、威尔斯（Wells）、贝拉米（Bellamy）的影响，展开虚构的科学论述，行有余力，更撷取神魔小说菁华，下笔成篇，令人眼界大开。吴趼人的贾宝玉漫游时光隧道（《新石头记》）、徐念慈的法螺先生航向太阳系诸星球（《新法螺先生谭》），正是最明白的例子。由此，小说家对传统或西方构成"知识"及"真理"的论述，展开系列对话。

晚清科幻小说尽管想象高渺，却仍有其现实根源。作者对历史困境所不能已于言者，尽行投诸另一世界。乌托邦小说，从《新中国未来记》《月球殖民地》《乌托邦游记》，到《新石头记》，设计理想国度、假托世外桃源，是为空间的位移。而更重要的，晚清作者自西方科幻小说里借来"未来完成式"的叙述法，得以自未来角度倒叙今后应可发生的种种。《新中国未来记》成于1902年，却以1962年为时间坐标；《新纪元》则更遥想公元2000年大中华民主国的盖世盛况。这种赎回历史，典借将来的叙事策略，竟也有言中的时候。

我以晚清小说的四个文类——狭邪、公案侠义、谴责、科幻——来说明彼时文人丰沛的创作力，已使他们在西潮涌至之前，大有斩获。而这四个文类其实已预告了20世纪中国"正宗"现代文学的四个方向：对欲望、正义、价值、知识范畴的批判性思考，以及对如何叙述欲望、正义、价值、知识的形式性琢磨。奇怪的是，"五四"以来的作者或许暗受这些作品启发，却终要挟洋自重。他（她）们视狭邪小说为欲望的污染、侠义公案小说为正义的堕落、谴责小说为价值的浪费、科幻小说为知识的扭曲。从为人生而文学到为革命而文学，"五四"的作家别有怀抱，但却将前此五花八门的题材及风格，逐渐化约为写实/现实主义的金科玉律。

然而那些被压抑的现代性岂真无影无踪？在鸳鸯蝴蝶派、新感觉派，甚或武侠小说里，潜存的非主流创作力依稀可辨；

而即使是正统"五四"典律内的作品，作家又何尝不有意无意泄露对欲望尺度以外的欲望，对正义实践的辩证，对价值流动的注目，对真理/知识的疑惑？这些时刻才是作家追求、发掘中国文学现代性的重要指标。在20世纪末，从典范边缘、经典缝隙间，重新认知中国文学现代之路的千头万绪，可谓此其时也。而这项福柯式（Foucault）的探源、考掘的工作，都将引领我们至晚清的断层。抚摸那几十年间突然涌起，却又突然被遗忘、埋藏的创新痕迹，我们要感叹以"五四"为主轴的现代性视野，是怎样错过了晚清一代更为混沌喧哗的求新声音。即使前文对晚清小说四个文类，仅作点到为止的回顾，我们应已了解那不只是一个"过渡"到现代的时期，而是一个被压抑了的现代时期。"五四"其实是晚清以来对中国现代性追求的收煞——极匆促而窄化的收煞，而非开端。没有晚清，何来"五四"？

附：没有五四，何来晚清？

　　"没有晚清，何来'五四'？"是我讨论晚清小说专书《被压抑的现代性》（*Fin-de-Siecle Splendor: Repressed Modernities of Late Qing Fiction*, 1997）中文版导论的标题。长久以来，文学和政治文化史上的晚清一直被视为五四新文化运动的对立面，集颓废封建于一身。相对于此，"五四"则代表现代性的开端；启蒙与革命，民主与科学的号召至今不绝。

　　这样的二元史观其实早已问题重重，但因学科建制和政治论述使然，学界始终不能撄其锋。在《被压抑的现代性》里，我重读太平天国以来的小说，企图借此重理晚清文学文化的脉络，并挖掘"被压抑的"现代性线索。我处理了狭邪、公案、谴责、科幻四种文类，视之为现代情感、正义、价值、知识论述的先声。我认为在西学涌进的前夕，晚清作家想象、思辨"现代"的努力不容抹煞。

　　始料未及的是，因为"没有晚清，何来'五四'？"这一命题，《被压抑的现代性》中译本出版后（2005）引起许多讨论，至今不息。争议最大的焦点在于，"五四"所代表的中国"现代"意义空前绝后，岂容与帝国末世的晚清相提并论？更何况"没有""何来"这样的修辞所隐含的逻辑先后与高下之别。批评者或谓此书哗众取宠，解构正统典范，或谓之矫枉过正，扭曲"五四"丰富意涵。

晚清文学一向被视为现代边缘产物，如能因为一己并不算成熟的研究引起瞩目，未尝不是好事。但另一方面，部分论者所显现的焦虑和敌意暴露"文学"在当代中国作为政治符码，毕竟不能等闲视之。无可讳言的，直至今日中国官方历史仍然在毛泽东《新民主主义论》（1940）的框架下展开，因此近代、现代、当代的划分有其意识形态基础，不容逾越。在这样的论述下，"五四"具有图腾意义，它必须是"新的"文学和历史的起源，是启蒙和革命的基础。

我在书中强调，"没有晚清，何来'五四'？"与其说是一锤定音的结论，不如说是一种引发批评对话的方法。我有意以在前现代中发现后现代的因素，揭露表面前卫解放者的保守成分，更重要的，我期望打破文学史单一性和不可逆性的论述。"五四"和晚清"当然"是两个截然不同的时代，从政治、思想到文化、生活范式都有天翻地覆的改变。但这不必意味两者之间毫无关联，更不意味历史进展只此一家，别无分号。回顾每一个历史节点，我们理解其中的千头万绪；必然与偶然，连关与突变都有待后之来者的不断思考定位。

对《被压抑的现代性》的争论多半集中在史料史实的辩驳，而忽略更深层次的批评动机。论者往往强调晚清的"发现"是由"五四"首开其端。但以此类推，"五四"的"发现"

岂不也总已是后见之明？在过去与现在之间不断折冲，正是历史化"历史"的重要步骤。我使用"时代错置"（anachrony）、"拟想假设"（presumptive mood）方法看待晚清与"五四"的公案，目的不在解构传统而已——那未免太过轻率虚无。恰恰相反，我希望以此呈现现代与传统异同的纠缠面相，以及"俱分进化"的动力。班雅明（Walter Benjamin）有言，革命历史的神秘力量恰恰在于召唤过去，以古搏今，爆发成为"现在"（jetztzeit）的关键时刻："呈现过去并不是将过去追本还原，而是执着于记忆某一危险时刻的爆发点。历史唯物论所呈现的过去，即过去在历史一个危险时间点的意外呈现。"①

这带向第二类批判：晚清是否果然具有现代性，或如何被压抑和解放，也成为讨论热点。事实上1930年代嵇文甫、周作人分别自左右不同立场，将中国现代性上溯到晚明；日本京都学派更将宋代视为中国现代的起点。这类追本溯源的作法可以无限推衍，但也恰恰是我希望打破的迷思：我们不再问晚清或"五四""是否"是现代的开端，而要问"何以"某一时间点、某一种论述将晚清或"五四"视为现代的开端。倡导托古改制、微言大义的"公羊派"经学曾经沉寂千年，何以在晚清异军突起，成为维新者的托词；百年之后，"公羊派"又何以成为"后社会主义"论述支柱之一？换句话说，我们的问题不再是发生学的，而是考掘学的。

除此，论者亦有批评：小说作为一种文类，是否能承载被

---

① Walter Benjamin, *Illuminations*, ed., Hannah Arendt, trans., H. Zohn, New York: Schocken Books, 1969, p.257.

压抑的现代性？我认为梁启超1902年提倡小说革命，不仅是文学场域的突变，也是一场政治事件，一次叙述作为历史载体的重新洗牌。梁启超认为小说有"不可思议"之力改变人心。如果穿越时空，他或许可以与汉纳·阿伦特（Hannah Arendt）产生共鸣。阿伦特强调叙述——说故事——是构成社会群体意义的根本动力。她更认为革命的精神无他，就是激发出前所未有的新奇力量（pathos of novelty）。冯梦龙《古今小说》序曾有言，"史统散而小说兴"。断章取义，我要说相对于大言夸夸的大说，是小说承载了生命的众声喧哗。晚清如此，今天更是如此。

《被压抑的现代性》出版已逾二十年。许多未必完备的论点已有后之来者的补强，而曾经被视为末流的晚清现象，居然引领当代风潮。二十一世纪以来科幻小说勃兴，甚至引起全球注意。回顾晚清最后十年的科幻热，仿佛历史重演。而历史当然是不会重演的，将过去与现在或任何时间点做出连接比较，划定意义，本身就是创造历史的行动。

延续"没有晚清，何来'五四'？"的命题，我们甚至可以推出又一层辩证："没有五四，何来晚清？""五四"的意义坐标如此多元，从中我们可以看出许多新旧知识分子的挣扎问难，从而理解他们来时之路的曲折。也正是因为"五四"所带来的启蒙思想，我们才得以发挥主体的"先入为主"立场，重新看出埋藏在帝国论述下无数的维新契机，被压抑而复返的冲动。"五四"可以作为一个除魅的时代，"五四"也同时是一个招魂的时代。

梁启超在"五四"前后欧游，之后转向情感教育与伦理美学，比起当年倡导小说革命的豪情壮志，他的思想是退步了，还是以退为进？鲁迅的变与不变一样耐人寻味。曾经号召以文学"撄人心"，摩罗诗人历经"五四"，转而成为死去活来、"自抉其心"的"尸人"。这是彷徨颓废，还是置之死地而后生的召唤？历经哲学美学转向的王国维此时倾心考古和文字学，最终自沉而亡；眼前无路，他以此调动了反现代性的现代性。而晚清的章太炎在革命与保守之间剧烈摆荡，并以唯识佛学作为超越起点。"五四"之后章成为风云时代的落伍者；而"五四"百年之后证明他才是"鼎革以文"的先行者。同样的，没有对"五四"的期望或失望，我们何来对晚清或任何其他时空坐标的投射？

当代学者与其纠结于"没有/何来？"的修辞辩论，不如对"文学"，或"人文学"的前世与今生作出更警醒的观察。在"五四"百年后的今天，如果我们仍然希望发挥"五四"启蒙、革命的批判精神，岂不应搁置天天向上的乐观主义，见证启蒙所滋生的洞见与不见，革命所带来的创造与创伤？我们奉"五四"之名所向往的众声喧哗是否实现？抑或我们不得不退向晚清，重新想象鲁迅所召唤的"真的恶声"？

在众多质疑"没有晚清，何来'五四'？"的论述里，似乎未见针对这种问号句式的讨论。事实上新式标点符号就是"五四"的发明。1919年秋，马裕藻、周作人、胡适、钱玄同等提出《请颁行新式标点符号议案》，次年教育部颁行采用。在众多标点符号中，问号的语义学其实复杂多端，可以是诠释学式的求证、哲学式的探索、解构式的自嘲、政治式的先发制人。在不同的情境和时期里，问号指向疑问，询问，质问甚至天问。面向过去与未来，"五四"是一个提出问号的时代。一百年以后纪念"五四"，我们仍然有前人的勇气和余裕，对新时代提出百无禁忌的问号么？

鲁　萍

1993年1月号的《文艺理论研究》上有一篇《深化"五四"精神》，是当年五四运动的亲历者许杰的一篇短论，主张现今的文艺运动应提倡"五四"精神，首先是民主与科学的精神。针对改革开放应看重"法纪与道德教育"的需要，许先生"又想起'五四'运动时提出的另一种精神来：在'五四'后期，不是于欢迎'德先生'与'赛先生'之外，又提出'欢迎模拉尔小姐'道德姑娘的口号吗"？这就提出一个鲜为人注意的事，即"五四"后期"模拉尔小姐（Miss Moral）"的提出。今人谈及"五四"，印象最深的莫过于"德先生"和"赛先生"，至于"模小姐"则几乎未见研究。①

　　道德伦理革命是新文化运动的重要内容，但这一问题在整

---

① 许先生在1993年提出此事后，并未引起太多研究者的重视，仅罗志田老师在《历史记忆中抹去的新文化研究》（《读书》1999年第5期）一文中曾提及这一问题。据桑兵教授说，日本的女性问题研究者似曾关注及此，出处待考（此亦承罗志田老师转示）。

个新文化运动时的发展演变，特别是其在运动后期逐渐淡出时人的言说，迄今为止我们的研究仍明显不足。周策纵的《五四运动》一书对道德伦理革命所论不甚详，彭明的《五四运动史》对道德革命的论述重于前期，对其后期发展着墨甚少。[1] 杨国宜在一篇讨论道德革命的专文认为，反封建道德的斗争经历了三个阶段，第二阶段和第三阶段由于马克思主义的传入和工人运动的兴起，批判封建道德的斗争比前期更深入发展了。[2]

问题是，既然道德革命是深入发展的，何以会有"模拉尔小姐"的提出呢？目前尚未查到当年直接使用"模拉尔小姐"一语者，但确有"穆勒尔姑娘"的提法。我所看到的是吴稚晖在1923年科学与人生观的论战中提出："我们中国已迎受到两位先生——'赛先生'、'台（德）先生'——迎之固极是矣。但现在清清楚楚，还少私德的迎受。"吴氏认为"赛先生"是智识，"德先生"虽是道德，只是公德，故希望迎受"穆勒尔"（moral）姑娘来主中馈以治内，用"私德"来挽救道德衰落。[3]

以个人自由、个性解放为核心的道德伦理革命本是"五四"前期新文化人的主要目标之一，在时人心中具有极重要的地位，可到了1923年吴稚晖却认为应迎受穆小姐来挽救中国的道

---

① 周策纵：《五四运动：现代中国的思想革命》，江苏人民出版社，1996，第412—427页；彭明：《五四运动史》，人民出版社，1984，第466—469页。

② 杨国宜：《五四时期对封建道德的批判》，《历史教学》1981年第5期，第2—7页。另外，刘启林、陈瑛的《反对旧道德，提倡新道德》[中国社会科学院近代史研究所编《纪念五四运动六十周年学术讨论会论文选》（一），中国社会科学出版社，1980，第489页]一文持大致相同的观点。

③ 吴稚晖：《一个新信仰的宇宙观及人生观》，张君劢、丁文江等：《科学与人生观》，山东人民出版社，1997，第411页。

德低劣，这意味着"五四"学生运动后道德革命深入发展的提法还可进一步探讨。

一、引言

清末以来，中国思想言说中"道德"与"社会"（早期或称"群"）的关联一直相当密切。与当年多数思潮相类，晚清流行的"合群"观念也是与爱国、强国直接相关的。正因此，"民德"被认为是"合群"以强国的基础。另一方面，当时士人受斯宾塞的社会有机论影响较大，常希望使社会的"部分"与"整体"形成有机的联结，故"独"与"群"的关系既有对立的一面，也有相通的一面。章太炎便提出"大独"为"大群之母"，晚清思想的发展已暗示了打破传统、解放个人的走向。①

新文化运动时期以"个人"为中心的道德伦理革命是这一思路的自然发展，尤其民初"道德"与"伦理"常常并论，有时甚至作为同义词替换使用，而伦理当然直接作用于"社会"，也是联结"个人"与"社会"的一个重要渠道。当时一个相当引人注目的现象是不少读书人（例如傅斯年）认为中国无"社会"因而需要"造社会"，王汎森先生认为：这"代表当时青年一种模糊的感觉，觉得当时中国，除了'德先生'与'赛先

---

① 参见王汎森《傅斯年早期的"造社会"论》，《中国文化》1996年第14期，第203—212页；《"群"与伦理结构的破坏》（附录在其《章太炎的思想》，台北：时报文化出版事业有限公司，1985，第243—248页）。鲁萍：《简论清末道德视野下的群与个人》，《四川大学学报（哲学社会科学版）》2003年第2期，第102—105页。

生'外，还有比这两者更为迫切的'社会'问题"。[①]

这样，"造社会"论和"穆姑娘"的提出似都有补德、赛二先生之不足的隐意。[②]因此，从当时特定的"社会"视角看"穆姑娘"的提出，对理解道德革命在"五四"后期一再淡化以至疏离出思想言说的主流，或许很有助益。且探索时人在德、赛二先生之外的关怀，也可能增进我们对德、赛二先生本身之时代意义的"了解之同情"（陈寅恪语），从而深化我们对五四新文化运动的认识。

新文化运动期间讨论较多的具体问题是文学革命、伦理革命、反礼教和打孔家店等，德、赛二先生恐怕更多是相对虚悬的象征。[③]"五四"学生运动前新文化运动的两大核心内容是文学革命和伦理革命，但五四运动对两者却有相当不同的影响：胡适当时就注意到，学生运动促进了文学革命的成功，"使白话的传播遍于全国"，在1919年后"真有'一日千里'之势"；[④]而本因巴黎和会而起的学生运动显然更关注带有"团体主义"倾

① 王汎森：《傅斯年早期的"造社会"论》，《中国文化》1996年第14期，第203—212页。

② 罗志田老师已提出，不用当时惯习的"先生"而改用"小姐"来指谓道德伦理方面的关怀，这一立异而非求同的表述本身也可能意味着某种思想上的反动，甚至可能有意无意中感到了性别的重要性或女性在"五四"口号中的边缘化（参见其《历史记忆中抹去的新文化研究》，《读书》1999年第5期）。

③ 关于当时的"赛先生"或"科学"概念，参见罗志田《从科学与人生观之争看后五四时期对五四基本理念的反思》，《历史研究》1999年第3期；《走向国学与史学的"赛先生"——五四前后中国人心目中的"科学"一例》，《近代史研究》2000年第3期。

④ 胡适：《五十年来中国之文学》，《胡适文存》2集第2卷，上海亚东图书馆，1924，第207页。

向的"救国"，以个人解放为中心的伦理革命遂逐渐淡出思想言说的主流。

按胡适对中国现代思想的分期，大约以1923年为界分为两段。前此是"维多利亚思想时代，从梁任公到《新青年》，多是侧重个人的解放"；1923年以后则是"集团主义时期"，那时"无论为民族主义运动，或共产革命运动，皆属于这个反个人主义的倾向"。①这一分期的要点，是以个人主义和集体主义这一对西方观念为依据，且认从清季到《新青年》以前一二十年间的思想主流是侧重个人解放。不过，由于帝国主义侵略威胁下中外竞争的激烈，整个近代中国的大趋势恐怕更多是强调"集团主义"的，晚清梁启超时代的士人应不例外。倒是作为整个近代中国一个相当特殊的短时段之新文化运动，的确一度侧重个人解放，可以算一个"例外"。②

可以说，在胡适所论从"梁任公到新青年"这一倾向个人的大阶段中，实际一直存在两种倾向，新文化运动之前虽有解放个人的主张，但多数人的终极关怀仍在群，也正式提出了"舍己为群"的口号；到新文化运动期间，个人本身的解放已成为伦理改革的主要目的，而不再仅仅是利群的手段，过去的潜流变成了主流。不过，这一倾向个人的伦理革命仍隐含着群

---

① 《胡适日记》，1932年12月22日，罗志田：《再造文明之梦——胡适传》，四川人民出版社，1995，第325页。

② 参见罗志田《物质的兴起：20世纪中国文化的一个倾向》，《开放时代》2001年3月号。实际上，在侧重个人与群体方面，新文化运动同样体现出对晚清以来重群重国重社会这一大潮流的"反动"（这一点承罗志田老师提示）。

的前提，除少数人一度认为国家可以解散、亡国后还可再造外，①基本的倾向仍类似清季所谓群己两利，很少见先己后群一类将个人解放置于国家民族之上的观念。故不过几年后，国人即因外患的提醒而再度转向重群、重国，并持之颇久。

二、针对礼教和旧家庭的个人解放

关于反礼教、反对旧家庭及其与解放个人的关系，前人已经做了较多的研究，本节谨在前人研究的基础上做稍进一步的简单讨论。②1915年，陈独秀在《青年》创刊号的《敬告青年》一文中明确提出应建立"自主的而非奴隶"的道德，应尊重个人独立，"一切操行，一切权利，一切信仰，唯有听命各自固有之智能，断无盲从隶属他人之理"。③从而拉开了以反对旧道德、提倡人的觉醒和个性解放以建立独立自主的新道德的伦理革命的帷幕。

李大钊当时提出，随着时代、经济的变动，孔学、旧道德

---

① 参见罗志田《救国抑救民？"二十一条"时期的反日运动与辛亥五四期间的社会思潮》，《乱世潜流：民族主义与民国政治》，上海古籍出版社，2001，第86—95页。

② 周策纵在《五四运动：现代中国的思想革命》一书中以陈独秀、吴虞、易白沙、施存统、鲁迅等为例分析了反孔、反礼教、反对旧家庭这一过程，第412—427页。胡绳认为当时的反孔至少有两层意义，一是孔子之道与建设现代新国家不相容；另一即适应新文化运动所主张的民主与科学的要求，打破偶像，从而使人们能够独立的思考。参见胡绳《"五四"和反封建》，《求是》1989年第9期，第10—19页。这方面的研究还有刘再复、林岗：《西方文艺复兴运动和"五四"运动对人的不同认识》，《人文杂志》1988年第5期，第63—68页。

③ 陈独秀：《敬告青年》，《青年杂志》创刊号，1915年9月15日，第2页（文页）。

已僵化，不再适应现代社会。他从物质基础角度论证了"新道德既是随着生活的状态和社会的要求发生的，就是随着物质的变动而变动的，那么物质若是开新，道德亦必跟着开新，物质若是复旧，道德亦必跟着复旧。因为物质与精神原是一体，断无自相矛盾、自相背驰的道理"。[1]这一主张或者针对了"天不变，道亦不变"的旧观念，但更重要的是表达出新文化人一个共同的思虑：社会和生活状态已变，既存的道德规范已失去作用，所以道德也需要"革命"。

另一方面，新文化人也认为中国传统对个人的束缚太过深重，以致社会、国家不能进步。这大致还是清季已出现的观念，但新文化人沿着这一思路终走向以个人解放为目标的道德伦理革命。与新文化运动那整体的"反压迫"倾向相适应，[2]伦理道德革命的矛头首先指向了被认为以三纲五常湮灭个体人格意识而造成千百年来奴隶道德的"孔教"。陈独秀即把当时旧派试图立孔教为国教的努力视为一种进攻性的压力，而伦理道德革命不过是对此的反应。如他所说，"孔教问题，方喧呶于国中，此伦理道德革命之先声也"。[3]

陈独秀认为，"儒者三纲之说，为一切道德政治之大原"，

---

[1] 李大钊：《物质变动与道德变动》，中国社会科学院近代史研究所编《五四运动文选》，生活·读书·新知三联书店，1959，第345页；关于此可参见其《由经济上解释中国近代思想变动的原因》《新青年》第7卷第2号，1920年1月。

[2] 参见罗志田《权势转移：近代中国的思想、社会与学术》，湖北人民出版社，1999，第271—272、284页。

[3] 陈独秀：《文学革命论》，《新青年》第2卷第6号，1917年2月，第10页（文页）。并参见陈独秀《宪法与孔教》《孔子之道与现代生活》，《新青年》第2卷第3号，1916年11月；第2卷第4号，1916年12月。

而皆致使为人臣、为人子及为人妻者，丧失"无独立自主之人格"。缘此而生的"道德名词，曰忠、曰孝、曰节，皆非推己及人之主人道德，而为以己属人之奴隶也"。[1]如此强调"片面之义务，不平等之道德，阶级尊卑之制度"，其实质是"教忠、教孝、教从"，故三纲之说为奴隶道德的根源。[2]简言之，孔教束缚人的个性，是妨碍中国人觉悟的最大敌人，只有推翻孔学，才能彻底改革伦理。

在陈独秀看来，"孔教问题，不独关系宪法，且为吾人实际生活及伦理思想之根本问题"。故"伦理问题不解决，则政治学术皆枝叶问题。纵一时舍旧谋新，而根本思想未尝变更，不旋踵而仍复旧观"。[3]有意思的是，提倡孔教立国的陈焕章与陈独秀观念相当接近，他稍后也说，"孔教者，吾中国之国魂也；存之则生，失之则死矣。凡统一、裁兵诸大政及一切未能解决之大问题，皆非孔教不能实行"。[4]两人对孔教的态度刚好相反，但其对孔教的特别重视却非常一致。

其实陈独秀也知道，"儒术孔道，非无优点，而缺点则正多"。他承认其之所以"非孔"，并不等于视"其温良恭俭让信义廉耻诸德及忠恕之道不足取"。与李大钊一样，陈独秀也强调孔教不能适应"今世"之中国，他指出，"孔道为害中国者，

---

① 陈独秀：《一九一六年》，《新青年》第1卷第5号，1916年1月，第3页（文页）。

② 陈独秀：《宪法与孔教》，《新青年》第2卷第3号，1916年11月，第4页（文页）。

③ 陈独秀：《宪法与孔教》，《新青年》第2卷第3号，1916年11月，第4页（文页）。

④ 陈焕章：《昌明孔教》，《国际公报》1923年第42期，第16页。

乃在以周代礼教齐家立国平天下"，"尤与近世文明社会绝不相容"。若"此不攻破，吾国之政治法律社会道德，俱无由出黑暗而入光明"。[1]故其"非难孔子之动机"，也因当时一些"妄人强欲以不适今世之孔道，支配今世之社会国家，将为文明进化之大阻力也，故不能已于一言"。[2]

关键在于，"旧文学、旧政治、旧伦理本是一家眷属，固不得去此而取彼"。[3]且"新旧之间绝无调和两存之余地"，孔教"根本的伦理道德适与欧化背道而驰，势难并行不悖。吾人倘以新输入之欧化为是，则不得不以旧有之孔教为非"。即使孔教并非"无一可取"，[4]为了打破旧伦理，使今人获得解放，也不得不激烈反对旧礼教。

到1918年，鲁迅在《新青年》上发表《狂人日记》，把控诉旧道德对个人的扼杀推向高潮。他明确提出，旧道德就是吃人的道德，过去"讲道德的人就是吃人的人"。[5]或受其启发，吴虞进而写出《吃人与礼教》，明言"吃人的就是讲礼教的！讲礼

---

① 陈独秀：《复吴又陵》，《新青年》第2卷第5号，1917年1月，第4页（通信栏页）；《答新青年爱读者》，《新青年》第3卷第5号，1917年7月，第3页（通信栏页）。

② 陈独秀：《复辟与尊孔》，《新青年》第3卷第6号，1917年8月，第4页（文页）。

③ 陈独秀：《复易宗夔》，《新青年》第5卷第4号，1918年10月，第433页。按此函发表时原与胡适共同署名，后收入《独秀文存》。

④ 陈独秀：《答佩剑青年》，《新青年》第3卷第1号，1917年3月，第11页（文页）。

⑤ 鲁迅：《狂人日记》，《新青年》第4卷第5号，1918年5月，第414—424页。鲁迅此际写了大量小说、杂文抨击了旧道德、旧礼教，较有代表性的有《我之节烈观》（《新青年》第5卷第2号，1918年8月）、《我们现在怎样做父亲？》（《新青年》第6卷第6号，1919年11月）等。

教的就是吃人的"！①以此号召人们推翻吃人的礼教，建立个人主义的道德。

还在1917年，吴虞已发表《家族制度为专制主义之根据论》一文，认为孔子立教"以孝为起点，所以'教'字从孝"；儒家"以孝弟二字为二千年来专制政治与家族制度联结之根干"，贯彻始终。这正是"君主专制所以利用家族制度"之处，盖若"孝之义不立，则忠之说无所附；家庭之专制既解，君主之压力亦散"。②吴虞仇恨旧家庭虽有其个人经历的因素，③然这一影响甚大的文章成功地将反对旧伦理落实在反对旧家庭制度之上。

许多"五四"人认为旧家庭是"万恶之源"，旧的家庭合居制衍生了许多压迫人性的旧道德、旧伦理；形成了一种名分主义，其一大弊端即是形成束缚甚而压制"个人"的不合理旧道德。④傅斯年提出，旧伦理的可怕之处在于个人"为道德而生——为圣人制定的道德而生——不许有我，不许我对于遗传下来道德的条文有惑疑。硬拿着全没灵气的人生信条当作裁判人生的一切标准"。⑤他曾引用胡适所说"我不是我，我是我爹的

---

① 吴虞：《吃人与礼教》，《新青年》第6卷第6号，1919年11月，第580页。
② 吴虞：《家族制度为专制主义之根据论》（1917年发表），《吴虞集》，四川人民出版社，1985，第61—66页。
③ 关于吴虞，参见王汎森《思潮与社会——新文化运动中的两个例子》，《中国近代思想与学术的系谱》，河北教育出版社，2001，第237—255页；小野和子：《吴虞与刑法典论争》，《中国文化》1995年第1期。
④ 陈独秀：《调和论与旧道德》，《新青年》第7卷第1号，1919年12月，第118页。
⑤ 傅斯年：《人生问题之发端》，《新潮》第1卷第1号，1919年1月，第14页。

儿子"一语来凸现"不许有我"的弊端。①

这里的"家庭"和"我"显然处于对立的地位，似乎作为"家庭"之一员的"我"已经失去了个人的身份认同。因此，为了"自我"，为了"有我"，伦理道德革命的一个重点落在家庭革命之上，个人走出旧家庭，解除家庭束缚而自由发展得到广泛提倡。施存统写了一篇《非孝》发表在《浙江新潮》上，致该刊遭当局查封。②然而据姜丹书后来回忆：施作此文，实由于"其父异常虐待其母，而他自己难乎为子——顺父逆母，不孝；帮母斗父，亦不孝；然则如之何而后可？于是深入一步思维，认识到这个矛盾是由于中国的旧伦理观念根本不对头，乃联想到一种新学说了"。③

这一经历或与吴虞相似，而其想到的学说即打破家庭。施存统说："家庭制度是万恶之源，非打破不可，脱离是打破之先声。""名分主义是自由平等的大敌，家庭是名分主义的根据地，我们要打破名分主义，所以先要脱离他的根据地"。他虽然解释说"我们脱离家庭，是脱离家庭里从家族制度所发生的一切关系，不是脱离家庭里的人；换句话说，就是脱离家庭里的名分关系和经济关系，不是脱离家庭里什么人的感情关系"。④但他显然有必脱离家庭而后能独立自主的发展、获得自由平等

---

① 孟真：《万恶之源》，《新潮》第1卷第1号，1919年1月，第126页。

② 傅彬然：《五四前后》，中国社会科学院近代史研究所编《五四运动回忆录》（下），中国社会科学出版社，1979，第739页。

③ 姜丹书：《〈非孝〉与浙江第一师范的反封建斗争》，《五四运动回忆录》（下），第757页。

④ 施存统：《"工读互助团"底实验和教训》，张允侯等编《五四时期的社团》（二），生活·读书·新知三联书店，1979，第433页。

权利之意。

家庭革命倡导的直接结果即是许多"五四"人走出了家庭。如邓中夏到北京后即与其家庭断绝了关系，[1]1918年仅12岁的秦德君也摆脱封建家庭到成都中等女子技术学校读书。[2]总体而言，"五四"人反对旧家庭，实是由于他们认为旧家庭是旧道德的庇护所，是个性解放的大敌。他们的脱离更多是作为一种独立的手段，而并非真正要与家庭里的一切决裂。[3]

然而，对新家庭、新道德没有明确主张，也是"五四"人的共相。如被胡适誉为"只手打孔家店的老英雄"的吴虞，反对旧家庭、旧道德不遗余力，后来却又写诗大捧妓女，被钱玄同痛斥为"孔家店里的老伙计"。[4]可知时人破旧甚明确，但对新道德的概念则较模糊。[5]

如余英时先生在《五四文化精神的反省》一文中所说："五四"打倒旧礼教主要是破坏性的，能"除旧"而未能"更

---

① 杨东莼：《关于五四运动和邓中夏同志几点回忆》，《五四运动回忆录》（上），第380页。

② 秦德君：《回忆李大钊、邓中夏、恽代英》，《五四运动回忆录》（上），第372—378页。

③ 有时候，旧家庭的"黑暗"也是相当具体的。谌小岑回忆说，当时《女星社》社员张嗣婧也因未抗拒旧家庭，屈服于包办婚姻之下，婚后受婆婆虐待，生病也不让看医生，却仍不反抗，终于不医而死，平白牺牲于旧家庭之下。参见谌小岑《五四运动中产生的天津觉悟社》，《五四运动回忆录》（下），第593—595页。

④ XY（钱玄同）：《孔家店里的老伙计》，《晨报副刊》，1924年4月29日，第4版，人民出版社1981影印本。

⑤ 与此相类的特点在妇女解放运动上表现得同样明显，李慧秋认为，"五四"人大力批判旧伦理对女子人格的贬损，但他们自身也缺乏新型人格的"楷模"。如胡适曾提出"超出贤妻良母型"的女性，其究竟是何样的，也并不明确。参见李慧秋《论五四时期关于完善女子人格的思想》，《南开学报》1994年第5期，第62—65页。

新",反礼教、白话文运动以至"民主与科学"都未能代替中国旧义理所占据的重要地位;当时可以找到的一种共同精神也只是偏激的个人主义:反对一切权威,憎恶旧伦常、旧家庭,甚至连带仇视一切人与人的关系,试图将社会分解为一个个的个人。①

另一方面,由于近代中国"外患"的压迫(包括实际的外国侵略和由此带来的心理影响)持续不衰,晚清开始得到强调的"群/社会"及"合群"的观念同样具有强烈的延续力。随着西方近代"国家"观念的传入,"群"或"社会"与"国家"的关联日益紧密,使修身治国平天下的传统思路产生出新的含义。

基本上,"五四"人的道德伦理革命是以个性解放、培养个人的主体意识和创造精神为主旨的。用陈独秀的话说,就是"人间百行,皆以自我为中心"。②故"今日所应尊行之真理,即在废弃此不平等不道德之尊抑,而以个人人格之自觉及人之群利害互助之自觉为新道德、为真道德"。③学生辈的吴康也说,"吾国今日道德之根本问题,乃在革除昔日一本不易旧道德之观念,而建设今日因时制宜新道德之标准。……就目前之情势观之,应规定者约有三事:(一)注重人道主义,以平等博爱

---

① 余英时:《五四文化精神的反省》,周阳山编《五四与中国》,台北:时报文化出版事业有限公司,1988,第415—419页。
② 陈独秀:《一九一六年》,《新青年》第1卷第5号,1916年1月,第3页(文页)。
③ 陈独秀:《答I.T.M.》,《新青年》第3卷第2号,1917年4月,第12页(通信栏页)。

诸德实行之；（二）发达个人之利己心；（三）主张极端之自由思想"。①

在新文化人看来，只有在"伦理的觉悟"之后，现代人格才能确立，国家才能得救，故伦理革命是中国前途的关键所在，而"个人"也得到前所未有的强调。不过，据前引陈独秀等的看法，在打破旧伦理、塑造独立自主的新人格这一"根本问题"解决之后，仍要解决政治、学术等各种"枝叶问题"。时人特别关注的"国民性"，就同时关涉民族之公德和个人之私德，故"国民性"的改造不能不从个人开始，但却未必在个人这里结束。

这样，"解放个人"本身可以是目的而非手段，但也可能是为了一个更大的团体目标的一个阶段性步骤；"五四"时期似乎存在着"以解放个人为目的而非手段"和"解放个人但目的仍为了群体"两种倾向。若依章太炎在清季提出的"大独"为"大群之母"的辩证观念，前者中个人与社会也可以相通；而后者以个人之修身为治国平天下的前提，特别与传统思路"接轨"。

三、个人与社会：从修身到治国平天下的新诠释

新文化运动之初，陈独秀在论证以"个人"为基础的"新道德"时说，"社会是个人集成的，除去个人，便没有社会，所

---

① 吴康：《论吾国今日道德之根本问题》，《新潮》第1卷第2号，1919年2月，第332—333页。

以个人的意志和快乐是应该尊重的";"个人生存的时候，当努力造成幸福，享受幸福"。不过，个人虽然得到了特别的强调，社会也还未被完全忘却。这些个人造成并享受的幸福也要"留在社会上，后来的个人也能够享受"。若像墨子说的那样"专门牺牲自己，利益他人，乃是为他人而生，不是为自己而生，决非个人生存的根本理由"。至于儒家"专以正心修身齐家治国平天下，做一大道德家大政治家，为人生最大的目的"，陈独秀也不赞成，因为这类目的"只算是人生的一种行为和事业，不能包括人生全体的真义"。[①]

陈独秀在这里对儒家取向并未完全否定，仍承认其为"人生的一种行为和事业"。其实新文化运动注重解放个人、先个人后社会的取向与传统思路是相近的：依照儒家提倡的修身齐家治国平天下的阶段性发展进程，个人之正心修身乃是治国平天下的前提；若按照先后次序，个人修身也是优先的，不过修身之后还有进一步的群体目标而已。

陶孟和在论证"新道德"时也说，"社会之腐败，要在个人与个人之关系有所未当，个人不得辞其咎；风俗之浇漓，端在个人与个人之交涉有失其正，个人未能卸其责"。社会状态所呈现的善恶、良窳、进退、文野诸方面，"莫不肇端于个人之行为，原因于个人之努力"。故"先贤以修身为群治之大本，谓'身修而后家齐，家齐而后国治，国治而后天下平'；与兹所说，其理正同"。今人"以为一己之行为，无所重轻，而独超然

---

① 陈独秀：《人生真义》，《新青年》第4卷第2号，1918年2月，第90—93页。

脱离于社会之外之上，肆为谩骂批评。不自省察，果否无咎于人群，无辜于国体，而竟臧否社会；不思克己修身，而惟社会之是责，他人之是谤"。这样攻击社会，等于攻击个人自己。[①]

李大钊在1916年曾提倡青年人"纵现在青春之我，扑杀过去青春之我"；[②]约两年后，他补充说："历史的现象，时时流转，时时变易，同时还遗留永远不灭的现象和生命于宇宙之间，如何能杀得？所谓杀者，不过使今日的'我'不仍旧沉滞于昨天的'我'。而在今日之'我'中，固明明有昨天的'我'存在。不止有昨天的'我'，昨天以前的'我'，乃至十年二十年百千万亿年的'我'，都俨然存在于'今我'的身上。然则'今'之'我'、'我'之'今'，岂可不珍重自将为世间造些功德。稍一失脚，必致遗留层层罪恶种子于'未来'无量的人，即未来无量的'我'，永不能消除。"故"人生本务，在随实在之进行，为后人造大功德，供永远的'我'享受、扩张、传袭，至无穷极"。[③]

可以看出，李大钊所说的"我"其实囊括了单数的和复数的两种，前者是个人，后者即群或社会。胡适稍后即明确以"小我"和"大我"来区分二者，他说："我这个'小我'不是独立存在的，是和无量数'小我'有直接或间接的交互关系的，是和社会的全体和世界的全体都有互为影响的关系的"。"小我"是会消灭的，而"大我"是不朽的。"个人的一切功

① 陶履恭（孟和）：《新青年之新道德》，《新青年》第4卷第2号，1918年2月，第94—95页。
② 李大钊：《青春》，《新青年》第2卷第1号，1916年9月，第11页（文页）。
③ 李大钊：《今》，《新青年》第4卷第4号，1918年4月，第310页。

德罪恶，一切言语行事，无论大小好坏，一一都留下一些影响在那个'大我'之中，一一都与这永远不朽的'大我'一同永远不朽"。故"我这个现在的'小我'，对于那永远不朽的'大我'的无穷过去"和"无穷未来"，都"须负重大的责任"；必须"时时想着我应该如何努力利用现在的'小我'，方才可以不辜负了那'大我'的无穷过去，方才可以不遗害那'大我'的无穷未来"。①

胡适一方面指责"社会最大的罪恶，莫过于摧折个性的个性，不使他自由发展"；②同时他也认为个人是不能离开社会的，理想的个人主义是社会之中的个人主义。他曾把当时的新村运动看作"跳出现社会的"、"独善的个人主义"，表示对此"根本上不能承认。这个观念的根本错误在于把'改造个人'与'改造社会'分作两截；在于把个人看作一个可以提到社会外去改造的东西。要知道个人是社会上种种势力的结果。我们吃的饭，穿的衣服，说的话，呼吸的空气，写的字，有的思想，……没有一件不是社会的"。③故"改造个人"应与"改造社会"结合起来，在社会之中改造个人。

《新潮》作者叶圣陶解释"人格"一词说："'人格是个人在大群里头应具的一种精神'。换语说来，就是'做大群里独立健全的分子的一种精神'。为要独立，所以要使本能充分发展；为要健全，所以不肯盲从，爱好真理，这都是完成人格必要的

---

① 胡适：《不朽》，《新青年》第6卷第2号，1919年2月，第101—104、105页。
② 胡适：《易卜生主义》，《新青年》第4卷第6号，1918年6月，第504页。
③ 胡适：《非个人主义的新生活》，《新潮》第2卷第3号，1920年2月，第470、473页。

条件。"因此,"男女大家应该有个共同的概念:我们'人'个个是进化历程中一个队员;个个要做到独立与健全的地步;个个应当享光明高洁自由的幸福"。①他基本在发挥前引陈独秀的主张,似更强调个人的独立,但仍将"个人"置于"大群"之中。

上述新文化运动师生两辈人的思想隐含了当年解放个人的另一倾向,即解放个人的伦理革命只是手段而非目的,个人解放的最终目的仍是社会的解放与改革。特别是"五四"学生运动后,这种为了社会、为了大群而解放个人的倾向已经相当明显;到1920年左右,言论的重心逐渐渐转向群体。

"五四"期间,杜威、罗素等西方著名学者在中国各地广为演讲,也对中国思想界颇有影响。杜威认为,"群性"在"道德上的地位,实在很重要",是"道德的重要分子"。盖"社会结合团固,相生相养,通功易事,立约缔盟,全靠群性"。而且,若"富有群性,聚千百万人,通力合作,如同一人,文化一定很高,国家一定很强,断不至受天然淘汰"。这正是晚清以降中国士人最主要的一项关怀。当然杜威也特别说明"群"与"独"的关系,主张"道德问题,是要调和社会的情绪,和个人理想主张,使他得其均衡,一方面要善用群性,一方面又要有主张魄力,不失个性"。②

稍后孟禄(Paul Monroe)在太原演讲时也说:"社会之进步

---

① 叶绍钧:《女子人格问题》,《新潮》第1卷第2号,1919年2月,第252、259页。
② 杜威讲演《伦理哲学》,《新中国》第2卷第1号,1920年1月,第188—189页。

与否，恒视人民有无相当的伦理的观念与思想。必人人以社会为心，由单位之家庭起，即受此伦理思想之支配。扩而大之，至于国家，使全民族皆受此种伦理思想之支配，自然可有良好的组织，因此可有良好的社会与国家。"[1]而罗素也有倾向于群体的类似主张，他后来更曾告诉胡适，像中国这样的农业国家，最适于苏俄那种专政制度，并要胡适为了国家的需要而牺牲个人信仰。正如罗志田老师所说："杜、罗二氏提供的解决中国问题的方案，与当时中国思想界非常接近，或多或少总是趋近于某种形式和流派的社会主义。"[2]

这些西方学者的主张对中国的集团倾向多少起到了推波助澜之效，杜威在1920年所见的中国与其所提倡者正相类似，他观察到，"中国现在的社会，已知打破阶级制度，求自由，求平等；提倡群众运动，谋互助，谋合力"。[3]傅斯年当时即敏锐地看到了可能发生的道德转向："从五月四日以后，中国算有了'社会'了。紧跟着社会责任心的发明，便要是社会道德的发明。"[4]

不久前傅斯年还说："我只承认大的方面有人类，小的方面有'我'，是真实的。'我'和人类中间的一切阶级，若家族、

---

[1] 孟禄讲演《学生之机会与责任》，《教育丛刊》第2卷第8集，1922年2月，第13—14页（文页）。

[2] 参见罗志田《再造文明之梦——胡适传》，第261—266、333—353页，引文在第261页。

[3] 杜威在南京学术讲演会上的讲演（1920年4月11日）《新人生观》，《学生杂志》第7卷第6号，1920年6月，第6页（文页）。

[4] 傅斯年：《时代与曙光与危机》（约1919），《中国文化》1996年第14期，第201页。

地方、国家等等，都是偶像。我们要为人类的缘故，培成一个'真我'。"①这样对"我"的强调很能凸显伦理革命的目的——塑造个人人格，但他也指出了培养"真我"是"为人类的缘故"。然而"五四"的变化给他以启发，使他感到"新道德观念必然要自动的即刻从个个青年脑中溢出，而社会道德必成此后这个时代的一个最大问题"。以前一般中国人所以为道德的"只是个政治的和资本的道德"，而"以后要转为社会的道德，要有一个重新的组织"。②所谓社会"重新的组织"，即是他所特别强调的"造社会"之意。③

上面所述只是一种倾向，在道德方面提倡个人而警惕群体干预的仍有人在，高一涵就主张国家与道德应互相区分，他说："我的意见：不是说道德是不必要的，是说道德不能由国家干涉的；不是说共和国家不必尚道德的，是说主人的道德，须由主人自己培养，不能听人的指挥，养成奴性道德的。"他强调，"道德必须由我们自己修养，以我们自己的良知为标准，国家是不能攒入精神界去干涉我们的"。④

不过，傅斯年的观察和预测更接近整体的倾向，此后谈"道德"者的确呈现由个人向社会的转变，且"社会"也越来越接近"国家"，毕竟"五四"学生运动本因1919年巴黎和会凸显的国家危机而发动；再后来不论个人的还是社会的"道德"

---

① 傅斯年：《〈新潮〉之回顾与前瞻》，《新潮》第2卷第1号，1919年9月，第205页。
② 《时代与曙光与危机》（约1919），《中国文化》1996年第14期，第201页。
③ 参见王汎森《傅斯年早期的"造社会"论》，《中国文化》1996年第14期。
④ 高一涵：《非君师主义》，《新青年》第5卷第6号，1918年12月，第553页。

都未能成为时代的大问题，反而是"政治"再次成为时人关注的重心。随着道德革命的淡出，与其密切相关的个人主义也开始逐步隐去，而集体主义、爱国主义则日渐突出。

四、道德革命的转向

1919年5月4日，因巴黎和会上日本租借德国山东势力范围一事，国内爆发了爱国学生运动。此后，学生渐形成一种政治力量，开始引领时代步伐，推动了近代中国思想界的激进化趋势。我们今日大多知《新青年》及其作者影响了那一代人，但读者同样在影响作者，老师一辈中不少人也在跟着学生跑。[1]不仅陈独秀、胡适等新文化领军人物在跟着世风变，连偏重学术的朱希祖也在"五四"周年纪念时说："五四运动以来，学生渐能一致牺牲，坚忍持久，养成团结奋斗的精神。"[2]他给学生的定位显然不仅仅是求学了。

外患当前，时人多有一种焦虑之情。侯德榜曾言："我中国今日对外之事紧急过于内政问题千倍百倍多矣"，"当局诸公与吾国民应急图之，则我中国尚其有望。非然者，吾恐日后世界空前战祸已终，而中国之内讧未已，争闹不休，不至国非我

---

[1]　参见罗志田《新的崇拜——西潮冲击下近代中国思想权势的转移》《知识分子的边缘化与边缘知识分子的兴起》，《权势转移：近代中国的思想、社会与学术》，第18—80、216—241页。

[2]　朱希祖：《五四运动周纪念感言》，《新教育》第2卷第5号，1920，第615页。

有不已"。①而《东方杂志》一作者也说，"目前之第一大事为救亡"。②爱国、救国、谈政治，一时大兴，成为时代倾向。有人观察到，"近几年来，救国二字，尽人皆道，已成为一种流行语"。③在此世风之下，以个人伦理为主的新文化运动也发生了转向。

陈独秀在《新青年》创刊号曾表明"批评时政，非其旨也"。④那时新文化人是不以政治为目标的，陈独秀自己就将伦理觉悟置于政治觉悟之上，强调"伦理的觉悟，为吾人最后觉悟之最后觉悟"。⑤稍后他在谈及《新青年》时说："本志主旨，固不在批评时政，青年修养，亦不在讨论政治，然有关国命存亡之大政，安忍默不一言？"⑥态度已开始转变。再后来则说："你谈政治也罢，不谈政治也罢。除非逃在深山人迹绝对不到的地方，政治总会寻着你的。"⑦陈氏解释说："我现在所谈的政治，不是普通政治问题，更不是行政问题，乃是关系国家民族根本存亡的政治根本问题。"⑧

---

① 侯德榜：《中国今日当容自争》，《民心周报》第1卷第3期，1919年12月，第43页。

② 诚之：《对于群众运动之感想》，《东方杂志》第17卷第16号，1920年8月，第87页。

③ 倬章：《谁能救中国！如何救中国》，《东方杂志》第20卷第23号，1923年12月，第125页。

④ 陈独秀：《青年杂志》创刊号，1915年9月，第2页（通信栏页）。

⑤ 陈独秀：《吾人最后之觉悟》，《新青年》第1卷第6号，1916年2月，第4页（文页）。

⑥ 陈独秀：《答顾克刚》，《陈独秀文章选编》（上），生活·读书·新知三联书店，1984，第225页。

⑦ 陈独秀：《谈政治》，《新青年》第8卷第1号，1920年9月，第1页。

⑧ 陈独秀：《今日中国之政治问题》，《陈独秀文章选编》（上），第268页。

正是救国的急迫感使原来潜在的政治革命取代伦理革命，成为陈独秀此后努力的中心。曾表示二十年不谈政治的胡适也有类似的转变，[1]他后来把《新青年》同人从"不谈政治"到"政治兴趣的爆发"这一转折定在1918年"欧战终了"之时。[2]值得注意的是，他们所谈的"政治"都偏向于注重集体、重视群的力量的社会主义。

金冲及先生指出，第一次世界大战使许多游学西方的中国人看到西方的黑暗混乱，从而对西方文明失望，恰在此时，苏俄兴起，社会主义成为现实，两相比较之下，不少中国人转向了俄国式的道路。[3]在这种状况下，集团主义渐成当时社会的主流，国家至上，个人淡出人心，作为文化运动一部分的道德伦理革命不可避免受到了时代发展的影响，从而走向衰微。

阿英后来谈论小品文的发展说，新文学运动初期的小品文"是一种战斗的反封建的工具"，而"第二时期的小品文，是和第一时期一样，仍不免是个人主义的。但是一方面是更进一步的风花雪月，一方面却转向革命"。前一期"只是反封建，反一切社会的黑暗面"；后一期则"更进一步的反对帝国主义，产生了积极的对于革命的要求"。在他看来，小品文从新文学运动到

---

[1]　参见罗志田《走向"政治解决"的"中国文艺复兴"》，《近代史研究》1996年第4期，第120—152页。

[2]　胡适：《胡适回忆〈新青年〉和白话文运动》，《五四运动回忆录》（上），第168—169页。

[3]　金冲及：《他们为什么选择了社会主义》，中国社会科学院科研局、《中国社会科学》杂志社编《五四运动与中国文化建设——五四运动七十周学术讨论会论文选》，社会科学文献出版社，1989，第684—688页。并参见罗志田《西方的分裂：国际风云与五四前后中国思想的演变》，《中国社会科学》1999年第3期，第20—35页。

"五四"再到"五卅"的这种变化，是从个人主义的观点转到了反个人主义的立场。[①]小品文是应时代的需要而产生的，它那由个人主义向反个人主义的转变应能反映出当时整个社会的一种倾向性变化。

最能反映这种变化的还是道德伦理革命的阵地《新青年》，从其刊载的内容中，可以看出道德革命发展的轨迹。前期《新青年》的稿件基本是围绕人性觉醒这一中心。《新青年》1卷1号（1915年9月）至6卷4号（1919年4月），[②]有大量的抨击封建旧道德、抨击孔教，提倡自由精神的文章。如陈独秀的《吾人最后之觉悟》《复辟与尊孔》《孔子之道与现代生活》，李大钊的《青春》《今》《新的！旧的！》，高一涵的《自治与自由》，易白沙的《我》，陶履恭的《新青年之新道德》，胡适的《易卜生主义》《不朽》，鲁迅的《狂人日记》《我之节烈观》，常乃德《我之孔道观》等等。

自1919年的第6卷起，《新青年》宣传马克思主义、社会主义的文章开始增多，6卷5号更是马克思主义研究专号，有8篇专文介绍马克思及其学说。到第7卷（1919年12月—1920年5月），反映社会问题和工人运动的文章占了主导地位。出了"人口问题号"（4号），有专论文章9篇；"劳动节纪念号"（6号），介绍各国劳工组织、五一运动史及各地劳动状况等，约有25篇。本

---

① 阿英：《小品文谈》（1933），《阿英文集》，生活·读书·新知三联书店，1981，第107—109页。
② 按《新青年》杂志后来经常出现拖期现象，有时实际出版时间比刊物标明的要晚几个月，然各期拖延的时间并不一致；此处主要体现转变的趋势，故仍据其标明的出版时间为顺序。

卷中还有相当篇幅讨论工读互助团问题。

第7卷中关于道德革命的文章明显减少，《本志宣言》《新文化运动是什么》《调和论与旧道德》可以作代表。而此三篇文章恰反映了伦理革命转向的趋势。陈独秀在《本志宣言》中提出要"创造政治上道德上经济上的新观念，树立新时代的精神，适应新社会的环境"。[①]他在《调和论与旧道德》中则说："我们主张的新道德，正是要发达人类本能上光明方面，彻底消灭本能上黑暗方面，来救济全社会悲惨不安的状态。"[②]可见其所强调的重心已在社会，道德革命开始偏离初衷了。

1920年陈独秀南下上海后，《新青年》自第8卷起移至上海编辑，编辑工作由陈独秀委托陈望道主持。《新青年》的作者群也逐渐改变，多为陈望道、李达、李汉俊、沈雁冰、周佛海等共产党人，刊物的文风也大变。《新青年》第8、9卷（1920年9月—1921年7月）中，前期热衷的个性解放已然不见，论及道德革命的文章也只有零星几篇。而这两卷中宣传马克思主义的文章有7篇，关于社会主义讨论的文章有27篇，俄罗斯研究的文章有40篇。其余大都是反映各地劳工情况和关乎时局的政论。至于1923年出版的《新青年》季刊，已是中国共产党的正式机关刊物，注重群体革命意识的宣传，道德伦理革命的踪迹荡然无存。

对《新青年》这样的变化，当时就有人感到失望。杨鸿烈说，"自《新青年》改观之后，中国无真正有普遍效力的一回文

---

① 陈独秀：《本志宣言》，《新青年》第7卷第1号，1919年12月，第2页。
② 陈独秀：《调和论与旧道德》，《新青年》第7卷第1号，1919年12月，第118页。

化运动"，其原因有二：一是"因为真正了解文化运动真意义的人，大多数出外留学，这样就丢下了他们未竟的工作"；更主要是"因为思想过于激进的人没有把己身应做的事做完了便'去而之他'，就使文化运动失了极大的发动力"。他明言这是"为陈独秀先生惜"！因为"陈先生是首先懂得文化运动真意义的人，并且他敢于向社会挑战的勇气，实在使适之先生自认为不及！并且他在思想界的建树也是不少；只因他的感情太热烈了，思想太激进了，使他不能冷静的观察实际的环境，做了许多'越级的'，不经济的功夫！所以此时我很希望像陈先生这样的人赶快觉悟自己在思想界革命的事业的第一步还没有做完，就来继续着恢复《新青年》杂志的本来面目"。①

杨鸿烈所见的《新青年》之改观及文化运动的转向，当然包括伦理革命的趋于沉寂。那已是胡适所说的"集团主义时期"，对"个人"的关注越来越少，反孔教和反对旧道德的话语仍然存在，但已自觉或不自觉地与挽救民族危亡的政治斗争结合起来了。救亡的迫切使"自我"再度处于"失语"状态，以个人解放为主的道德伦理革命亦逐渐淡化。

在个体让位于群体的社会大趋势下，为国家、为社会成为当时关注的主流。《学生杂志》主编杨贤江提出了"社会我"的观念，主张"彻底的个人改造，是在社会我的觉醒"。故"今后的个人生活法，应当向着充分的发挥社会我的责任一条路上走。因此个人的奋斗精神和团体的互助精神，都要竭力的去发

---

① 杨鸿烈：《为新青年社的老同志进一解》，《晨报副刊》，1924年2月4日，第1版。

挥"。① 这还有些像胡适所说的"小我"和"大我"，但"社会我"显然目的性更明确。

杨氏稍后进而提出，"道德是社会的"，"单讲个人的道德，在实际上是没有什么用处的"；青年"要知道个人修养终归无用，应当走上一条根本改革的大路，去为群众谋合理的生活才对"。他强调，"现代青年所当养成的道德"，不应是"为个人私利的，讲性灵涵养的"，而应是"为群众幸福的"。② 故"现在讲修养，目标是在社会的善，方法是向社会实际活动，是靠团结的力量，靠做事的磨练，来促进修养的功夫，衡量修养的成绩的。我们决不是为了'独善其身'来讲修养，我们也决不是闭户潜修算作修养，我们更决不妄想须待修养程度到'健全人格'了然后才去救国。我们只要有救国的热情，只要肯不息地学习，这样便已握着修养的要诀，已走上救国的正路了"。③

然而，个性解放、争个人自由的声浪言犹在耳，社会思潮就向着与个人相反的国家、集体逆转而去，对此时人也要有所自解。杨贤江主张："社会在正常的时候，大家过正常的分工互助的生活；社会在非常的时候，大家就须做非常的弥补救济的工作。"因为"人是永远而且必然的是个人群中的人，人的生活也是永远而且必然的是个群性的生活。所以人人对于社会有责

---

① 杨贤江：《论个人改造》，《学生杂志》第7卷第5号，1920年5月，第6页（文页）。
② 曲它（杨贤江）：《青年的道德观念》，《学生杂志》第11卷第9号，1924年9月，第4—5页。
③ 杨贤江：《青年学生救国的途径》，《学生杂志》第11卷第5号，1924年5月，第1—2页。

任，即对于国家——社会组织的一种——有责任"。①故"进德的目标是在于自己于人群的实际生活上有所改进，不在于所谓'致良知'"。②王平陵也认为，"读书，除个人主义外，势不能不含着一种服务社会的性质"。③而湖南自修大学的入学通知更说："我们求学不是没有目的的，我们的目的在改造现社会。"④

原来的妇女解放运动、家庭革命等此际也变成以国家、社会为核心了。向警予论妇女运动说，"真正觉悟的中国妇女，必然是一面参加政治改革运动，一面参加妇女解放运动"。因为"若妇女心营目注的只一个'女权'而于'国权'漠不关心，任洋人共管也好，军阀专横也好，是先已自己剥夺了自己的'人格'和'民格'"。如果"不参加政治解决时局，洋人军阀的两层高压之下早把全体人民变成奴隶，还有什么女权不女权！所以真正觉悟的中国妇女，必然是一面参加政治改革运动；一面参加妇女解放运动"。⑤杨贤江也劝一位思考"脱离家庭"的读者"去做社会运动政治运动"，"因为中国家庭的万恶已是一般的形势，决不能容你一个人去改革"，只能"靠有组织有纪律的团体，而不是靠赤手赤足的个人的"力量去改革。⑥

随着时人认知中内忧外患的进一步急迫，开始出现为了国

---

① 杨贤江：《求学与救国》，《学生杂志》第11卷第4号，1924年4月，第2页。
② 杨贤江致国华《进德的问题》，《学生杂志·通讯》第12卷第2号，1925年2月，第124页。
③ 王平陵：《社会改造运动中底学生》，《学生杂志》第8卷第6号，1921年6月，第2页（文页）。
④ 《湖南自修大学入学须知》，《五四时期的社团》（一），第81页。
⑤ 警予：《中国妇女运动杂评》，《前锋》第2期，1923年12月，第51—52页。
⑥ 杨贤江答铸堂《脱离家庭问题》，《学生杂志》第11卷第7号，1924年7月，第94页。

家可以不惜一切，包括牺牲个人自由的主张。有人主张，"如果决志要为国出力的"，"最好是牺牲了个人的一切物质幸福，加入工人队里去做他们的伙伴，去做他们的弟兄"。[1]也有人提出，为"要实现国民共同的意志，决不能没有组织力。要有组织，要有组织力，则自由放任的习惯总不能不改，自由主义和个人主义总不能不牺牲些而受相当的制限，这是自然之理"。[2]

曾参与新潮社的康白情并为此牺牲精神找到了根据，他说，"统一和自治，都是中国国民性上的特点。而牺牲一己的小利，以成就全民族的统一，更是他所以异乎西方民族的"。[3]身处新文化运动之外的孙中山则明确主张："个人不可太过自由，国家要得到完全自由。到了国家能够行动自由，中国便是强盛国家。要这样做，便要大家牺牲自由。当学生的能够牺牲自由，就可以天天用功，学问成了，知识发达，能力丰富，便可以替国家做事；当军人能够牺牲自由，就能够服从命令，忠心报国，使国家有自由。"[4]

稍后郭沫若所说应能代表相当一些读书人的心态，他说自己也曾是"尊重个性、景仰自由的人，但在最近一两年之内与水平线下的悲惨社会略略有所接触，觉得在大多数人完全不由

---

① 高尔松：《告将届毕业的中学生》，《学生杂志》第11卷第6号，1924年6月，第22页。

② 无作者，《改造中国的方法》，《东方杂志》第20卷第9号，1923年5月，第128页。

③ 康白情：《自治的统一与统一的自治》，《东方杂志》第19卷第11号，1922年6月，第2页。

④ 孙中山：《三民主义·民权主义第二讲》（1924年3月16日），《孙中山选集》（下），人民出版社，1956，第690页。

自主的失掉了自由，失掉了个性的时代，有少数的人要来主张个性、主张自由，总不免有几分僭妄"。所以他认为："要发展个性，大家应得同样地发展个性，要生活自由，大家应得同样地生活自由。""但在大众未得发展其个性、未得生活于自由之时，少数先觉者无宁牺牲自己的个性，牺牲自己的自由，以为大众人请命，以争回大众人的个性与自由"！①

不过，在道德革命日渐沉寂之时，"道德"本身的问题却引起一部分人的关注。当杨贤江说出"决不妄想须待修养程度到'健全人格'了然后才去救国"时，他等于完全否定了从修身到治国平天下的传统取向，这与前述新文化运动前期倾向相当不同。本来新文化人提倡和关注"个人"的解放远超过个人的"修身"，已淡化了清季人关注的"私德"与"公德"那相通的一面。而道德与"救亡"日益紧密的联系更意味着关注个人的伦理道德越来越被视为与国家利益对立，使"私德"不得不让位于"公德"。

其实，道德伦理革命还有超越个人和群体关系的一面，即一般意义上"道德伦理"本身的要求——私德的重要正体现在"伦理"之上。这方面的问题终导致"穆姑娘"这一要求的提出。穆姑娘或模小姐被时人赋予的角色或任务是"治内"，基本也就是道德伦理规范本身的作用。

---

① 郭沫若：《文艺论集序》（1925年11月29日），《洪水》第1卷第7期，1925年12月，第197页。

五、公德与私德："穆姑娘"的提出

如前所述，"五四"学生运动之后，时人关注重心已渐渐转移，不再只限于修一己之身的私德。不过，此际的爱国运动并未完全脱离道德革命的轨迹，在宣扬为国、为社会时仍不忘强调个人，即便宣传共产主义者，也还主张"不牺牲个人于公众，不牺牲公众于个人。全体享乐，各个享乐"。[①]有的提倡平民教育者，也主张"要养成完全独立的人格，适于社会的生活，增促世界人类的进化"。故"一方面要注重个性，使他自由发展；一方面要注意互助、养成社会团结的能力"。[②]

尽管有这样的主张，但强调得更多的是社会而非个人，且往往是从社会角度出发兼顾到个人，双方的"攻守之势"已变。就像提倡国家主义的李璜所说，"真正的社会主义与个人自由是不相冲突的，不但不相冲突，并且可以说他是为个人自由而从事的"。因此，"主张社会主义，首先便该当留意到个人"，"不可忘却个人生活的繁复与个人愿欲的切要"。[③]

另一个国家主义者何浩若对个人就没有这么包容了，在他看来，"今日国内之青年，舍自私外无神圣，舍堕落外无牺牲。充其极，几以为宇宙间只有一个我。我而外，无复父母，无复兄弟，无复朋友，无复社会，无复国家，无复国耻，无复性

① 赤：《共产主义之界说》，《新青年》第9卷第6号，1922年7月，第85页。
② 曹配言：《平民教育的真义》，《新生活》1920年第28期，第2页。
③ 李璜：《社会主义与个人》，《少年中国》第4卷第1期，1923年3月，第2、3、5页（文页）。

理"。造成这一现象的部分原因正是崇尚个人的新文化运动，特别是陈独秀曾倡言国不足爱，甚得知识界推崇。何氏以为："凡一种组织，上自国家，下及社会，必有一维系人心之公共信念，指导群众之社会道德。然求之我国今日之社会，则无此维系人心指导群众之一物。"故当务之急，在"引申爱国之一念，以为维系人心之工具"。①

当时中国的群体倾向已甚强，而何氏的观察却相反，恰反映出思想界的紊乱。有人就观察到，此时"青年的大多数是崇拜旧道德与国家主义的，他们主张女子要从一而终，守贞殉节……但他们一面也敬礼妇女解放、男女平等、世界主义、社会主义这些名词，不敢得罪他"。②姜敬舆也注意到，类似情形"在青年方面，尤其表现得真切：一方面有尊重礼教，敬礼圣贤的人；一方面有讲社交，大声疾呼要解除各种束缚的人"。③

社会观念的分化同样体现在对道德的认知上，而歧异的认知有时也导致行为的过度。陈独秀在界定"新文化运动"时，特别针对一些年轻人对新道德的偏激认识说："现代道德底理想，是要把家庭的孝悌扩充到全社会的友爱。现在有一班青年却误解了这个意思，他并没有将爱情扩充到社会上，他却打着

---

① 何浩若：《中国之歧途与末路》，《大江季刊》第1卷第1期，1925年7月，第9、12页。按何浩若在清华读书时也曾身历五四运动，此时尚在美国留学，是国家主义组织大江会成员，北伐时回国又转投入国民党阵营。
② 十地：《青年思想的歧路》，《晨报副刊》，1923年7月23日，第3—4版。
③ 姜敬舆：《几个很重要的提议》，《学生杂志》第10卷第12号，1923年12月，第9页（通信栏页）。

新思想、新家庭的旗帜，抛弃了他的慈爱的、可怜的老母。"①

那时有些中国人在生活伦理方面的突破已超过其所追随的"西方"，在1921年北京各界送别杜威的大会上，女师大的代表吴卓生致词说："中国人有许多崇新太过了，以为男女之间可以毫无拘束，所以很闹些笑话。"还靠杜威的夫人和女儿以演讲和人格感化，才搞清楚真正"新"的外国人其实并不如此。②但这样的世风似仍在继续，杨贤江在两年后便观察到，学生界中"愈多借着自由的美名，而实行他放荡无节制的生活"。③有人更看到"我国大部分的青年，不但没有丝毫振作；而且沉沦于罪恶窝里——赌嫖等等。换句话说，就是只苟图目前的快乐，不顾到社会国家的怎样颓败"。他们"为要挽救一般沉沦的死了的青年"，"为要修养我们青年同志的好行为，使有所贡献于社会国家"，乃特别组织一个"青年八不社"。④

如果说青年在生活方面的行为突破尚可"借着自由的美名"，政治行为的堕落则已不需什么名目。当时攻击政治腐败的言论比比皆是，舆论多认为议员、官僚、军阀等"道德人格之堕落实为可惊：以金钱为指针，以地位为标准，举凡所谓主张政见、公谊私交，莫不为金钱地位所左右"。⑤甚至有人认为，

① 陈独秀：《新文化运动是什么？》，《新青年》第7卷第5号，1920年4月，第3页（文页）。
② 参见罗志田《权势转移：近代中国的思想、社会与学术》，第66页。
③ 杨贤江：《团体纪律与个人自由》，《学生杂志》第10卷第9号，1923年9月，第1页（社评栏页）。
④ 高尔松：《告将届毕业的中学生》，《学生杂志》第11卷第6号，1924年6月，第22页。
⑤ 《舆论摘要·对于第十二年民国之概况》，《国际公报》1923年第47期，第5页。

当时中国社会"一般人比起从前，较为狡诈无耻，敢于实行人格的破产"。[①]上述对道德认知的歧异和许多具体的失德行为，皆表明道德伦理革命在其最基本的意义上距成功尚远。

为挽救这样的世风，左立夫提出："我们今日的环境，真是不幸极了：社会的种种组织，风俗，制度，都是过渡时代、'青黄不接'。——新文化未能完全产出，旧道德已宣告破产；使得国内的军政，民政，以及工商百业，都显出一种黯淡凋零的状态，比之欧洲黑暗时代，也差不多。这时代的青年，都觉得有'吾谁适从'的苦处；多数已表示失望样儿。但是处到这种时候，我们必须振起奋斗的精神，自决改良的方法才是。"他认为，"自决改良的方法，理当从个人起"。[②]

林语堂也认为，当时"无论国事或教育，所感觉进步最大的魔障，乃吾人一种颓丧之习气；在此颓丧习气之空气内，一切改良都可扮出一些笑剧来"，故有"精神复兴之必要"。[③]行知社的缪金源"觉得近来国内的风气，提倡'为学'而不提倡'做人'"，故主张将"提倡'做人'的运动报告出来；指示大家一个新的方向"。[④]丘景尼仍强调人格的重要，因为"人格是人类生活的无上目标，竞争和合作有了这种人格上的至善的目标，才有道德上的意义"。[⑤]

---

① 佚名：《中国改造和他的经济背景》，《东方杂志》第20卷第4号，1923年2月，第121页。
② 左立夫：《中学毕业生的切身问题》，《学生杂志》第11卷第7号，1924年7月，第5页。
③ 林语堂：《给玄同的信》，《语丝》第23期，1925年4月，第20页。
④ 缪金源：《一个新方向》，《晨报副刊》，1924年7月17日，第4版。
⑤ 丘景尼：《矛盾生活的象征》（下），《晨报副刊》，1924年12月9日，第1版。

这些关于"做人"、人格的议论是时人在当时社会混乱情形下对道德伦理规范本身的呼唤，甚至可以说是对重在个人解放的道德伦理革命的补充。正是在这样的时代背景下，才有本文开始所说的吴稚晖针对社会缺少道德，要迎受"穆姑娘"来治内，以挽救道德之衰落。

许杰先生晚年对"模拉尔小姐"的回忆，提示着这一口号也曾引起时人的一些关注，但公开发表的反应似不多见，只有钱玄同等少数几个人对吴稚晖有所应和。1924年，钱玄同因被胡适誉为"只手打孔家店的老英雄"的反礼教偶像吴虞在报刊上发表艳诗捧妓女，斥其为"孔家店里的老伙计"；文中再次提到穆姑娘说，"孔家店真是千该打、万该打的东西"，不打则"穆姑娘（moral）无法来给我们治内"。①

整体而言，吴稚晖关于"治内"的呐喊并未引起时人特别的注意，"穆姑娘"作为继续推进道德革命的口号也未能深入人心。这与当时重群体轻个人的世风直接相关，徐锡藩在1925年春便说："道德原由人与人间之关系而发生；公德即与人相处之公共道德。吾国人向来只讲究私德，而忽视公德。"所以他认为当时学生应有精神是，"我们宁可牺牲了自己而为公众之利益，我们断不能为了自己的私利而有损于公益。紧持此公德之精神于方寸之间及无人之处，这方才是我们真正的学生人格"。②

然而，道德如果更多落实在为公众的公德之上，偏重具体

---

① XY：《孔家店里的老伙计》，《晨报副刊》，1924年4月29日，第4版。
② 徐锡藩：《今日学生应有之十大精神》，《学生杂志》第12卷第3号，1925年3月，第12、13页。

生活伦理之上的私德可能就要受到影响。周作人说:"中国自五四以来,高唱群众运动社会制裁,到了今日变本加厉,大家忘记了自己的责任,都来干涉别人的事情,还自以为是头号的新文化,真是可怜悯者。"其实新文化运动前期的道德伦理革命虽不甚注重个人伦理,却特别强调个性解放,那种"忘记自己"而干涉群体的"中国人"之风,已是道德革命转向之后的事了。①

周太玄稍早还想化解许多人心目中公德与私德的对立,他说:很多人"因为见着公德、私德两个名词,便硬将他分成两件东西,这是很大一个错误"。他主张"根本否认"很多人所具有的"个人私德与公共无涉"的谬见,而"至少也要有'私德内检方是公德的遵守'的观念",并以此观念"随时指挥我们的行为"。②后来曾转向民族主义的周作人也认为,"提倡国民文学同时必须提倡个人主义",以"唤起个人的与国民的自觉"。③

但钱玄同则认为私德败坏的情形恰因过分强调救亡所造成,他说:"从前倡言革命的人们(孙中山、吴稚晖数先生除外),其目的仅在救亡。救亡固然是极应该的,但革命底目的决不在此。以此为革命底目的,实在是根本大错误。"问题是,"现在的中国人,工艺与政法固然很坏,固然应该革命,而道

① 陶然(周作人):《一封反对新文化的信》,《晨报副刊》,1924年5月16日,第3版。
② 周太玄:《纯洁与内心生活》,《少年》第2卷第9期,1921年3月,第1页。
③ 周作人:《答木天》,《语丝》第34期,1925年7月,第117页。

德与思想则更糟糕到了极点，尤其非革命不可"。[①]而这道德革命仍需落实在个人身上，钱玄同在声援周作人和刘半农所说的"觉悟只有自己可靠"时特别加以界定："我说的自己，便是指个人独有的'我自己'而言，不是指中国人共有的'我们中国'"。[②]但作为少数曾呼应"穆姑娘"口号的人，钱氏的主张也未产生多大的影响。

六、结束语

傅斯年1932年论及陈独秀时说："独秀当年最受人攻击者是他的伦理改革论，在南在北都受了无数的攻击，诽谤及诬蔑。我觉得独秀对中国革命最大的贡献正在这里，因为新的政治决不能建设在旧的伦理之上，支持封建时代社会组织之道德决不适用于民权时代，爱宗亲过于爱国者决不是现代的国民；而复辟与拜孔，家族主义与专制政治之相为因果，是不能否认的事实。独秀看出徒然的政治革命必是虎头蛇尾的，所以才有这样探本的主张。"[③]其实这也大致是新文化人曾经共有的观念，但在后来政治革命的大潮席卷之中，这样的观念似已成为回忆的"历史"了。

---

① 钱玄同：《回语堂的信》，《语丝》第23期，1925年4月，第21—22页。然而实际上孙中山和吴稚晖的见解并不一致。个人在孙的心目中并不重要，他是主张为国牺牲个人自由的，这恰恰是吴稚晖呼唤"穆姑娘"的原因。
② 钱玄同：《写在半农给启明的信底后面》，《语丝》第20期，1925年3月，第3版。
③ 傅斯年：《陈独秀案》，《独立评论》第24号，1932年10月，第5页。

的确，1925年之后，中国一直处于"革命状态"，越来越强调国家、民族至上，个人的道德伦理渐处于从属地位，曾激烈一时的道德伦理革命便这样疏离出思想言说的中心，留下的只是"民主"与"科学"的口号以及一些淡然的回忆。"穆姑娘"的提出在当时既未引起充分的关注，在后人心目中也远没有"赛先生"和"德先生"那样重要，甚至许杰先生的回忆都未能引起研究者的重视。穆姑娘在中国的命运未免悲哀，而"五四"后期道德革命深入发展的说法可能也需要修正。

　　对"个人"前所未有的强调是五四新文化运动时提倡的"新道德"之核心观念，但这一倾向显然与清末以来群体意识和国家观念急剧上升这一主流趋势之间存在着紧张、冲突甚至对立，因而个人与群体（国家和社会在此意义上是近义词）的关系应该是理解和认识新文化运动之道德伦理革命的一个关键视角。同时，"道德伦理革命"还有超越个人和群体的一面，即其本身提出的规范行为的要求，这也不能忽视。①

　　新文化人在主观意识层面试图将传统道德规范或摧毁或摒弃，他们认为这些传统不仅不能适应新的社会，甚至妨碍社会关系的更新；那么，在新的社会之中，人们应怎样处理人世间的种种关系呢？所谓"道德伦理革命"正是因应这一多少带有悬想意味的时代需要而存在，②其任务是想要建立适应新社会的新型道德伦理规范；救国的紧迫性可以暂时掩盖或压倒"救

---

① 　本段与下段承罗志田老师提示。
② 　按道德伦理是古今中外人类各社会皆存的需要，但要进行"革命"则出于时人关于社会已大变的认知。

民"的需求，却未曾解决推倒旧道德后需要建立新型伦理规范的问题。当市场经济的冲击导致20世纪末社会关系又一次剧变时，许杰先生回想起久违的"模拉尔小姐"，正提示着新文化人的遗产也包括一些尚未完成的任务。

晚清民初现代"文明"和"文化"概念的形成及其历史实践

黄兴涛

晚清民初现代意义的"文明"和"文化"概念的形成与社会化运行，无疑是中国思想文化史上的一件大事。学术界对此问题已有关注，但研究仍未能充分展开。①本文拟在以往研究的基础上，考察"文明""文化"两个新兴的核心概念词的出现、内涵的演变，并连带着揭示它与清末民初一些重大的思想运动

① 笔者所见到的有关研究以日本的铃木修次先生《文明的词语》（《文明の ことば》，日本文化评论出版株式会社，1981）一书中《"文化"と"文 明"》一文为较早。该文除较早谈到古代中国的"文明"和"文化"的典 型用例及含义外，重点考察了日本早期"文化"和"文明"概念产生的过 程，还涉及戊戌及20世纪初期这两个日本新式概念在中国传播的初步情 形，实在难能可贵。在中国国内，对此有所意识并较早举证"文化"一词 现代用例的大概是龚书铎先生。他1985年在《历史研究》发表的《近代中 国文化结构的变化》一文中，举了戊戌时期谭嗣同等人对"文化"一词早 期不同含义的用例（可参见北京师范大学出版社1988年版《中国近代文化 探索》一书）。日本的柳父章先生1995年12月出版的《一语的辞典：文化》 （三省堂株式会社发行），对与认识现代中国"文化"有参考价值的日本 "史化"概念演变的问题，进行了简明而系统的论述，不过几乎没有涉及 近代中国的内容。西方学界虽然研究文化观念演变的论著多不胜举，但专 门论述近代中国有关"文化"概念演变而又值得一提的，笔者尚未见到。 真正专门研究这一问题的论文，以日本京都大学人文科学研究所的石川祯

之间的历史关联，也就是力图将词汇史、概念史和观念史的视野结合起来，去凸显这两个现代概念内涵及其在社会化实践中所直接附丽的某些现代性价值观念在晚清民初这一特定变革时期的认同关系与历程。

在西方，表示现代"文化"和"文明"概念的词汇，英文和法文字母组合基本相同，为culture和civiliz（s）ation。德文衍出稍晚，为kultur和zivilisation。据雷蒙·威廉斯研究，civilization（文明）一词早先出现在17世纪初期的英文中，最

浩先生所写的《近代中国的"文明"与"文化"》为较早。该文1995年9月在法国召开的"二十世纪早期中国知识界之欧洲思想"国际学术研讨会上发表。文章强调现代"文化"和"文明"并非中国国产，而是"日本制"概念，在传播到中国的过程中，梁启超的作用最大。他还深入分析了20世纪初梁启越的"文明"论及其与福泽谕吉等的关系，堪称这一问题专门研究的先驱者。笔者原未及见此文，其有关内容系从方维规中转见。但2005年1月28日笔者在京都大学与人文科学研究所诸位先生就此问题进行交流时，得到石川祯浩惠赐1995年用中文写作的原文。同时，他还发表了《梁启超与文明的视点》一文（狭间直树编《梁启超·明治日本·西方》，社会科学文献出版社，2001，第95—119页），对此问题又有所补益。另外，方维规先生的《论近现代中国"文明"、"文化"观的嬗变》一文也很重要。该文发表于1999年《史林》第4期，内容相当丰富，引证的材料颇为不少，对西方"文明"和"文化"概念的演变，有较详细的出色介绍和论述，不少分析很有深度。但对近代中国"文化"概念的使用与传播较为忽视，对这一现代观念（包括现代"文明"观念）的多层次形态，及其在清末民初的历史影响，特别是与戊戌维新思潮和五四新文化运动之关系，未作更多思想史的具体分析，同时也仍有不少重要资料未曾利用，有些观点也还可以商讨。沈国威先生发表的《"文明"と"野蛮"の话し》一文（《泊園紀念講座》第39辑，1999），在"文明"一词的早期翻译问题上，也作过有益的探讨。至于分别对古代中国以及西方的"文化""文明"含义作过语言学和哲学研究的论著就更多了，此不赘列。笔者此文在以往研究的基础上，从材料到分析，都希望能将此一问题的探讨向前再继续推进一步。借用一位匿名评审人的话来说，即注重"在一个大的、处于变化状态的历史语境里讨论'文明'和'文化'概念……从时人对'文明''文化'概念的理解和实践这一特定视角出发，论述晚清民初的思想动态、社会发展和历史变迁，给这一阶段的历史研究提供一个新的侧面，而且是一个很重要的侧面"。

迟至1772年，它所包含的人类物质和精神生活两方面的社会进化、发展成就等现代含义已逐渐趋于稳定。到18世纪末和19世纪，它最终流行开来。法语中的情形与此相近。①culture（文化）一词源自拉丁语中的cultura，最初的含义主要是耕种和栽培，同时附带一点尊敬和崇拜的辅助义。在英语中，culture作为表示抽象过程或这一过程成果意义的独立名词，到19世纪中叶以前还谈不上流行。在法国，culture一词出现于18世纪中期，与civilization几乎同时，且一开始两者间的关系就相互缠绕。这一法语词18世纪末传入德国后，先是被改造成cultur，进入19世纪又变成kultur，其含义与civilization相同：首先表示变成"开化的"（civilized）或有教养的（cultivated）之一般过程的抽象意义；其次表示由启蒙历史学家建立起来的那种"文明"含义，即18世纪流行的那些普遍历史文本中用以描述"人类发展的世俗过程"之概念含义。②

在整个19世纪的西方，"文化"和"文明"两词意义和用法非常相近，且混淆不清。两者的逐渐区分，最早可能受到德国文化民族主义的先驱赫尔德（J.G. von.Herder）以及他之后一些浪漫主义思想家的影响。如赫氏就特别热衷于每个文化的"精髓"和"情致"，强调不同文化内在的价值标准之合理性。这种强调，事实上逐渐导致了其后德国思想界对内在的文化（culture）和外在的文明（civilization）两种概念的分立。也

---

① Raymond Williams, *Keywords: A Vocabulary of Culture and Society*, Flamingo, 1983, pp.57—60.

② Raymond Williams, *Keywords: A Vocabulary of Cultureand Society*, pp.87—91.

就是将"文明"视为外在的、包括物质器技等在内的概念，而将"文化"视为内在的、精神的概念（早期也曾经有过相反的用法）。[①]这种区分与德国早先相对于英法为后进国家有关，后来也影响到英法美等其他西方各国。第一次世界大战前后，此种分别在西方更趋明显和稳定。与此相一致，那种视"文化"为文学、艺术、历史和学术等之类事物的观念，也逐渐发展起来。在英语中，这种我们称之为"狭义文化"的文化概念之使用，雷蒙·威廉斯在《关键词：社会和文化的词汇》中指出，"它的出现实际上相对较晚"，其具有决定性意义的发展，是在19世纪末和20世纪初。[②]这种狭义的"文化"概念的兴起不仅同民族主义有关，也是新兴的人类学发展的结果。至于后来至今作为各种专门化学术领域里特定术语的"文化"概念之特殊内涵，则已不是本文所欲把握的内容。

与西方类似，在中国，"文化"和"文明"二概念也经历了一番历史的演进，才具有了其现代意义。据笔者所见，现代

---

① 见艾恺《世界范围内的反现代化思潮——论文化守成主义》，贵州人民出版社，1991，第23—24页。他在注释中还指出："19世纪中'文明'与'文化'二词在不同语文上的用法常使人有混淆之感；然一般言之，其尖锐的对立意味在日耳曼思想中……至为明显……日耳曼对此二词的分辨始于19世纪前半，其时，区分的方式却恰相反；文明为内在因子，文化则为外在"（见该书第24页注释）。方维规在前面曾提及的《论近现代中国"文明"、"文化"观的嬗变》一文中概括摘引Joerg Fisch的论著Zivilisation, Kultur的有关论述时也指出："总而言之，在法、英、德、意等西方重要语言中，Culture和Civilization一开始几乎同义，可以替代，只表示发展'过程'而不包括发展'成就'，经历了很长的历史时期，两个概念中出现了'过程'和'成就'并存的含义，不仅如此，'过程'渐渐被'状态'所淡化甚至取代。十八世纪末，最迟至十九世纪初，现代意义上的、表示进步和发展水平的Culture和Civilization概念完全确立。"

② Raymond Williams, *Keywords: A Vocabulary of Culture and Society*, pp.90—91.

"文化"概念在中国的形成约略经历了甲午以前的酝酿、戊戌时期及稍后几年"广义文化概念"也即"文明"概念的确立和广泛传播，以及新文化运动时期"狭义文化概念"勃兴、与"广义文化概念"并行的三个阶段。换言之，现代"文化"概念在中国的形成不仅有前后的阶段性，在内涵认同上也有过不同的层次之分，特别是早期曾经历过一个与名词意义上的现代"文明"概念基本重合的历史过程。这一点十分重要。传统的"文化"一词只有经过包容进化理念和物质、军武发展在内的"文明"概念内涵的转换，才有可能进入其真正的现代狭义形式。而现代"文明"概念在中国的流行，总体说来要比"文化"概念略早。"文明"的进化观，"文明"各组成部分构成一个有机整体、必须连带变革与综合推进的时代意识及其直接携带的一系列现代性价值观念之勃兴，实构成为戊戌维新运动以及此后一系列变革的重要思想基础。惜目前的戊戌思潮史研究，尚未将此一时期的急剧变革同"文明"这一核心概念的关系纳入分析之中。而与此相关，民国初年，狭义"文化"概念的形成及与广义文化概念的并存这一思想史现象的出现与意义，尤其是与"新文化运动"的关系，至今也仍未能引起学界应有的重视。

　　现代"文明"和"文化"概念得以在清末民初出现、形成、广泛运行或实践，自然与西方现代语言新概念和观念的直接传播或经由日本的转播相关，同时又与晚清中国屈辱历史密切相连。就实质而言，它乃是中国人在反抗外来压迫和寻求自强独立的过程中反省与改造传统、学习西方和日本的现代思想观念之结果，是观念传播和清末民初社会现实互动的产物。在这一过程中，新型知识分子群体开始形成并成为社会舆论的主导力量，文化传播业也有了空前的进步，这些均为此一现代概念内涵及其在实践中所直接导致的价值观念之社会认同创造了条件。民族的精英有了现代"文明"概念的自觉，也就有了对文化的现代选择和批判。各种"文化问题"于是受到知识分子阶层的普遍重视和讨论，"文化论争"逐渐此起彼伏。中国文化史的发展这才开始进入到自觉的"现代"阶段。

一、中国传统的"文明""文化"概念内涵与现代意义的异同

中国传统"文明"或"文化"两词虽缺乏整体意义上的现代概念内涵，但却明显存在着与之相通的一些因素。作为中国古色古香的词汇，这两个词之间的关系相当密切。如《易经》中就有"文明以止，人文也。观乎天文，以察时变，观乎人文，以化成天下"（《周易·象传》）等用法。王弼注曰："止物，不以威武而以文明，人之文也。"与"文明"相较，"文化"一词的完整出现要稍晚，西汉刘歆在《说苑·指武》中的"凡武之兴，为不服也，文化不改，然后加诛"，是人们熟知的较早用例。[①]在中国古代，所谓"文明"乃是"文"之"明"，即文教昌明、发达之意；"文化"则是以"文"去"化"之，即

---

① 日本的铃木修次先生在《文明的语词》一书中有《"文化"与"文明"》一文，较早谈到上述古代中国的"文明"和"文化"的典型用例及含义。

与"武化"相对的文治教化。就"文化"的那种"业经教化过了"的结果之义而言，其含义又与"文明"一词有近似之处。

大体而言，中国古代的"文明"和"文化"两词，基本上不用于个人行为修养和知识水准判断，而主要用于说明社会和族群达到的发展水平。特别是"文明"一词，它具有与茹毛饮血、"榛狉之俗"、蛮野、洪荒、草昧、夷狄、戎番等相对的意义。而作为"文明""文化"含义基础的"文"字，其使用却远较两者要灵活，内容也更为丰富。"文"在古汉语中本指物之各色交错的纹理，《说文解字》曰："文，错划也，象交文"，故中文里又有所谓"天文""地文""水文""人文"之说。前三者表达自然现象中内在的脉络和条理纹理，"人文"则表述人类应然、合理的人伦秩序。"文"的含义，后又引申和具体化为文字符号、文章、典籍文书、礼仪制度等多方面的含义，并与"武"相对，而且这一演变没有经过太漫长的时间。从《史记·谥法解》中对"文"字的解释里，我们可以看到某种与社会发展和治理要求相关的古今一以贯之的标准化内涵。《谥法解》曰："经天纬地曰文；道德博闻曰文；学勤好问曰文；慈惠爱民曰文；愍民惠礼曰文；赐民爵位曰文。"历代王朝追谥大臣，凡谥"文"者，在标准掌握上大体都以此为依据。从这里，我们可以看到，所谓"文"，实包括道德修养程度、学问知识水平，对儒家的礼乐制度的理解和教化实施情况，是否"爱民"并给人民带来"实惠"，乃至具有高明统治百姓的"经天纬地"之能———一种"文化"即文治教化而非"武化"之能等多方面的内容。这种"文"字灵活、丰富的内涵，对于"文化""文明"在晚清以降开始出现现代意义及其运用曾产生了积极的影响。

显然，这种传统的概念内涵与现代西方的"文明"或广义"文化"概念的那一基层含义——"人类社会特有的且是其发展到一定阶段的产物"，具有某种相通之处。严复在《天演论》译著中，曾专门从进化论角度论及此问题。从译文上看，译者将"文化"与"文明"等量齐观，并与"文字"发明联系起来，行文中全然泯灭中西新旧界限，其试图寻找中西相通之处的用意是明显的，严文曰：

> 大抵未有文字之先，草昧敦庞，是为游猎之世。游，故散而无大群；猎，则戕害而鲜食艰食，此所谓无化之民也。文字既兴，斯为文明之世。文者以言其条理，明者所以别于草昧。出草昧，入条理，非有化者不能也。然而化者有久暂之分，而治亦有偏赅之异……故有文字至今，皆为嬗蜕之世，此言治者所要知也……所以先觉之仁俦，妙契同符，不期而合。所谓东海一圣人，此心此理同，西海一圣人，此心此理同也。是故天演之学，虽发于生民之初，而大盛于今世，此二千五百载中，泰东西前识大心之所得，灼然不可诬也。①

---

① 严复：《天演论》手稿本，1896年重九完成、1897年六月初六改定。王庆成等编《严复合集》第7册，台湾财团法人辜公亮文教基金会，1998，第124—125页。

上述文中"文明"和"有化"显然是英语"civilization"或"culture""civilized"的对译无疑，而"草昧"和"无化"则是与"文明"相对的野蛮之义。"文字兴"与"文明"的关系，既是中国传统的成说，也是文艺复兴以后西方现代"文明"观念中普遍的见解，且更重要的是，译文对"文明""有化"等词汇的使用，均出自现代"进化论"的典型语境中。

实际上，中国古代的"文明"与"文化"概念在与"野蛮"相对的那种"发展进步了的"状态含义的层面上，与现代"文化"与"文明"观念是最易相通的。[①] 且此涵义的形成，可能较civilization一词的这一现代意义的衍出还要早得多。据研究，在英语中，现代意义的civilization一词被收入辞书，始于1775年约翰·阿施所编的《英语新大辞典》，解释为the state of being civilized。此前，英国流行的civility一词的意义只限于"礼仪"、"礼貌"和"行为规矩"等范围。法语中的civilization一词的这一现代意义也出现较晚。此前流行的civilite和civiliser两词，与英语中的civility一词含义略同。[②]

---

① 明末来华传教士利玛窦在《畸人十篇》中对"文明"一词的使用，便鲜明地体现出这一点。他说："惟言，众人以是别禽兽，贤以是别愚，文明之邦以是别夷狄也"（朱维铮编《利玛窦中文著译集》，复旦大学出版社，2001，第466页）。至于现代文明概念中的"发展进步内涵"，著名文明史家基佐在1828年完成的《欧洲文明史》中就说得很明白；"文明这个词所包含的第一个事实……是进展、发展这个事实。它立刻使人想到一个向前行进、不改变自己的居住地而只改变自己的状况的民族，使人想到一个民族，它的文化就是训练自己、改善自己。我觉得，进展的概念、发展的概念是这个词所包含的基本概念。"基佐：《欧洲文明史》，程洪远、沅芷译，商务印书馆，1998，第9、232—233页。
② 方维规：《论近现代中国"文明"、"文化"观的嬗变》，《史林》1999年第4期。

不过，因中国古代"文明""文化"概念在很大程度尚停留在与进化发展观本质区别的那种绝对"文明"意义的境界，在根本上仍缺乏古往今来物质成就和精神积累总和意义上的名词概念内涵，故而容易导致那种以为中国古代"文明""文化"概念完全不具备与"野蛮"相对待的"进步状态"之含义的笼统说法和误解。其实，在绝对的"文明"与"文化"实现前，中国"文明"与"文化"亦经历过一个进步发展过程，且包涵物质发展的内容（这也是"文明"和"野蛮"在社会意义上得以对立的逻辑前提），只是随着绝对"文明"和"文化"在中国的实现，此一过程才随之失去了"发展"或"进化"的意义，以后的历史遂进入了循环变动、甚至"今不如古"的时期，此正是中国士人理想的"黄金时代"一直停留在"三代"的原因。因此，概观中国古老的"文明"概念，一方面它具有与"野蛮"相对的已经进步发展过的含义，同时又缺乏现代"文明"或广义"文化"观念中那种自身始终不断积累、进步，后阶段胜过前阶段，前者比后者"野蛮"、后者比前者"文明"的那种相对的形容词比较级含义，此乃是问题的症结。方维规曾指出薛福成和郑观应等晚清知识分子在19世纪80年代前后于传统意义上使用"文明"概念时，"常常有意无意地视文明为历史的一个片段（即便是很长的一个片段）"，而不是将其应用于历史的全过程，①大约与笔者的此种意思相近或相通。

正因为如此，当晚清中国人认知"文明"和"文化"现代概念的时候，与"野蛮"相对的那种含义易于得到认同，而与进化观念相关的古往今来一以贯之的物质和精神成果之总和的社会发展含义，却相对难以接受，此正是中国士人极难承认自己在总体上不如西方"文明"、不如其"文化"程度高的原因。在这方面，戊戌时代的严复堪称极好的例证。严在甲午后热情鼓吹"西学"价值，甚至强调看不到西学和西方制度优长之处的人"是无目者也"，但同时他却又强调，"治教初开""武健侠烈"的"草昧之民"打败"变质尚文、化深俗易"之群，正是中国历史上不断出现过的事实，甚至也未尝不是人类的"国种盛衰强弱"通例，因此，在表示对外来"隐忧之大"的心情的同时，他又矛盾地认为："至于今日，若仅以文教而论，则欧洲中国，优劣尚未易言。"②

可见，在传统与现代"文明""文化"概念和观念之间，或许其内在构成的各因素之具体内涵与赖以依存的内在价值标准存在着不同，才是更为重要的区别。因为作为状写人类社会生活的宏大概念，"文明"或"文化"概念本身就涵带着强烈的价

---

① 薛福成在《筹洋刍议·变法》篇中所谓"上古狉榛之世，人与万物无异耳。自燧人氏、有巢氏……积群圣人之经营，以启唐虞，无虑数千年。于是洪荒之天下一变为文明之天下"；郑观应在《易言·论公法》中说"礼之兴也，其在中古乎？当黄帝与蚩尤战于阪泉、涿鹿之间，方耀武功，未遑文教。及尧舜继续，垂衣裳而天下治，于是乎礼文具备中天之世，号为文明"。其中使用的"文明"一词都是传统意义。可见方维规前引文。

② 严复：《天演论·论十四》，陕西昧经本"译者按语"，王庆成等编《严复合集》第7册，《天演论汇刻三种》，第68—69页，手稿本"文教"二字为"教化"。

值导向和判断。传统中国的"文化"概念在其成熟之后，重视的只是道德教养及相关的学问知识，那些物质经济、军武发展方面的内容则往往受到极端轻视，甚至经常不被视为"文明"和"文化"的题中应有之义（儒家所谓"慈惠爱民"也通常仅停留在保证老百姓衣食无忧的行政境界，并不追求物质经济进一步的发展和"民主"），这显然成了近代中西文化冲突的一个重要思想根源。

概念和观念的变化总是随着社会生活和时代的变动而变动，当近代西方资本主义列强的入侵，将体现资本主义经济发展、政治变革和科学进步的新的"文明""文化"概念带到中国和日本时，一种有别于传统的现代"文化"概念和相关观念在中日两国的形成与传播，注定是不可避免之事。同时，这也注定了它必然是一个伴随着国人传统文化价值认同危机和自我反省的历史过程。

二、新式"文明"概念的引入与新概念符号"文化"一词在中国的早期出现

随着晚清西方对中国冲击的逐步深入，传统"文明"一词也随之出现在新的语境里，其内涵也开始渐有微妙的变化，并显现出某种价值类型化的特点。如早在1867年，一群华人在上海的英租界里，就将新成立的旨在"惜字放生"的慈善机构，

命名为"文明局"。①这里的"文明"一词，其形容词的价值归类的特征已经较为明显，似受到了西方相关观念的某些影响，但在内涵上却仍然囿于文字和道德的传统意义范围。尽管它多少反映了中国人认同现代西方"文明"概念的初期切入点所在，但却并不能表明传统中的"文明"一词乃是最容易优先被提取出来对应西方现代civilization，culture和civilized的中文词汇。这一点，从早期来华传教士和中国自己人所编的各种英汉词典中对这些词的有关翻译，可以得到证实。

大体说来，从19世纪60年代开始，一些英汉词典陆续列出了有关civilization、civilize、civilized和culture的条目，但列出动词civilize的较多，列出名词civilization的较少。直到戊戌维新以前，无论来华传教士还是中国人自己编纂的英汉词典中，均未有直接以"文明"或"文化"两词来对应上述英文词的现象，一般都以"教化"一词对译之。1868年，在中国人邝其照编的英汉词典《字典集成》中，亦未收录civilization一词，而译culture为"修理之功"，②该词典于1887年的修订版又改译此词为"耕种，修"。由谭达轩编辑、1875年香港初版、1884年再版的《字典汇集》中，译civilization为"教以礼仪、教化之事、

① 1867年上海英租界华人所创"文明局"一事，可见《上海仁济堂征信录》光绪十九年刻本聂缉椝序："仁济善堂者，创于同治六年，初以惜字放生曰文明局，继曰中和局，至光绪七年，乃改今名。"另，此书中所收仁济堂司董施善昌1882年底所写《沪北仁济堂缘起》一文中亦有言："本堂始于光绪六年，经陈凝峰……诸君于英租界逢吉里租赁民房，初集惜字放生会，名曰文明局。七年秋……因局房狭隘，乃迁赁大马路，改名中和局。"此条资料系夏明方帮笔者查找，特此致谢。
② Kwong Tsun Fuk, *English and Chinese Lexicon*, Hong Kong，1868, p.74.

礼貌、文雅"，^①而culture的译词则完全袭用了罗存德词典。^②在晚清英汉词典中，直接译civilization、culture为"文明"或"文化"是进入20世纪以后的事情。

不仅英汉词典如此，甲午以前的其他西文翻译文献中，以"文明""文化"两词来直接对译的也是极少，而大多是将其翻译成"开化""风化""教化""文雅""文教兴盛""政教修明""有教化""有化"等词汇。如1864年传教士丁韪良组织翻译出版的《国际公法》一书中，就译该词为"文雅"；19世纪80年代介绍西方政治、经济思想最为系统的中文译著《佐治刍言》一书，则译civilization为"文教"，等等。

从笔者所掌握的材料来看，至少从19世纪中期以后开始，西方"文明"概念的部分内涵就已在中国开始有了较为正式的传播，只不过当时多还没有采用"文明"或"文化"这样明确的对译词。如1856年，英国传教士理雅各在其出版的《智环启蒙塾课初步》一书中，就介绍了这一概念。该书是作为香港英华书院院长的理雅各给中国学生学习英文所编的英汉对译教材。它的第154至157课，分别题为"国之野劣者论""国之野游者论""国之被教化而未全者论"和"国之被教化而颇全者论"，实际论指的就是野蛮民族、半开化民族和文明民族（savage nations，barbarous nations，half-civilized nations，

---

① Tarn Tat Hin, *English and Chinese Dictionary*, Hong Kong, 1884, second edition，第145页。

② Wilhelm Lobscheid, *English and Chinese Dictonary*, Hong Kong Daily News Press, 1866—1869, p.392. 在该字典中，culture译为"种植之事""耕种之事"。

civilized nations)。其所论列的实际标准值得注意，它认为"野劣"邦国之人"全无教化，人衣兽皮，食则野果草根，或猎兽而取其肉"，并将南北美洲诸民族（除美国外），澳大利亚、新西兰的土人和非洲的黑人归之；"野游"之国人则"国无都城定处，民游各方，寻刍以牧样畜，或寻机以侵邻部者"，他们散居在非洲等地；而"被教化而未全"的邦国之民，则"于格物致知，已有所获，于教化政治，已有所行，但仅得其偏，而未得其全者"，他们包括亚洲的印度、日本、土耳其等国人。观其实意，中国似也当列其中，但显然出于策略考虑而未明言。至于"国之被教化而颇全者"，则指的是西班牙、葡萄牙、意大利、俄罗斯、波兰、英国和美国人，"其中士子谙熟技艺文学，惟民尚多愚蒙"。在这当中，又以英美两国"其民为天下之至明达者"。此处的"文学"指的是sci
cnce（科学），"明达"指的是enlightened（开化）。由此也可见其部分判断标准。①

　　22年后，清朝驻英法公使郭嵩焘几乎以相同的方式，也向国人介绍了西方"文明"概念。在1878年3月5日的《伦敦与巴黎日记》中，他明确写道："盖西洋言政教修明之国曰色维来意斯德（civilized），欧洲诸国皆名之。其余中国及土耳其及波斯，曰哈甫色维来意斯德（halfcivilized）。哈甫者，译言得半也。意谓一半有教化，一半无之。其名阿非利加诸回国曰巴尔比里安（barbarian），犹中国夷狄之称也，西洋谓之无教化。三代以前，独中国有教化耳，故有要服、荒服之名，一皆远之

---

① 　见沈国成、内田庆市编著《近代启蒙の足迹》一书中所附《智环启蒙塾课初步》全文，日本关西大学，2002，第243—245页。

于中国而名曰夷狄。自汉以来，中国教化日益微灭，而政教风俗，欧洲各国乃独擅其胜。其视中国，亦犹三代盛时之视夷狄也。中国士大夫知此义者尚无其人，伤哉。"①

在这段广受学人关注的文字中，郭氏似乎不仅是一般地介绍了西方的"文明"概念及其所附丽的一些判断，而且还对其表示了某种程度的认同态度。其所谓"政教修明"虽仍是传统用语，但内容已略异于传统"文教"，成为包括政治、学术等在内的综合性整体概念，"政教"里面也已隐含了理财有道、物质繁盛等未曾明言或未能清楚言明的内容，这从其日记的其他部分可知。甚至于他在文中，还将西方摆在了最为"文明"的位置，并置中国于"半开化"的境地，这等于部分颠覆了中国传统评判"文明"的价值标准。像这样的议论在当时的京城引起轩然大波，实在毫不足怪。不过在这里，郭嵩焘还只是音译和解释了"文明"概念，同样仍没有给出这一概念准确、恰当的汉字对译词来。

实际上，就基本内涵而言，现代"文明"概念指的主要是人类创造的物质和精神成果的总和，一种两方面都发达意义上的不断进化着的社会综合状态，一种相对而言的当下较高发展水平而已。因此，具体判别一汉语字词是否为现代"文明"概念最核心的对等符号，笔者以为似乎至少应该符合以下三个条件才行，即该词既可与建立在不断进化、发展的相对"比较级"意义上的civilized对应；又可与不断进化和积累之物质和精

---

① 郭嵩焘：《郭嵩焘日记》第3册，湖南人民出版社，1982，第439页。

神成果总和意义上的名词概念civilization或culture对应；最后，在词形上，它还应是现代的"文明"或"文化"两个汉字组合（此外，"开化"一词也庶几近之）。只有符合以上三个标准的汉字对应词汇的使用，方可谓为现代"文明"概念在中国最早出现的词形符号标志。

基于此，笔者以为，现代"文明"概念的核心词汇符号可能大体产生于明治维新初期的日本，《明六杂志》已经较早使用它，福泽谕吉1875年出版的《文明论之概略》一书，对这一概念的确立和传播贡献最大。而在中国，黄遵宪于1879年出版的《日本杂事诗·新闻纸》中"文明"一词的使用，或可差强人意地视为现代"文明"概念完整出现的较早标志。黄曰："一纸新闻出帝城，传来今甲更文明；曝檐父老私相语，未敢雌黄信口评。"注曰："新闻纸中述时政者，不曰文明，必曰开化。"①而在其完成于1887年而于1895年出版的名著《日本国志》中，黄又引入了此现代"文明"概念，不过书中所用乃是"文化"一词："（有）曰日本法律仍禁耶稣教，背宗教自由之义，实为文化半开之国。"②"文明"与"文化"二词，在明治时期的日

---

① 黄遵宪：《日本杂事诗》，岳麓书社，1985，第642页。说其为标志"差强人意"，乃是因为其中表示物质和精神成果总和含义的那种名词内涵，似仍然不太鲜明。笔者这里提出判别现代"文明"概念引入的标准，系针对日本学者石川祯浩认为梁启超1896年所写的《论中国宜讲法律之学》一文中对"文明"一词的使用为最早（参见其《近代中国的"文明"与"文化"》一文）和方维规在《论近现代中国"文明"、"文化"观的嬗变》文中强调19世纪30年代传教士在《东西洋考每月统计传》中所使用的"文明"，已是civilization的对译词的猜测。而且即便方先生的判断正确，在当时的语境中，它也无法带给当时的阅读者以不同于传统"文明"一词的异样感觉。

② 黄遵宪：《日本国志》，台北：文海出版社，1968，第229页。

本，往往混用，意义上并无明显差别。

目前学界的研究成果表明，作为个别性的使用，带有现代含义的"文化"汉语字词的出现大约是在甲午以后的戊戌时期，是那时候才从日本引入中国的。其实情况未必尽然。据笔者最新考证，中国人颜永京和美国在华传教士丁韪良，就曾分别于1882年和1883年时有过不容忽视的创造性使用。

颜永京（1838—1898），上海人，1861年毕业于美国俄亥俄州甘比尔镇建阳学院后回国传教，致力于传播西学，是晚清中国人中独立翻译西方人文社会科学著作的开创者。他曾于1882年将斯宾塞（Herbert Spencer）的《教育论》第一部分译成《肄业要览》一书出版，书中就三处七次使用过"文化"一词：

> 近来文化日兴，男子之衣服一项则稍减其从前之浮习而留心于实用。
>
> 吾国自诩为有学问之邦，竟未能着重吾国之文化与国之昌炽，虽借格致学而来，惜今塾中格致学但得其片解耳。
>
> 稗乘、音歌、雕画等雅艺，乃国已有文化已有昌炽而加花以润饰（文化昌炽，即国中士农工商兴旺之气象也）。文化在先而润饰在后，是以讲究文化昌炽之学，必先于雅艺之学。今大小书塾竟颠倒其应学应知之次序，重花而不重树，加意于雅艺而不加意于文化，吾所以出此言者，盖论保护身体之学，则空无所有，论谋生之恒业，惟

教其大略而已。①

在英文《教育论》里，斯宾塞本使用了"审美文化"（aesthetic culture）、"科学文化"（scientific culture）等概念，但颜永京对"culture"的理解和处理似不如"civilization"，而将"审美文化"译为"雅艺"。或许意识到以"文化"一词来对译包括了物质繁荣等内容在内的"文明"内涵，与传统中国人的惯常理解有明显差别的缘故，颜永京在相关译文之后，特以括弧方式加注曰："文化昌炽，即国中士农工商兴旺之气象也"，此处"昌炽"一词的使用可谓苦心孤诣，它与"文化"连用，构成"文化昌炽"，确实能传达出一种社会整体发展的"文明发达"之含义，为以后"文化"一词开辟出包括物质发展层面内涵的广义文化概念，走出了先路。毫无疑问，颜永京是真正理解了西方现代"文明"概念内涵，而又自觉探索和创造出对应词的可贵先驱。

1883年，同文馆总教习、美国传教士丁韪良（W. A. P. Martin，1827—1916）在《西学考略》一书中，也在现代意义上多次使用了"文化"一词。1882年，丁韪良利用回美国休假的机会对美国和其他欧美国家的高等教育和科学研究情况进行了调研，同时记下途经七国的有关见闻，写成了《西学考略》一书，1883年在中

① 颜永京：《肄业要览》，光绪二十三年（1897）质学丛书初集重刊本，第3、45、33页。同年，另有梁启超编的《西政丛书》本《肄业要览》，慎记书庄石印。该书序言标明"光绪八年（1882）孟冬序于约翰书院"。此书版本较多，早期有上海排印本一册。格致书社本一册，《湘学报》连载，改为《史氏新学记》。

国出版，由总理衙门印行。该书是甲午以前介绍西方教育和新学的重要著作。书中内容对于当时中国士大夫来说相当新鲜，如他对发明电灯的大发明家爱迪生的采访报道，就是有关爱迪生的消息在中国的首次传播。同时，他还首次向中国人介绍了达尔文学说。在该书里，也有三处使用了"文化"一词，特引录如下：

> 文化三原，以埃及为本。按，西国文化虽以罗马、希腊、犹太为三大原（以罗马为治道之原，希腊为文教之原，犹太为敬天修福之原），而原之所出，要皆推崇埃及为始，是以埃及古迹各国争取之。

> 希腊文化昉于周初，有瞽者贺梅尔擅绝世之才，歌咏诸邦战迹，庶民心感多默识之。迨东周时，士人仿其体裁为诗，亦有因之别为戏文者。故泰西戏文自希腊始……至周末时，性理之学大兴，分门别户，列为百家，交相论说，渐入虚无。

> 美国学校男师有九万七千余，女师有十四万（女师西国皆多），无论男女十岁以下者，率从女师受教。故女子多有舌耕而广宣文化也。[①]

这里，第一段文字里的"文化"一词乃是物质成就和精神成果总和含义的名词概念，它包括了"治道"即政治经济、"文教"即狭义的文化学术、"敬天修福"即宗教等多方面内容，与

---

① 丁韪良：《西学考略》卷上，同文馆光绪癸未聚珍版，第21页；卷下，第1、43页。

"文明"的名词概念重合；第二段文字里，"文化"一词主要是在狭义的范围上使用，指称文艺和学术；第三段文字里，"文化"一词甚至颇有点类似今人所说的"文化知识"，并强调西方女教师多、对文化发展和传播有大贡献之义。就整体来看，它们显然都是带有现代意义的使用。丁韪良对"文化"一词的名词使用在当时就能如此"现代化"，不免让今人多少感到有些吃惊。他在出版此书之前，与日本汉学家和洋学家中村正直等有较多文书交往，且此次考察又经过日本，或许受到过日本相关用法的某些影响，也未可知。

甲午以前，中文里现代"文明"或广义"文化"概念的明确使用虽然少见，但这并不等于说当时的清朝就没有真切了解和彻底懂得这一概念的中国人。除了前面提到的颜永京等人之外，陈季同、辜鸿铭等人在西文作品中的有关使用也值得注意。19世纪80—90年代，陈、辜二人都曾以优美的法文、英文著书作文，面对西文世界，熟练使用新式的"文明"概念维护祖国的荣誉，为民族文化"争面子"。如辜氏在1883年、1891年发表在《字林西报》上的《中国学》《为吾国吾民争辩——传教士与最近骚乱关系论》等文中，就使用了相近意义的是civilization和culture的概念。①而陈季同于1884年在巴黎以法文出版、后译为英文、广为畅销的《中国人自画像》一书里，不仅相当熟练、频繁地使用现代"civilization"概念，且常以反讽的笔调机智地调侃西方现代文明，特别是喜欢针砭其"尚武"之

---

① Ku Hung–Ming, *The Spirit of the Chinese People*, Peking, 1922, pp.134—135; *Papres fom a Viceroy's Yamen*, Shanghai, 1901, p.40.

方面，进行东西文明的有趣比较。陈氏的有关论说可以说代表了迄今为止能够见到的那个时代中国人对于现代"文明"认知的最高水平。①似辜、陈之举，实际上已构成晚清中西文明观念互动史的一个特殊组成部分。②

现代"文明"概念在中国的生成、发展，与晚清传统"夷夏"观念的变化有着密切的关联。所谓"夷夏"观念，与现代"野蛮和文明"观念有相似之处，但内涵却不尽相同。除了前者将后者所包括的抽象含义直接具体化和对象化之外，③还表现为后者蕴涵着不断发展、进步的理念，同时两者据以判定自身的内在价值标准也存在差别有如前述。从某种意义上说，现代"野蛮—文明"对立观念在中国的确立，恰恰是一个与"夷—夏"观念逐渐消失相对应的过程。冯桂芬著名的"四不如夷"论——"人无弃才不如夷，地无遗利不如夷，君民不隔不如夷，名实必符不如夷"的论断，其实已宣告"夷—夏"观念内部的价值矛盾，但其真正被"文明—野蛮"的现代观念所取代，却是在甲午战争以后。

---

① Tcheng ki-tong, *Les Chinois Peints par Eux-Meme's* Paris, 1894, 见黄兴涛等根据1885年英文本转译的《中国人自画像》，贵州人民出版社，1998，第156—158页。

② 除《中国人自画像》外，19世纪80—90年代，陈季同还以法文著有《中国人之娱乐》《中国戏剧》等书。《中国人之娱乐》出版于1890年，不久便有了英文译本。见黄兴涛等译《中国人自画像》，第261页。

③ 有意思的是，戊戌时期唐才常曾将两者加以勾连："故夷狄者，野蛮土番之记号；中国者，礼仪文明之记号。"《辨惑》（上），《唐才常集》，中华书局，1980，第167页。

三、甲午战后现代"文明"概念的社会化实践及其与戊戌思潮之关系

甲午战后，现代概念意义的"文明"一词（包括广义"文化"一词）已频繁出现于报刊、上呈皇帝御览的变法专论、奏折及各种著作之中，甚至出现在宋恕的《致夏惠卿（曾佑）书》这样的私人通信里。维新思想家和活跃知识分子如康有为、梁启超、严复、谭嗣同、唐才常、章太炎等，洋务派趋新人物盛宣怀，在华传教士林乐知、李佳白，乃至极端讨厌新名词的保守人士叶德辉等，均在新的语境中加以新式使用。可以说，当时一般有知识而又关心时局的士大夫，对于现代"文明"一词的大体含义，已经不算陌生。

不仅如此，从当时的许多具体使用来看，一些先进的知识人对于现代"文明"概念中那种不断进化、呈现"等级阶段"的内涵，对于"文明"包括物质和精神的整体发达之社会涵义等，也都基本了解并表认同，对于以西方和日本社会发展为代表的现代"文明"的价值和先进的"文明"生活，也开始表示出明确的向往。换言之，在戊戌时期，现代"文明"的概念及其传播实践，已开始较为深刻地影响到中国的政治变革运动，逐渐有力地改变着人们的部分价值观念，并已初步显示出必将进一步影响人们社会生活的前景和力量。当是时，人们已开始逐渐习惯于用"文明"的概念来认识问题、判断得失，提出和论证变法维新的主张和举措。凡此，就是笔者所谓现代"文

明"概念及其在实际运用中所涵带的一套具有时代特征的相关价值——现代"文明"观念，在这一时期的中国部分先进分子思想中已经初步形成的含义。

这里，有必要对本文中所涉及的现代"文明"概念与现代"文明"观念之间的关系问题作点说明。现代"文明"概念如前所述，指的是人类物质和精神成果的总和，一种不断进化着的社会综合状态，一种相对而言的当下较高发展水平。而现代"文明"观念则指现代"文明"概念在当时的实际运行即社会化实践过程中所直接携带的那些现代性主导性价值观念。具体到戊戌时期来说，则大体包括崇尚进化论、合群观、物质军事强盛、科学发达、教育平等、议会民主制度、讲求功效等等方面，乃至对新闻出版等领域的各种现代化设施本身的先进性意识。当然，就"文明"概念的单个使用者而言，他们未必对上述现代性价值全都认可，甚至于还出现了完全反其道而行的运用（如叶德辉），但从当时使用现代"文明"概念的主体来看，却主要是那些引领时代潮流的戊戌维新思想家，因而其主导使用倾向，也无疑是对前述现代"文明"观念的基本认同。

下面，我们就将现代"文明"概念的引入与"文明"观念的传播结合起来加以考察。

（一）《文学兴国策》和《时务报》中"文明"一词大量出现的中西日文化互动之象征意义

目前，学界有关戊戌时期现代"文明"概念引入的前沿研究，基本仍是从《时务报》开始讲起，实则在《时务报》创刊之前出版和广泛传播的《文学兴国策》一书，就已经较多地传播了现代"文明"概念。该书原名为*Education in Japan*（《日本的教育》），1896年5月以广学会的名义印行、图书集成局铸铅代印出版，署名为森有礼（日本人）编、林乐知（美国在华传教士）译、任廷旭（中国进士）笔述。同年，它又与风行一时的名著《中东战记本末》合订为一册流传。在该书中，"文明"一词的使用，涉及"文明"内在的进化发展、速度快慢，以及其所包括的政治、经济、法律、教化等多方面的综合概念之含义，基本上传达了现代"文明"概念的主要内涵。由于学界还没有人强调这一事实，故不妨在此略引几例：

1、甚有政治教化远不逮贵国之文明者，一经基督教道之感化，而其成效之速，诸事之兴，靡不可计日以待；

2、苟知文明之人胜于鄙野之人，即可知文明之国胜于鄙野之国矣；

3、夫欲兴一国之商务，须先造就一国之商人，凡国多文明之商人，则其商务之广可必矣……凡一国之律法，有行之者焉，有立之者焉。行之者谁？官司是也。立之者谁？议员是也。是二人者，皆当使文明之人充其选……西国振兴之故，全在于基督之教道……我先祖当年，所赖以化鄙野为文明者，独以此道。①

---

① 森有礼编《文学兴国策》，"近代文献丛刊"本，林乐知等译，上海书店出版社，2002，第6、14—16、31—32页。

参照对读此书的英文本，不难发现，《文学兴国策》实际上乃是美国人向其东方小兄弟日本热情灌输其现代"文明"理念的一部教科书，其中不乏对"文明"的各种论断，如大谈"教育对于文明的必要性"，"文明的意含就是对自然的改进"；"文明与不文明之间的分界就在于，文明意味着人化或人的修养（man-culture）、人的精神和道德上的积极向上和提高；不文明则意味着接近于自然状态"；"文明的趋向，必定是建设心灵"；"在数量上，半开化民族总是比文明民族要多"，等等。[①]而在中文译本中，civilization和civilized除了被译成"文明"，更多的时候则被译作"开化""教化"和"有教化"等等。

此外，在《时务报》之前，著名维新思想家宋恕、卢戆章对"文明"一词也有过现代意义的使用。如在宋恕标明1895年2月定稿的《六字课斋津谈》一书和同年5月的《致夏惠卿书》中，就能屡次见到现代意义的"文明"一词。[②]他们的使用，虽可能也直接间接地受到了西方和日本的影响，但却提醒我们在讨论这一问题时，尚可将视野进一步前移至甲午战争爆发之后特别是其结束之初。

可以肯定，甲午战争结束之后现代"文明"概念在先进知识精英中的较多运用，与日本相关概念的大量输入，具有直接

① 《森有礼全集》（近代日本教育资料丛书人物篇）第3卷所收 Education in Japan，宣文堂书店，昭和47年，第31、35、39—40、33页。

② 见《六字课斋津谈》"宗教类第十"，胡珠生编《宋恕集》上册，中华书局，1993，第76页。《致夏惠卿（曾佑）书》，《宋恕集》上册，第527—528页。卢戆章乃戊戌时期以提倡"切音文字"著称的维新人士，1895—1896年在《万国公报》（光绪二十一年十月至十一月，第82卷）上连续发表《三续变通推原说》，文中也多次使用现代"文明"概念。

而重要的关联。《时务报》"东方报译"专栏中对日本"文明"概念的大量输入，即是明证。鉴于方维规和其他学者已经初步揭示过这一史实，故本文在此不拟多谈，只想以载于1896年9月《时务报》该专栏的译文《太平洋电线论》一文为例，略作说明。在该文中，"文明"一词至少出现了六次，如"文明大启，四海一家"；"欧美文明之地"；"中日交战，遂使日本之文明，表显于全球之上，至是天下始知日本之进步"；"美国西岸，未进文明之域"；"抑北美文明，所以超乎大西洋东岸"等等。[①]由此可以窥斑见豹。

　　《时务报》的"东文报译"栏，是专门聘请日本汉学家古城贞吉主持的。其所译大量文字，也都出自古城一人手笔。它是戊戌时期日本新名词传入中国最重要的渠道。日本人自己亲自"输入"，这是早期日本新名词新概念在华传播的一个重要现象。通过《时务报》这样的流行刊物造成传播的现实，从而为梁启超后来主持的《清议报》《新民丛报》以及其他人创办的《译书汇编》等刊物对日本新名词的深入传播，建立了不容忽视的"前站"。当时从事此种活动的还有日本学者藤田丰八等其他人。藤田和古城贞吉等在《农学报》的翻译活动也很值得重视。实际上，从戊戌思想家们对于"文明"或"文化"一词的使用大多都在《时务报》发行以后一点来看，也能说明从日本直接输入这一新概念所造成的直接影响。

---

① 　《时务报》第7册，1896年9月，见1991年中华书局影印本《时务报》第1册，第457页。此文译自日本东京1896年8月15日《经济杂志》。

（二）"进化论"与中国士人对现代"文明"概念的接受与运用

值得强调的是，甲午战争的强烈刺激所导致的心理和思想急变，特别是进化论思路的导入，对于现代"文明"概念的传播及其相关价值观念在中国的确立所产生的作用，或许较之其他因素都更为重要而直接。具体论之，战败的残酷现实，"亡国灭种"的危险，迫使人们整体反思西方文明的优长和自己传统的不足，并迅速形成西方和中国都是政教、商务、文教等综合发展整体的意识，强烈感觉到西方的强势和中国的劣势不仅表现在军事上和物质上，更源于其优势的学术、教育和政治体制。而整体考虑问题的方式与强烈的"变革"意识相结合，同时也呼唤出"进化论"——几乎是一种从"力"和"智"角度率先着眼的本能期盼。此时，被赋予了时代意义的"维新"二字本身就是进化论意识的产物，它体现了一种追求"进化"和整体变革的双重涵义，而人类社会的进化论，实质上就是一种"文明"论的逻辑。

严复自甲午至1898年间的思想发展，对证实上述观点颇具典型性。他1895年初曾撰文《论世变之亟》，明确指出"中西事理"的根本差别在于：是不断向前发展、追求进化，还是向后看、限制"机巧智能"。同年5月，严又著文强调"中国不变法则亡"，"四千年文物，九万里中原，所以至于斯极者，其教化学术非也"，并要求国人对西人指责中国宫廷用宦官、女子缠足、断狱专用毒刑拷打，不似"有化之国"的言论"平心深思，察其当否而已"。①此时，其对现代"文明"概念及相关价值观念的认同已呼之欲出。1896年乃至更早些，严译完《天演论》，已经在现代意义上使用了"文明"概念。1898年，严复明确用"开化论"维护国家民族利益，指责德国侵占胶州湾是"野蛮生番之道"，是不"开化"之举，因"所谓开化之民，开化之国，必其有权而不以侮人，有力而不以夺人"，而有"开化之国之首"之称的英国《泰晤士报》竟然为虎作伥，"公理何在？公道何在？"②

几个月后，严又在《保教余义》中更为准确地运用了"文明"和相同意义上的广义"文化"概念，曰"自非禽兽，即土番苗民，其形象既完全为人，则莫不奉教，其文化之深浅不同，则其教之精粗亦不同"；"问其何以为土教？则曰：遍地球不文明之国所行土教，有二大例：一曰多鬼神，二曰不平等……实为多鬼神之说，与不开化人脑气最合，遂不觉用之甚多，而成为风俗。盖民智未开，物理未明，视天地万物之繁然淆然而又条理秩然，思之而不得其解，遂作为鬼神之说以推之，此无文化人之公例也"。③至此，其对现代"文明"概念的理解与运用，已经相当成熟。

戊戌年五月，康有为在进呈光绪帝的《日本变政考》中，有一段"按语"，也非常清晰地体现了中国士人对政治体制、经济和文教发展等整体演进的"文明"概念内涵之接受，与开始

① 严复：《救亡决论》，《直报》，1897年5月1日至8日。
② 严复：《驳英泰晤士报论德据胶澳事》，《国闻报》，光绪二十三年十一月初一日。
③ 严复：《保教余义》，《国闻报》，光绪二十四年四月十九日—二十日。

认同进化论、竞争论以及现代民族国家观念之间的紧密关联，特引录如下：

> 进步者，天下之公理也。小之则一身一家，推而极之，全球万国，无强则无弱，有愈强者则先之强者亦弱矣。无富则无贫，有愈富者则先之富者亦贫矣。无智则无愚，有愈智者则先之智者亦愚矣。故进步者，将尺寸比较，并驱争先。己国文学与外国文学比较，则欲其愈盛也。兵力与兵力比较，则欲其愈强也。物产与物产比较，则欲其愈多也。商务与商务比较，则欲其愈增长也。工艺与工艺比较，则欲其愈精良也……日本开议会之始，伊藤卓识，深契此义。国事以是为宗主，人心以是为宗主，讲之极精，磨之极熟，虽欲不强盛文明，得乎？①

从概念史的角度来看，一个概念的流行和社会认同程度，同与其对立的概念和相关的概念群的出现、传播，具有密切的联系。②在戊戌时期，同"文明"对立的现代"野蛮"概念也广为流行，尽管该传统词作为带有新义的新概念在晚清也较早的出现过（现代用法的"野蛮"一词就较多地出现在1864年版的

---

① 康有为：《日本变政考》卷六，见黄彰健《康有为戊戌真奏议》附录，台北："中研院"历史语言研究所史料丛编，1974，第243—244页。

② 在这方面，德国学者柯史莱克（Reinhart Koselleck）在其新近被译成英文的著作《概念史的实践》中有精辟的论述，可见其《"进步"与"落后"》一文（"Progress" and "Decline", *The Practice of Conceptual History*, Stanford University Press, 2002, pp.118—235）。

《万国公法》一书中）。同时，与之相关的现代新概念，类"进化""进步""开化""物竞""天择""适者""物质""军事""维新""改良""革命""民族""国民""支那""宪法""立宪""社会""宗教""民权""民主""议院""议会""议员""教育""法权""版权""女学""义务""权利""自由""科学""群学""经济""政治（学）""法学"，乃至"名学"、"联珠"（三段论）、"内导之术"和"外导之术"（归纳、演绎）等，也于此时一道兴起和流传开来，共同构成了这一宏大概念得以基本确立的新式语言环境。它们与现代"文明"或广义"文化"的概念互相匹配，彼此引发、呼应，有力地传达和界定出一种崇尚物质发展、议会民主政治、科学进步、逻辑思维等的现代"文明"之整体观念，用现在时髦的话来说，就是构成了一套现代"文明"话语——实际是一种现代"文明"概念运行或实践的产物。因此，概念史的研究，若只是局限于研究单一概念，并不能完全体现其方法论的意义，而必须追索概念的网络运行，原因就在这里。

（三）现代"文明"观念的兴起与戊戌维新思潮之关系

甲午战后，现代"文明"概念及其在实际运用中直接附丽于此的相关现代价值观念的导入，对于戊戌时期各项变法问题的认识，均产生了不同程度的影响，并逐渐构成整合维新变法总体思路的理论根据。

梁启超是戊戌维新时期较早乐于使用新式"文明"概念并明确形成了带整体性现代"文明"观念的思想家，在他的带动和示范下，"文明"一词逐渐得到越来越多先进知识人的使用，以"文明"概念来思考中国的改革问题，并赋予这一概念以新的现代性价值标准，也开始渐成风气。1896年，梁在其传诵一时的《变法通议》中，就赋予了发展"女学"以"文明"的名义，在《论女学》中他又强调提高妇女的智识和兴办女学，是"文明贵种"的必然行为。[①]同年，梁还著文反省"中国以文明号于五洲，而百人中识字者，不及三十人"的社会文化程度，[②]同时，在《治始于道路说》文中，他将道路的窊陋污秽畅达卫生与否，也视为"闭化之国"与"开化之国"的明显差别。此外，梁还呼吁"中国宜讲求法律之学"，将法律的完备和公正明确作为现代"文明"的衡量标准，并于1898年3月发表《论中国宜讲求法律之学》一文，显示出对于"文明"的相对性与其进化的绝对性较为成熟的把握。[③]

戊戌时期现代"文明"概念的引入，使"广开学会"被视为"文明之国"开发智识的良途；[④]大办报纸、普建图书馆也被视为推进文化进步的手段，甚至报纸销量的大小，也开始被视为"文明"与否的标志。谭嗣同就曾致信唐才常说："金陵销《时务报》仅及二百份，盖风气之通塞、文化之启闭，其差数亦如此也。"[⑤]卢憨章则在《万国公报》上撰文揭示欧美富强

① 张品兴主编《梁启超全集》第1册，北京出版社，1999，第30—33页。
② 梁启超：《〈沈氏音书〉序》，《梁启超全集》第1册，第90页。
③ 梁启超：《饮冰室文集》第1集，吴松等点校，云南教育出版社，2001，第78页。
④ 章太炎：《论学会有大益于黄人亟宜保护》（1897年3月3日），汤志钧编《章太炎政论集》上，中华书局，1977，第8—9页。
⑤ 蔡尚思、方行编《谭嗣同全集》上，中华书局，1981，第262页。

文明与图书馆——"公书库"的关系，强调："公书库则富贵贫贱、男女老少，无不培植，故人才之得失，关乎书库之多少，关乎国家之盛衰。欧美文明之国，人才众多，邦国富强，属地广大，莫不由是而至也。"①戊戌时期及以后报刊和学会等在中国的较大发展，与此种价值观的奠定有着密切关联。

铁路，此时也被认为是必须兴建的"文明"利器。1898年9月5日，康有为在《请计全局筹巨款以行新政筑铁路起海陆军折》中便强调："凡铁路所到之地，即为文明繁盛，铁路未开之所，即为闭塞榛荒，此万国已然之迹也。"②在更早些时候上呈光绪帝的《日本变政考》中，康有为即认为"铁道为文明之利器"。③而与此相对，反对修铁路则被视为守旧和不"文明"，谭嗣同就不无兴奋地宣称："今日之世界，铁路之世界也……湖南自数年以来，文明日启，脑筋日灵，言新则群喜，语旧则众唾。"④虽实际情形未必然如此，但"文明"的概念及其与之相伴的新式价值观的兴起，却是不争的事实。

与铁路类似，现代城市的市政建设、警察的设立，也被视为"文明"国的"根本"所在而加以鼓吹。如唐才常在《湘报》上就著文指出："西人之觇国势者，入其疆，土地辟，市政修，万民和乐，令行禁止，即为有文化之国，而根本实源警

---

① 卢戆章：《三续变通推原说》，《万国公报》第82卷，光绪二十一年十月至十一月。

② 中国史学会主编《中国近代史资料丛刊·戊戌变法》第2册，神州国光社，1953，第257页。

③ 康有为：《日本变政考》卷二下，见黄影健《康有为戊戌真奏议》附录，第170页。

④ 谭嗣同：《论湘粤铁路之益》，《谭嗣同全集》下，第423页。

部。"①唐还大力提倡研究、发展自然科学，特别是算学，认为这也是"文明"的需要，呼吁国内学者在这方面努力推究，并与希腊、罗马以来西方逐渐积累而成的科学成果"沟而通之，以供吾今日文明之取用"。②

与此同时，反对早婚和多育，提倡"强种"，同样被先觉者纳入了"文明"观的视野。1898年6月，严复撰文就此视角对中国人口众多、素质不高进行了深刻的反省，他强调"其故实由于文化未开，则民之嗜欲必重而虑患必轻。嗜欲重，故汲汲于婚嫁，虑患轻，故不知预筹其家室之费而备之"。结果造成子女众多，"谬种流传，代复一代"。他由此提出学习欧人"择种留良"之说，以"制限婚姻"的办法。③表现出卓识和远见。

最有意思而又很能代表现代"文明"价值观影响的，还在于湖南1898年3月"延年会"的兴办。它是由熊希龄等根据"文明人"的生活方式而创办的。其宗旨就是要节约时间，讲求效率，以达到相对延年益寿的目的。而这正是现代性文明的精髓所在。谭嗣同在为该会所写的《延年会叙》中这样写道："是故地球公理，其文明愈进者，其所事必欲简捷。简捷云者，非以便人之苟焉为窳惰也。文明愈进，其事必愈繁，不简不捷，则生人之年，将不暇及。"并强调这正是西方强大发达的原因："尝谓西人之治之盛几一轶三代而上之，非有他术，特能延年，而年足以给其所为耳。反是而观，吾之为延为耗何如哉。"

<hr>

① 湖南省哲学社会科学研究所编《唐才常集》，中华书局，1980，第138页。
② 唐才常：《浏阳兴算记》，《唐才常集》，第160页。
③ 严复：《保种余义》，《国闻报》，光绪二十四年四月二十三、二十四日。

延年会规定，入会者必须严格规定做事时间表，有事拜交，需先"函约"钟点，无事不闲聊，无故不请客、不赴席，从而真正养成现代"文明"的生活习惯。[①]

不仅如此，戊戌维新思想家们还形成了一种宏阔的"文明之运会"观，认为当时的世界已经进入了一种"文明"的时代，一切不合"文明"要求的事情都需要废除，反之则必须兴办。这是不以人主观愿望为转移的时代命运，即严复所谓"运会"。1897年春，梁启超在公开发表的《与严幼陵先生书》中，就曾对这一重要观念有过清晰阐述，并以此为据，论证了"民主"制度在中国实行的必然性，同时对中国实现"文明"、赶超西方的前途充满信心。他还提到康有为也具有此种看法。信中写道：

> 故民主之局，乃地球万国古来所未有，不独中国也。西人百年以来，民气大伸，遂尔浡兴。中国苟自今日昌明斯义，则数十年其强亦与西国同，在此百年之内进于文明耳。故就今日视之，则泰西与支那诚有天渊之异，其实只有先后，并无低昂。而此先后之差，自地球视之，犹旦暮也。地球既入文明之运，则蒸蒸相逼，不得不变。不特中国民权之说既当大行，即各地土番野猺亦当丕变。其不变者，即渐灭以至于尽。此又不易之理也。南海先生尝言，地球文明之运，今始萌芽耳，譬之有文明百分，今则中国仅有一二分，而西人已有八九分，故常觉其相去甚远。其

---

① 《谭嗣同全集》下，第410页。

实西人之治亦犹未也。[①]

　　这里，梁启超依据新掌握的进化论，以自己的语言，从整体认同现代西方"文明"的角度，表达了当时国人对于"文明"时代性观念最为明确和深刻的见解。

　　我们惊奇地看到，严复在1897年《天演论》手稿本的"案语"中，也使用了相同的"文明之运"的说法。不过他是用来描述西方早期迎接同样时刻的情形的："胜代嘉、隆、万历之世，于西国为十六世纪，晦盲既往，文明之运开。当是时，格物大家柏根、奈端、斯宾纳吒、赖伯镊子、洛克辈出，人具特识，家传异书。"[②]同是面对"文明之运"，中国难道还有不同于西方的别的选择吗？1898年初，唐才常在《湘报序》和《公法学会叙》中，也分别使用了"文明之运"和"文明之会"的概念，前者表示对中国能成"为极聪强极文明之国"充满自信："即有补聪强文明之运，则摩顶放踵奚辞矣！"后者则提醒国人在世界"日进文明"的时代不思进取的危险："当世界日进文明之会，而我安于顽种者，乃犹神明其圈苤，举一切政学宜修之事与交涉法律，何者宜因，何者宜革，懵不加察。"[③]这种"文明之运会"思想的形成与运用，不妨说是戊戌时期维新派现代"文明"观念初步确立的重要标志。

　　现代"文明"观念的兴起，对戊戌变法的实际进程也产生

———————

① 梁启超：《与严幼陵先生书》，《梁启超全集》第1册，第72页。
② 严复：《天演论汇刻三种》，《严复合集》第7册，第141页。
③ 《唐才常集》，第137、157页。

了直接影响。这一点我们从戊戌变法的灵魂人物康有为一些关键的变法上书和奏议中对"文明"概念的运用，可见一斑。如1898年，在上呈光绪皇帝的《日本变政考》一书、《进呈〈俄罗斯大彼得变政记〉序》和1898年1月呼吁光绪帝赶紧变法的《上清帝第五书》中，康有为都使用了现代"文明"概念，有的还是多次使用。

在极具影响力的《上清帝第五书》中，康有为以列强将要把中国作为"野蛮国"加以瓜分的紧迫形势，来告诫最高统治者变法已经刻不容缓。他写道："夫自东师辱后，泰西蔑视，以野蛮待我，以愚顽鄙我。昔视我为半教之国者，今等我于非洲黑奴矣……按其公法均势保护诸例，只为文明之国，不为野蛮，且谓剪灭无政教之野蛮，为救民水火……亚洲旧国，近数年间，岁有剪灭，近且殆尽，何不取鉴之？！"①事实证明，这种"瓜分豆剖、渐露机牙"的警笛，终于打动了光绪帝。变法的"定国是诏"的最终颁布，与康有为的这些上书中"文明"与"野蛮"的分辨刺激，实不无直接关系。

此外，现代"文明"概念的社会化实践还促进了各项维新改革，此在戊戌时期的湖南表现得最为突出。湖南是戊戌时期维新活动开展得最有声色的地区，在当时的中国"号为文明"，而思想先进的湘籍维新人士正是明确以"文明"的目标来推进各项改革的。1898年5月11日，《湘报》上载《论湖南风气尚未进于文明》一文，对湖南落后愚昧的社会风气提出痛心疾首的

① 汤志钧编《康有为政论集》（上），中华书局，1981，第202页。也可见丁酉十年二月上海大同译书局出版的石印本。

批评，呼吁加大改进的力度，典型地体现了维新人士对于"文明"内涵的整体理解与强烈追求"文明"的思想力量。该文认为，尽管湖南当时已经开办了新式报馆、学堂，架起了电线，通了轮船，铁路和保卫局也在筹办中，各种专门学会也纷纷建立等，但湖南仍算不上"文明"："风气之开，或者此为起点，文明之化，其实尚未权舆。"①这显然是从正面弘扬现代"文明"价值。

可以说，将中国的变革放在"文明"发展不可抗拒的世界潮流的大视野中去考虑，乃是戊戌维新思想家在戊戌变法全面启动之前就已基本形成了的重大思路。正是由于他们掌握了现代"文明"概念及其在实践（运用）中将那些即时附丽的相关现代性观念——政治民主、思想自由、男女平等、物质进步、崇尚"学战"、军事发展等作为潜在的理念基础，决定了他们所致力的戊戌维新运动既不是一场简单的政治变法运动，也不是一场单纯的思想启蒙运动，而是一场真正全方位的现代性整体变革——一种寻求"文明化"的运动，并因此成了中国现代学术文化转型整体萌发的真正起点和现代化事业整体启动的自觉开端。因为，现代"文明"概念首次提供了一个融政治、经济和文化发展的整体综合的社会价值目标和观念基础，能将现实努力的整体价值目标和进化论的理论逻辑有机地结合在一起，这也是现代"文明"观念在变革功能上涵括"进化论"而又超越单纯"进化论"理念的地方所在。就此而言，现代"文明"概

---

① 《论湖南风气尚未进于文明》，《湘报》，1898年5月11日。

念，与今人所谓"现代（性）"概念（modernity）在内涵上实很有相通之处，甚至可以说，它就是清末民初时历史地涵带现代性整体把握功能的另一宏大概念形态。有趣的是，在词性上，现代汉语中的"现代"和"文明"两词，亦都可既作名词、也作形容词，这就为它们提供了不同寻常的思想整合能量。

甲午战争前，洋务运动虽然开展了30余年，办军事企业、民用企业、办同文馆等洋务学堂，派留学生出国学习等，但却一直并未解决深层的价值观之转换整体根据的问题，他们之所以要做这一切，都只不过是为了具体应付外来压力而已，"洋务"二字真是太能反映这一时期清朝统治者所做一切的性质了。在他们那里，"强"和"富"除了抵御列强侵略并不具有自身的价值和更高的意义。在论证采西学制洋器的方式上，他们也往往只是诉诸"西学中源"、"礼失而求诸野"、儒教本讲究"先富而后教"之类"道理"。左宗棠那著名的"跨骏与骑驴"论（"譬如彼跨骏而我骑驴，可乎！"）实在极能代表洋务派的思想特色，那完全是从当下的某一具体"利害"角度着眼，何曾见整体贯通的现代性综合把握之思想价值！

因此，洋务派人士（包括"早期维新派"）虽然也讲"自强""求富"，但"自强"真正成为时代的强音，成为社会上广泛流行的词汇，"求富"真正获得社会意义上的价值合法性，却是甲午以后的戊戌时期。1895年2月，严复在《论世变之亟》一文中明确指出："夫士生今日，不睹西洋富强之效者，无目者也。谓不讲富强，而中国自可以安；谓不用西洋之术，而富强自可致；谓用西洋之术，无俟于通达时务之真人才，皆非狂易失心之人不为此。"①在他这里，"富强"意义的凸显，已与其他现代性价值紧密联系在一起，已与整体性变革的思路联系在一起，已与进化论和现代"文明"概念相依存。如果说甲午战败、割地赔款的巨大耻辱感，显示了"强"无法漠视的现实意义，那么"强学会""强学报"的呐喊，严复传播的"物竞天择、适者生存""优胜劣败"的《天演论》和《原强》诸篇专论，张之洞"自强军"的创建，才真正有力地宣布和揭示了"强"的自身价值———一种体现"文明"的价值："强"是"文明"的结果和体现，"文明"是"强"的原因和根据。于是《论语》中一味尚"北方之强"鄙"南方之强"的观念才真正松动。于是什么叫"强"、为什么要"强"、怎样才能"强"，才真正成为了晚清思想史的主题，具有了名副其实的"现代思想史意义"。

1895年11月，康有为在《强学会后序》中明确宣称："夫强二：有力强，有智强。"②传统崇尚的"文"与"德"的力量，这时终于被毫不含糊地排除在"强"的内涵之外。如果说在传统中，尚"智"还能为"文化"价值观所容忍，那么尚"力"、重"物质"，则实难信服中国士大夫。这种与传统"文化"概念中"轻武鄙力"价值取向的公然离异，一开始虽得力于甲午战败的强烈刺激，但不久实因为获得了新的"文明"或广义"文化"概念作为理念基础，才变得更加坚实：它表明，"强"和"富"之所以有价值，"合群"和"尚学"之所以有力量，并

---

① 王栻主编《严复集》第1册，中华书局，1986，第4页。
② 《康有为政论集》（上），第172页。

非仅因为恃之便能打败对手，而是因为它们本身就是社会"文明"综合进步的结果和体现。这种建立在相对理性之上的价值落实，才是更加可靠的。也就是说，现代"文明"概念的获得，使人们在甲午战败后激烈的情绪冲动形成的感性认识，找到了一种理性价值的整体性依托，从而促使人们更加自觉地从价值观念、学术教育和制度变革相结合的综合角度来考虑变革问题，最终形成为戊戌变法中的综合行动。这也是此后清末其他一切变革的理论基础。

1897年上半年，风行一时的《时务报》"英文报译"栏曾发表一篇题为《论军事与文化有相维之益》的专论，在这两者之间的勾连上，颇具象征性。该文是近代中国各类报刊中最早在标题上出现"文化"一词的文章，又专谈"文化"，更涉及"文化"一词的具体用法和新旧"文化"概念价值内涵的转换问题。全文出现"文化"一词13次，基本是在广义的"文化"即"文明"的意义上使用的（这种广义的"文化"一词在戊戌时期的报刊上使用已经不少）。全篇主要想说明的乃是"尚武"精神和文明发展的密切关联。[①]它与我们前文所提到的中法战争期间陈季同有关"尚武"与"文明"关系的传统观念截然异趣，而与稍后的20世纪初年中国兴起的"军国民教育"思潮则一脉相承。

1898年上半年，湖广总督张之洞，这位曾下令全省官员通阅《时务报》的爱国官员，向朝廷上了一份《酌拟变通武科新

---

① 《时务报》第28册，光绪二十三年五月初一日。注明译自"《温故报》西三月十五日"，译者为通英文的张坤德。

章折》，在现代"文明"观的意义上，对"好铁不打钉、好人不当兵"的传统谚语提出明确批判，郑重提出了"尚武"价值观的转变问题。他感慨道："中国乃有，好铁不打钉、好人不当兵'之谚，稍有身家，咸所鄙弃，贵贱之分，强弱之源也"，呼吁改变中国社会"贵士贱兵"、重文轻武的价值观念，提高将官和兵士的爵禄，使"后世族文儒皆肯入伍"。同时还主张从制度上变通科举中的"武举"（后来在"新政"中他又干脆奏请废除），以加强"武学"教育即现代军事教育，提高将士的文化素质，使中国"无不读书、不明算、不能绘图之将弁，亦无不识字之兵丁"。[①]实际上，他所希望表达的，也就是要建立所谓"文明"军队和军人，以及"军训"或"尚武"文明而已。不过，能够像他这样来把握这两者间的关系，显然已经得益于现代"文明"观念的初步洗礼，而不是那些只熟悉传统所谓"文武之道、一张一弛"之类人所能梦见。

过去，中国学者基于总结历史教训的目的，总喜欢将洋务运动与明治维新相比。的确，就运动的背景和启动的时间而言，两者实有共同之处。但如果就运动的目标、指导理念和变革内涵的广度、深度来看，真正可与日本明治维新、特别是其19世纪70年代中叶以后的情形相比的，其实是戊戌维新和此后的清末新政。因为归根结底，它们和明治维新一样都明确地基于一种现代"文明"理念的整体启导，尽管其结果和命运仍有不同。

---

① 苑书义等编《张之洞全集》第2册，河北人民出版社，1998，第1310—1316页。

四、走向摩登与渐趋"精神"的"文明"之名义

在中国人走向现代"文明"的过程中，义和团运动留下的历史印记是极其深刻而复杂的。一方面，它空前凸显了所谓现代"文明国"侵略弱小民族的极端野蛮性，昭示了中华民族所面临的亡国灭种之现实危机和自身不甘屈辱的反抗精神，同时也集中暴露了当时中国社会的落后和愚昧的一面。这两方面合力的结果，终于促使朝野人士不得不更加清醒地面对现实，较为彻底地走向了对现代"文明"价值观的全面认同。

1900年7月26日，唐才常、严复、容闳等在上海成立"中国议会"，其"联合之意"的第5条即为"推广支那未来之文明进化"。[1]可见民间的努力方向。1901年以后，清政府标榜所谓的"新政"，也实不过是在追求现代"文明"价值的名义下，所进行的一场内政、外交、经济和教育改革的全面自救运动罢了。这是朝廷的改革进路。以新政中最显实绩的教育变革为例，"文明"的旗帜就被主持者自觉地加以挥舞：

> 近东西洋各国，其文明愈著者，其学校必愈多。[2]
>
> 诚以处物竞之时代，求战胜于人群，非有所约束之督

---

① 孙宝瑄：《日益斋日记》稿本，上海图书馆藏。可参见孙应祥《严复年谱》，福建人民出版社，2003，有关部分。

② 张之洞、袁世凯：《奏请递减科举折》（1903年3月11日），《光绪政要》第29卷，宣统元年上海崇义堂石印本，第7—9页。

迫之，无以日即于文明。[①]

现代"文明"一词的官方化使用与部分价值认同，也正是在新政时期才得以正式实现的。在这一过程中，张之洞的个人使用颇有值得关注之处。这不仅由于他在清末主盟文坛学界和主持新政的重要官方地位，而且也因为他一向以老成持重著称，对新名词新概念的使用较为敏感和审慎。据笔者所知，至少从1902年开始，张之洞已经认同和使用了"文明"一词。如在那篇深刻影响了清末学制变革的《筹定学堂规模次第兴办折》里，他就写道："西人觇国者，每视小学官费年限之久暂与全国入学分数之多少以为文明程途之比较，不汲汲问大学堂之成才若干也。"[②]

有趣的是，这位以效法西方"文明"为特征的清末新政之理论上的重要代言人，此时似乎还并不喜欢来自日本的"文明程度"一语，他因此特别将其改为"文明程途"四字。意思是在"文明"的路途中到底走到哪一步了。真不愧是"探花"出身，对传统"文明"一词非形容词使用却又能让它传达出一种类似形容词功能内涵之体贴工夫，实在是到了家。但问题在于，这"文明"二字一旦和"程途"连在一起使用，并出现在全新的"文明"观念语境中的时候，虽不如"文明程度"的现代意义显豁，却依然能传达出"文明"是不断发展进化的那

①　朱有瓛编《中国近代学制史料》第2辑上册，华东师范大学出版社，1987，第898页。
②　《张之洞全集》第2册，第1081页。

种时代新含义。这种连用法在传统用语里，当然是不可能出现的。张之洞的这一"调整"，确实很能体现有些新名词新概念在早期使用时的一种过渡形态。[1]

1903年至1905年，著名谴责小说家李伯元在《绣像小说》杂志上连载《文明小史》这一小说（1906年又由商务印书馆出版单行本），对早期新政时代中国官场和社会上开始流行的各种"文明"行为与表象，给予了生动的文学再现，成为清末"文明"概念得以广播的标志性文学符号之一。像讲求平等自由、倡导维新立宪；留学东洋西洋、鼓吹民族主义；读报纸、学外语、结团体、搞演说、讲卫生、重体操、论权限、开公司、买股票、剪辫子、着洋装、满口新名词、崇洋又媚外，等等，如今早已成为那个时代追求现代"文明"的历史表征。[2]对于这些"文明"表象，小说虽多以反讽的笔法写出，特别注意揭示和暴露那些"以吃鸦片为自由，以吃牛肉为维新"之类的假文

---

[1] 即便是1902年以后，传统士人中也有许多仍不接受现代"文明"一词者。如张之洞的门生陕西布政使樊增祥即讨厌该词，1904年他课卷时，一发现"文明"，即"严批痛斥"。《批学律馆游令课卷》中云："大学堂稽课卷，因榜首用文明、野蛮字，经本司严加痛斥。"《樊山政书》第6卷，第24—25页，转引自罗志田《国家与学术：清季民初关于"国学"的思想论争》，生活·读书·新知三联书店，2003，第156页。

[2] 李伯元在《南亭四话》中有《新名词诗》一首，可以看作是以新名词的形式撰写的另一诗歌体"文明小史"：一云"处处皆团体，人人有脑筋。保全真目的，思想好精神。势力圈诚大，中心点最深。出门呼以太，何处定方针"；二云"短衣随彼得，扁帽学卢梭。想设欢迎会，先开预备科。舞台新政府，学界老虔婆。乱拍维新掌，齐听进步歌"；三云"欧风兼美雨，过渡到东方。脑蒂渐开化，眼帘初改良。个人宁腐败，全体要横强。料理支那事，酣眠大剧场"；西云"阳历初三日，同胞上酒楼。一张民主脸，几颗野蛮头。细崽曾膨胀，姑娘尽自由。未须言直接，间接也风流。"徐珂：《清稗类钞》第4册，中华书局，1983，第1724页。

明，但作者却并未因此而丧失根本认同现代文明的理性态度。在"楔子"中，李伯元亦庄亦谐地表示，对于那些热心新政新学的人，"且不管他是成是败，是废是兴，是公是私，是真是假，将来总要算是文明世界上一个功臣。所以在下特特做这一部书，将他们表扬一番，庶不负他们一片苦心孤诣也"。①

由于小说流传的广泛性，《文明小史》一书对于现代"文明"概念的社会传播贡献不菲。特别是在传达其内蕴的"物质发达"的含义方面。如该小说第十四回"解牙牌数难祛迷信，读新闻纸渐悟文明"，就借书中人物贾子猷（"假自由"的谐音）说道："我一向看见书上总说外国人如何文明，总想不出所以然的道理，如今看来，就这洋灯而论，晶光烁亮，已是外国人文明的证据。然而我还看见报上说，上海地方还有什么自来火、电气灯，他的光头要抵得几十支洋烛，又不知比这洋灯还要如何光亮？"小说还讽刺了贾氏三兄弟自以为多买西洋器具便成"文明开通"的可笑行为："凡见报上有外洋新到的器具，无论合用不合用，一概拿出钱来，托人替他买回，堆在屋里。他兄弟自称自赞，以为自己是极开通、极文明的了。"②在当时的一般社会趋新风气中，这种对现代"文明"的物质化理解，实带有一定的普遍性。③

---

① 李伯元：《文明小史》，上海古籍出版社，1997，第2页。
② 李伯元：《文明小史》，第85页。
③ 与《文明小史》带有讽刺性的概念传播相比，20世纪初年和商务印书馆等齐名的"文明书局"这一著名的出版机构之名称，对于现代"文明"概念的符号式传播功能则完全是正面性的。该书局成立于1902年，由户部郎中廉泉等创办。它以输入现代"文明"自任，出版了大量的新学教科书和史地读物，堪称现代"文明"观念影响出版界的象征。

对于一般下层民众来说，西方现代文明的强烈冲击，的确首先表现在物质发达的都市景象方面。这也就自然地凸显出了现代"文明"概念的物质层面之含义。正如当时有人所精心描绘的：

> 繁盛之都，花团锦簇。洋楼层叠，大厦云连。建筑宏伟，雕刻优美。电线铁道，纵横如网。汽车马车，往来如梭。广大公园，环植四时花木。道平如砥，旁植乔树，郁郁葱葱。微妙之乐，来自空际。有制造场，或远或近。烟筒林立，上矗霄汉。吐气成球，漫漾如雾。轮机轧轧，声闻于天……此非文明国之现象耶。未开之民，置身斯境，目眩神迷，如刘姥姥初入大观园，手舞足蹈，忘其所以狂喜，曰文明文明，其在是矣。①

但是，20世纪初中国各大城市的精英们自觉改良城市的目标，却并不局限于现代都市物质发达的层面，而是追求包含精神风貌在内的城市建设之全面"文明"，近代中国城市文化史专家王笛研究指出："在辛亥革命之前的城市改良中，'文明'便是精英们使用频率最高的时髦词汇之一。"②此言得之。从某种意义上说，这也未尝不是对清末其他社会政治改良与现代"文

---

① 《论文明第一要素及中国不能文明之原因》，《大陆报》第2年第2号，1904年4月。该资料的查找得到朱浒、闵杰先生的帮助，特此致谢。
② 王笛：《街头政治：20世纪初中国城市中的下层民众、改良精英与政治文化》，见孙江主编"新社会史"丛刊第1辑《事件·记忆·叙述》，浙江人民出版社，2004，第47页。

明"价值观之间关系最为简洁的揭示。

在清末，革命党人也是弘扬和实践现代"文明"观念的一支生力军。他们在崇拜"文明"名义方面，一点也不亚于维新派和立宪派。这从《民报》等革命报刊中"文明"一词的频繁使用可知。在革命派看来，革命正是追求文明的表现，且是实现由野蛮进于文明之必要手段，而清王朝之所以成为革命的对象，乃是因为它早已成为了"文明公敌"之故。[①]至于其所主张的废除君主、建立共和，则更认为属于"文明时代"的必然要求，用他们自己的话来说，即所谓"'君'也者，成立于野蛮时代，发达于半开化时代，而消灭于极文明时代"。[②]前面提到的《文明小史》的作者，曾借小说中人物之口讽刺革命党人冲天炮道："世兄是文明不过的，开口革命，闭口革命"，[③]这实在不是灵机一动的偶然虚构。1903年，鼓吹革命最力的邹容在《革命军》中便公开宣称："革命者，由野蛮而进文明者也。"他认为英国资产阶级革命、法国大革命和美国独立战争就是这种性质的革命，而"法、美文明之胚胎，皆基于是"。不仅如此，他还将革命区别为"野蛮之革命"和"文明之革命"二种，并慨然以实行"文明之革命"自任："野蛮之革命，有破坏，无建设，横暴恣睢，适足以造成恐怖之时代……为国民增祸乱。文明之革命，有破坏，有建设，为建设而破坏，为国民购自由平等

---

① 如章士钊在《驳〈革命驳义〉》（1903年6月）一文中，就称清王朝为"文明公敌"。见《章士钊全集》第1册，文汇出版社，2000，第32页。
② 章士钊：《说君》，载《国民日日报》1903年8月15—21日，见《章士钊全集》第1册，第62页。
③ 李伯元：《文明小史》，第339页。

独立自主之一切权利，为国民增幸福。"①与邹容齐名的另一革命宣传家陈天华，在《警世钟》里则公开倡导"文明之排外"。在遗著《狮子吼》中，他还直接把主人公的名字取为"文明种"。可见"文明"这一现代价值与其所从事的革命事业之间，有着何等密切的关联。

1907年前后，改良派和革命派还曾为"文明"的内涵和名义问题，发生过一些小的争论。如1907年3月，同盟会机关刊物《民报》上就载文批评梁启超所谓"文明进步，资本进步谓也"的狭隘理解，指出，"故文明二字，所包亦甚广也"，"以资本包括一切文明，可称奇语"，以此讽刺梁启超对资本主义缺乏反省的行为，为民生主义作理论辩护。②不过当时，在争夺"文明"的名义方面，革命党人也有被动的时候，尤其是当改良派以"文明"的名义大肆攻击革命党的"排满"复仇为野蛮之时。人们惊奇地发现，面对这种责难，身为《民报》主编的章太炎，有时竟会不惜放弃"文明"的名义，以嘲弄流行的"文明"内涵之"虚伪不真"，来与之颉颃。在《定复仇之是非》一文中，他就公然主张以复仇为正当，声言判别是非自有其内在的道义标准，大可不必顾虑世俗流行的"文明野蛮之名"。他写道：

> 今之言文明者，非以道义为准，而以虚荣为准，持斯名以挟制人心，然人亦靡然从之者。盖文明即时尚之异

---

① 《革命军》绪论和第三章，华夏出版社，2002，第8、35页。
② 民意：《告非难民生主义者》，《民报》1907年第12期，见张枬、王忍之编《辛亥革命前十年间时论选集》第2卷下册，生活·读书·新知三联书店，1960，第700页。

名，崇拜文明，即趣时之别语。吾土孔子为圣之时，后生染其风烈，虽奋力抵拒者，只排其阶级礼教之谈，而趣时之疾，固已沦于骨髓，非直弗击，又相率崇效之。然则趋步文明，与高髻细腰之见相去有几？诚欲辨别是非者，当取文明野蛮之名词而废绝之。按：文明本此邦旧语，多以法度文物为言，已虚伪不贞矣。今所谓文明者，较此弥下。至于野蛮二字本出鄙言，尤不足论。宁沾沾焉随俗为向背乎？①

章太炎是一个特立独行的有思想的革命家。他的偏激的思想之中，常常能体现出一种超人的深刻的片面。不过，他虽然对流于世俗虚伪时髦的"文明"名义有所不满、有所反省，主张废绝这一名词，但自己却并未见实行（尽管在此前后，尤其是以后，他更愿意使用"文化"一词），更不用说其他革命党人了。从他的言论中，我们可以看到当时"文明即时尚之异名，崇拜文明，即趋时之别语"的时代特别风气。

在清末民初的中国社会，"文明"的名义走向时髦，还可以从"文明史""文明戏""文明棍""文明脚""文明装""文明结婚"之类名词广为流传，成为代表"摩登"事物和进步价值取向的特定说法中，得到一种集中反映和证明。以上诸名词，的确是现代"文明"价值观的产物，而它们的流行，又反过来有力地传播了现代"文明"观念。

① 章太炎：《定复仇之是非》，《民报》1907年第16期，见《辛亥革命前十年间时论选集》第2卷下册，第771页。

作为近代西方产物的"文明史"，以进化论为依据，综合记述大范围内社会演进的概况，对20世纪初年中国新史学的兴起，产生了直接而巨大的影响。诸如梁启超等人有关地理环境与文明关系之类的观点，以及清末出现的一系列关于中国通史类的新式历史教科书，实际上均为直接模仿这些"文明史"著作的结果。而这些历史教科书在新史学的实践中，都不同程度地体现了反对"君史"、重视"民史"的倾向，显示了努力寻求中国社会文明整体发展的通则、注意揭示不同时期和不同时代的特征。[①]"文明脚"，用鲁迅的话说，即是"缠过而又放之，一名文明脚"。[②]此自然涵有人道主义、男女平等、清洁卫生的"文明"意义。而"文明结婚"，乃是当时婚姻变革中的新生事物，它增加了婚姻双方自主的选择性，简化了烦琐的仪式，体现了男女平等的原则，的确属于现代"文明"价值观的典型产物。[③]

[①] 以刘师培的《中国历史教科书》为例，该书明确宣称与"旧史"的"稍殊"处在于注重五事：一、历代政体之异同；二、种族分合之始末；三、制度改革之大纲；四、社会进化之阶级；五、学术进退之大势。在实际的章节安排中，它也是包罗政治、经济、文教学术发展等各个方面，阅读之下，能给读者留下整体"文明"综合演进的清晰印象。《刘师培全集》第4册，中共中央党校出版社，1997，第275—370页。

[②] 鲁迅：《忧"天乳"》，《语丝》第152期，1927年10月8日。

[③] 参见左玉河《由"文明结婚"到"集团婚礼"》，薛君度、刘志琴主编《近代中国社会生活与观念变迁》，中国社会科学出版社，2001，第196—238页。不仅婚姻有"文明"仪式，丧葬也有"文明办法"——即采用简洁的讣告和追悼会等形式。如1907年，清末最后一个状元刘春霖为妻子办丧，据《大公报》称，"丧仪殡葬，一切概从文明办法"，并引起报界的各种议论（见1907年10月18日《大公报》的相关报道）。在清末，"文明"理念与"科学"价值有着明显汇同之处。其强势社会渗透，表现在对"迷信"等非科学现象形成直接冲击等方面。最早译成中文的现代心理学著作中，有一本很有影响，题为《心界文明灯》（1903年由时中书局编译所出版）。

在不断走向时髦的现代"文明"观念潮流中，强调工商业发展、科技军事进步和强身健体的"物质"发达意义的倾向，一直是较为明显的。[①]毫无疑问，此正是传统中国"文明"或"文化"概念转化为现代概念的重要表现之一。1905年，康有为的《物质救国论》则较为鲜明地彰显了甲午战后中国勃然而兴的现代"文明"观念中这一不同于传统的内涵与价值。[②]但与此同时，我们通过文献也可以看到，人们在强调工商业等方面发展重要性的时候，虽通常都会赋予其"文明"的重要价值和意义，而一旦上升到理论高度来谈论"文明"时，则又会很自然地从"物质"和"精神"的二分出发，赋予"精神文明"以优先的地位。实际上，在清末民初走向摩登的"文明"思潮中，舆论界始终都存在着那么一股既认可"物质发达"、实业进步的必要性，更重视民族素质、精神文明培育的思想深流。体现在"文明"概念的理解上，就是许多思想精英都习惯于先将"文明"的内容予以二分：或曰形质与精神，有形和无形；或曰物质与道德，外在与内在等，而同时，又程度不同地将概念的重心置放在后者之上。此种思路的形成，究其动因，实不乏

---

① 清末商界人士也喜用"文明"一词，并以追求文明相标榜。店铺的楹联上出现"文明"之类词汇，是常见现象。如某服装店的门联就写道："冠冕从新，式样好矣；文明进步，福屦绥之"。参见勤学、倩天编《中国民俗商业楹联通书》，湖南文艺出版社，1992，第35页，转引自孙燕京《晚清社会风尚研究》，中国人民大学出版社，2002，第206页。

② 康有为：《物质救国论》，《康有为政论集》，第565—587页。其所谓"物质"与"文质"相对，指的是"军兵炮舰工商"之类，所谓"物质学"，相当于自然科学和技术。罗志田有关康有为此著的论文《物质救国：走向"文明"的康有为》（《中国图书商报》"书评周刊"栏，2000年2月29日）等，对笔者很有启发。

外来的新思想资源之功，但可能更具有传统旧思想习惯的牵引之力。

作为清末现代"文明"最重要的传播者并主导思想潮流的梁启超，在其诸篇文章中，已经较早在现代意义上形成此种思路。1899年，梁氏先后撰写《文野三界之别》《国民十大元气论》（又名"文明之精神"）等文，探讨完整现代意义的"文明"在中国的建立问题。他在认可当工商业发达"使一切人皆进幸福，如是者，谓之文明人也"的同时，进而强调"精神的文明"之重要性，相信"国之治乱，常与其文野之度相比例，而文野之分，恒以国中全部之人为定断，非一二人之力所能强夺而假借也"，并明确指出："求形质之文明易，求精神之文明难……精神既具，则形质自生；精神不存，则形质无附。然则真文明者，只有精神而已。"①其著名的"新民说"，与此种既追求社会"群治"又重视"精神"文明的思想逻辑直接关联。事实上，1902年由梁主编的《新民丛报》，成为20世纪初中国传播此种现代"文明"观念最有影响力的媒介。

对"精神的文明"的强调，也存在于晚清国粹派中。不少国粹派人士从强调保存本民族的文明或文化特性出发，提出东西文化各有特色、应该互补的观点，而最终将中国的"国粹"归结为"精神文明"的优胜②，并把民族危机和文化危机紧密结合、强调"国学""国粹"的存在与发展意义。他们尤其重视文

---

① 《梁启超全集》第1册，第340—341、267页。
② 《东西洋二大文明》，《壬寅政艺丛书》，政学文编，第5卷，郑师渠：《晚清国粹派》，北京师范大学出版社，1997，第150页。

明或文化的民族特性，所谓"特性者，运用文明之活力也"。①
而"国粹"在本质上就是各文明特性，即"特别精神"的集中
体现。

第一次世界大战爆发后，秉承"物质—精神（或道德）"
二分的"文明"概念观来判定中西文明或文化之特点和优劣的
议论更加流行了。与此同时，从这一角度立论的中国人自己有
关"文明"的正式定义，也随之产生。1917年，《东方杂志》
主编杜亚泉发表《战后东西文明之调和》一文，便以"经济"
和"道德"的新二分法，再生了同一思路。他认为，"于人类生
活有最重要之关系者，一曰经济，二曰道德……文明之定义本
为生活之总称，即合社会之经济状态与道德状态而言之。经济
道德俱发达者为文明；经济道德均低劣者为不文明。经济道德
虽已发达而现时有衰退腐败之象，或有破坏危险之忧者皆为文
明之病变。文明有时而病，如小儿之有麻疹、百日咳，为人类
所不得不经过者。今日东西洋文明皆现一种病的状态，而缺点
之补足病处之治疗乃人类协同之事业"。②由此出发，他认定东
西义明各有不足和长处，并首次明确地提出了两者"乃性质之
异，而非程度之差"的观点。③在这方面，以梁启超、章士钊、
梁漱溟和张君劢等为代表的"东方文化派"走得更远，他们或

---

① 余一：《民族主义论》，《浙江潮》1903年第1—2期，见《辛亥革命前十年间
时论选集》第1卷下册，第489页。
② 杜亚泉：《战后东西文明之调和》，《东方杂志》第14卷第4号，1917年4月
15日。
③ 杜亚泉：《静的文明与动的文明》，《东方杂志》第13卷第10号，1916年10月
10日。

认为物质发达与精神进步根本冲突，主张"物质开新，道德复旧"；或认为两者永恒矛盾，物质发展程度太低或太高，都会妨碍精神生活的"自由而向上"，因而希望保持物质生活"不丰不觳"的状态。这些人的思想资源和内在深度不尽相同，但归结点却都在于强调中国注重精神文明的优长，而隐然与"新文化运动"相抗。[①]当然这已是"五四"前期"新文化运动"的后话了。

五、广狭义"文化"概念之双重结构的奠定与五四"新文化运动"

正如我们在前文已经指出的那样，带有现代意义（主要是广义上）的"文化"一词，早在19世纪80年代初期的中国就已出现。到戊戌时期，该词的现代性使用已然不少。但它基本上是在与现代"文明"概念即包括物质、军事发展在内的广义"文化"意义上使用的。同"文明"一词相比，当时"文化"一词在形容词意义上的使用就很显困难，一般只能表示人类物质和精神成果总和的那种名词概念。而"文明"一词，则具有名词和形容词的双重功能。也就是说，它既可以表示广义"文化"，又可标明其广义"文化"发展的较高水平和价值追求方向。这也是"文明"概念何以在清末能独占鳌头、成为时代中心概念的原因。在清末，"文化"一词的传播虽然也越来越多，

---

① 见黄兴涛《"东方文化派"及其文化模式观》，《文化史的视野》，福建教育出版社，2000，第158—175页。

但使用频率却远无法望"文明"一词之项背，它只不过成了后者的某种陪衬而已。

然事情的发展常常充满了辩证法。也正因为"文明"一词的形容词价值判断的含义过于强烈的缘故，在那些并不需要明确表示价值倾向和程度判断，而只需表明不同时代、不同地域和民族以往物质和精神发展之历史延续性的成果那种一般综合意义的场合，"文化"一词倒显示出了某种潜在的优越性。如1899年，王国维在为《东洋史要》一书所作的序言中，就是这样使用"文化"概念的："抑古来西洋各国，自为一历史团体，以为今日西洋之文化；我东洋诸国，亦自为一历史团体，以为东方数千年来固有之文化。至二者相受相拒，有密接之关系，不过最近世事耳。"[1]在这种历史传统总和含义上使用的"文化"一词，20世纪初年的报刊、教科书和一般书籍中都已经不难见到。

如果说广义的"文化"与"文明"的内涵还有一点差别的话，那就是前者相对可以较多地或更方便地用来陈述申说民族特性的"文明"。这种差别使用在日本明治后期国粹思潮兴起后，也逐渐传到中国。1904年前后出现的强调中国传统价值的国粹派人士，有的就比较乐于使用"文化"一词，特别是章太炎。但是，那种被视为"文明"深处的精神价值内核所在，同时又与政治、经济等相对待的现代狭义"文化"概念之公然提

---

[1] 桑原骘藏：《东洋史要》序，樊炳清译，东文学社，1899。类似的"文化"概念之使用，在《清议报》中也多有。如1899年6月8日，该报上就有一篇译文题为《论图书馆为开进文化一大机关》。

倡和大规模使用，并从这一含义上的"文化"之整体角度和高度来思考中国发展的问题，寻找变革道路，却无疑是五四运动前后才最终形成的事情。

五四新文化运动初期，陈独秀在《敬告青年》中提倡所谓"六义"，强调"国人而欲脱蒙昧时代，羞为浅化之民也，则急起直追，当以科学与人权并重"。从表面上看，他所依赖的仍然是一种广义的"文化"即"文明"观念，与戊戌时期似乎并没有什么不同。其实，如果我们细加分析，则不难发现，戊戌时期，虽然有个别深刻的思想家如严复，已在价值观念深层对中西文明有所比较，但总的说来，那时的思想家主要重视的还是文明的各个方面都必须全面发展，并特别强调教育和政治体制变革之必要性，却还未着眼于从文明根本精神再造的角度来思考中国的变革问题。倒是戊戌变法失败以后，梁启超等从"形质的文明易求、精神的文明难至"的角度对此有所反思，提出改造"国民性"的新民思想——经鲁迅《文化偏至论》的"尊个性而张灵明"（立人）——最终倒向了林毓生在《中国意识的危机》中所阐发的所谓"五四"思想家"借思想文化的途径"解决问题的这一历史性思路。

至民国初年，政治体制的变革徒具形式那一令人失望的残酷现实，一方面急剧加强了人们"文明"是一个整体不可割裂的印象，而同时，也促使人们去寻找"政治"以外的别途来解决困境。于是从精神价值层面整合教育、学术、道德、文艺等因素的狭义"文化"概念之需要便逐渐凸显出来。促成这一转变的，还包括第一次世界大战所导致的对"文明"概念的反省因素。这一点，与在德国和日本的情况略为近似。一战前后，区别于"文明"一词的"文化"概念的使用，在西方特别是德国大规模流行开来并趋于稳固。而这一使用，又迅速传到日本。大正时代，日本思想界对于"文化"概念尤其是狭义"文化"概念使用急剧增多的情形，接着又传到中国。

1923年，商务印书馆发行的《新文化辞书》"Kulturismus"（文化主义）词条便清楚地写道："欧洲大战终了，世界人士鉴于战争底悲惨和罪恶，对于军国主义而提倡文化主义。"该辞条还说明了在德国和英国"文化"一词用法的差别，强调德国人对于"文化"概念的意义"把持更为精确，更为具体"，并特别介绍了柏林大学复迈尔等人对于"文化"的定义："Kultur底成立，必先有被文化的和文化的两种，前者是各个的人格，后者是艺术、科学、道德、宗教等一切精神的产物。把这些客观文化作工具，依个性底本质而助长人格，完成人格，就是文化底意义。"这显然是狭义的"文化"界说。但与此同时，该词条又强调，"把文化只看做精神生活，是误解了。人们底一面是肉体，所以在文化主义底半面，也不能不承认物质生活。人们完全向上发展，必定发见于这两者圆满调和的境地。那特地在物质和精神之间，划一轮廓分明的界限的，是错误了"。可见其又承认"文化"的广义内涵。①

不过，这一从精神层面切入的广、狭义"文化"观念矛盾结构的形成，在"五四"前后的中国却有一个发展过程。在新

---

① 唐敬杲编纂《新文化辞书》，商务印书馆，1923年10月初版，1932年9月第1版。笔者核对过两版，此条内容相同。

文化运动初期，从内在精神特质层面整体反思传统文明，一开始仍是在以进化论指导下、包括物质发展在内的广义"文化"观念或现代"文明"观念为基础的框架下进行的。1916年以前，陈独秀似没怎么使用过"文化"一词。在1915年9月《青年杂志》创刊号上，陈氏发表了著名的《法兰西人与近世文明》一文，称法兰西为创造近代文明的"大恩人"，对于"文明"即广义文化观念阐述了自己的见解，极具现代"文明"观的代表性。其中，他将中国传统文明或文化给以"文明"的资格和名义，但却又将它明确定性为"古代文明"，同时关注文明的精神层面即价值深层，把西方现代文明视作以"科学"与"人权"为根本精神的不断发展体，并以之作为彻底变革中国传统文明或文化的进步目标——尽管他们并非完全没有认识到此一文明的弊端。这正是五四运动以前新文化运动的神髓所在。在这点上，我们既能看到它与戊戌思潮一脉相承的联系，也能看到它从精神价值层面实现根本超越的明显企图。

1915年以后至五四运动以前，报刊上刊行的"文化"一词越来越多，但狭义上的明确使用却仍然不流行。陈独秀本人大约从1916年开始在广义上使用"文化"一词。该年2月，他在《吾人最后之觉悟》一文中，强调"欧洲输入之文化与吾华固有之文化，其根本性质极端相反"，呼吁从伦理道德方面学习西方现代文化，进行改造传统文化的根本变革，引起了社会上的强烈反响。值得注意的是，也是从1916年开始，以"文化"的名义出现的关于文化的专门化学术研究在中国正式出现，较高水平的"文化"专论开始问世，较为成熟的"文化"概念阐述和定义也已诞生了。在这方面，积极参与新文化运动的社会学家、《新青年》移办北京后即成为其著名七编辑之一的陶孟和，堪称最为重要的先驱人物之一。以往，关于他的这一活动与贡献，似未曾受到注意和重视，学界几乎从未有人从思想史的角度对此加以揭示和强调。实则，陶氏1916年和1917年在《大中华杂志》、《新青年》上发表的《文化的嬗变》与《人类文化之起源》两文，较早在中国明确而正式地提出并阐释了广义"文化"概念的定义：

> 文化之名，世人所习见，而对于详确之观念，精密之解释，则常茫然，弗能应。盖以系统而研究文化，侪列科学，乃在最近代也……人类自初生以迄于今，凡所成就，或为物质，或为精神；或为知，或为行；或为道德，或为制度。凡可以表示者，可以一名词统括之，曰文化。①

这种广义的"文化"概念定义和阐释，与陈独秀的"文明"定义基本旨意是相通的。它尚缺乏对于现代"文明"概念的反省意识和对"文化"民族性的认真关注与深沉体味，但却可以说构成了早期新文化运动强烈地整体性反传统旨趣的"文化"概念认知的基础之一。

---

① 陶履恭：《人类文化之起源》，《新青年》第2卷第5号，1917年1月1日；《文化的嬗变》，《大中华杂志》第2卷第8期，1916年8月。如果就翻译介绍"文化"定义而言，20世纪初也曾有过。如1900年《译书汇编》所翻译的《政治学提纲》中，就介绍了包括基佐"文化"界说在内的五种文化定义。限于篇幅，此略。

五四新文化运动以前，现代"文化"概念和定义却并未引起国人的真正重视。这与历史发展的实际进程偏重于宪政改革不无关系。当新文化运动爆发之后，随着人们对于实际文化问题的关注和讨论的深入，便自然出现了追究"文化"概念定义的需要。在广义的"文化"概念定义形成之后，反映实际运动中相对于政治和经济的狭义"文化"概念之定义也随之产生了。笔者所见到较早给狭义"文化"概念下定义的，乃是陈独秀。这位新文化运动的领袖1920年4月1日发表了《新文化运动是什么？》一文，从解说"新文化运动"的含义着眼，对狭义"文化"下了一个定义。他说：

> "新文化运动"这个名词，现在我们社会里很流行……要问新文化运动是什么，先要问"新文化"是什么，要问新文化是什么，先要问"文化"是什么。文化是对军事、政治（是指实际政治而言，至于政治哲学仍应该归到文化）、产业而言，新文化是对旧文化而言。文化底内容，是包含着科学、宗教、道德、文学、美术、音乐这几样；新文化运动，是觉得旧的文化还有不足的地方，更加上新的科学、宗教、道德、文学、美术、音乐等运动。[①]

　　在此文中，陈独秀还大谈文化运动应注重团体的活动，以加强国人的组织力和公共心；要注重创造的精神，因为"创造

---

① 此文载《新青年》杂志第7卷第5号，可见任建树编《陈独秀著作选》，上海人民出版社，1993，第123页。

就是进化"；同时他还强调这一运动要影响到别的运动中去，如影响到军事上、产业上、政治上，要"创造新的政治理想，不要受现实政治的羁绊"，等等，从而明确地揭示了文化在整体上能够、而且必须影响现实政治的现代"文化"理念。另外，陈氏起初在定义狭义"文化"的时候，还特别强调了文化由旧到新的发展过程中，进行"运动"的必要性问题。①

同陶孟和的广义"文化"定义相比，陈独秀的这一狭义"文化"定义，无疑奠定了新文化运动继续开展下去的另一个"文化"概念的认知基础。两者表面上看似乎有所矛盾，实则构成了一个观念的统一体。它们在新文化运动的提倡者们那里伸缩自如，成为其进行实际文化运动的观念依据。事实上，"新文化运动"的正式命名之诞生，也应归功于这两种定义中所体现出来的那些文化实际内涵的共同作用。目前，史学界似乎并未在意这一事实：即"新文化运动"并非此一运动兴起之初就已经出现的概念，而是后来社会上和运动提倡者们自身迟到的命名。对于今人认知新文化运动在"五四"前后的差别，这一点其实并非是毫无意义的。

在"新文化运动"的名义出现以前，有关文化运动的论说多是并提政治、经济、法律、思想、学术、道德、文学等现象，思想文化界尚没有出现将后几项整合为一个狭义"文化"整体概念的自觉。无论是讲"伦理革命""文学革命""戏剧革

---

① 1923年8月28日，后期新文化运动的重要人物之一陈望道在《觉悟》上发表《谈新文化运动》一文，更为典型地说明了文化为何要"运动"的现代性观念。

命"，还是揭发共和国体与孔教之间的矛盾，认为"要诚心巩固共和政体，非将这班反对共和的伦理文学等等旧思想，完全洗刷得干干净净不可"，[①]都是如此。这些活动，虽然的的确确都属于现代狭义上的文化方面的运动，但当时却还没有明确拥有一个具有整合性的狭义"文化"概念之共同名义。那时，社会上对这类运动多称之为新思想运动，并以"新旧思想之激战"来概括当时的斗争形势，目标则是为了中国整体的"文明进步"。

"新文化"和"新文化运动"的名词流行开来，是在"五四"以后。1920年，君实在《新文化之内容》一文中曾明确指出："一年以前，'新思想'之名词，颇流行于吾国之一般社会，以其意义之广漠，内容之不易确定，颇惹起各方之疑惑辨难。迄于最近，则'新思想'三字，已鲜有人道及，而'新文化'之一语，乃代之而兴。以文化视思想，自较有意义可寻。"[②]可见，以"文化"代"思想"的运动名义之变化，发生在1920年前后，这是当时人就已经真切感觉到了并加以揭示过的明显事实。

对此，我们从"五四"前后两位最著名的新青年领袖对"文化"一词的典型使用中，也可以透见一斑。1919年元旦，傅斯年在其起草的《新潮发刊旨趣书》中宣称："同人等以为国人所宜最先知者有四事：第一、今日世界文化至于若何阶级？第二、现代思潮本何趋向而行？第三、中国情状去现代思

---

① 陈独秀：《旧思想与国体问题》，《新青年》第3卷第3号，1917年5月1日。

② 此文载《东方杂志》第17卷第19号，1920年10月10日。

潮辽阔之度如何？第四、以何方术纳中国于思潮之轨？持此四者刻刻在心，然后可云对于本国之学术地位有自觉心，然后可以渐渐导引此'块然独存'之中国同浴于世界文化之流也。此本志之第一责任也。"[①]这一段宣言，相当鲜明地体现出现代广义"文化"观念对于青年知识分子的影响已达到了何等强烈和深刻的程度，甚至从中，我们还可看到一种从"思潮"角度来把握广义"文化"之内在精神的趋向，但它毕竟还不是对"文化"概念直接的最狭义把握。

"五四"后的1920年，罗家伦在《近代中国文学思想之变迁》一文中对"文明"与"文化"两词的区别使用，则相当明显地表示了狭义"文化"概念的正式衍出。他说："世界总是进化的，前一个时代中国人虽然觉得西洋的物质文明以及政治法律的组织比中国高，但是所谓精神文明以及各种社会伦理的组织是不及中国的。到这个时代大家才恍然大悟，觉得西洋人不但有文明，而且有文化，不但有政治，而且有社会，不但有法律，而且有伦理。这些东西不但不比中国的坏，而且比中国的好，比中国的合理，比中国的近人情。"[②]这里的"文化"概念，则显然已相当自觉地偏重在精神文明与观念形态的较狭义方面了。

在"五四"前后的中国，这种狭义"文化"概念衍出的明显变化之所以出现，除了前面已经提及的有关原因外，与此期第一次世界大战所导致的所谓"西方物质文明破产论"也有直

① 岳玉玺等编《傅斯年选集》，天津人民出版社，1996，第57页。
② 《新潮》第2卷第5号，1920年6月1日。

接关系。西方"没落",则中国人长期受压抑的民族信心因之大增；物质文明破产，精神文明的地位则自然急剧上扬，崇尚自由意志、直觉论和道德意识之类的哲学思想，如生命哲学、新人文主义等也随之更加活跃起来。而一旦这些哲学思想和此前已经提到的其他因素相结合，偏重精神的"文化"概念，就获得了绝佳的传衍环境。被视为"五四"后期"东方文化派"最大理论家的梁漱溟的代表作《东西文化及其哲学》的问世，可谓一个典型的例证。该书是第一本由中国人以中文自著的有分量的文化研究专著，也是在书名上正式带有有别于"文明"的狭义"文化"概念的第一本中文哲学著作（这种狭义与直接指称教育、文学、宗教的总体的那种狭义"文化"又尚有差别），更是较早最大量出现了"文化"一词的著作。此书源自于1920年在山东的一个演讲，1921年秋天正式出版后，到次年底即已由商务印书馆等印刷了五次，可见其在当时大受欢迎的程度。

在这本书中，梁漱溟给了"文化"一个定义，并将其与"文明"明确地区别开来。他说："文化并非别的，乃是人类生活的样法……但是在这里还要有一句声明：文化与文明有别。所谓文明是我们在生活中的成绩品——譬如中国所制造的器皿和中国的政治制度等都是中国文明的一部分。生活中呆实的制作品算是文明。生活上抽象的样法是文化。不过文化与文明也可以说是一个东西的两个方面，如一种政治制度亦可说是一民族的制作品——文明，亦可以说是一民族生活的样法——文化。"接着他又强调，生活的根本在"意欲"，也即人生态度，它决定文化的根本精神。也就是说，在他看来，文化的实质不过是人生态度罢了。由此出发，他最终炮制出以西洋、中国和印度分别代表的"意欲向前""意欲调和持中"与"意欲向后"为根本精神的世界三大文化路向。①从表面上看，三大路向之间彼此似乎没有优劣之分，但实际上它们归根结底在层次上仍有层层递进的高低不同，而最终归结为"东方文化"的最高境界。这表明在根本上，梁漱溟其实仍然没有摆脱进化论的思想制约。

五年后，"西化派"代表胡适为驳斥梁漱溟等人的主张，著《我们对于西洋近代文明的态度》，也强调"文明（civilization）是一个民族应付他的环境的总成绩"；"文化（culture）是一种文明所形成的生活的方式"。②在"文化"概念的认知上基本没有超出梁漱溟的水平，但却在文化价值上选择了截然不同的方向，可见，对"文化"概念本身的理解，并不是导致当时文化思想态度和取向的根本所在。在中国，明确区分"文明"和"文化"概念，胡适比梁漱溟要晚，不过胡适并没有简单将"生活方式"的内容归结为纯精神的"态度"，而是容纳了更多的物质因素。

1922年，同样作为当时"东方文化派"代表的梁启超，在《什么是文化》一文中也给"文化"下了一个定义。他认为"文化者，人类心能所开积出来的有价值的共业也"。它是"人类以自由意志选定价值"的结果，包括"文化种"和"文化果"两类。"文化种是活的，文化果是呆的"。而所谓"文化种"则纯粹是精神性的东西，它决定着文化的根本性质。③梁

① 梁漱溟：《东西文化及其哲学》，商务印书馆，1987年重印本，第53—55页。
② 见欧阳哲生编《胡适文集》第4卷，北京大学出版社，1999，第1页。
③ 梁启超：《什么是文化》，《梁启超哲学思想论文选》，北京大学出版社，1984，第392—398页。

漱溟和梁启超此时对"文化"的这类界定，虽然与特指教育、文艺、科学、道德、宗教等的那种整合体之狭义"文化"概念还有差别，但却无疑将其向凸显这种狭义但又包容广义的"文化"复合概念推进了一步。这一点，从梁启超四年后有关认识的进一步变化里，不难获知。1926—1927年间，梁启超在其名著《中国历史研究法（补编）》中，不仅明确界定了文化概念广、狭二义的双重结构，还强调了狭义文化的特殊意义。他所列的"文物的专史"，就直接分为政治、经济和文化专史三大类，并明确指出，"文化这个名词有广义狭义二种：广义的包括政治经济；狭义的仅指语言、文字、宗教、文学、美术、科学、史学、哲学而言。狭义的文化尤其是人生活动的要领"。① 这一定义，可视作现代"文化"概念最终定型的标志之一。另一标志则为1929年流行颇广的《新术语辞典》对"文明"和"文化"的解释。②

此外，在笔者看来，"五四"以后，狭义"文化"的理解凸显、广义和狭义"文化"合构而成的现代"文化"概念的形成，与唯物史观在华的早期传播，可能也不无某种历史的关

---

① 《梁启超全集》第8册，北京出版社，1999，第4854页。
② 吴念慈、柯柏年、王慎名合编的《新术语辞典》中关于"文化"和"文明"的词条，也表明了这种广狭二义的双重"文化"概念内涵："人类依照一定的标准来支配并形成所与的内界的外界的自然的事实，终竟而实现其理想，这个过程之总称，就叫做'文化'。其过程之成果、产物，是文化财。学问、道德、宗教、法律、经济等即是"；"文明与文化，在字义上，本是没有什么差异的。德国学者以'文明'指外部生活之发达，即殖产、工业，及其他法律制度等之进步。'文化'指学术、艺术、宗教等之发达。换言之，前者为物质的文明，后者为精神的文明"。上海南强书局，1929年11月初版，第245—246页。

联。我们发现，在这种狭义或双重意义上使用"文化"概念的先驱者之中，受到唯物史观初步洗礼的似较为多见。其中，陈独秀和李大钊又比较典型。

如1919年9月，初步接受唯物史观的李大钊在《"少年中国"的"少年运动"》名文里就曾写道："'少年运动'的第一步，就是要作两种的文化运动：一个是精神改造的运动，一个是物质改造的运动。"这里的"文化"显然属广义使用，包括物质和精神两个方面。但在同一文中，他又在狭义即精神层面的含义上，使用了"文化"概念，认为物质改造的运动，主要就是改造现代不合理的经济制度和组织，"因为经济组织没有改变，精神的改造很难成功。在从前的经济组织里，何尝没有人讲过'博爱'、'互助'的道理，不过这表面构造（就是一切文化的构造）的力量，到底比不上基础构造（就是经济构造）的力量大"。[①]可见，唯物史观中"经济"地位的凸显，不仅没有妨碍，反而还有助于那种排除政治、经济内涵的狭义"文化"观念的衍出和早期传播。1920年3月，顾孟余在《人口问题、社会问题的锁钥》一文中所使用的"文化"概念，也是既有广义，也有狭义，同样体现了这种双重性的矛盾结构。[②]至于陈独秀在这方面的开创性贡献和自

---

① 《李大钊选集》，人民出版社，1959，第236页。
② 狭义的使用，如顾氏此文中说："总而言之，鼎革的战争，封建的战争，夷狄的祸患，无论他政治的、文化的结果如何，变动一次，人口便大大的削减一次。"又说："一、从经济方面看……二、由社会的心理一面观看……三、由文化一面观看。文明有两大种，便是物质文明和精神文明。若是一国人口太多或增加太速，经济窘迫，自然没有物质文明，更无从有精神文明"，后者将"文化"和"文明"等同，又是广义使用。《新青年》第7卷第4号，1920年3月1日。

觉的狭义"文化"定义，就更不用多言了。

实际上，当陈独秀等人开始信奉唯物史观、公开宣布大谈"政治"的时候（1920年9月就曾发表《谈政治》一文于《新青年》第8卷第1号），也正是他们在狭义上明确使用"文化"概念，"文化运动"和"新文化运动"的说辞与口号也逐渐流行开来的时候。同信奉唯物史观的陈独秀相比，唯心意识较强的梁启超，1922年在定义文化时，尚没有将"政治"排除在"精神的文化"范围之外。同样，梁漱溟在1921年定义"文化"时，虽明确区分了"文明"与"文化"，却也仍然将"政治"包容在作为"生活样法"的"文化"之中。可见，唯物史观的信奉对排除政治、经济的那种狭义"文化"观念的衍出，倒可能的确是有益的。而作为文化保守主义者的"东方文化派"人士，其所执着的"文化"概念，却未必像有的学者所想象的那样轻视政治。

当然，唯物史观在推动狭义"文化"概念形成的同时，其实也影响到了其认同者所领导的那种带有"文化主义"或"文化决定论"倾向的"新文化运动"自身。如前所述，陈独秀乃是中国最早具有明确、坚定的狭义"文化"概念的先行者之一。可当他有了明确而坚定的狭义"文化"概念之后，却转而限制和削弱了以往那种夸大"文化"作用的简单化做法。这时他开始强调"文化"不同于政治、经济、军事的独特性，并同时体认其自身运动、建设的艰难性和长期性来。与此相一致，他虽然还声称重视"文化运动"，但在实际活动中，却也和新文化运动的另一主将李大钊一道，把主要精力自觉转移到社会政治运动中去了。1921年，陈独秀在《新青年》上发表《文化运动与社会运动》一文，其有关内容颇为值得关注。该文写道：

> 文化运动与社会运动本来是两件事，有许多人当做是一件事，还有几位顶呱呱的中国头等学者也是这样说，真是一件憾事！……又有一班人并且把政治、实业、交通都拉到文化里面了。我不知道他们因为何种心理看得文化如此广泛至于无所不包？若再进一步，连军事也拉进去，那便成为武化运动了，岂非怪之又怪吗！政治、实业、交通都是我们生活所必需，文化是跟着他们发达而发生的，不能说政治、实业、交通就是文化……创造文化，本是一民族重大的责任、艰难的事业，必须有不断的努力，决不是短时间可以得着效果的事。这几年不过极少数的人在那里摇旗呐喊，想造成文化运动底空气罢了，实际的文化运动还不及九牛之一毫。那责备文化运动底人和以文化运动自居底人，都未免把文化大看轻了。最不幸的是一班有速成癖性的人们，拿文化运动当做改良政治及社会底直接工具，竟然说出"文化运动已经有两三年了，国家社会还是仍旧无希望，文化运动又要失败了"的话，这班人不但不懂得文化运动和社会运动是两件事，并且不曾懂得文化是什么。[①]

此时，在陈独秀看来，利用文化运动作为改良政治和社会的直接工具，已成为太"看轻文化"的表现，文化和文化运

---

① 《新青年》第9卷第1号，1921年5月1日。

动本该有自己独立的位置，不能与社会政治运动混为一谈，更不能取代社会政治运动。它表明，在"五四"前和"五四"后，陈独秀对于文化运动的认识，实已发生了不容忽视的深刻变化。这种表面仍遗留的对"文化运动"的重视，也已与"五四"前的那种重视不可同日而语。

如果说"五四"以前的新文化运动，仍是在广义"文化"即"文明"概念的总体框架之下进行，只是在这一框架下极力强调价值深层和文教层面（也就是后来指涉的狭义"文化"）的优先发展意义而已——即采取了一种林毓生所谓的"借思想文化解决问题"的路径，那么"五四"以后，通常所说的"以马克思主义传播为主流"的新文化运动，其对于"文化"概念及其"文化运动"地位的认知和理解，则已然打上了唯物史观的鲜明烙印。这时的"文化"概念已明确凸显了狭义内涵，"文化运动"的优先性，也就逐渐明显地让位给社会政治运动了。

以上，我们着眼于"文明"和"文化"一词新内涵的出现、认同，对现代"文明"和"文化"概念在中国的兴起及其社会历史运行或实践，进行了较为粗略的考察与分析。概而言之，此一概念在清末民初的中国语境里，大体经历了一个摆脱中国传统"文明"和"文化"概念中轻视物质、经济、军事方面的内容，形成内蕴进化理念的新的现代"文明"概念——广义"文化"概念，再从另一维度在某种程度上部分地回归与"武化"、物质化相对的中国传统"文化"一词的关键内涵、①进而

---

① 欲理解中文里现代狭义的"文化"概念与"文化"一词文治教化的传统含义之间的相互关系，我们必须注意这样的事实，即在20世纪初年，"文化"

获取新的思想资源、重建一种新的狭义"文化"概念的过程，最终构成了一个广、狭义内涵并存的、带有矛盾性的现代"文化"概念结构。不过，本文的目的，却并不仅仅在于廓清这一重要概念演变的过程本身，同时也试图尽可能地去揭示这一现代概念的形成、确立、传播与清末民初那一过渡期主要历史变动之间、特别是与戊戌维新和五四新文化运动之间的某些值得重视的思想关联。但由于其所涉及的问题广泛而复杂，又限于篇幅，有些论述只是点到为止，不妥之处在所难免，敬请同道学者批评指正。①

一词在现代"文明"意义上被较广泛使用的同时，一种与"武化"相对的那种文治教化的含义也仍然保留着。如夏曾佑1904年在《中学中国历史教科书》（后改名为《中国古代史》）中即有言："千古以来，凡居中国之地者，南人之文化，必高于北人，南人之武勇，必劣于北人"；"民无忧馁陟险之害，乃有余力从事于文化"（《中国古代史》，河北教育出版社，2000，第21、17页）。梁启超《说希望》："由生存之希望，进而为文化之希望"（1903）；《斯巴达小志》："雅典为文化之祖国，斯巴达为尚武之祖国"（《梁启超全集》第3卷，第865页）。这的确应属其传统含义通向现代狭义"文化"概念的一个重要途径。

① 本文原文为8万字，主体部分系2004年12月至2005年3月在日本神户大学访学期间完成的研究报告，在神户、京都的三次报告会上，曾得到森纪子、绪形康、狭间直树、森时彦、石川祯浩、铃木贞美、川尻文彦、吴晓东、孙江、沈国威、陈力卫、冯天瑜、刘建辉等先生的指教。后又得到贺照田、王笛、夏明方和杨念群等友人意见的启发。在压缩发表的过程中，还得到韩华博士的帮助和两位匿名评审人严格而高水准的审议与批评（他们的不少意见我都加以了吸收）。特此一并致谢。

个人主义的起源
——"五四"时期的自我观研究

许纪霖

现代性的最重要事件之一，是个人的出现。近代的个人解放，自晚明起源，中经二百年沉寂到晚清又重起波澜，开始冲决网罗，到"五四"时期已经蔚然成潮。晚清的个人虽然从各种共同体中解放出来，但目的是为了归属于国家，成为现代民族国家强盛所要求的新国民。另一方面，儒家的德性伦理也尚未解体，在仁学世界观下个人的道德自主性依然是自我认同的中心。但到了"五四"时期，情况发生了质的变化。辛亥革命以后政治上的王权解体了，社会结构中的宗法家族制度也摇摇欲坠，传统的社会政治秩序与人的心灵秩序危机同时爆发。"五四"对传统文化的激烈批判，不仅使得儒家的规范伦理（三纲五常）崩盘，而且德性伦理（仁学世界观）也受到毁灭性冲击。在这样的背景下，个人的意义究竟何在？另一方面，民国初年议会民主制实践的失败，使知识分子普遍对国家淡漠，晚清喧嚣一时的国家主义退潮。启蒙思想家们开始反思政治制度背后的正当性基础，重新将个人的独立、自由、平等视为最重要的价值。如果说晚清还只是"个人的发现"的话，那么，"五四"时期则是一个"个人的崛起"时代。

一、功利主义人生

作为现代性的个人观念在中国究竟如何起源？这固然与晚清西学的引进有关，早期的基督教文献和1900年以后传入的"天赋人权"思潮都有丰富的个人、自由和权利的思想资源，但在晚清，这些外来的观念在尚未崩盘的儒家义理系统之中，并不具有天然的合法性，它们只是起了一个外在的"催化"作用，使得在中国思想经典中一些原先并非核心的观念产生"发酵"，在晚清历史语境的刺激下，进入主流。而个人观念的出现，与晚清出现的强烈的"回归原典"的冲动有关，儒学和佛学的传统为晚清个人的崛起提供了丰富的思想资源。在原始仁学和宋学之中，人的心性与天道相通，个人在成仁成圣上，拥有充足的道德自主性。而佛学中的平等精神、无父无君和突出个体，与儒家的道德自主性内在结合，使得晚清的个人观念高扬，从道德自主性逐渐发展出个人自由和个人权利的观念。

西方的个人主义（individualism）也是近代的产物，个人（individual）的出现与马丁·路德的新教改革有关，但在长期的历史演化中，逐渐形成了三种不同的思想传统：一种是原子论的个人主义。在机械主义世界观主导下，认为个人是社会的本源，是原子式的存在，相互之间隔绝，彼此孤立。个人按照自然法拥有自我保存、自我欲望、个人财产等各种自然权利。

按照麦克弗森（Macpherson）的经典论述，这是一种"占有性的个人主义"，所谓个人本质上就是他自身和能力的占有者。①第二种是方法论的个人主义。最典型的是斯宾塞式的社会有机体论：社会由个人组成，社会的发展有赖于个人的发展，个人有其内在的价值。不是整体决定个体，而是个体决定整体。第三种是个性论的个人主义。个性（individuality）是德国浪漫主义传统中的概念，其一反启蒙传统中普遍的理性个人，强调个人道德或意志的自主性，最重要的是实现个性的自由发展和真实的自我之实现。从康德到尼采皆是这一传统的代表，对近代中国影响很大的约翰·密尔的个人观之中，个性的发展也具有核心的价值。

三种西方个人主义思想传统在近代传入中国，总体而言，第一种原子论的个人主义由于在中国思想传统中缺乏自然法、原子论等基本理论预设，因而影响有限。而后两种个人主义却在中国古典思想传统中找到了相应的"知音"：方法论的个人主义与中国传统的"群己观"内在结合，②而个性论的个人主义则与儒家的"人格主义"接轨。③陌生的外来观念一旦"催化"

---

① 参见Macpherson, *The Political Theory of Possessive Individualism: Hobbes to Locke*, Oxford University Press, 1962.

② 中国儒家传统中的自我，乃为己之学，自我的道德完善是人生的目标。不过，儒家与佛老不同，自我虽然是自主的，却不是自足的，"己"之价值究竟是大是小，要放在群（家、国、天下）的脉络中才得以最后定位。因此，儒家的自我不是抽象的、原子论的自我，而是在群己互动关系中的自我。

③ 狄百瑞（Theodore De Bary）认为：儒家的自我观念与个人主义不同，是一种人格主义（personalism）。个人主义强调的是互不相关而孤立的个体，而人格主义则将个人放在与他人、历史和自然的有机关系之中，个体是自主的，

了本土传统，中国古典思想中独特的自我观念便在晚清语境下"发酵"为近代的个人观念。

经过各种外来思潮的"催化"，"五四"思想界对个人的理解是多元的，在各种"主义"的旗帜之下，所谓的"个人"有各种各样的典范，大致而言，可以分为科学主义和人文主义两大流派。科学主义的个人观将"个人"放在一个科学的、机械主义的宇宙之中加以认识，自我的思想和行动受到客观因果律的支配，然而由于人是理性的动物，可以通过科学认识和掌握客观世界的法则，或者在自身的历史实践之中积累经验，从而获得个人的自由。在科学主义的个人观中，又可以分为经验主义和唯物主义两种不同的类型，胡适、丁文江、吴稚晖等属于前者，而陈独秀则是后者的典范。[①]人文主义个人观则比较复杂，类型众多，有以蔡元培、杜亚泉、吴宓等为代表的、继承了儒家德性传统的"德性的个人"，有周作人的将中国道家、日本传统和古希腊精神结合起来的"自然的个人"，有受到尼采"超人"精神强烈鼓舞的、以鲁迅、李石岑为典范的"意志的个人"，也有朱谦之那样的将"情"视为宇宙和自我之本体的"情感的个人"。这些个人观由于各自的思想资源和观念繁多不一，很难归于同一个类型，之所以将其命为人文主义个人观，乃是因为它们虽然差异很大，但都对"五四"时期形成的主流

───────────────

每个人可以按照自我的个性发展。参见狄百瑞《中国的自由传统》，香港中文大学出版社，1983，第43页。

[①] 参见郭颖颐《中国现代思想中的唯科学主义（1900—1950）》，雷颐译，江苏人民出版社，1989；刘青峰：《二十世纪中国科学主义的两次兴起》，《二十一世纪》1991年4月号。

的科学主义个人观有强烈的保留和批评，试图在支配性的科学法则之外，各自通过德性、意志、情感或自然人性，建立现代的个人认同。

虽然众多学派都将个人放到非常重要的位置，但由个人而成主义，真正称得上个人主义的，主要还是《新青年》所代表的启蒙阵营。中国古代思想中虽然有丰富的个人自主性、个人自由的思想，但将个人作为万物之上，唯有杨朱式的唯我主义。而晚清的个人，无论是康有为、谭嗣同的道德自主性，还是严复、梁启超的国民（前者的个人其内涵在天理的框架之内，后者的国民则与国家一体化），都不是一个自足的、本体的、至上的个人。这种意义上的个人主义，在"五四"时期的《新青年》杂志上出现了。

即便是《新青年》的个人主义，也并非铁板一块。周昌龙通过对三个最著名的新文化运动领袖的研究，发现胡适、周作人和鲁迅，分别从理智、情感和意志不同的层面，诠释了《新青年》三种不同的个人主义典范。胡适的个人主义，以易卜生主义为号召，以养成心智成熟、独立思考、充分运用自己理性的个人为目标；周作人的个人主义，受到西方心理学家蔼理斯的影响，调解天理与人欲的对立，使人生免于灵肉纠缠而归于艺术，从而获得自然人的自信与尊严；鲁迅的个人主义，继承晚清章太炎"自性的个人"的传统，以尼采的超人为榜样，发挥个人的精神意志与创造力，以期养成精神界的摩罗战士。①
这三种个人主义其思想源头一方面来自西方，另一方面与朱
子学、阳明学和道家的个人思想观念有着血脉上的承继关系：
胡适理智型的个人主义继承的是朱熹具有知识主义倾向的为己
之学；周作人情感型的个人主义源于道家的审美自由与艺术人
生；而鲁迅的意志型个人主义部分来自意志自主、天命自造的
阳明学，部分与魏晋时代嵇康式的抗议传统密切相关。

　　除了上述三种个人主义之外，在"五四"时期，同样有重
大影响的，还有无政府主义的个人主义。②尽管各自的理论预设
和角度不同，但也有两个共通之处，即个性主义与功利主义。

　　儒家宋明理学中的个人观念，实质上是一种人格主义，
到了"五四"时期，传统的人格主义经过来自欧洲的康德与约
翰·密尔思想的刺激，慢慢发酵为"充分发挥自己的个性"③的
个性主义。梁启超在《欧游心影录》中将这种个人主义表述为
"尽性主义"：

---

① 参见周昌龙《五四时期知识分子对个人主义的诠释》，周昌龙：《新思潮与
　传统——五四思想史论集》，台北：时报文化出版事业有限公司，1995，第
　13—41页。

② 关于近代中国的无政府主义，阿里夫·德里克（Arif Dirlik）做了非常细
　致的研究，他指出："无政府主义归根结底是一种个人哲学。"参见德里克
　《中国革命中的无政府主义》，孙宜学译，广西师范大学出版社，2006，第
　80页。近代无政府主义的传统与佛教有关，在晚清经过章太炎的鼓吹与推
　动，到民国初年蔚成大潮，到了1920年代初，与马克思主义一起，成为思
　想界的两大显学。王汎森指出："连胡适介绍的易卜生主义，其实也带有浓
　厚的无政府色彩。"参见王汎森《从新民到新人：近代思想中的"自我"与
　"政治"》，王汎森等：《中国近代思想史的转型时代》，台北：联经出版公
　司，2007，第177页。

③ 胡适：《易卜生主义》，欧阳哲生编《胡适文集》第2卷，北京大学出版社，
　1998，第485页。

国民树立的根本义，在发展个性。《中庸》里头有句话说得最好："唯天下至诚唯能尽其性。"我们就借来起一个名叫做"尽性主义"。这尽性主义，是要把各人的天赋良能，发挥到十分圆满。[①]

梁启超对个人主义的理解，充满了阳明心学的色彩。而同时期的胡适，虽然也将个人主义理解为个性主义（individuality），但他所说的个性，由于受到杜威的影响，具有更多的西方基督教个人主义的思想背景。胡适说，个性主义的特性，一是独立思想，二是个人对于自己思想信仰的结果要负完全责任。[②]

与传统的"人格主义"相比较，"五四"时期的"个性之发展"已经不限于"为己之学"和道德自主，其个性的内涵不仅包含德性，更重要的是意志自主。统一的天理不复存在，公共善也已瓦解，傅斯年直截了当地说："'善'是从'个性'发出来的。没有'个性'就没有了'善'。我们固然不能说，从'个性'发出来的都是'善'，但是离开'个性'，'善'、'恶'都不可说了。"[③]每个人都可以按照自己的天性（无论这天性是理性的、德性的，还是审美的、自然的或者唯意志的）设计自我，发展个性，一切取决于个人的自由意志。

与个性主义同时发酵的，还有功利主义。什么是"五四"

---

① 梁启超：《欧游心影录》，张品兴主编《梁启超全集》第5册，北京出版社，1999，第2980页。
② 胡适：《非个人主义的新生活》，《胡适文集》第2卷，第564页。
③ 傅斯年：《万恶之原（一）》，《傅斯年全集》第1卷，湖南教育出版社，2003，第104页。

知识分子所理解的功利主义？《新潮》杂志有一篇题为《物质文明》的文章，这样解释：

> 功利主义者，谓趋乐避苦，为人生终极之目的。事无所谓善恶，趋大乐，避大苦者，谓之是，谓之善，否则谓之非，谓之恶。第此所谓苦乐，不以个人苦乐为计算，而以世界人类苦乐为计算；不以现在苦乐为计算，而以现在与将来之苦乐为计算，此功利主义之要旨也。[1]

清末民初，功利主义代替过去儒家的德性人生观，开始成为一种新的人生观，在"五四"时期的启蒙知识分子之中，已经非常普遍。功利主义在当时也被翻译为乐利主义，更能体现功利主义之中快乐主义与功利主义两大内涵。1902年梁启超介绍乐利主义泰斗边沁的学说，在谈到译名时说："此派之学说，日本或译为快乐派，或译为功利派，或译为利用派，西方原义则利益之义也。吾今隐括本派之梗概，定为今名。"[2]高一涵在《新青年》上发表过一篇《乐利主义与人生》的文章，他依据边沁的学说，详细阐述了乐利主义的两大基础，一是快乐主义，人生的归宿是去苦享乐，谋得幸福；二是功利主义，所谓的善是可衡量的，所谓的善就是最大多数人最大的幸福。[3]

现代人的快乐主义与传统人生观中的快乐是不同的。儒家

① 陈达材：《物质文明》，《新潮》第1卷第3号，1919年3月1日。
② 梁启超：《乐利主义泰斗边沁之学说》，《梁启超全集》第2册，第1045页。
③ 高一涵：《乐利主义与人生》，《新青年》第2卷第1号，1916年9月1日。

的乐是一种"颜回之乐",生活在陋巷,过的是清贫生活,但在学习中享受到智性和德性之乐。王阳明后来说:"乐是心之本体",王心斋还提出乐学,生机畅遂,超越私欲,乐之本体自然呈现。"这种自得之乐,是超乎富贵利达之乐,是通乎贫贱患难之乐,是人性本体的真乐"。[①]佛教也讲去苦求乐,但佛教的苦乐是本体和存在意义上的苦难和快乐,具有强烈的宗教性和精神性。然而,晚清以后出现的去苦求乐则是心理意义上的动机,是凡俗人生的本能追求,带有强烈的感官性质。

这种功利主义的苦乐观在晚清康有为那里就已经出现。在康有为看来,乐就是善,人所欲者乃可欲者。而他所谓的乐,又带有强烈的欲望动机和感官享受。[②]事实上,"康圣人"本人就是一个很在意食色的享乐之人。

功利主义既是一套人生观,又是一种伦理哲学。传统儒家的人生观是德性论,人生的意义在于成就圣贤所教导的君子之德。到了"五四"时期,当儒家的德性伦理崩溃之后,便出现了各种各样现代的人生观,转向了快乐主义和功利主义。人生的意义不再是德性,而是幸福与快乐,快乐便是善。冯友兰在1924年出版的《一种人生观》中,重新解释了什么是善,即什么是好(good):"凡欲,就其本身而言,皆不为恶。凡能满足欲者,就其本身而言,就皆可谓之好'。""好的意义,就着本

---

① 嵇文甫:《晚明思想史论》,东方出版社,1996,第25页。
② 参见萧公权《近代中国与新世界:康有为变法与大同思想研究》,汪荣祖译,江苏人民出版社,1997,第390页。

能而言都是好的，凡是能使欲望满足的都是好"。[①]在冯友兰看来，凡是可欲的，都是善的，都是具有内在价值的。杜亚泉也在《人生哲学》一书中说："人类的生活，若是善的，就是合理的且快乐的。"[②]这是"五四"时期对何者为善的重大转变，从传统的德性人生观转向了世俗的幸福欲望。这些变化并非冯友兰、杜亚泉个别之思想，在"五四"时期众多人生观讨论中是相当普遍的共识。

功利主义人生观对"五四"个人主义的形成影响巨大。这首先表现为对人性基本预设的变化。传统儒家的人性观是性善论，人人皆有善根，有可能成为德性高尚的君子。然而，从晚清流入中国的英国功利主义思潮，从霍布斯、休谟到边沁、密尔父子，都将人性解释为对利益的欲望，对生命自我保存的本能追求。外来的功利主义思潮刺激了荀学、墨学和佛教的复兴，梁启超等人很兴奋地发现，荀子的性恶论、墨子的"交相利"和佛教的苦乐观可以呼应西方的功利主义。1901年，梁启超将霍布斯的功利主义介绍给中国思想界，他非常欣赏霍布斯对人性的判断：

> 善者何？快乐而已，恶者何？痛苦而已。故凡可以得
> 快乐者，皆善也。凡可以得痛苦者，皆恶也。然则利益者
> 万善之长，而人人当以为务者而已……利己一念，实万念

---

① 冯友兰：《一种人生观：冯友兰的人生哲学》，中国人民大学出版社，2005，第26、57页。
② 杜亚泉：《杜亚泉著作两种》，田建业编校，新星出版社，2007，第165页。

之源也。霍氏因论人生之职分，以为当因势利导，各求其利益之最大者，以就乐而避苦，此天理自然之法律，亦道德之极致也。①

梁任公虽然认为霍布斯的观点惊世骇俗，但"持之有故，言之成理"。去苦求乐的欲望人性观从晚清发端，到"五四"时期风靡整个思想界。《新青年》杂志在宣传介绍功利主义方面，当立首功。陈独秀在《人生真义》一文中说：

> 执行意志、满足欲望（自食色以至道德的名誉，都是欲望），是个人生存的根本理由，始终不变的。②

《新青年》杂志刊登的《人生唯一之目的》，说得更透彻：人生的唯一目的，乃是求生，追求幸福和快乐。何谓快乐者？满足感性，满足欲求之意志也。从快乐主义出发，引出了利己主义的合理性：

> 所谓"合群"、"公益"者，尽变为涂饰耳目之名词。人人心中，各怀一最小限度之个人主义……利己主义为人类生活唯一之基础。③

---

① 梁启超：《霍布士案》，《梁启超全集》第1册，第498—499页。
② 陈独秀：《人生真义》，《新青年》第4卷第2号，1918年2月15日。
③ 李亦民：《人生唯一之目的》，《新青年》第1卷第2号，1915年10月15日。

如此惊世骇俗之言论，并非一日之寒，事实上，从晚清对杨朱的翻案便已开始。前文提到，古代中国留下的杨朱式个人主义的思想传统，在大部分朝代都不具有价值的正当性，但到晚清以后，随着"个人的发现"，杨朱之学有复兴的趋势。梁启超在复兴杨朱学方面有其首功。早在1900年，梁启超在讨论"利己与爱他"时，便为杨朱翻案，他说："昔中国杨朱以我立教，曰'人人不拔一毫，人人不利天下，天下治矣'。吾昔甚疑其言，甚恶其言，及观英、德诸国哲学大家之书，其所标名义与杨朱吻合者，不一而足"；"天下之道德法律，未有不自利己而立者也"。梁启超主张，今天不仅要提出墨翟之学以救中国，而且要发现杨朱之学亦可救中国。[①]后来，梁任公对杨朱还做过专门研究，他认为，杨朱是"极端的个人主义，其性质是纯然'非政治的'"。[②]不过，杨朱的所谓"为我"与浅薄的自私自利不同，乃是一种"无我的为我主义"。其人生观，以返归自然状态为究竟目的。杨朱追求的是现世的快乐，以顺应人类低级之本能为教，是一种极端的现世主义和肉欲主义。两千年来之中国文学，皆以杨朱之学为根核也。[③]梁启超对杨朱之学在态度上是充满矛盾的，一方面欲取杨朱学为近代的个人奠基，另一方面又不满其颓废的、消极的人生观。当民国初年个人主义在中国开始蔓延，梁任公惊呼："今举中国皆杨也……呜呼，杨学遂亡中国！杨学遂亡中国！"[④]与梁启超持同样看法的，还有严复。严

---

① 梁启超：《十种德性相反相成义》，《梁启超全集》第1册，第431页。
② 梁启超：《先秦政治思想史》，《梁启超全集》第6册，第3658页。
③ 梁启超：《老孔墨以后学派概观》，《梁启超全集》第6册，第3307—3309页。
④ 梁启超：《子墨子学说》，《梁启超全集》第6册，第3158页。

复一方面肯定杨朱为我之学的合理性，"人皆自修而不治天下"，"为我"并非等于自私；另一方面又不满杨朱之学后来蜕变为"拔一毛以利天下不为"的自私自利。[①]梁启超、严复对杨朱之学的这种矛盾态度，表明他们心目中的自我，虽然以个人为本位，却是一个有公共担当的自我。

二、合理的利己主义

晚清思想界上接明代李贽的自然人性论传统，对个人的私欲也做了正面肯定。在儒家思想中，公与私、天理与人欲之间，界限分明。1911年，《民心》杂志有一篇《私心说》，颠覆了传统儒家的公私观。作者认为，人心中的天理与人欲，犹如磁铁中的南北两极，电性中的阴阳，"非有真欲，必不足以得真理"。他热情称赞杨朱的为我之学"言之有故，持之成理，当亦颠扑而不可破"。作者最后这样写道：

> 吾甚恨不能向字典中删去公一字，而长留此害私之蟊贼也。现今既为自私之世界，果能因势利导，举此一点私心，扩而充之，当必不可胜用……俾各遂所私，咸登于华胥极乐之世界耶！[②]

---

① 严复：《庄子评语》，《严复集》第4册，中华书局，1986，第1125页；《除杨墨论》，《严几道文抄》，台北：世界书局，1971，第152页。

② 剑男：《私心说》，张枬、王忍之编《辛亥革命前十时论选集》第3卷，生活·读书·新知三联书店，1960，第816—821页。

以私为号召的自我说还仅仅是个别留学生的激进之言，到了"五四"时期，"我"便成为一面在启蒙阵地中高高飘扬的旗帜。易白沙在《新青年》发表《我》一文，高呼"救国必先有我"，我与世界不可两分，但"我"是本位。"由先后之说，必有我而后有世界"；"我为先，世界次之，国家为后"。①《新青年》自然是"五四"时期最激进的声音，却代表了一代青年新的人生观和自我观。此时，远离北京的湘江之畔，有一个青年人正兴奋地读蔡元培翻译的德国哲学家泡尔生的《伦理学原理》，做了上万字的批注，情绪热烈地写道：

> 吾于伦理学上有二主张。一曰个人主义，一切之生活动作所以成全个人，一切之道德所以成全个人，表同情于他人，为他人谋幸福，非以为人，乃以为己……故个人、社会、国家皆个人也，宇宙亦一个人也。故谓世无团体，只有个人，亦无不可。②

这位作者就是青年毛泽东。个人主义、利己主义是"五四"时期激进青年中最时尚的信仰，不仅世界、国家、社会的基础是个人，而且利他主义，说到底也是一种利己主义，因为"吾有此种爱人之心，即须完成之，如不完成即是于具足生活有缺，即是未达正鹄"。③这种心理学的利己主义，不仅是激进青年的

---

① 易白沙：《我》，《新青年》第1卷第5号，1916年1月15日。
② 毛泽东：《〈伦理学原理〉批注》，《毛泽东早期文稿》，湖南出版社，1990，第203、153页。
③ 毛泽东：《〈伦理学原理〉批注》，《毛泽东早期文稿》，第203页。

个别之言，也是许多伦理学著作中的流行主张。

不过，无论是边沁·密尔的功利主义，还是墨子的功利主义，虽然从个人的利益出发，终极目的却不是落实在个人，而是公益，是最大多数人的最大利益。因此，"五四"时期个人主义、利己主义的背后，也有一个人类和社会作为正当性的价值目标。前引《新青年》杂志上易白沙的《我》，一方面说："以先后论，我为先，世界次之，国家为后"，另一方面，又反复强调："以轻重言，世界为重，国家次之，我为轻。"[1]吴康在《新潮》上撰文，论述利己主义与人道主义并不冲突：

> 利己心者何？谓一切幸福之取得，以有利于己身为目的者也。自字面观之，似与人道相反。其实不然，人必能利己，而后能利人之道，必以利己主义为其基础……则发达利己之心，实为完成人道主义之根本。人道主义其鹄的，利己主义其经程也。[2]

为什么利己主义可以促成人道主义？吴康用了一个心理学的解释：对自身的苦乐感觉愈深刻，也会对他人的苦乐有同感。这个解释虽然勉强，但放在孟子的恻隐之心心理背景之中，似乎又自成一说。"五四"时期是一个理想主义的时代，又是一个青春主义的时代，那个时代的启蒙者真正在意的，不是区区个

---

① 易白沙：《我》，《新青年》第1卷第5号，1916年1月15日。
② 吴康：《论吾国今日道德之根本问题》，《新潮》第1卷第2号，1919年2月1日。

人私利，而是人类和社会的公共幸福。之所以要将个人解放出来，呼唤个人主义，乃是为了挣脱一切家庭的、宗法的和国家的枷锁，为新的理想社会奋斗。

在"五四"时期，功利主义影响之大，令人惊讶。在《新青年》《新潮》杂志中，我们看到，从陈独秀、高一涵，到李亦民、傅斯年等，皆以最大多数人的最大幸福解释新的人生观，论证个人主义的合理性。陈独秀认为："社会是个人集成的，除去个人，便没有社会；所有个人的意志和快乐，是应该尊重的。执行意志，满足欲望（自食色以至道德的名誉，都是欲望），是个人生存的根本理由，始终不变的。"另一方面，"社会是个人的总寿命，社会解散，个人死后便没有联续的记忆和知觉"，因此，"个人生存的时候，当努力造成幸福，享受幸福；并且留在社会上，后来的个人也能够享受，递相授受以至无穷"。[①]尽管陈独秀还是在传统的群己关系中讨论人生的意义，但他从功利主义的立场肯定了个人欲望和追求幸福的合理性。个人的幸福并不具有终极的意义，最终还是要到社会的大框架中去评估，让个人的幸福转化为公众的幸福，让未来的人类也能享受。关于这一点，高一涵说得最为明确："俾最大幸福，得与最大多数人类共享之，是即乐利主义之旨归也。"[②]

当快乐主义取代德性主义成为现代之善之后，作为一个快乐主义者，是追求感官的快乐，还是精神的快乐？或者如边沁所说，二者在造就幸福量化指数时完全等价？梁启超虽然欣赏

---

① 陈独秀：《人生真义》，《新青年》第4卷第2号，1918年2月15日。
② 高一涵：《乐利主义与人生》，《新青年》第2卷第1号，1916年9月1日。

边沁的为人类公益的功利主义道德，却对其只问快乐之量、不重快乐之质的看法，有所批评。在梁启超看来，人与动物不同，"故于普遍快乐之外，当有所谓特别高尚之快乐也"。他更欣赏小密尔的看法，"必以肉欲之乐为下等，以智德之乐为高度者也"。①接受功利主义和快乐主义的道德观，但拒斥纯粹的物质主义和感官享受，似乎是"五四"一代知识分子的共同看法。吴康在《新潮》的另一篇谈人生的文章中，一方面说人生问题，头一件便是吃穿日用的物质问题，另一方面他又强调："但是若反其道而行之，只管男女饮食，不顾利害，纵欲忘身，这种消极的物质主义，又是破坏人生的一个大蟊贼。"②青年毛泽东也将自己所欣赏的个人主义定位在精神基础上："此个人主义乃为精神的，可谓精神之个人主义"；"自利之主要在利自己之精神，肉体无利之价值"。③之所以如此，乃是因为从晚清到"五四"时期中国知识分子所接受的功利主义，不是边沁式的，而是约翰·密尔式的。虽然他们的思想几乎同时被介绍到中国，但自严复翻译《群己权界论》之后，约翰·密尔的修正型功利主义比起边沁，对中国思想界的影响尤深。

密尔的两本著作《功利主义》和《论自由》，分别阐述了两大原则：一是功利原则，二是自由原则。许多研究者发现，这两

---

① 梁启超：《乐利主义泰斗边沁之学说》，《梁启超全集》第2册，第1046—1048页。
② 吴康：《人生问题》，《新潮》第2卷第2号，1919年12月1日。
③ 毛泽东：《〈伦理学原理〉批注》，《毛泽东早期文稿》，第151、147页。

大原则之间强调的重心不同，具有某种紧张性。[1]功利原则按照"最大多数人的最大幸福"来评判什么是善，什么是正当。密尔与边沁不同，他并不像边沁那样认为所有的快乐都是等价的，可以量化的。密尔认为快乐有质地之分，精神的快乐、为公众奉献所得到的快乐要比个人的感官幸福在价值上高得多。[2]而自由原则强调每个人都是自己的利益和自我价值的最好判断者，只要不侵犯到他人的利益，个人的选择就是合理的、正当的。个人自由之所以重要，不仅在于人们有权利追求自己的快乐，而且是为了每个人都能按照自己的个性自由发展，发现自我，完善自我。一个有创造力的社会，就是一个充满个性的社会。[3]

约翰·密尔将公众之善与个性自由并重的原则，在"五四"时期的个人主义建构之中，具有重大影响。功利主义与个性主义互相融化，成为最基础的论证之一。傅斯年在《人生问题发端》一文中，引用西方哲人的话说："我最初所想的是上帝，后来是理，最后是人。"[4]人生的意义不再像传统中国那样来自天命、天道、天理，也不再像清末民初那样来自抽象的公理，只能用人生解释人生，这就是用功利主义的"人生的福利（welfare）和人生的效用（effects）去解决人生问题"。他最后认为，正确人生观的结论应该是："为公众的福利自由发展个

① 参见江宜桦《自由民主的理路》，台北：联经出版公司，2001，第142—152页。
② 参见约翰·密尔《功利主义》，叶建新译，九州出版社，2007。
③ 参见约翰·密尔《自由论》，程崇华译，商务印书馆，1982。
④ 傅斯年：《人生问题发端》，《傅斯年全集》第1卷，第84页。

人。"①"五四"启蒙思想家心目中"真正的个人主义",不是杨朱式的唯我、顺世与独善,也不是西方从霍布斯、洛克到亚当·斯密的权利个人主义古典传统。他们受到19世纪边沁、密尔这些修正派自由主义的思想熏陶,又接上宋明以来朱子学的"自我"与阳明学的"良知"传统,于是,"五四"的个人主义固然立足于小我,但这个小我不是物欲的、感官享受的小我,而是有个性、有理性、有担当、有责任的小我,个人的终极意义乃是为了人类、社会和公众的那个大我。

"五四"思想家的功利主义固然重精神之快乐,追求社会的公益,但其去苦求乐、满足欲望的基本人性观一旦获得价值上的正当性,在社会上所产生的连锁反应,是启蒙者所无法控制的。梁启超在引进边沁的功利主义学说的时候,就表示出强烈的担心:

> 天下不明算学之人太多,彼其本有贪乐好利之性质,而又不知真乐利之所存,一闻乐利主义之言,辄借学理以自文。于是竟沉溺于浅夫昏子之所谓利,而流弊遂以无穷。边氏之论,几于教猱升木焉。故教育不普及,则乐利主义,万不可昌言。吾之欲演述边沁学说也久矣,徒坐此,兢兢焉。②

为了国家的富强,需要引进进化论和功利主义,但功利主

---

① 傅斯年:《人生问题发端》,《傅斯年全集》第1卷,第88、92页。
② 梁启超:《乐利主义泰斗边沁之学说》,《梁启超全集》第2册,第1048页。

义背后的利益至上和快乐至上，一旦走出学理，又很容易产生流弊。梁启超对边沁就像对待杨朱一样，态度是异常矛盾的。梁任公并非杞人忧天，他这番话写于1902年，到了民国初年，短短10年时间，一股物质主义的狂潮便席卷神州，无法自抑。1913年，杜亚泉在《东方杂志》撰文，指出物欲主义思潮已经泛滥成灾：

> 今日之社会，几纯然为物质的势力，精神界中，殆无势力之可言……既为物质的势力所奄有，处其中者，以充满其肉欲为惟一之目的，物质生活之向上，遂有一跃千里之势。[1]

一个本来以精神立国的文明，为什么会如此？杜亚泉认为，这与19世纪后半期世界的变化有关。一种危险的唯物主义流行欧美，输入中国之后，其初为富强论，继为天演论，投入生存竞争之漩涡而不能自拔。国民认物质势力为万能，以弱肉强食为天则。[2]

西方人讲权利，讲竞争，尚有服务的观念，各勤其事，各竞其业，但中国人则是鄙弃其固有之职业，终日逐利。利己主义、金钱主义，日益磅礴，辛亥以还，此风尤盛。[3]他沉痛地说道：

---

[1]　杜亚泉：《论社会变动之趋势与吾人处世之方针》，《杜亚泉文存》，上海教育出版社，2003，第284—285页。
[2]　杜亚泉：《精神救国论》，《杜亚泉文存》，第33—34页。
[3]　杜亚泉：《国民今后之道德》，《杜亚泉文存》，第294—295页。

> 盖物质主义深入人心以来，宇宙无神，人间无灵，惟
> 物质力之万能是认，复以惨酷无情之竞争淘汰说，鼓吹其
> 间……一切人生之目的如何，宇宙之美观如何，均无暇问
> 及，惟以如何而得保其生存，如何而得免于淘汰，为处世
> 之紧急问题。质言之，即如何而使我为优者胜也，使人为
> 劣者败者而已。如此世界，有优劣而无善恶，有胜败而无
> 是非。①

　　从杜亚泉的论述之中，可以看到物欲主义在民初已蔚成大
潮。物欲主义之所以崛起，乃是与传统的儒家人生价值崩盘有
关，而外来的富强论、进化论皆以唯物主义为基础，使得国人
认物质为万能，拜金主义、利己主义日益猖獗。整个世界不再
有善恶，不再有是非，只剩下一个优胜劣败，如何自保生存。
作为启蒙运动的反思者，杜亚泉的眼光是犀利的，透过物欲主
义的表象，点出了现代社会世俗化的内在困境和焦虑。

　　然而，杜亚泉的论敌们显然有另外的看法。傅斯年并不同
意物欲主义与现代性有什么关系，相反地，在他看来，物质主
义的人生观来源于传统，与传统的专制主义相关：

> 中国人物质主义的人生观，最可痛恨……中国从古
> 是专制政治，因而从古以来，这种主义最发达。专制政
> 治，原不许人有精神上的见解，更教导人专在物质上用功

---

① 杜亚泉：《精神救国论》，《杜亚泉文存》，第36—37页。

夫。弄到现在，中国一般的人，只会吃，只会穿，只要吃好的，只要穿好的，只要住好的，只知求快乐，只知纵淫欲。①

章太炎在20世纪初，即看到人类的进化并非直线性的向善，善在进化，恶亦进化。"善恶、苦乐二端，必有并进兼行之事"。②以物质主义为基础的富强论和进化论虽然激起了中国人保国保种、迎头赶上的热情，也同时释放出人性中欲望的魔鬼。一位笔名为 "民"的作者，在读了章太炎的《俱分进化论》之后，感叹地写道："金钱金钱！世界社会上凡多之悲惨残酷，由汝而生。"他描述当今的世界已经是"知有金钱而不知有公道""知有金钱而不知有真理""知有金钱而不知有科学""知有金钱而不知有性命"。③在传统儒家的重义轻利传统之中，物质主义一直处于边缘的、受压抑的地位。晚清以后，进化论传入中国，机械论宇宙观替代传统的有机论世界观，物质主义在本体层面获得正当性，进而影响到了人生观。吴稚晖在科学与玄学大论战中，发表了让胡适大为称赞的《一个新信仰的宇宙观及人生观》，他将宇宙的本质看作完全受到物理学因果律支配的"漆黑一团"，从"漆黑一团的宇宙观"出发，他将"吃饭""生小孩"和 "招呼朋友"看作人生观最重要的三个

① 傅斯年：《人生问题发端》，《傅斯年全集》第1卷，第90页。
② 章太炎：《俱分进化论》，《革故鼎新的哲理——章太炎文选》，上海远东出版社，1996，第157页。
③ 民：《金钱》，张枬、王忍之编《辛亥革命前十年间时论选集》第2卷，生活·读书·新知三联书店，1960，第986—992页。

主题。①过去不登大雅之堂的饮食男女如今成为人生最重要的目的。这样的人生观不仅是去道德的，也是去精神的。

物欲主义人生观虽然在知识精英中和者盖寡，但在晚清以后逐渐成为市民意识形态。近代以还，个人从天理和礼教中解放出来，人性中的自然欲望为各种物质主义的富强论、进化论所激发，物欲性的个人主义由此获得了价值上的合法性。随着以上海为代表的现代大都会的崛起，在媒体广告的强有力推动下，消费主义的意识形态逐渐成为市民阶层日常生活的价值观，这套消费主义意识形态借助各种各样的广告形象和话语，赋予消费多种功能和价值，建构起近代中国市民阶层一套享乐主义的人生观和以占有欲望为主宰的审美理想。②物欲性个人主义的出现，与"五四"以后价值观和风气的变化有关。功利主义与快乐主义的人生观为物欲性个人主义提供了价值上的正当性基础，从此中国社会风气大变。

到20年代初，当物欲的、自利的和避世的个人主义在社会上开始弥漫的时候，胡适感到了一丝担忧。他特别写了一篇《非个人主义的新生活》，试图与假的个人主义划清界限。胡适引用杜威的观点，将个人主义分为假的和真的两种：

（1）假的个人主义——就是为我主义（egoism），他的性质是自私自利，只顾自己的利益，不管群众的利益。

---

① 参见吴稚晖《一个新信仰的宇宙观及人生观》，张君劢、丁文江等：《科学与人生观》，山东人民出版社，1997，第332—429页。
② 参见许纪霖、王儒《近代上海消费主义意识形态之建构——20世纪20—30代〈申报〉广告之研究》，《学术月刊》2005年第4期。

（2）真的个人主义——就是个性主义（individuality），他的特性有两种：一是独立思想，不肯把别人的耳朵当耳朵，不肯把别人的眼睛当眼睛，不肯把别人的脑力当自己的脑力。二是个人对于自己思想信仰的结果要负完全责任，不怕权威，不怕监禁杀身，只认得真理，不认得个人的利害。

除此之外，胡适还特别指出了第三种"独善的个人主义"："不满意于现社会，却又无可奈何，只想跳出这个社会去寻一种超出现社会的理想生活"。[①]胡适在这里所针对的，乃是当时流行一时的新村主义和逸世独行。从这里可以发现，"五四"时期社会上所存在的三种个人主义：个性主义、独善主义和唯我主义，恰恰是中国儒家、道家和杨朱三种个人传统在现代的延续和蜕变。从杨朱之学演化而来的物欲性的唯我主义，虽然在思想界缺乏代表，却在社会上大行其道；继承了老庄精神传统的独善主义，鄙视物欲，注重个性的自我完善，在知识分子中颇为流行。但"五四"时期个人主义的主流价值观却依然是儒家的，胡适将这种"健全的个人主义"称为易卜生主义，它与独善的犬儒哲学一样，都重视个性的发展和精神的独立，但不是避世的，而是具有儒家积极进取的淑世精神；它与杨朱的唯我主义一样，虽然也是以个人为本位，但要高一个层次，其终极追求不是个人的私利，而是最大多数人的最大善，为全社会和全人

---

① 胡适：《非个人主义的新生活》，《胡适文集》第2卷，第564—565页。

类的利益而积极行动。这种意义上的个人主义，正是"五四"的主流。

奠定了"五四"个人主义基础的两大思潮，个性主义具有强烈的精神取向，平衡了个人主义的物欲性；功利主义的主流传统是最大多数人的最大善，抑制了极端利己主义的发展。在现代中国思想界，虽然小我有了充足的发展，但小我之上依然有大我，大我或者为人类或社会全体，或者是民族国家，它们都会制约小我的片面膨胀。物欲性的个人主义虽然在市民意识形态之中风靡一时，却无法成为公认的核心价值，成为思想界的主流。

三、大我与小我

根据张灏先生的研究，自我分为精神与生命两个不同的层面，这是轴心文明的产物。"自觉意识把个人生命分成二元：精神生命与躯体生命。各个轴心文明对这二元生命有不同的称谓，对二者之间的关系也有不同的解释，但都有一个共同倾向，那就是生命有两个层次：精神生命在价值上高于躯体生命"。[1]中国思想传统中的自我观念也是二元的，并有自己的特色。在儒家学说之中，自我分为精神与躯体、公与私不同的范畴。小我与个人的私欲有关，它是一个原初的、本能的自我，大我则是在精神上被提升了的自我，代表着公共价值、公共利

---

[1] 张灏：《重访轴心时代的思想突破：从史华慈教授的超越观念谈起》，《知识分子论丛》第7辑，江苏人民出版社，2008。

益，乃至于超越的世界。按照钱穆先生的解释，小我为私，与天地万物相隔，只有自我与天地万物打通，方是还复大我。[1]概而言之，小我为私，大我为公，小我并非真实的自我，其意义不是自明的；小我只有置于大我之中，才能显现出自身的价值和意义。杜维明在谈到儒家的自我观念时说：

> 在社会需求的波涛中沉没的自我，是儒家所说的"私"（隐私、小我和作为封闭系统的自我）。相反，真我是热心公益的，大我是成为开放系统的自我。作为一个开放系统，自我——在这个词的真实意义上——是不断扩展且总是充分为世界接受的。[2]

小我作为一个封闭系统的个人之私，具有相对固定之内涵，但大我作为一个开放系统的自我，其具有无限的自我扩展潜能，可以从家、国扩展到天下，从现实社会的群体扩展到超越世界的人类、自然和宇宙。大我的扩展越大，其"公"的性质就越大，就越具有超越的、深刻的意义。

在古代中国，虽然并没有明确提出小我与大我的概念，但其二分的思想已经形成。最早正式提出小我、大我概念的是梁启超。[3]他在1900年提出："同是我也，而有大我小我之别焉。"

---

① 参见钱穆《阳明学述要》，台北：兰台出版社，2001，第8页。
② 杜维明：《儒家思想新论：创造性转换的自我》，曹幼华等译，江苏人民出版社，1995，第55页。
③ 此处根据香港中文大学当代中国文化研究中心的"中国近现代思想史专业数据库"的检索结果，特此致谢。

所谓大我，乃是"一群之我"，而小我乃是"一身之我"。①1904年，他又专门作了《余之死生观》一文，以进化论的观点，详细阐述其大我小我论："何谓大我？我之群体是也。何谓小我？我之个体是也"。"死者，吾辈之个体也；不死者，吾辈之群体也"。②梁任公是在群与己、国家与个人的框架之内提出大我与小我，自此这对概念开始出现。到"五四"新文化运动，经过蔡元培、易白沙、胡适等人的进一步扩展，成为流行的概念。

如前所述，晚清是一个国家主义的时代，个人作为近代的国民，其真实的大我乃是与其合为一体的国家，即近代的民族国家。到了"五四"时期，国家主义衰落，个人主义崛起。但"五四"时期所塑造的自我，依循中国传统的思想脉络，依然有大我与小我之分。蔡元培是"五四"新人生观最积极的提倡者，早在1912年德国留学期间，他在《世界观与人生观》一文中这样写道：

> 进化论所以诏吾人者：人类之义务，为群伦不为小己，为将来不为现在，为精神之愉快而非为体魄之享受。③

易白沙在解释为什么我先于世界，却轻于世界时，也用了大我小我说："有牺牲个体小我之精神，斯有造化世界大我之气

---

① 梁启超：《中国积弱溯源论》，《梁启超全集》第1册，第417页。
② 梁启超：《余之死生观》，《梁启超全集》第2册，第1373页。
③ 蔡元培：《文化融合与道德教化：蔡元培文选》，上海远东出版社，1995，第242页。

力……个体之小我亡，而世界之大我存。"①陈独秀《新青年》一文在谈到个人的人生归宿时说："内图个性之发展，外图贡献于群。"②这两句话浓缩地概括了"五四"时期个人观的典型特征：个人不仅要发展自己的个性，而且必须对社会和人类担当责任。胡适在谈到"易卜生主义"时，除了认为"个人有自由意志"之外，还特别强调"个人担干系，负责任"。③这也就是陈独秀所说的"个人"的第二层意思："外图贡献于群。"从内（发展个性）到外（贡献于群），"个人"的发展途径依然遵循《大学》的内圣外王模式，只是从共同的德性演变为多元的意志自主。"五四"时期诸多思想家虽然对人生看法不一，却有一个坚定的共识：个人无法独善其身，个人无法自证其人生意义，小我只有在大我之中才能完善自我，实现自我之价值。这大我便是群——人类社会或人类历史。晚清的大我是一个超越的、德性的宇宙，到"五四"便转化为世俗的人类和历史；个人的小我只有融入人类进化的历史大我之中，才能实现永恒，获得其存在的意义。

　　1919年，胡适仿照梁启超1904年发表的《余之死生观》，在《新青年》发表《不朽：我的宗教》一文，根据儒家的"三不朽"思想，将梁启超提出的大我与小我论做了淋漓尽致的发挥：

----

① 易白沙：《我》，《新青年》第1卷第5号，1916年1月15日。
② 陈独秀：《新青年》，《陈独秀著作选》第1卷，上海人民出版社，1993，第186页。
③ 胡适：《易卜生主义》，《胡适文集》第2卷，第487页。

我这个"小我"不是独立存在的，是和无量数小我有直接或间接的交互关系的；是和社会的全体和世界的全体都有互为影响的关系的；是和社会世界的过去和未来都有因果关系的……这种种过去的"小我"，和种种现在的"小我"，和种种将来无穷的"小我"，一代传一代，一点加一滴；一线相传，连绵不断；一水奔流，滔滔不绝——这便是一个"大我"。"小我"是会消灭的，"大我"是永远不灭的。"小我"是有死的，"大我"是永远不死，永远不朽的……故一切"小我"的事业，人格，一举一动，一言一笑，一个念头，一场功劳，一桩罪过，也都永远不朽。这便是社会的不朽，"大我"的不朽。[①]

胡适的这番大我小我论，与前引梁启超的大我小我论比较，其内涵有明显的变化。梁启超是在个人与国家的群己关系中论述小我与大我的关系，而胡适心目中的大我，则是世界与社会，是人类的过去、现在和未来。中国思想传统中自我的二分，作为私欲的、躯体的小我，比较起公共的、精神的大我，具有负面的价值，小我与大我之间具有紧张的关系，要由大我来克服小我。然而，在胡适的现代论述之中，小我不仅在价值上完全正当，而且是大我唯一的来源和组成部分。然而，个人作为小我，不仅生命有限，而且在价值意义上也是有限的，小我只有融合到人类历史、世界和社会的大我之中，最后才能实现不朽

[①]　胡适：《不朽：我的宗教》，《胡适文集》第2卷，第529—530页。

和永恒。由此，胡适引申出了小我对大我的责任感：

> 我这个现在的"小我"，对于那永远不朽的"大我"的无穷过去，须负重大的责任；对于那永远不朽的"大我"的无穷未来，也须负重大的责任。[①]

自胡适这篇系统论证的文章发表之后，大我小我论开始流行，成为"五四"启蒙者的新人生观。胡适的朋友、同为科学主义的代表人物丁文江宣称，自己的人生宗教就是"为万种全世而牺牲个体一时的天性"。[②]"五四"时期的这种"大我"的人生观，在罗家伦后来《写给青年》的畅销书中得到了集中展现。这位五四运动健将告诫青年："为小我而生存，这生存太无光辉，太无兴趣、太无意识。必须小我与大我合而为一，才能领会到生存的意义。"那么，大我是什么呢？罗家伦说，大我就是所谓的大社会。要从民族人类的大历史中，寻出人与人的关系，从高尚生命的实现中，增进整个社会生活与人类幸福。[③]

在这里，我们要特别注意"五四"时期所说的"群"与晚清所指的"群"的重大变化。梁启超和严复在晚清所说的群己之间的"群"主要是指近代的民族国家，而到"五四"时期，由于国家主义的暂时衰落，"群"不再指国家，而是人类和社

---

① 胡适：《不朽：我的宗教》，《胡适文集》第2卷，第532页。
② 丁文江：《玄学与科学：答张君劢》，张君劢、丁文江等：《科学与人生观》，第204页。
③ 罗家伦：《写给青年：我的新人生观演讲》，中国人民大学出版社，2005，第4、6、107页。

会。梁启超1918年在《欧游心影录》中说：

> 我们须知世界大同为期尚早，国家一时断不能消灭……我们的爱国，一面不能知有国家不知有个人，一面不能知有国家不知有世界。我们是要托庇在这国家底下，将国内各个人的天赋能力尽量发挥，向世界人类全体文明大大的有所贡献。[1]

国家固然需要，但对于个人的意义来说，已经不像人类那么重要。傅斯年说得更明白：

> 我只承认大的方面有人类，小的方面有"我"是真实的。"我"和人类中间的一切阶级、若家族、地方、国家等等，都是偶像。我们要为人类的缘故，培成一个"真我"。[2]

不仅传统的家族主义、地方主义，就连近代的国家主义，都被视为虚幻的偶像，"五四"的思想家重新从国家主义走向了新天下主义——以理想的人类公理为核心价值的世界主义。

在"五四"的大我观念中，除了全人类之外，还有社会这一核心观念。与世界主义同时崛起的，还有社会。"五四"时期群己关系中的"群"自然有世界主义的背景，但实际所

---

[1] 梁启超：《欧游心影录》，《梁启超全集》第5册，第2978页。
[2] 傅斯年：《〈新潮〉之回顾与前瞻》，《傅斯年全集》第1卷，第297页。

指不是国家，而是社会。国家不再可靠，要建立有序的社会政治秩序，唯期待于一个理想的社会。而要改造社会，首先须有自我意识又有社会担当的个人。不过，究竟先改造社会，还是先改造个人？这一"先有鸡还是先有蛋"的悖论式问题，在"五四"时期一直争论不休。大约以1919年的五四运动为界，之前的新文化运动着重于个人的解放和个人意识的塑造，"五四"之后，则逐渐转向社会改造运动。五四运动所直接激发的，与其说是救亡的民族主义，不如说是改造社会的激情。五四运动的精神领袖傅斯年在运动发生后不久这样写道："五四运动可以说是社会责任心的新发明，这几个月黑沉沉的政治之下，却有些活泼的社会运动，全靠这社会责任心的新发明……所以从5月4日以后，中国算有了'社会'了。"①五四运动之后，出现的不是救亡热，而是各种各样理想主义的乌托邦社会运动：新村主义、工读互助、平民教育讲演团等等。"五四"知识分子将"重建个人"和"重建社会"作为时代的使命，视为最重要的"非政治的政治"。②

不过，"五四"的重建社会，同时又意味着对传统社群——家族、地域和民间宗教的拆解，而这些是古代中国最基本的社会网络，传统的中国平民百姓就是在这些社会网络中获得个人位置和生活价值的。然而，这些传统的社会网络，从晚清开始就被当作阻碍个人解放的"网罗"，受到了激烈的批判。1903

---

① 傅斯年：《时代与曙光与危机》，《傅斯年全集》第1卷，第355页。
② 关于"五四"的"重建社会"，参见王汎森《傅斯年早期的"造社会"论——从两份未刊残稿谈起》，《中国文化》1996年第14期。

年《大陆》杂志的一篇文章说："人当堂堂正正，独往独来，图全群之福，冲一切之网罗，扫一切之屏障。"①在所有须冲决的"网罗"之中，宗法家族首当其冲。1907年《天义报》的一篇题为《毁家论》的文章，说："盖家也者，为万恶之首，自有家而后人各自私。"家族是一切私和罪恶的渊源，造就了只追求个人私利的"私民"。作者情绪激烈地提出："欲开社会革命之幕者，必自破家始矣。"而欲从事社会革命，必先自男女革命始，革命的拔本塞源之计，"则毁家是已"。②晚清是国家主义高涨的年代，破坏家族乃是为了形成一个近代国家所需要的国民。吾国公民之所以缺乏国家观念，乃是家族主义在中"停顿隔绝"。③到了"五四"时期，国家主义衰落，但对家庭的攻击更为猛烈。如果说在晚清还仅仅是个别激进之论的话，那么在"五四"的新青年那里，则成为普遍的共识了。在傅斯年看来，"中国的家庭"是妨碍个性解放的"万恶之原"。④胡适借易卜生之口，历数家庭中的四大恶德：自私自利、奴隶性、假道德和怯懦，他还将传统的法律、宗教和道德都看作个性解放的障碍。⑤

从晚清到"五四"，对以家族为核心的传统社群摧枯拉朽式

① 佚名：《唯物论二巨子（底得娄、拉梅特里）之学说》，张枬、王忍之编《辛亥革命前十年时论选集》第1卷上册，生活·读书·新知三联书店，1960，第412页。
② 汉一：《毁家论》，张枬、王忍之编《辛亥革命前十年时论选集》第2卷下册，生活·读书·新知三联书店，1963，第916—917页。
③ 家庭立宪者：《家庭革命说》，张枬、王忍之编《辛亥革命前十年时论选集》第1卷下册，第833页。
④ 傅斯年：《万恶之原（一）》，《傅斯年全集》第1卷，第104—107页。
⑤ 胡适：《易卜生主义》，《胡适文集》第2卷，第478—484页。

的批判，使得各种各样的传统大我迅速解体，个人从家族、地缘和信仰共同体中出走，成为独立的自我。"五四"启蒙思想家在摧毁传统大我的同时，本意在于重构现代的大我：从全人类的世界主义到新的理想社会，从而塑造具有个人意识、担当改造世界责任的新人。[①]

不过，从晚清到"五四"，在摧毁了传统的家族、地缘和信仰共同体的同时，并没有建立起以市民社会为基础的现代社会共同体。相反地，从1925年国民大革命开始，又一轮民族主义的狂飙席卷中国，特别是1931年九·一八事变后，亡国灭种的民族危机笼罩中国。于是，曾经在"五四"时期昙花一现的世界主义和社会改造意识重归灭寂，民国初年一度比较活跃的市民社会运动也受到了国民党政府的打压。个人被重新置于民族国家的框架中去理解，所谓的大我，不再是人类，也不是社会，而是民族国家。王汎森的研究表明，1925年以后，新人的概念也发生了变化，不再是"五四"时期那种人生的、文学的、艺术的、哲学的、道德的新人，而是政治的、社会的、主义的新人。[②]个人（小我）与国家、小我与大我被严重地"主义化"。所谓的民族国家不再具有共同的内涵，在各种主义的阐述中变得歧义迭出。自由主义、激进主义和威权主义各有各的国

---

① 根据王汎森的研究，从晚清到"五四"，近代中国思想史中的自我，有一个从"国民"到"新人"的变迁，"五四"的"新人"在心理上具有"有意识的""人为的"和"向上的"特征。参见王汎森《从新民到新人：近代思想中的"自我"与"政治"》，王汎森等：《中国近代思想史的转型时代》，第180页。

② 王汎森：《从新民到新人：近代思想中的"自我"与"政治"》，王汎森等：《中国近代思想史的转型时代》，第195页。

家观，也各有各的个人观。这些互相对立的主义虽然共享小我与大我的二分预设，但关于什么是小我，什么是大我，乃至于小我与大我的群己关系，则变得扑朔迷离，莫衷一是。

《新青年》陈独秀与康有为孔教思想论争的历史重探

彭春凌

  《新青年》反孔批儒乃20世纪最重要的思想史事件之一，也是中国数千年文化史上划时代的事件。陈独秀是新文化反孔教运动的领袖。他对孔教的判断，诸如孔教与现代生活不合、[①] 与共和"绝对两不相容"、[②] 与帝制"有不可离散之因缘"，[③] "儒者三纲之说，为一切道德政治之大原"，由此而生之忠孝节"为以己属人之奴隶道德"等，[④] 长期以来，构成了新文化话语体系对孔教的论述要点，也形塑了至今为止大部分国人对儒教的基本观感和认知。陈独秀发布在《新青年》上的反孔言论，在在将康有为作为主要论敌。二十余年来，就康、陈的

[①] 陈独秀：《孔子之道与现代生活》，《新青年》第2卷第4号，1916年12月1日，汲古书院1970年影印版，第346页。东京汲古書院影印的《新青年》每卷为一本，每本重新编排了页码。本文标注的《青年杂志》及《新青年》的相关页码，均为该版本重新编排的页码。

[②] 陈独秀：《复辟与尊孔》，《新青年》第3卷第6号，1917年8月1日，第559页。

[③] 陈独秀：《驳康有为致总统总理书》，《新青年》第2卷第2号，1916年10月1日，第147页。

[④] 陈独秀：《一九一六年》，《青年杂志》第1卷第5号，1916年1月15日，第463页。

孔教观念，学界从其思想资源取径英、法的差异着眼，相对持平地论述了二者在中国文化近代化过程中的贡献；[①]而针对《新青年》及新文化运动中的反孔问题，研究者亦从多个学理层面进行了冷静客观、富有启发的分析。[②]

本文对《新青年》陈独秀与康有为孔教思想论争进行历史重探，前提是确认二者对孔教的思索拥有相同的历史背景，即回应近代"国民"思潮；以此为基底，将研究的视阈扩展至清末康、陈的思想纠葛，他们在民初的论争不再是孤立的个别事件，而有助于解析拥有两千年传统的孔教（又称"儒教"）如何适应近代以来逐步形成的国民国家这一宏大历史命题。

凭此再返归《新青年》反孔批康问题，关注思想论辩与时政变迁及人事调整的关系、人物间人格情感的冲撞、思想言说真相与修辞的差别等，无论是论辩双方的理论异同，还是论辩从发生到激化的历史过程，皆呈现出全新但更本然的面貌。一则，在理论层面，康有为倡导的"孔教"主要指向不以时间为转移的具普遍性的人类道德标准，陈独秀批评的"孔教"则主要针对具有时代性特征、别尊卑明贵贱的"三纲"伦理。针对孔教与国民的关系，两人都是就对方省略搁置的论域大加发挥，表面上看两相对峙，究其实质竟似两相补充。陈独秀实际

---

① 如董士伟《新文化运动与"孔教"观——评康有为、陈独秀之间的一场争论》，《齐鲁学刊》1991年第5期。

② 如欧阳军喜《五四新文化运动与儒学》，陕西人民出版社，2001；欧阳哲生：《在传统与现代性之间——以"五四"新文化运动与儒学关系为中心》，孙玉石：《五四新文化运动反孔思潮之平议——以〈新青年〉杂志为中心》（分别载《五四运动与二十世纪的中国》，社会科学文献出版社，2001，第432—460、411—431页）。

大体接受并完善了康氏救国基础在国民个体道德修养的观点。康陈冲突，理论之本底端在个人独立主义与儒教"亲亲"伦理的摩擦。再则，就历史过程论，陈独秀以维护共和国民地位为旨归，因此，他以及他主编的《青年杂志》并未从一开始就把康有为和孔教作为论辩对手，至袁世凯这一头号敌人逝去、康有为派又强势推动孔教第二次国教化运动之际，《新青年》第2卷才将矛头对准了康氏，并咬定孔教与帝制有因缘这一政治语言展开攻伐。随着宪法会议孔教定国教案失败，《新青年》第2卷第6号到第3卷第3号则容纳了包括常乃惪、俞颂华等在内的不同声音，对孔教的讨论朝多元化方向敞开。然而，康有为参与张勋复辟后，陈独秀排击孔教再趋严厉，并终其一生，将康有为及"孔教"之名定在"复辟"的耻辱柱上。陈、康过招，有张有弛，在开合之间细节曲折丰满，其论争为人所忽视的微观层面的丰富性，也足堪进行历史的重探。

一、回应近代"国民"思潮的孔教观念

戊戌自上而下的变法归于失败，民间知识精英转而寻求自下而上的革命。庚子事变中，百姓 "无国家思想"，"联军入北京，而顺民之旗，户户高悬，德政之伞，署衔千百"，[①]这种景况加重了他们的亡国焦虑。"卢骚之《民约论》、孟德斯鸠之《万法精理》、约翰穆勒之《自由原论》、斯宾塞之《代议

---

① 梁启超：《新民说》,《饮冰室合集·专集之四》, 中华书局, 1989, 据上海中华书局1936年版影印, 第22页。

政体》"，^①以及伯伦知理（Johann Caspar Bluntschli）的国家学说等，大量欧洲政法论著被译介和传播。在实际需求与理论准备互相启发的基础上，晚清"国民"思潮遂趋高涨。梁启超将"新民"视为"今日中国第一急务"，^②他以震荡感动一代青年的《新民说》，当之无愧地成了近代国民学说最强有力的鼓吹者。而面对此种情势，曾经作为帝制社会国家意识形态、教义上关注"天下"与"宗族"而缺少现代"国民"维度的孔教，亦必然走向转型。孔教运动的精神领袖康有为虽有徘徊，但逐渐接受了"国民"观念，倡言"孔子立天下义，立宗族义，而今则纯为国民义"，^③他认同将"国民"外壳作为"孔教"适应现代社会的制度层面的支撑。他于民国初年兴起孔教运动，希望在政教双轨的现代体制中，孔教作为与世俗政治并行的另一极独立存在，以保证国民精神信仰和道德修养的恒常性。^④

陈独秀1897年"由选学妖孽转变到康、梁派"，^⑤戊戌政变后，曾"恒于广座为康先生辨（辩）护"。^⑥陈独秀清末的思想受到康有为、梁启超极大的影响，尝谓"吾辈今日得稍有世界

---

① 冯自由：《革命逸史》初集，中华书局，1981，第99页。
② 梁启超：《新民说》，《饮冰室合集·专集之四》，第1页。
③ 康有为：《请尊孔圣为国教立教部教会以孔子纪年而废淫祀折》，《康有为全集》第4集，中国人民大学出版社，2007，第98页。
④ 关于康有为在晚清如何接受"国民"学说，其间与弟子梁启超的思想交流，参见彭春凌《康梁在孔教能否为国民义思想上的分合》，《近代史研究》2011年第5期。
⑤ 陈独秀：《实庵自传》（1937），《陈独秀著作选编》第5卷，上海人民出版社，2009，第211页。
⑥ 陈独秀：《孔子之道与现代生活》，《新青年》第2卷第4号，1916年12月1日，第345页。

知识，其源泉乃康、梁二先生之赐"。①同康梁一样，"国民"问题也成为陈独秀思考的重心。梁启超在"个"与"群"之间界定"新民"，认为"实行民族主义于中国"的"新民"之道，既有"吾民之各自新"——国民个人精神的塑造，又有"合吾民族全体之能力"——国家群体意识的培养。②陈独秀早期尝以此为参照，将孔教与"国民"进行了三个不同层面的对应：其一，作为民族文化的代表，孔子（儒教）在凝聚"群"、建立新的民族国家的认同方面发挥积极的作用；其二，孔教（尤其是王学）在塑造国民"个体"道德修养方面，具有正面的价值；其三，在处理群己（即独立自由自主的国民个体与国家社会群体）之间的关系时，孔教落实于实际政治伦理和社会纲常的僵硬教条，呈现出负面消极的面相。严格说来，后两个层面都是对国民个人道德的建设，但前者偏于个体"向内求"的精神修养，后者偏于个体"向外求"的自主地位。《新青年》思考青年德育，高一涵区分"自治"与"自由"，③陈独秀区别"消极道德"与"积极道德"，将孔教的廉耻视为消极道德。④他们所用名目虽不同，但指向这两个层面大致无异。从清末编纂《国民日日报》《安徽俗话报》到民初编辑《甲寅》《新青年》，陈独秀对于儒教与国民三个层面关系的理解，并没有发生本质改

①　陈独秀：《驳康有为致总统总理书》，《新青年》第2卷第2号，1916年10月1日，第145页。
②　梁启超（署"中国之新民"）：《新民说·论新民为今日中国第一急务》，《新民丛报》第1号，1902年2月8日，第5—7页。
③　高一涵：《自治与自由》，《青年杂志》第1卷第5号，1916年1月15日，第471页。
④　陈独秀：《答傅桂馨》，《新青年》第3卷第1号，1917年3月1日，第88页。

变或位移。真正的变化，是这三个层面言说重点产生了差异，论说频率、激烈程度发生了消长。陈独秀与康有为的论争，归根结底是论述孔教与国民关系时，二人在后两个层面（即"自治"与"自由"）上侧重点的差异，其互补性实大于对立性。

陈独秀与章士钊等人1903年在上海编纂《国民日日报》，延续《苏报》的革命使命，强调"国者，民之集合体"，"三千年来独夫民贼以国为牧场"，是造成东方民族缺乏自主人格而被驯服于专制政体的重要原因。[①]"脱奴隶就国民"，是中国革命的任务。[②]陈独秀与苏曼殊一起翻译了嚣俄（雨果，Victor Hugo）的小说《惨社会》，借小说人物之口，痛斥"支那国孔子的奴隶教训"与"法兰西贵重的国民"截然异趣。[③]这与后来《青年杂志》发刊词《敬告青年》倡导青年脱离"盲从隶属他人"的"忠孝节义"等"奴隶之道德"的羁绊，追求"自主自由之人格"，[④]思维结构完全一致。章士钊评价《惨世界》，称陈独秀"所怀政想，尽与此同"，[⑤]可谓慧眼独具。《国民日日报》与康梁思想十分密切。《箴奴隶》谓，虽然"孔孟考道德之本原，明出处之大义"，后却被"独夫民贼"利用，附以"神圣不可侵犯

---

① 《国民日日报发刊词》（1903），《国民日日报汇编》（第1—4期）第1集，1983，第11页。

② 章士钊（署"爱读革命军者"）：《读〈革命军〉》（《苏报》，1903年6月9日），《章士钊全集》1，文汇出版社，2000，第27页。

③ 苏曼殊、陈独秀合译：《惨世界》，柳亚子编《苏曼殊全集》第2册，中国书店，1985，第131页。

④ 陈独秀：《敬告青年》，《青年杂志》第1卷第1号，1915年9月15日，第10页。

⑤ 章士钊（署"孤桐"）：《吴敬恒—梁启超—陈独秀》，《甲寅》周刊第1卷第30号，1926年2月6日，第6页。

之纲常主义",变成强者凌制弱者的工具。[①]此番言论,颇类似于《新民说》如下观点:"吾不敢怨孔教,而不得不深恶痛绝夫缘饰孔教、利用孔教、诬罔孔教者之自贼而贼国民也。"[②]《中国古代限抑君权之法》更借用康有为的"三世说",称孔孟名分尊卑之说"乃据乱世之法"。[③]

《国民日日报》侧重批评孔教落实于社会政治和日常生活层面的纲常伦理,不适于处理现代国民国家群己之间的关系。与之形成反差的是,在1904年创办的《安徽俗话报》上,陈独秀则着力宣传"群"的国家观念与国民自身的道德修养。他对孔教在这两个层面上的作用给予了积极正面的评价。这种差别与两份报纸的定位有关。《国民日日报》是知识人为国民之"警钟适铎"自下而上声讨专制政体的革命刊物,[④]《安徽俗话报》则是知识精英自上而下"用顶浅俗的话"启蒙、教化大众的报纸。[⑤]

《安徽俗话报》宣扬民族国家"群"的思想,将孔子作为民间自主救亡精神的象征,并大力发掘儒教忠义、兵魂、尚武等价值,均烙上康、梁思想的印痕。《亡国篇》"一国好比一

① 《箴奴隶》(1903),《国民日日报汇编》(第1—4期)第1集,第24、25、20页。

② 梁启超(署"中国之新民"):《新民说·论进步》,《新民丛报》第10号,1902年6月20日,第8页。

③ 《中国古代限抑君权之法》(1903),《国民日日报汇编》(第1—4期)第2集,第344、345页。

④ 《国民日日报发刊词》(1903),《国民日日报汇编》(第1—4期)第1集,第14页。

⑤ 陈独秀:《〈安徽俗话报〉的章程》(《安徽俗话报》第1期,1904年3月31日),《陈独秀著作选编》第1卷,第18—19页。

个人的全身，一家好比全身上的一块肉”，①类似于梁启超国家有机论的通俗解说版本。小说《痴人说梦》中，孔子作为中国的象征，宣讲合群共抗外敌的民族国家思想，与康有为鼓吹的“素王”若合符契；而豪杰华震唱的国歌“哭一声我的中国魂，叫一声我的中国魂”，②显然感性演绎了梁启超的《中国魂安在乎？》。陈独秀《中国兵魂录》表彰古代先轸、弘演、卜庄子、狼瞫、华舟、杞梁等“轻死善仗的武士”，③从命义到人物设置均模仿梁启超《中国之武士道》。梁、陈差别在于，梁氏刻意澄清勇士们是为“国民”，而非为“君主”“独夫”而死；④陈独秀则不管他们是“抵抗异族”还是“效忠君主”，“直要勇烈善仗可泣可歌的事，都可以录出”。⑤陈独秀不解释而梁启超刻意澄清，与两人政治身份有关。梁启超是保皇党，为防止论敌攻击，需要避免宣传古人忠君，而强调其“为国民”的道德正义性。而陈独秀是革命党，天然站在“国民”的位置上，政治合法性不存在问题，故可以大胆言说，表彰“忠义”。在塑造国民个体的道德修养方面，陈独秀《王阳明先生训蒙大意的解释》诸文，特别关注王阳明的良知之学，这颇符合万木草堂以“养心”为首的风格，延续了康梁宋明学的修养路子。

---

① 陈独秀：《亡国篇》（1904—1905，原载《安徽俗话报》），《陈独秀著作选编》第1卷，第65页。
② 守一：《痴人说梦》，《安徽俗话报》第4期，1904年5月29日，第23—24页。
③ 陈独秀：《中国兵魂录》（《安徽俗话报》第17期，1904年12月7日），《陈独秀著作选编》第1卷，第96页。
④ 梁启超：《中国的武士道》，《饮冰室合集·专集之二四》，第3页。
⑤ 陈独秀：《中国兵魂录》（《安徽俗话报》第17期，1904年12月7日），《陈独秀著作选编》第1卷，第99页。

清末，在构思儒教主流传统如何转型以与现代民族国家相适应时，陈独秀基本接受了康梁的观点，也就是说，于群体意识及民族精神的塑造上，看重孔子的象征意义；在个人道德修养上，强调儒教中恒常性道德价值的正面效应；在群己关系上，坚决剔除妨碍国民自主地位、沦为强者压迫弱者之工具的纲常伦理秩序。《国民日日报》《安徽俗话报》对这三个层面的论说基本上是持平的，甚至还略微侧重于儒教在塑造国家群体意识及国民个人道德修养上的价值。而到《新青年》时期，陈独秀民族国家"群"的问题意识相对淡漠。尽管他坦承《新青年》呼吁以觉悟为道德之基，乃"阳明之旨"，[①]但更倾向于将温良恭俭让视为普世性的道德原则，而非在儒教名目下进行讨论。陈独秀《新青年》时期的言说，在在围绕"群己间平等自由之精义"立论；[②]他始终要"肉搏"的，是"重阶级尊卑"的"三纲主义"，并且认定孔教即"教人忠君，孝父，从夫"。[③]"与社会宣战之伟大个人"，[④]是陈独秀对自己的定位，也是新文化运动的精神内核。可以说，民初复杂的政局塑造了知识人的核心关切。"《甲寅》为新文化运动的鼻祖"，[⑤]《新青

---

① 记者：《答叶挺》，《新青年》第2卷第6号，1917年2月1日，第640页。
② 陈独秀：《孔子之道与现代生活》，《新青年》第2卷第4号，1916年12月1日，第347页。
③ 陈独秀：《旧思想与国体问题——在北京神州学会讲演》，《新青年》第3卷第3号，1917年5月1日，第236页。
④ 陈独秀：《答孔昭铭》，《新青年》第2卷第4号，1916年12月1日，第431页。
⑤ 常乃惪：《中国思想小史》，（上海）中华书局，1922，第181页。关于《新青年》与《甲寅》的关系，参阅杨琥《〈新青年〉与〈甲寅〉月刊之历史渊源——〈新青年〉创刊史研究之一》，《北京大学学报（社会哲学科学版）》2002年第6期。

年》直接承继着《甲寅》杂志的思路。

章士钊、陈独秀创《甲寅》于1914年，时值二次革命失败之后，袁氏宣布解散国会，帝制复辟在即。陈独秀愈加明确，革命的对象，是"专横政治与习惯"，革命的目标，是"对国家主张人民之自由权利，对社会主张个人之自由权利"，认为"团体之成立，乃以维持及发达个体之权利已耳，个体之权利不存在，则团体遂无存在之必要"。[①]他甚至说出国若"无以保民""适以残民"，可迎"海外之师"等有伤时人民族感情的话。[②]而将"民权置于至高无上的地位，作为判断一切是非和决定取舍的唯一准绳"，[③]正是陈氏从《甲寅》到《新青年》时期的思想主轴。由此，孔教中妨碍共和国国民自主地位、倡导尊卑等级制度的三纲伦理受到猛烈批判。陈独秀在编发吴虞"非儒诸诗"时，[④]特地在"大儒治国自恢恢，坐见中原几劫灰；始信诗书能发冢，奸言多藉六经来"的后两句加上圈识。[⑤]他最痛恨当权者利用儒家经典及教化掩盖其腌臜苟且的谋私勾当。这显然是针对表面尊孔实则窃国、强调君臣纲常以复帝制的袁世凯。

从《国民日日报》到《甲寅》，反孔批儒是陈独秀持续的行为，然而，他直接以康有为作对手来反孔教，则是在袁世凯帝

① 陈独秀：《〈双枰记〉叙》(《甲寅》第1卷第4号，1914年11月10日)，《陈独秀著作选编》第1卷，第145页。

② 陈独秀：《爱国心与自觉心》(《甲寅》第1卷第4号，1914年11月10日)，《陈独秀著作选编》第1卷，第150页。

③ 任建树：《陈独秀传（上）——从秀才到总书记》，上海人民出版社，1989，第90页。

④ 吴虞：《致陈独秀》，《新青年》第2卷第5号，1917年1月1日，第548页。

⑤ 吴虞：《辛亥杂诗》（陈独秀圈识），《甲寅》第1卷第7号，1915年7月1日，"文苑"第9页。

制复辟失败之后。当然，革命党人对康有为清末"反革命"的顽固印象，以及康氏在二次革命失败后的言论，还是为后来陈独秀批康埋下了伏笔。二次革命后，康有为发表了《救亡论》，主张虚君共和制。以康氏之见，最重要的是"国为公有"，"无论为君主民主、为独立半立、为同族异族，为同教异教，皆不深计"。君主立宪即国为公有，它根本有别于君主专制，能保障国民的自主平等权利。而有虚君"冷庙之土偶"存在，[①]又能避免因争夺最高统治权导致的混乱，可治理目前的政局乱象。此论一出，章士钊即提醒康梁，"慷慨万言"的《救亡论》，"在辛亥革命以前，诚不失为一种健全之论"，但"今非其类也，今苟改立君制，孰敢保吾宪政可见实行"？在袁氏帝制复辟"司马昭之心，路人皆见"的情形下，"贤者立言，稍不经意"，就会被人利用，"永为世论口实"。[②]而陈独秀即便在最悲观时，也不倾向于君主立宪，尝谓"盖一国人民之智力，不能建设共和，亦未必宜于君主立宪"。[③]在陈独秀眼中，民初共和国最大的敌人是袁世凯。康有为君主立宪主张及孔教诉求，均与袁世凯的口号有相似处，但由于康氏坚决反袁，陈独秀并未将批评的矛头指向他。一旦袁世凯这个头号大敌从历史中隐退，原本在他身影遮挡下、与他某些主张（至少是口号）相类的康有为，便会

① 康有为：《救亡论》（1911年作，1913年8月加入按语，载于《不忍》第7册），《康有为全集》第9集，第222、228、229、238页。
② 章士钊：《共和平议》（《甲寅》第1卷第7号，1915年6月22日），《章士钊全集》3，第476、479页。
③ 陈独秀：《爱国心与自觉心》（《甲寅》第1卷第4号，1914年11月10日），《陈独秀著作选编》第1卷，第149页。

以陈独秀最大论敌的身份凸显出来。这也正是《新青年》从力主基于主体自我意志的个人价值，到反孔教的纲常伦理，再到批康的发展脉络。

二、陈独秀以康有为为对手的开端

康有为1912年底发起孔教运动，到1916年大约已历时4年。陈独秀主编《青年杂志》第1卷，时值1915年9月至1916年2月，但这半年间他从未就孔教运动及康有为本人作针对性的批判。[①]其强调挣脱"儒者三纲"和"以己属人之奴隶道德"，[②]延续了戴震以降儒学内部批评"以理杀人"的思想逻辑，大都为清末民权解放运动的"老生常谈"。他不仅对康有为的"先觉"地位赞美有加（当然背后蕴藏着超越康的自负），[③]还和杂志同人们孜孜不倦地宣扬儒家心性之学，以之为抵制袁世凯复辟帝制的精神动力。[④]康梁均视《孟子》"事天、尽心、养性"，《中庸》

---

① 《青年杂志》第1卷第6号登出易白沙《孔子平议》上，开《青年杂志》反孔的先声。但此文的标靶始终是"利用孔子"的"野心家"，主要指向筹安会（易白沙：《孔子平议》上，《青年杂志》第1卷第6号，1916年2月15日，第572页）。

② 陈独秀：《一九一六年》，《青年杂志》第1卷第5号，1916年1月15日，第462、463、464页。

③ 参见陈独秀《答李大魁》，《青年杂志》第1卷第3号，1915年11月15日，第326—327页；陈独秀：《吾人最后之觉悟》，《青年杂志》第1卷第6号，1916年2月15日，第564页。

④ 如《青年杂志》上高一涵《共和国家与青年之自觉》（第1卷第3号）、易白沙《我》（第1卷第5号）、高一涵《自治与自由》（第1卷第5号）、陈独秀《吾人最后之觉悟》（第1卷第6号）、高语罕《青年之敌》（第1卷第6号）诸文。

"慎独"，王阳明"致良知"为孔教精髓。①《青年杂志》诸人尽管不以"孔教"为名目宣扬它们，但事实上承继着康梁的事业。至于"名目"方面，陈独秀接受了社会进化观，截然区分古代近世，谓近世文明乃欧罗巴人所独有，②而所有的古代文明，无论基督教儒教，它们创造的珍贵价值是普世性的，并不值得某国人特别骄傲，现在要做的是移植只产生于欧罗巴的近世文明。这一理论基础，使陈独秀后来提醒孔教论者"未可自矜特异，独标一宗"，强调举世之实践道德家其实同遵"温良恭俭让信义廉耻诸德"。③也就是说，陈独秀及《青年杂志》并非"天降大任"般地从一开始就把康有为和孔教作为论辩对手。陈独秀正式或正面地反孔教、批康有为，要从改名为《新青年》的第2卷杂志算起，紧密关联着袁世凯倒台、国会重开后的政治局势。

一方面，这的确显示了新文化的"运动"、经营痕迹。④陈独秀极为敏锐，善于抓住最吸引眼球、宪法中定孔教为国教的时政问题重磅出击。他以"二千年来所仅见"的态度"明目张胆澈（彻）底"攻击孔学，使开初"做些勉励青年的普通文

---

① 康有为：《〈中国学会报〉题词》（1913），《康有为全集》第10集，第16页。梁启超：《新民说·论私德》，《新民丛报》第40、41号，1903年11月2日，第4页；第46—48号，1904年2月14日，第2—3页。
② 陈独秀：《法兰西人与近世文明》，《青年杂志》第1卷第1号，1915年9月15日，第15页。
③ 陈独秀：《宪法与孔教》，《新青年》第2卷第3号，1916年11月1日，第238—239页。
④ 关于新文化的"运动"过程，参见王奇生《新文化是如何"运动"起来的》，《革命与反革命：社会文化视野下的民国政治》，社会科学文献出版社，2010。

章，并没有什么特色"的《青年杂志》给"当时思想界上印下一个极深的印象"。①另一方面，陈独秀批判康有为及孔教运动，采用的论战策略是始终锁定"孔教与帝制，有不可离散之因缘"（《驳康有为致总统总理书》）。这一策略的出炉，与舆论界驳斥康氏在袁世凯帝制前后的言行给予他的刺激和启发分不开。他借此又顺利衔接了《青年杂志》对儒家三纲奴隶道德的批判。

康有为坚定反袁，哂笑筹安会中前革命党诸君"响应攀附"，②痛斥袁世凯"以共和之总统而僭帝，以中华之民主而专卖中华之国土"。③康氏设计袁倒台后的善后方略，一言以蔽之曰虚君共和制。他认定，"经革命，君臣之义已隳，又经排满，满人之力尽微"，定年幼的清帝为虚君，是最保险的立宪选择。④弟子梁启超闻悉痛骂康氏，"与众为仇、助贼张目，吾既惊其颜之厚而转不测其居心之何等也"。如共和不能立宪，那么君主也不能立宪，即便康氏"在学理上有圆满之根据"，他也忽视了"民情之所向背"。梁启超将康有为命名为"筹安新派"，将他与筹安会并称为"新旧筹安两派"。梁启超体谅康的声明乃"惓怀故主"，但提醒康氏，"诚有爱护故主之心，则宜厝之于

---

① 常乃惪：《中国思想小史》，第181页。
② 康有为：《知耻》（1915），《康有为全集》第10集，第244页。
③ 康有为：《致袁世凯书》（1916年5月），《康有为全集》第10集，第291、292页。
④ 康有为：《中国今后筹安定策》（1916），《康有为全集》第10集，第338、340页。

安，而勿厝之于危"。①

陈独秀1937年曾有自白："我绝对不怕孤立"，"决计不顾忌偏左偏右，绝对力求偏颇，绝对厌弃中庸之道，绝对不说人云亦云豆腐白菜不痛不痒的话"。②以信念执着、性格刚毅而言，陈独秀其实最像康有为。如果说康、梁师弟间的冲突是一果决、一优柔两种人格的对话，虽"不同"而能"和"，那么，康有为与陈独秀的矛盾则是两位"至刚"者的碰撞，其关系必至折断为止。在康有为心目中，君主立宪制最适合转型期的中国，已无实权的清帝是最恰当的虚君人选，"正确"的观点无论什么时候说都一样，辛亥革命前后如此，二次革命后如此，洪宪复辟失败后如此，张勋复辟失败后还是如此，不在乎说话时机是否合适。康有为毕生相信天命，执着于信念，虽千万人吾往矣，而心力同样强大的陈独秀以民主共和为价值底线，两者的冲撞在所难免。

《青年杂志》因与上海基督教青年会杂志刊名雷同，第2卷第1号开始被迫改名为《新青年》，在因战火停刊半年后，于1916年9月1日重新发行。其时袁世凯已死，国会复会。《新青年》同人逐渐将矛头对准了康有为及其孔教会。易白沙《孔子平议》下篇的批评对象，从筹安会转向了"今之董仲舒"，谓其"摧沮学术之进化"，讽刺康有为的用意十分明显。③在继

---

① 梁启超：《辟复辟论》（1916年5月），《饮冰室合集·专集之三三》，第117—119页。

② 陈独秀：《给陈其昌等的信》（1937年11月21日），《陈独秀著作选编》第5卷，第217、216页。

③ 易白沙：《孔子平议》下，《新青年》第2卷第1号，1916年9月1日，第25页。

承《甲寅》杂志而设计的"通信"栏中，编辑者往往"借题发挥"，引领舆论。读者陈恨我模仿康有为声口，倡导"欧美各国自有立国之精神……孔教固我国之精神之国魂"。《新青年》记者则借批评该来信，顺势鞭挞撰《中国颠危误在全法欧美而尽弃国粹说》（1913）、《参政院提议立国之精神议书后》（1914）的康有为。记者回信陈恨我，反讽地承认孔教乃中国"国魂"，而"三纲"伦理恰是导致东方落后于西方的原因，"先足下而有孔教会筹安会诸君子，今国人方出大力解决此问题，不审足下何所左袒也"。[①]记者借用了梁启超的判断，却偷换了他的概念。梁将康氏命名为"新筹安会"，但他并未混淆筹安会与孔教会，更未将民间组织"孔教会"拉扯到"复辟"中来。《新青年》却有意模糊康有为所主张的政治制度与文化信仰间的区隔，认定孔教等同于三纲，而三纲就要有君主，有君主就是帝制。尽管三个等式都不具备必然性，但陈独秀"用宗教家的态度来武断地宣传"，[②]此后更在这个推论的基础上展开一系列的政论。

《新青年》第2卷第2号刊载了陈独秀两篇论文，《我之爱国主义》及《驳康有为致总统总理书》（简称《驳康有为》）。单从篇名来看，《驳康有为》是《新青年》对康的正式宣战。事实上，《驳康有为》对康氏《致黎元洪、段祺瑞书》虽有枝节性的批驳，但以整体内容而言，它更多是陈独秀与自己已经设想、拟定好的康有为及其孔教思想作论战。与康有为进行更多真实

---

① 记者：《答陈恨我》，《新青年》第2卷第1号，1916年9月1日，第100页。
② 常乃惪：《中国思想小史》，第184页。

对话的，是文中未出现"康有为"之名的《我之爱国主义》，而非篇名即拎出"康有为"数字的《驳康有为》！

陈独秀所说的"康有为致总统总理书"，即1916年9月19日《申报》刊发的《康南海致总统总理书》。该年8月29日，新政府内务部通电各省，改订丁祭祀孔礼节。[①]"废止跪拜"一条，在康有为看来，是在尊孔诚意及立场上有所动摇，是孔教危机的征兆。他先后致电内务总长孙洪伊、教育总长范源濂、总统黎元洪、总理段祺瑞，斥新政府"非所以为人心风俗之计"，[②]谓"中国民不拜天，不奉耶、回，又不拜孔子，留此膝何为"。[③]随后，其再撰《致黎元洪、段祺瑞书》（即《康南海致总统总理书》），回击黜孔教的论议，奉劝政府收回废除跪拜礼的决定。因为，行礼是否要跪拜，看似只是"肢体之屈伸"，制礼之意则"必本末、内外、文用备隆而后为至敬"。内心的至诚需要表现在外在的仪式上，外在仪式的谨慎、庄严又反过来促进至诚之心，从而完善国民德性的修养，所以跪拜礼不可或缺。康有为还以犹太人国亡教存为参照，从民族国家危机的角度，论述在行政及领土意义上的"国"岌岌可危之时，孔教是维系民族认同的根本。并且，在由政府所主导的法律制度废弛之际，孔教作为与政府相区别的民间社会之习俗、教化，其力量支撑着社会的运转和自治，使"四维犹有一张，万方犹未同

---

① 《改订祀孔礼节之通电》，《申报》，1916年8月29日，第10版。
② 康有为：《致孙、范二君函》（1916年8月29日），《康有为全集》第10集，第311页。
③ 康有为：《致黎元洪、段祺瑞电》（1916年9月5日），《康有为全集》第10集，第313页。

恶"。中国不仅不能废孔，而应"照葡萄牙宪法旧章，不与民国相抵触者，皆照章奉行"。①

陈独秀《我之爱国主义》申明，如今中国危机的关键是"民族之公德私德之堕落"，而"欲图根本之救亡，所需乎国民性质行为之改善"。由此，爱国主义之关键在养成国民个体的品德。这一思路，基本上是对康有为《致黎元洪、段祺瑞书》的顺承。陈独秀提出勤、俭、廉、洁、诚、信等道德标准，号召"维新守旧，帝党共和，皆本诸良心之至诚，慎厥终始，以存国民一线之人格"，完整呼应了康有为对"至诚"良心的召唤，更再次确认了儒家道德哲学精髓的价值（尽管未出现"儒"或"孔"之类名目）。可见陈独秀反对跪拜礼、读经及孔教入宪法，却不能不同意康氏对救国、爱国基础在国民个体道德修养的阐述。有《我之爱国主义》承认康文的理论前提，并"以此为持续的治本的真正爱国之行为"，②《驳康有为论总统总理书》批驳康文之细节与具体建议，才不会成为悬空楼阁。

《驳康有为致总统总理书》从政治上声讨康有为《不忍》杂志"不啻为筹安会导其先河"，指斥孔教"别尊卑，重阶级，事天尊君"，为"历代民贼所利用"，③乃帝制的根本思想，与共和相悖。陈独秀所有反孔批康文章泅所谓"磐石无转移"，一

---

① 康有为：《致黎元洪、段祺瑞书》（《申报》1916年9月19日第3版刊发时名为《康南海致总统总理书》，《时报》1916年9月20日刊载时名为《康南海致北京政府书》），《康有为全集》第10集，第316—317页。

② 陈独秀：《我之爱国主义》，《新青年》第2卷第2号，1916年10月1日，第125—130页。

③ 陈独秀：《驳康有为致总统总理书》，《新青年》第2卷第2号，1916年10月1日，第145页。

再"亮"起这把"剑":"孔教与帝制,有不可离散之因缘"。简单而锋利,恰是政治语言的特色。鲁迅在谈到《新青年》诸君的特点时,曾说,"假如将韬略比作一间仓库罢,独秀先生的是外面竖一面大旗,大书道:'内皆武器,来者小心!'但那门却开着的,里面有几枝(支)枪,几把刀,一目了然,用不着提防"。[①]这种描述可谓一语中的。至于陈独秀批驳康文中"强词夺理,率肤浅无常识"之处,诸如孔教究竟是宗教之教还是教化之教、在科学兴起后宗教的价值有几何等问题,其实已为清末以来儒学界所反复研讨。[②]

陈氏对康文两处"命意设词"的抨击,略有些牵强。一是康有为形容自己"依归在孔子之学"时,引用"以《春秋》折狱,以三百五篇作谏书"等套语。[③]陈独秀补充"以《禹贡》治水"一条,用古今地理变迁,《禹贡》不可能再用于治水,来彰显康的荒谬。一是康有为信中称黎元洪"缁衣好贤,宵旰忧劳"。黎元洪曾派王芝祥带信探望康有为,康氏此言当属寒暄之语。陈独秀则讥讽康有为改变了对黎元洪的态度,谓,"辛亥义师起,康先生与其徒徐勤书,称之曰贼曰叛,当不许以种族之故,废孔教之君臣大义也"。[④]此语一箭双雕,既斥康有为首鼠两端,趋炎附势,又将孔教道德与君臣大义牢牢捆绑。然而就

---

① 鲁迅:《忆刘半农君》(1934),《且介亭杂文》,《鲁迅全集》第6卷,人民文学出版社,2005,第74页。
② 陈独秀:《驳康有为致总统总理书》,《新青年》第2卷第2号,1916年10月1日,第146—147页。
③ 康有为:《致黎元洪、段祺瑞书》,《康有为全集》第10集,第317页。
④ 陈独秀:《驳康有为致总统总理书》,《新青年》第2卷第2号,1916年10月1日,第147页。

目前所见，辛亥革命后《民立报》所发康有为致徐勤的信，并未从君臣大义角度批评黎元洪为"贼"或"叛"，只是对黎寄予希望，称参与革命"士夫甚多，或可改为政治革命"。①陈独秀此项批评亦缺乏实据。

康有为《致黎元洪、段祺瑞书》篇末，倡议"以孔子为大教，编入宪法"，并"遣郑浩、王觉任代表，进京代陈一切"。②他以领袖的姿态，吹响了民初第二次孔教国教化运动的号角。1916年9月5日，国会制宪会议正式开会，热点之一是如何处理1913年《天坛宪法草案》第十九条第二项的规定："国民教育，以孔子之道为修身大本"。康有为、陈焕章、张尔田、林传甲等孔教中人士，联合部分议员及尊孔团体，主张将此条规定进一步发扬为：立孔教为国教。③部分国民党议员及社会力量则要求删除该条规定。"反对赞成两方，各旗鼓相当"，④形成拉锯之势。后来，读者顾克刚批评《新青年》第2、3卷"已入政治范围"、乃"时事之评"，⑤陈独秀并未表示异议，还讲了一通"全力解决政治问题"的道理。⑥可以说，陈独秀《驳康有为》之后的《宪法与孔教》《孔子之道与现代生活》《再论孔教问题》等篇章，就是"反方"针对该项议题的政治造势。

---

① 康有为：《与徐勤书》（1911年10月26日，录自《民立报》1911年12月27日、28日），《康有为全集》第9集，第200页。
② 康有为：《致黎元洪、段祺瑞书》，《康有为全集》第10集，第317页。
③ 1916—1917第二次孔教国教化运动的情况，可参见韩华《民初孔教会与国教运动研究》，北京图书馆出版社，2007，第199—212页。
④ 常乃悳：《四致陈独秀》，《新青年》第3卷第2号，1917年4月1日，第197页。
⑤ 顾克刚：《致陈独秀》，《新青年》第3卷第5号，1917年7月1日，第527页。
⑥ 陈独秀：《答顾克刚》，《新青年》第3卷第5号，1917年7月1日，第528页。

三、围绕孔教是否立为国教的舆论角力

　　《新青年》第2卷第3号上，陈独秀发表了《宪法与孔教》，指出，"孔教之根本教义"，在表征"片面之义务，不平等之道德，阶级尊卑之制度"的三纲说，与西洋式"新社会新国家新信仰不可相容"。陈独秀将否定孔教的价值，作为从根本上否决孔教立为国教的依据。为达此目的，他尽力把"温良恭俭让信义廉耻诸德"普世化，以便稀释它们的孔教特征。同时，他还拒绝其他所有超出"三纲"范围对"孔教"的定义或看法。孔教会之外，诸"时贤之尊孔者"，或"不以孔教为宗教"，或"以为宗教而不主张假宪法以强人信从"等，在陈独秀看来也是绝难接受的。[①]比如，顾实于《民彝》第2号上发表《社会教育及共和国魂之孔教论》，批评三纲五常的"伪孔教"，表彰文行忠信、毋意毋必毋固毋我、慎斋慎战慎疾之"真孔教"乃"共和国魂之天镜"。[②]陈独秀便批评他没有抓住孔教"三纲"的根本教义。[③]同样由群益书社刊行、与《新青年》政治立场一致的《公民》杂志，认同《天坛宪法草案》视孔子之道为国民

---

①　陈独秀：《宪法与孔教》，《新青年》第2卷第3号，1916年11月1日，第236、237、238、239页。
②　顾实：《社会教育及共和国魂之孔教论》，《民彝》第2号，1916年8月30日，第47页。
③　陈独秀：《宪法与孔教》，《新青年》第2卷第3号，1916年11月1日，第237页。

修身之大本，[①]称中国非行孔子忠恕之道，"不足以自救"。[②]陈独秀便直斥类似观点，"于国学造诣尚浅"。[③]这就是革命家、宗教家的论战方式，将"敌人"强摁在谬误的价值立场上，自己当然也就稳操胜券了。

《新青年》同人刘半农为人行事，"令人不觉其有'武库'""，"浅，却如一条清溪，澄澈见底"。[④]他说了句大实话：《新青年》"破坏孔教"，"是一时的事业"；"孔教之能破坏与否，却以宪法制定之日为终点，其成也固幸，其不成亦属无可奈何"。[⑤]陈独秀后来曾断言，"要拥护那德先生，便不得不反对孔教"。[⑥]然而如"民主"的结果是孔教进入宪法，以陈独秀"不羁之马"的性格，[⑦]他也绝不会妥协。况且，当时国会表决的情况令他产生巨大的危机感。宪法会议1916年11月底针对《天坛宪法草案》第十九条第二项"国民教育，以孔子之道为修身大本"，进行投票。赞、否双方"各不足三分二之法定数"，而审议未决。但是，"投票结果，赞成原案之白票，三百七十七

---

① 觜李：《修正天坛宪法草案私议》，《公民》第1期，1916年11月10日，"论说"栏，第2—3页。

② 此乃《公民》第四期中培风《孔子之道与今日之中国》的观点，参《新青年》爱读者《致陈独秀》，《新青年》第3卷第5号，1917年7月1日，第524—525页。

③ 陈独秀：《答〈新青年〉爱读者》，《新青年》第3卷第5号，1917年7月1日，第525—526页。

④ 鲁迅：《忆刘半农君》（1934），《且介亭杂文》，《鲁迅全集》第6卷，第74页。

⑤ 刘半农：《致陈独秀》，《新青年》第3卷第3号，1917年5月1日，第326页。

⑥ 陈独秀：《本志罪案之答辩书》，《新青年》第6卷第1号，1919年1月15日，第15页。

⑦ 章士钊（署"孤桐"）：《吴敬恒—梁启超—陈独秀》，《甲寅》周刊第1卷第30号，1926年2月6日，第8页。

张，反对原案之蓝票，仅二百张"。赞成以孔子之道为修身大本的票数远多于否决的票数。《新青年》对此作了厚此薄彼、文字上失实的有倾向性的报道，称"大都主张废弃原案"，"议员中亦有拥护孔道者"。①

应该讲，相对于"天坛宪草"的原案来说，主张更上层楼、立孔教为国教的康有为属于"激进派"。但如制宪会议表决所示，社会上的多数声音仍主维持原案。章士钊指出，"昌言孔教"与"反对孔教"双方"心理差足自安之点"就在维持原案——国民教育，以孔子之道为修身大本。②《新青年》同人未必没有维持原案的心理预期。陈独秀谓，"使孔教会仅以私人团体，立教于社会，国家固应予以与各教同等之自由"。③但康派对"孔教国教化"的强势推动，不容《新青年》诸君后退。陈独秀以根本否定孔子之道的方式来对决康有为，洵如鲁迅所言，是以"拆掉屋顶"的方式"开一个窗"，④以加倍的激进来矫正激进。制宪会议的表决，让陈独秀感到己方处于劣势，这无疑更激发了他的战斗性。《新青年》第二卷第四号上，《孔子之道与现代生活》《袁世凯复活》两文随即"出炉"。

1916年10月，教育总长范源濂颁令禁小学读经。康有为知悉后，"头痛目眩，舌挢手颤"。范源濂于长沙时务学堂时期曾

---

① 《宪法讨论之经过》，《新青年》第1卷第4号，1916年12月1日，"国内大事记"，第417页。

② 章士钊：《国教问题》（署"秋桐"，载《甲寅》日刊，1917年2月5日），《章士钊全集》4，第14页。

③ 陈独秀：《宪法与孔教》，《新青年》第2卷第3号，1916年11月1日，第236页。

④ 鲁迅：《无声的中国》（1927），《三闲集》，《鲁迅全集》第4卷，第14页。

师从梁启超，按辈分算是康有为的徒孙。康"万不意"此政令出自自己门下。[①]他立即修书一封，向范阐述读经尊孔的必要性，此即《致教育总长范静生书》。陈独秀就针对康氏该文，撰写了《孔子之道与现代生活》。在陈独秀反孔批康的所有文章中，此文最具理论含量。下面就对照康、陈两篇文章，研判他们冲突的内里。总体而言，陈独秀对康有为论述所不及处作了补充，对康氏阐述的核心问题则避过不谈，再次说明他大体接受了康有为的孔教逻辑，而康氏孔教论说的某些部分亦委实难以挑战。

首先，陈独秀《孔子之道与现代生活》确立了一个原则，"宗教属出世法"，其根本教义"不易随世间差别相而变迁"，而孔教不是宗教，属于"世间法"，自然就有能否适应现代生活的问题。陈独秀由此褐橥康有为的自相矛盾：康氏致总统总理书"以孔教与婆、佛、耶、回并论"，"明明以孔教为宗教之教"；然而，康氏在致范源濂的信中，又强调孔教与耶、佛不同，"佛经皆出世清净之谈，耶经只尊天养魂之说"，孔子之经"则于人身之举动云为、人伦日用、家国天下，无不纤悉周匝"，这"又明明不以孔教为出世养魂之宗教，而谓为人伦日用之世法矣"。[②]陈独秀以耶、佛为基准，来判断孔教是否属于宗教。康有为则主张孔教与耶、佛有似有不同，孔教囊括却又不限于现代的"宗教"含义；尝谓，"孔子之道，博大普遍，兼该

① 康有为：《致教育总长范静生书》（1916），《康有为全集》第10集，第321页。

② 陈独秀：《孔子之道与现代生活》，《新青年》第2卷第4号，1916年12月1日，第346—347页。

人神，包罗治教"，①"兼陈三世以待变通"。②孔教具有应对不同时代和不同层次认知的变通性。

其次，陈独秀和康有为理论交锋的关键，在"个人独立主义的问题"。

康有为认为，"新道德、旧道德之名词"是"今人之谬说"。孔子之道，"曰智仁勇信，曰忠恕廉耻，又曰聪明睿智、发强刚毅、斋庄中正、文理密察、温良恭俭、元亨利贞"，乃横亘万世不灭的做人的道理。他坚守儒家基于"亲亲"的孝悌伦理，不羡慕"为子固不必孝其父，为弟固不必敬其兄"的"欧美个人独立之俗"。虽然孔教"立礼立义"的"纲常"对人要求太严，可是，"孔子固有升平大同之道……人人不独亲其亲，子其子，使老有所终，壮有所用，鳏寡孤独有所养"。而《论语》有孔子认可"我不欲人之加诸我也，吾亦欲无加诸人"之记载，孔子对"个人独立之义"早就做了界定。③总之，孔教并不存在不适应现代生活的问题。

陈独秀则将现代资本主义所执经济上的个人独立主义思想施加于伦理学，承认人类有相爱互助之谊，却并不主张这种情感以父兄、亲恩为基础。他强调儒家"孝悌"说违背了"群己间平等自由之精义"，反对"自由平等只用之社会，而不能行之

① 康有为：《请尊孔圣为国教立教部教会以孔子纪年而废淫祀折》，《康有为全集》第4集，第98页。
② 康有为：《英国监布烈住大学华文总教习斋路士会见记》（1904），《康有为全集》第8集，第34页。
③ 康有为：《致教育总长范静生书》（1916），《康有为全集》第10集，第322页。

于家庭"，甚至指出"鳏寡孤独有所养之说，适与个人独立之义相违"。这些观点，可说在伦理上真正和康氏孔教的内核发生了冲突。[①]这种冲突某种程度上可溯及先秦儒墨、儒道（杨朱）之争：爱究竟有无等差；不打破"为我"之私，相爱、互助又如何实现。总体看来，陈氏个人主义对儒教伦理根基"亲亲"的冲击，乃是康、陈思想中很难调和的部分。

第三，康文对现代生活中当如何理解儒家"君臣"一义，分析得相当全面。陈独秀似无太多可置喙处，于是转而详论康文未涉及的女权问题，抨击传统礼教习俗忽视和压迫女子。康陈表面上看来两相对峙，实质则更像是在合力攻击僵硬的君臣、夫妇之纲常伦理。康有为指出，孔子的"君臣"，"犹主伯、亚旅云尔"，南朝（梁）之后被人们从纲常层面作了僵硬化的解释。在现代商业社会，"一公司一店肆，则有司理与诸伙云尔，司理待诸伙不可以不礼，诸伙事司理不可以不忠。孔子曰：君使臣以礼，臣事君以忠。不过如是而已"。[②]现代社会虽然可以超越指向身份地位高低贵贱的等级制，却依然存在马克斯·韦伯（Max Weber）所说的科层官僚制问题。这种制度的组织形态包含类同于"君臣"关系的层面，不可能超越分层、集权、命令和服从等限制自由平等空间的质素，自然亦不可缺少规范上下级道德操守及行为的伦行。康有为已部分地意识到儒家伦理对这种现代体制的适应性。陈独秀对此未作评述，恐

---

① 陈独秀：《孔子之道与现代生活》，《新青年》第2卷第4号，1916年12月1日，第347页。
② 康有为：《致教育总长范静生书》（1916），《康有为全集》第10集，第324页。

怕也找不到反对的理由。他的论述重点是更革《礼记》等经典中压迫妇女的具体规定以及相应的社会风俗，主张妇女参政、寡妇有再嫁的自由、男女正常平等交际、妇女独立自营生活等等。康有为是近代鼓吹女权的先驱，[①]但在民初，他不满"百政未举"之时，"先议室女可通奸无罪，壮子可背父独立"，[②]对女子解放的话题着墨不多。陈独秀及《新青年》同人们持续关注女子解放问题，鲁迅更严词抨击"节烈"观，这些在妇女解放史上留下了不磨的业绩，实际上也延续了康有为的事业。

第四，陈独秀驳斥康文，亦有找不到对策攻讦之处，甚或给对方罗织罪名而后加以批驳。

康有为致范源濂的信，最重要的关切，乃是读经对于社会良好风俗的形成和民间自治的意义。康有为不否定依法治国，认为中国的民法、商法、国际法需要完善，但他抨击"以法治为政治之极"的观念。法律只是维系社会的底线，"苟不犯法律，则一切皆可无忌惮"的社会亦并非好社会。"中国数千年，有律例而不行于民间，有长官而不与民接，无律师之保护维持，无警察之巡逻稽察（查），无牧师神父之七日教诲，然而礼让化行，廉耻相尚，忠信相结，孝弟相率，节行相靡，狱讼寡少，天下晏然……盖所谓半部《论语》治之也"。在中国，经典

---

① 如康有为创不缠足会，撰《戒缠足会启》（1883），《日本书目志》（1898）介绍了日本《女权沿革史》等书籍。《大同书》"去形界保独立"部分，阐述了较为全面的女权思想，批判女子节烈观（康有为：《大同书》，上海古籍出版社，2005，第153页）。

② 康有为：《参政院提议立国之精神议书后》（1914），《康有为全集》第10集，第205页。

教义、风俗礼仪发挥了民间习惯法的作用，以自律之力减少了制度设施的成本，"法律之治与德礼之治，有万与一之比也"。[1]陈独秀对此全无置评。后来在答复读者来信时，陈氏称，"康南海以礼教代法治之说，尚成一家言，有一驳之价值"，[2]他曲折地部分认同康氏。当然，康有为并未要"以礼教代法治"，只是强调德礼之治有不可替代的价值。陈独秀虽表示此论有"一驳之价值"，但终未见有系统的阐述。

至于陈文所说："康先生与范书曰：'夫同此中国人，昔年风俗人心，何以不坏？今者风俗人心，何以大坏？盖由尊孔与不尊孔故也。'是直瞽说而已！"稽考《万木草堂遗稿》所收康氏致范源濂的信，并无陈独秀所引语意。所以陈由此斥其"瞽说"，难逃栽赃之嫌。退一步讲，即便综合地看康有为民初思想，他确实勾连了风俗人心败坏与尊孔敬天信仰动摇的关系，但陈独秀自己至少也曾批评过风俗人心变坏。他在《我之爱国主义》等文中，明明感慨民族危机在"公德私德之堕落"；所谓"堕落"当然是指从优转劣。但到了《孔子之道与现代生活》一文，他却调整了批评的方向，说是，"吾国民德之不隆，乃以比较欧美而言，若以古代风俗人心善于今日，则妄言也"，还力图证明"共和思想流入以来，民德尤为大进"。[3]从陈独秀批

---

① 康有为：《致教育总长范静生书》（1916），《康有为全集》第10集，第321页。
② 陈独秀：《答〈新青年〉爱读者》，《新青年》第3卷第5号，1917年7月1日，第526页。
③ 陈独秀：《孔子之道与现代生活》，《新青年》第2卷第4号，1916年12月1日，第350页。

康的语境中看，这多少像是论辩中"不愿示人以弱"，[①]而强作解释。

《孔子之道与现代生活》尚可属"理论"范畴，同在《新青年》第2卷第4号上刊发的陈独秀《袁世凯复活》，则为讨伐康有为的政治檄文。文章所谓的"袁世凯二世"，所有特征都指向康有为；号召"以血刃铲除此方死未死余毒未尽之袁世凯一世，方生未死逆焰方张之袁世凯二世"，[②]更是不折不扣的革命动员。

《新青年》第2卷第5号（1917年1月1日）上刊发的陈独秀《再论孔教问题》，是张勋复辟前，陈氏发表在该杂志上的最后一篇反孔论文（第3卷第3号的《旧思想与国体问题》属演讲稿）。该文大半重复《驳康有为致总统总理书》的观点，理论上无甚新意，但它提出了《新青年》对待孔教最激进的倡议："毁全国已有之孔庙而罢其祀。"[③]而第2卷第5号整期杂志，都贯穿着该文的思路，宛如"反孔教"多声部大合唱。

高一涵预想1917年之革命，包括"教育上应打消孔教为修身大本之宪条"。[④]陈独秀于"通信"栏中，更精心选择了支持自己的各界观点，予以发表。女子曙抨击"以庄严之国宪，定

---

① 胡适：《致陈独秀》（1920年12月），《陈独秀著作选编》第2卷，第319页。
② 陈独秀：《袁世凯复活》，《新青年》第2卷第4号，1916年12月1日，第361—363页。
③ 陈独秀：《再论孔教问题》，《新青年》第2卷第5号，1917年1月1日，第447—448、450页。
④ 高一涵：《一九一七年豫想之革命》，《新青年》第2卷第5号，1917年1月1日，第459页。

孔道为修身大本……共和国体危"；①传统学问功底不俗的吴虞批评孔子学说"阻碍文化之发展以扬专制之余焰"；②褚葆衡主张社会主义，礼赞《新青年》"独排众议，力挽狂澜……足使一般中国国教之迷者，作当头喝棒也"；③青年顾克刚"脑筋中已满贮旧式思想"，来信称，"一读大志，如当头受一棒喝，恍然悟青年之价值，西法之效用，腐旧之当废，新鲜之当迎"。④陈独秀还据一封主张"打破根深蒂固之家族制度"的来信，⑤重申打倒孔教的理由："宗族嗣续主义，源于儒教孔道祀祖孝亲主义；儒教孔道不大破坏，中国一切政治、道德、伦理、社会、风俗、学术、思想，均无有救治之法"。⑥老中青、保守革新、女界人士，方方面面的支持者个个粉墨登场，共襄反孔"盛举"。如此安排，直接原因是制宪会议正在审议"定孔教为国教案"，在该期杂志刊出后很快就要进行投票表决（具体时间是在1月8日）。值此千钧一发关头，《新青年》凝聚士气，进行最后的舆论造势。

　　而该期《新青年》上，蔡元培的"登场"，颇有意味。蔡元培在信教自由会的演说中坚决反对立孔教为国教；⑦杂志透

---

① 《曅启》，《新青年》第2卷第5号，1917年1月1日，第546—547页。
② 吴虞：《致陈独秀》，《新青年》第2卷第5号，1917年1月1日，第548页。
③ 褚葆衡：《致记者》，《新青年》第2卷第5号，1917年1月1日，第548—549页。
④ 顾克刚：《致陈独秀》，《新青年》第2卷第5号，1917年1月1日，第549页。
⑤ 孔昭铭：《致陈独秀》，《新青年》第2卷第5号，1917年1月1日，第552页。
⑥ 陈独秀：《答孔昭铭》，《新青年》第2卷第5号，1917年1月1日，第552页。
⑦ 《蔡孑民先生在信教自由会之演说》，《新青年》第2卷第5号，1917年1月1日，第497页。

露，蔡"已应教育部之聘，出长北京大学，日内亦将北上"。[1]
陈独秀本人随后也出任北京大学文科学长。北大、《新青年》
"一校一刊的完美结合，使新文化运动得以迅速展开"。[2]北京
大学的人事调整无疑为《新青年》的反孔教运动提供了巨大支
撑。占据教育思想界至高舞台的陈独秀，在和康有为的对话中
握有了主导权力。而1917年1月8日，宪法会议审议"定孔教为
国教案"，投票表决结果是，"赞成白票二百五十五，反对蓝票
二百六十四，均不足三分二之法定数"。《新青年》记者遂长吁
了一口气，却也战战兢兢，表白说，"幸不成立，然反对票仅多
九人，亦可谓出人意想矣"。[3]虽然不可放松警惕，但支持孔教
立国教者连半数都不到，此后基本已无虞矣。孔教定国教案失
败，意味着陈独秀与康有为孔教思想的论争收获了实际的政治
果实。

四、余论

不再执着于跟康有为在孔教立国教问题上缠斗，《新青年》
从第2卷第6号（1917年2月1日）开始，不再如前三期那样雷打
不动地以专论孔教问题开场了。而一直到第3卷第3号，杂志上
对孔教的讨论一度朝多元化方向敞开。《新青年》讨论儒术或孔
道，大抵恢复了陈独秀以往所执的相对平衡的逻辑。在塑造共

---

[1] 李平：《致陈独秀》，《新青年》第2卷第5号，1917年1月1日，第546页。
[2] 陈平原：《思想史视野中的文学——〈新青年〉研究》，《触摸历史与进入五四》，北京大学出版社，2005，第57页。
[3] 《宪法审议完结》，《新青年》第2卷第6号，1917年2月1日，第635页。

和国国民个体人格修养的资源上,《新青年》仍采纳传统儒教的道德哲学符号,虽然更多是以普世性价值,而非儒术、孔道、孔教诸名义出现。陈独秀承认"孔学优点,仆未尝不服膺"。[①]而对"三纲"伦理阻碍共和国国民的自主地位、维系统治阶级利益、成为被统治者片面承受之义务,《新青年》仍旧猛批不止。陈独秀断言,"若一方面既然承认共和国体,一方面又要保存孔教,理论上实在是不通,事实上实在是做不到"。[②]

在《新青年》敞开关于儒教问题的多元舆论时,发挥巨大作用的是"通信"栏及"读者论坛"。其中最具理论价值、对陈独秀本人冲击亦最大的通信讨论,来自两名青年学生:北京高等师范学校的常乃惪以及东京法政大学的俞颂华。常乃惪一直以辩证的逻辑和理性的角度,省视陈独秀"稍涉偏倚"的孔教论。[③]俞颂华则始终从现代西方及日本的社会学思想出发,来证明宗教尤其是儒教对于中国社会的价值。他们或直接借鉴康有为的大同论说,[④]或间接佐证康氏以孔教为国魂的观念。[⑤]陈独秀跟青年学生通信,不像他驳斥康有为那般具有政治攻伐性。面对这些青年人,他频发"好学精思,至佩,至佩"[⑥]"理精语

---

① 陈独秀:《再答常乃惪》,《新青年》第2卷第6号,1917年2月1日,第645页。
② 陈独秀:《旧思想与国体问题——在北京神州学会讲演》,《新青年》第3卷第3号,1917年5月1日,第236—237页。
③ 常乃惪:《四致陈独秀》,《新青年》第3卷第2号,1917年4月1日,第197页。
④ 如常乃惪:《再致陈独秀》,《新青年》第2卷第6号,1917年2月1日,第643—644页。
⑤ 如俞颂华《致陈独秀》中分析孔教为"吾国精神上无形统一人心之具",可以说吃透了康有为以孔教为"国魂"的内涵,但析理又更精微。《新青年》第3卷第1号,1917年3月1日,第96页。
⑥ 陈独秀:《再答常乃惪》,《新青年》第2卷第6号,1917年2月1日,第645页。

晰"①"备蒙教斥"等夸赞和感喟。②论辩中姿态改变，使陈独秀和康有为思想的间接对话，以别样的比较温和的方式在《新青年》上展开。

然而，从《新青年》第3卷第4号（1917年6月1日）开始，多元化语言说的大门却缓缓闭合了，对孔教的排击亦再趋严厉。其时，康有为介入府院权力斗争，同意段祺瑞及督军团解散国会，陈独秀斥其"左袒孔教""心怀复辟"。③1917年6至7月，康有为参与张勋复辟，旋即失败。之后刊行的《新青年》第三卷第六号（1917年8月1日），起首就以陈独秀的《复辟与尊孔》，宣告了"复辟"成为新文化人对孔教的定论，新文化人对孔教取得政治上的"完胜"。④后来，在《驳康有为〈共和平议〉》中，陈独秀开篇就提康氏"笃信孔教尊君大义"，⑤给他作政治定性。在康有为之后，首先"撞到枪口"上、或者说陈氏主动"开枪"射击的对象，是《东方杂志》及其主编——对迷乱的现代人心表示忧虑、对儒家人格修养及教育颇为留恋的杜亚泉。陈独秀质问《东方杂志》的文章，副标题是《〈东方杂志〉与复辟问题》，显示了强势政治语言的锋芒，⑥颇为耸人听闻。然而，在《新青年》对孔教取得政治胜利的同时，它对孔教等

①　陈独秀：《答俞颂华》，《新青年》第3卷第1号，1917年3月1日，第96页。
②　陈独秀：《再答俞颂华》，《新青年》第3卷第3号，1917年5月1日，第316页。
③　陈独秀：《答钱玄同》，《新青年》第3卷第4号，1917年6月1日，第436—437页。
④　陈独秀：《复辟与尊孔》，《新青年》第3卷第6号，1917年8月1日，第562页。
⑤　陈独秀：《驳康有为〈共和平议〉》，《新青年》第4卷第3号，1918年3月15日，第229页。
⑥　陈独秀：《质问〈东方杂志〉记者——〈东方杂志〉与复辟问题》，《新青年》第5卷第3号，1918年9月15日，第233页。

于复辟的简单化判断，也使孔教问题的研讨失去了继续生长的空间。

康有为对陷入复辟一役曾自我辩解，称，"自戊戌来主持君主立宪，自辛亥来主持虚君共和；光明言之，未有改也"，"仆之心以救中国"。[①]虚君共和的理想是十分美好的，但年幼的溥仪想做的是"实君"，而非"冷庙土偶"。康有为以"中华帝国"取代"大清"国号的计划也被冷眼相待。[②]梁启超斥康氏为"大言不惭之书生"，[③]话虽不太好听，庶几彰显了康氏空幻理想与现实境遇间的落差以及由此生成的荒谬感。康有为既想做宗教领袖——"立德"，又要当政治领袖——"立功"，却不具备"投迹穷荒，守死善道"的宗教家操守，[④]连累得孔教也陷入更凄凉的境地。作为陈独秀一代曾经的精神偶像，康有为形象的"坍塌"对《新青年》同人的心理冲击是不容小觑的。周作人尝谓，"以后蓬蓬勃勃起来的文化上诸种运动，几乎无一不是受了复辟事件的刺激而发生而兴旺的"。[⑤]

陈独秀称"五四"为"国民运动之嚆矢"。[⑥]复辟一案后，

---

① 康有为：《致冯国璋电》（1917年7月19日），《康有为全集》第10集，第418页。

② 康有为：《丁巳代拟诏书》（1917年7月前），《康有为全集》第10集，第398页。

③ 梁启超：《反对复辟电》（1917年7月1日），《饮冰室合集·文集之三五》，第17页。

④ 陈独秀：《今日之教育方针》，《青年杂志》第1卷第2号，1915年10月15日，第132页。

⑤ 周作人：《蔡孑民二》，《知堂回想录》，《周作人自编文集》，河北教育出版社，2002，第382页。

⑥ 陈独秀：《在〈国民〉杂志成立周年大会上的致词》（1919年11月），《陈独秀著作选编》第2卷，第117页。

他对孔教与国民关系的基本认知并未发生根本改变。[①]但他时刻提醒世人，康有为是"一个著名的复辟犯"。[②]康有为逝世十年后，1937年，陈独秀又发表了《孔子与中国》。文章称，"孔子的学说在现代无价值"，那些人"力将孔子的教义现代化"，甚至称孔教为"共和国魂"，"较之康有为更糊涂百倍"。[③]陈独秀从1897年转到康梁派，到此时仍念念不忘康有为。四十多年间，康有为在陈独秀的思想、情感乃至整个生命中留下了不可磨灭的印记。作为另一名康有为的"学生"，陈独秀对康氏记挂之深，堪比梁启超；其对康氏怨毒之烈，则举世罕有其匹。

陈独秀坚称，"国故、孔教、帝制，本来是三位一体"，康有为"是这三位一体之代表"。[④]作为新文化的标志性刊物，《新青年》一再重印。作为新文化的"圣地"，北京大学培养了一代又一代的"新青年"。新文化运动在20世纪中国的影响力不断扩展，陈独秀的判断，也逐渐演化成人们对孔教的基本印象和认知。这体现了记忆的规律，流逝的时间，总会将原本五彩斑斓的故事，沉淀为人们头脑中的黑白影像。而历史重探和知识考古的目的，正在使"常识性"的固化观念复现其原初的思维弹性，从而敞开知性的空间。

---

① 如陈独秀私底下承认，"纲常伦理，只是孔学中一部分，而非其全体。他们本分以内价值的存在，我们并不反对"。《一封无受信人姓名的信》（1919），《陈独秀著作选编》第2卷，第2页。
② 陈独秀：《康有为章士钊戴季陶》，《康有为与奉系军阀》，《向导周报》第131期，1925年9月25日，第1204页。
③ 陈独秀：《孔子与中国》，《东方杂志》第34卷第18、19号，1937年10月1日，第13页。
④ 陈独秀：《三位一体的国故、孔教、帝制》，《向导周报》第61期，1924年4月16日，第492页。

《新青年》时期钱玄同思想转变探因

倪 伟

　　自1908年问学于章太炎后，钱玄同就成了一个头脑"比太炎先生还要顽固得多"的复古分子，不仅主张推翻清朝以恢复汉族的文物制度，而且还认为应越过明朝和汉唐，"复于三代"。[①]他狂热地践行复古的主张，用小篆书写，行古代礼制，民初在浙江教育司供职时，还设计制作了一套深衣玄冠，穿戴着上班。[②]但胡适的《文学改良刍议》刚一发表，他却出乎意料地迅速响应，致书陈独秀，力挺文艺改良之议，并痛斥"选学"为妖孽，"桐城"是谬种。[③]作为国学大师章太炎的高足，钱玄同的反戈一击让陈独秀和胡适喜出望外。陈独秀恭维他："以先生之声韵训诂学大家，而提倡通俗的新文学，何忧全国之不景从也。可为文学界浮一大白。"[④]尚在北美留学的胡适更是

---

① 钱玄同：《三十年来我对于满清的态度的变迁》，《钱玄同文集》第2卷，中国人民大学出版社，1999，第113页。
② 钱玄同：《三十年来我对于满清的态度的变迁》，《钱玄同文集》第2卷，第7页。
③ 钱玄同：《赞文艺改良附论中国文学之分期》，《钱玄同文集》第1卷，第1页。
④ 陈独秀：《答钱玄同》，《陈独秀著作选编》第1卷，上海人民出版社，2009，第296页。

感到"受宠若惊"。①钱玄同从此变得十分活跃，不断在《新青年》"通信"栏发表长信，攻击包括古文、旧戏、儒道释乃至汉字在内的一切国粹，言辞之激烈令人侧目，他也借此一跃成为《新青年》同人中举足轻重的人物。②

钱玄同何以会从狂热的国粹主义转到全盘反传统的立场上？钱玄同自述是因受袁世凯复辟帝制之刺激："自洪宪纪元，始如一个响霹雳震醒迷梦，始知国粹之万不可保存。"③对这种说法很多人都深信不疑。周作人晚年谈到钱玄同，也认为是"民国初年的政教反动的空气"促使其转向了反复古。1915年的洪宪帝制和1917年的张勋复辟，"这两件事情的轰击"，使得"所有复古的空气乃全然归于消灭，结果发生了反复古"。④但事情似乎并不那么简单。

1914年9月28日，袁世凯率百官祭孔，意在为复辟帝制预演。钱玄同对此意兴甚浓，不仅索取了一本祭祀冠服图，还在

① 唐德刚：《胡适口述自传》，《胡适全集》第18卷，安徽教育出版社，2003，第311页。

② 在林纾的影射小说《荆生》中，浙人金心异（即钱玄同）与皖人田其美（陈独秀）、狄莫（胡适）三人放言欲力捧孔子，却为"伟文夫"荆生所殴。钱与陈、胡二人并列，足见其影响之大。周作人认为《新青年》"毁灭古旧的偶像"的论调虽由胡适之、陈独秀首倡，但钱玄同"继之而起，最为激烈，有青出于蓝之概"。周作人：《钱玄同的复古与反复古》，《文史资料选辑（合订本）》第32卷第94辑，中国文史出版社，2000，第94页。

③ 钱玄同：《保护眼珠与换回人眼》，《钱玄同文集》第1卷，第281页。在1919年1月1日的日记中，钱玄同回顾说："因为袁世凯造反做皇帝，并且议甚么郊庙的制度，于是复古思想为之大变"，"于是渐渐主张白话作文"，又"始知孔氏之道断断不适用二十世纪共和时代，而废汉文等等思想发生"。《钱玄同日记（整理本）》（上），北京大学出版社，2014，第336—337页。

④ 周作人：《钱玄同的复古与反复古》，《文史资料选辑》第32卷，中国文史出版社，2000，第93页。

日记中称"所定斟酌古今，虽未尽善，而较之用欧洲大礼服而犹愈乎"！①对袁氏遵行古礼似不无赞赏之意。1915年12月12日，袁世凯接受劝进正式登基，改国号为"中华帝国"，令人意外的是钱玄同日记中并无关于此事的记载。1916年元旦那天，钱玄同在马幼渔处见到官报，"乃知自今日始改称中华帝国洪宪元年，是民国历数尽于昨日"。下午他照常游玩中央公园并参观古物陈列所，晚上点阅廖平的《群经凡例》。②当天的日记语气平静，看不出他有多么愤怒。此后三天的日记均是读经论古，无一字提及袁氏称帝。1月5日日记中他又重弹用孔子纪年的老调，嘲笑"光复之后，浅人皆用民国前几年……至今则民国已成前代，吾不知彼等又将创为何种纪年？将曰帝国前几年乎？则自黄帝以迄清宣统四千余年中间，惟周称王，余悉帝国也。将称洪宪前几年乎？则洪宪之名，正如明之洪武，清之顺治，及日本之明治……"③言语中既无亡民国的哀痛，亦无对袁氏倒行逆施的愤怒。

读他当时的日记，你的确感受不到袁氏复辟给他的刺激有多么强烈。印象更深的倒是他因个人生活不顺而不断发出的怨叹。1913年9月，他就任北京高等师范学校历史地理部及附属中学国文、经学教员，本想等来年秋天"收入稍丰"，接家眷来京，"不料为忌者排挤"，"所入不及百金"。同门马幼渔遂将自己的中学课程相让，但这样钱玄同每周的课时量就达到了19小

---

① 杨天石：《钱玄同日记（整理本）》（上），第275页。
② 杨天石：《钱玄同日记（整理本）》（上），第282页。
③ 杨天石：《钱玄同日记（整理本）》（上），第283—284页。

时。①1915年后，他又兼任北京大学文字学教授，课时量更增加到每周27小时。②几乎每天都要上四五个小时的课，自然是劳顿不堪，他日记中便常有"甚惫"或"惫甚"的感叹。更不幸的是，家眷北来之后，病患不断，大人、孩子均先后染上白喉、猩红热等时疫，四子秉东夭折。在1917年1月8日日记中，他哀叹："三月以来，心绪恶劣，至今尤不许我开展，且我自身亦难保此后竟不传染，思至此，愈觉闷闷不乐。"③没过几天，他家中又发生煤气中毒"家中上下，人人患病"，三子秉弘和一女仆"人事不知，几濒于死"。④阖家诸般不顺，他心绪之恶劣可想而知。在1917年1月的日记中，他不断说些"人极无憀"（1月1日、23日、25日）或"余极无聊"（1月11日）之类的话，甚至对于平时所喜爱的逛厂甸这等乐事也"殊无兴趣"。⑤在1月13日的日记中他更声称"入都三年，心绪恶劣者三年"。⑥然而，正是在他最感侘傺无憀的时候，他却突然爆发了，在1917年2月1日出版的《新青年》第2卷第6号上发表了火力十足的第一篇"通信"。因为生活不顺利而淤积的愤懑和怨怼，似乎全都借此得到了宣泄。

---

① 杨天石：《钱玄同日记（整理本）》（上），第273页。
② 杨天石：《钱玄同日记（整理本）》（上），第299页。
③ 杨天石：《钱玄同日记（整理本）》（上），第300页。
④ 杨天石：《钱玄同日记（整理本）》（上），第301页。
⑤ 杨天石：《钱玄同日记（整理本）》（上），第305页。
⑥ 杨天石：《钱玄同日记（整理本）》（上），第301页。

一、转宗今文经学

钱玄同激烈地反传统当然不可能只是为了消个人胸中块垒，态度的转变必定有着内在的思想动因。读他1914年后的日记，不难发现其间的草蛇灰线。

1914年2月，钱玄同尊今文经学大师崔适为师，"以札问安"，自称"弟子"。[①]崔适的《春秋复始》、廖平的《群经凡例》等今文经学家的著作从此成为他日常研读的案头书。章太炎专宗古文，钱玄同却"'背师'而宗今文家言"，[②]其间暗含着什么消息呢？今文经学尊今抑古，探求先圣之微言大义，强调要经世致用，至廖平、康有为辈出，遂有孔子托古改制之说，这对于长期受经义束缚的中国读书人来说不啻是一种思想解放。今文经学家通过考据辨伪疑古的手段，对钱玄同震动极大，他自此笃信古文经乃为刘歆伪造。连千百年来士人奉若神明的古文经也因有作伪迹象而变得不可信，那"史""子""集"中的书就更不可信了。既然传统典籍皆不足征信，那么载于典册的古代思想和礼法当然也都不足信了。"古"已不真，还怎么复古呢？今文经学的辨伪之学因而从根本上动摇了钱玄同复古思想的根基。1917年后，钱玄同思想更趋激进，不仅视一切古文经为伪造，还进而"打破'家法'观念，觉得'今文家言'

① 钱玄同：《重论经今古文学问题》（方国瑜标点本《新学伪经考》序），《钱玄同文集》第4卷，第134页。
② 钱玄同：《论今古文经学及〈辨伪丛书〉书》，《钱玄同文集》第4卷，第225页。

什都不足信"。①此时适逢《新青年》举起反传统的旗帜，风云际会，他也便因疑古而转向了激烈的反传统。

美国汉学家艾尔曼在其关于清代常州今文学派的研究中指出：在中华帝国晚期，"经学研究被作为一种系统化的政治话语，成为一种为国家特权合法性辩护的具有意识形态封闭性、排他性的系统"，②而今文经学则"代表着一个充满政治、社会、经济动乱的时代的新信仰，它倡导经世致用和必要的变革"，今文经学家们"求助于古典的重构来为现代授权，为将来立法"。③在此意义上，今文经学与其说是一套学术话语，不如说是在中华帝国晚期危机深重的时刻应运而生的一套新的政治话语，尽管它仍须以经学研究的面目出现，以谋求一种政治合法性。常州学派的庄存与、刘逢禄，以及后来的魏源、龚自珍和康有为，都十分强调经学经世致用的性质，对于他们来说，经学首先是可以用来变革社会的政治工具，而不是考据、辨伪之学。康有为提出"托古改制"的口号，更明确地表达了借经学以变法的意图。钱玄同对今文经学的这一精神传统似乎缺乏认识，他对今文经学的兴趣几乎完全是知识性和学术性的。他非常推崇康有为的《新学伪经考》，赞其考证、辨伪的功夫都

---

① 钱玄同：《论今古文经学及〈辨伪丛书〉书》，《钱玄同文集》第4卷，第225页。
② 艾尔曼：《经学、政治和宗族——中华帝国晚期常州今文学派研究》，江苏人民出版社，1998，第223页。
③ 艾尔曼：《经学、政治和宗族——中华帝国晚期常州今文学派研究》，第225页。

极精审，采用的正是"科学的方法"。①至于颇受非议的康有为"托古改制"的经说，他以为应与考证"分别评价"，《新学伪经考》在考证学上的价值，决不会因经说之是非而有增损。在他看来，"今文古文之不同，最重要的是篇卷之多少，次则文字之差异；至于经说，虽有种种异义，其实是不值得注意的"。②重考辨而轻经说，对今文经学家立论的方式及背后的问题意识更不加措意，这恰恰暴露了他思想上的短视：只能见其表而不能究其里。他一生思想多变，屡次翻转立场，即缘于这种缺乏思想根基的短视。

今文经学对古经的辨伪仍然是在儒学的政治框架内进行的，希望通过对经典的批判性清理和重构来激发儒家传统思想所固有的政治活力。今文经学家们始终相信儒家思想即使在当代社会中也仍然有着经世致用的价值。"对于他们来说，儒学仍是新的信仰和政治行为模式的起点和毋庸置疑的内容"。③今文经学对古经的辨伪与对儒学思想的全盘质疑完全是两回事，承认古文经有伪造的痕迹，决不等于说它们所阐述的儒家学说本身也因而丧失了其全部的正当性和合法性。然而钱玄同的逻辑却是：既然"经"是伪造的，那么"'经'这样东西压根儿就是没有的，'经'既没有，则所谓'微言大义'也者自然是'皮之

---

① 钱玄同：《重论经今古文学问题》（方国瑜标点本《新学伪经考》序），《钱玄同文集》第4卷，第138页。
② 钱玄同：《重论经今古文学问题》（方国瑜标点本《新学伪经考》序），《钱玄同文集》第4卷，第211页。
③ 艾尔曼：《经学、政治和宗族——中华帝国晚期常州今文学派研究》，第226页。

不存，毛将焉附？'了"。①他据此认为"'六经'的大部分固无信史的价值，亦无哲理和政论的价值"。②这种逻辑放在今天来看，自然是荒谬的，但在当时却的确为他转向全盘的非孔和反传统提供了知识的和思想的依据。

二、没有根基的无政府主义

在转宗今文经学后，钱玄同又对无政府主义重新产生了兴趣。早在东京求学时，他就曾受张继、刘师培的影响，一度信奉无政府主义，多次参加刘、张二人创办的社会主义讲习会。他曾与人激辩无政府主义有无实行之可能，认为断言无政府主义决不能实行，盖因误以为"无政府时代之制度与今制同"。③换句话说，就是决不能以今天的情势来推断将来，否定未来之可能性。他后来说服鲁迅起而呐喊，靠的也是这一逻辑。鲁迅认定"铁屋子"万难破毁，启蒙者的呼喊只能使少数被惊醒的人忍受"无可挽救的临终的苦楚"，钱玄同却相信既然有几个人起来，就不能说决无毁坏这铁屋子的希望。

在东京的时候，钱玄同尽管对当时无政府主义的两大重镇

---

①　钱玄同：《春秋与孔子》，《钱玄同文集》第4卷，第261页。
②　钱玄同：《答顾颉刚先生书》，《钱玄同文集》第4卷，第238页。
③　杨天石：《钱玄同日记（整理本）》（上），第7页。

《新世纪》和《天义报》都有所不满，①但还是非常热心地阅读无政府主义的报刊。他对《新世纪》也不乏赞誉，认为它"打破阶级社会，破坏一切，固亦大有识见"；②"要之大轮椎轮，于现今黑暗世界中不得谓非一线之光明也"。③无政府主义吸引他的究竟是什么呢?首先是无政府主义"排斥强权"的主张。他认为晚清以来国人崇拜功利之心日炽，认强权为文明，提倡无政府主义则能破此劣根性。④他在1908年2月23日的日记中记录了刘师培在社会主义讲习会上的发言，刘批评了当时国内盛行的立宪论，嘲讽"功利主义之《天演论》几为家弦户诵之教科书。凡编教科书者皆以富强功利等说为主干"，无政府主义则正能"药其毒"。⑤他赞同刘师培的这一说法。其次是无政府主义的平等观。在他看来，无政府主义主张"人人平等，人人受同等之教育"，可以弥补因体格强弱和受教育程度差异而产生的不平等。⑥再次是无政府主义非功利的自我观。1908年2月28日的日记记载了他伦理课考试的答题内容：个人"对身体之义务无

---

① 他认为《新世纪》那群人"学识太浅，而东方之学尤所未悉，故总有不衷于事实之处"[《钱玄同日记（整理本）》（上），第106页]，且"每有不轨于理之言"。（同上，第105页）他更不能接受《新世纪》所提出的废除汉字、推广万国新语（世界语）的主张，曾大骂奏请废汉文、用"通字"的法部主事江某以及提倡用简体字的王照等为王八蛋（同上，第141页）。他虽然佩服刘师塔"中国学问深邃"，但对刘"总主张进步说，因其以《新世纪》为是，又谓世界语言必可统一云云"也颇为不满，认为其实在"难化"。（同上，第134页）
② 杨天石：《钱玄同日记（整理本）》（上），第105页。
③ 杨天石：《钱玄同日记（整理本）》（上），第106页。
④ 杨天石：《钱玄同日记（整理本）》（上），第114—116页。
⑤ 杨天石：《钱玄同日记（整理本）》（上），第117页。
⑥ 杨天石：《钱玄同日记（整理本）》（上），第117页。

他，即求学以改良社会，使人道进化，非为祖国、功名利禄、一己之私等"，"今之伦理学，皆偏重个人（自私自利）、国家（强权功利）伦理，此极不然（反于进化）"。个人的自私自利和帝国主义的兴起其实有着内在一致的逻辑"有自私自利心，而帝国主义乃兴"。"二十世纪之时代宜求社会的平民教育，如孔、孟之徒应排斥务尽，以绝忠君爱国之念"。尽管这些观点"皆捡《新世纪》之唾余"，"尚非尽善"，[①]但他基本上还是认同的。上述三条，无论是非功利、反强权，还是人人平等、自我进化、趋于完善，其实都能在章太炎的思想中找到相应的论述。《五无论》《四惑论》《国家论》诸篇就阐发了无国家、有种族、非功利、否进化等观点，它们与无政府主义的确有着诸多相合之处。既然太炎先生的思想已大体包含有无政府主义的一些令人心动的议题，钱玄同自然就无需旁求了。这可能是他在1909年后不再谈论无政府主义的主要原因所在，而未必如其所言，是因为刘师培回国降了端方。[②]

大约在1916年秋天，钱玄同又突然对无政府主义产生了浓厚兴趣。9月18日他"收到区佩刚寄来Anar之文印刷小册四种"，第二天又"寄书上海，购Anarĥsmo书报数种"。9月20日，他购墨盒一，上镌"玄同"二字，[③]自此启用"钱玄同"之名。回到无政府主义，这和他复古思想的破灭直接相关。他在1917

---

① 杨天石：《钱玄同日记（整理本）》（上），第118—119页
② 在1917年9月12日的日记中，钱玄同自称：刘师培归降，留日学生中的同盟会员皆以此为口实而诋毁无政府主义，他遂因此"亦渐渐不谈"无政府主义《钱玄同日记（整理本）》（上），第315页。
③ 杨天石：《钱玄同日记（整理本）》（上），第291页。

年1月11日日记中说：自己"自受洪宪天子之教训以来，弃保存国粹之心理已有大半年矣。今日思之《新世纪》之报，即为吾国言Anarhismo之元祖，且其主张新真理，针砭旧恶俗，实为一极有价值之报"。[1]他托蔡元培搜购《新世纪》旧刊，就是想从中寻找新的资源，以填补国粹主义破灭后的思想空虚。1916年10月4日的日记记载了他关于"毁家"的思考："吾谓苟不毁家，人世快乐必不能遂，若谓毁家之后即视父母兄弟如路人，则尤为谬见，破坏家族正是兼爱之故，方欲不独亲其亲，子其子……"[2]这完全是复述了《新世纪》关于家庭革命的观点。[3]

事实上，钱玄同在《新青年》上发表的激进言论基本都没有越出《新世纪》当年所讨论的议题。作为音韵文字学专家，他最关注的当然还是语言文字问题。他认为中国文字乃是"象形文字之末流，不足与欧西诸国之拼音文字立于同等之地位"，"断非新时代所适用"，[4]因此主张应废汉文而用世界语。这是照搬了吴稚晖等人在《新世纪》上所发表的采用万国新语（即世界语）的言论。当年章太炎对《新世纪》认汉字为"野蛮之符号"一说曾大加痛诋，作《驳中国用万国新语说》力辩

---

① 杨天石：《钱玄同日记（整理本）》（上），第300页。
② 杨天石：《钱玄同日记（整理本）》（上），第293页。
③ 褚民谊在《普及革命》（《新世纪》第15、17、18、20、23期连载）一文中指出："亲疏由于有家族，家族由于有男女配合而成，故欲破亲疏之习惯，必自破家庭始。欲破家庭，必自废婚姻始。婚姻既废，家族不得成，始人各无自私自利心。无亲无疏，互相扶助，四海一家，天下大同。无君臣、父子、夫妇、昆弟之别，只有朋友之爱，爱以是为博。"见张枬、王忍之编《辛亥革命前十年间时论选集》第二卷下册，生活·读书·新知三联书店，1960，第1038页。
④ 钱玄同：《答陶履恭论Esperanto》，《钱玄同文集》第1卷，第99页。

汉字之优长，并强调语言文字关乎历史文化传承，若盲目崇拜欧洲，欲废本国文字"以逐文明"，则会适得其反"得其最野者"。①在这场笔仗中，钱玄同当然是站在老师这边的。他在1908年4月28日日记中说《新世纪》"复有创中国新语者，其编造之字身、句身，以知字能识万国新语为目的"，此举不仅可笑，实乃发疯。②在9月27日日记中，还大骂奏请废汉文、用"通字"的法部主事江某以及提倡用简体字的王照等为王八蛋。③1910年，钱玄同协助章太炎创办《教育今语杂志》时，更明确宣称"夫文字者，国民之表旗，此而拨弃，是自亡其国也"。④然而想不到的是，没过几年，他的态度就来了一个彻底的翻转，宣称"欲使中国不亡，欲使中国民族为二十世纪文明之民族，必以废孔学、灭道教为根本之解决，而废记载孔门学说及道教妖言之汉文，尤为根本解决之根本解决"。⑤昔日视汉文为民族文化精魂所在，今则视之如毒瘤，必欲去之而后快，只因他对汉文所承载的文化传统的看法发生了变化。既然汉文过去之历史，"千分之九百九十九为记载孔门学说及道教妖言之记号"，⑥那么要铲除孔教、道教的妖言，最彻底的解决办法就是将其载体汉字一并连根拔去。

　　对中国思想文化的全盘否定是钱玄同主张废汉文的思想前

①　章太炎：《章太炎全集·太炎文录初编》，上海人民出版社，2014，第369页。
②　杨天石：《钱玄同日记（整理本）》（上），第130页。
③　杨天石《钱玄同日记（整理本）》（上），第141页。
④　钱玄同：《刊行〈教育今语杂志〉之缘起》，《钱玄同文集》第2卷，第313页。
⑤　钱玄同：《中国今后之文字问题》，《钱玄同文集》第1卷，第166—167页。
⑥　钱玄同：《中国今后之文字问题》，《钱玄同文集》第1卷，第166页。

提。他认为，"二千年来用汉字写的书籍，无论哪一部，打开一看，不到半页，必有发昏做梦的话"。"经"是"教忠教孝之书"，"史""不是大民贼的家谱，就是小民贼杀人放火的账簿"，"子"和"集""大多数都是些'王道圣功''文以载道'的妄谈"。①总之，两千年的中国思想传统宣扬的不是"奴隶道德"就是"野蛮思想"，只能令人发昏。然而，他的全盘反传统却基本只停留在笼统而又僵硬的立场上，没有对中国文化传统中的一些基本的思想命题或价值准则作深入的批判性分析，所以其激进言论虽然有助于扩大新文化运动的影响，但在思想文化的推进方面却鲜有建设性的成绩。同样是激烈的反传统主义者，陈独秀的思想出发点不是无政府主义，他对传统思想文化的全盘性批判，是在个人主义的伦理观与民族主义目标的张力中展开的，这种批判始终和他的政治革命理想联系在一起，并且最终从文化批判走向了政治行动。在鲁迅那里，这种个人主义伦理观与民族主义目标的张力同样也是存在的，只不过他不像陈独秀那样深信单单依靠政治革命就能从根本上改造社会。鲁迅对传统的看法无疑是更为复杂、更为幽暗的。

和陈独秀、鲁迅相比，钱玄同的反传统言论由于没有深刻的思想根基，不免有点肤浅，在思想的深度和论述的水平上都没能超越十年前的《新世纪》派。鲁迅曾评价钱玄同的文章"颇汪洋，而少含蓄，使读者览之了然，无所疑惑，故于表白

---

① 钱玄同：《中国今后之文字问题》，《钱玄同文集》第1卷，第163页。

意见，反为相宜，效力亦复很大"。[①]所谓"少含蓄"，根本是缘于思虑不深，或者观点竟非己出，只满足于表明立场，却不能看到问题对象的复杂性。

三、鲁迅的影响

在《呐喊·自序》里，鲁迅生动地记录了钱玄同为《新青年》向他约稿的情景，并委婉地表达了他们对启蒙事业的不同看法。在东京时两人同为章太炎门下，后来在北京亦不乏见面的机会，但多数是师门聚会，[②]私下交往并不多。[③]1917年8月9日，钱玄同访鲁迅和周作人不值，下午又再次前往周氏兄弟借居的绍兴会馆，和他们一直谈到深夜十一点。[④]此后钱玄同开始频繁登门拜访，且每次必谈到深夜十一点后始去。这种频繁的交往一直延续到1919年9月。[⑤]

① 鲁迅：《两地书·一二》，《鲁迅全集》第11卷，人民文学出版社，1981，第47页。
② 钱玄同在1915年1月31日、2月14日日记中均提到章门宴师会，这两次聚会鲁迅都参加了。《钱玄同日记》（整理本）上，第279、281页。
③ 查鲁迅日记，在1917年8月以前，他与钱玄同见面次数不多，多是在朋友家偶遇或是朋友聚餐时碰见，偶尔也有书信往来。分别见1914年1月31日、6月13日、9月27日、12月31日以及1915年2月14日、3月8日、4月10日、6月20日、6月24日记。另据周作人回忆，鲁迅和钱玄同在张勋复辟前"相见只有关于师友的事情可谈，否则骂一般士大夫的不通，没有多大兴趣，来往因此不多"。周作人：《鲁迅的故家》，河北教育出版社，2002，第353页。
④ 周作人此日日记载"钱玄同君来访，不值。乃服规那丸。下午，钱君又来。留饭，剧谈至晚十一时去。夜颇热。"《周作人日记》（影印本，上），大象出版社，1996，第686页。
⑤ 查鲁迅和周作人日记，1917年钱登门拜访9次，1918年达34次，1919年到9月为止共21次。

和鲁迅的长谈对钱玄同思想的影响恐怕是不能忽略的。[①]和鲁迅频繁交往的这段时间，钱玄同思想极为活跃，在《新青年》上发表言论也最密集，他文章中的很多话题，可能就来自和鲁迅对谈的思想激发。从两人发表在《新青年》上的"随感录"看，议题就常有交集。钱玄同狠批上海的《灵学杂志》搞扶乩降神，并斥道教为"最野蛮的邪教"，所宣扬的是"上古极野蛮时代'生殖器崇拜'之思想"；[②]鲁迅在《随感录》"三十三""四十二""五十三"以及杂文《我之节烈观》里对灵学派也有犀利的揭批，《随感录》"三十八"亦说儒道两派助成了中国人头脑的昏乱。钱玄同批中国旧戏，对"打脸"、男扮女极尽嘲讽（《随感录》之"十八""三二"）；鲁迅在《随感录》"三十八"里同样嘲讽了"打脸"，《论照相之类》更是辛辣地称"中国的最伟大最永久的艺术是男人扮女人"。[③]钱玄同批中医不科学，说中医关于身体构造和病象的解释都是玄而又玄的（《随感录》之"五一""五二"）；鲁迅在《随感录》"三十三"里同样讨论了医学和科学的问题，《从胡须说到牙齿》对中医也有尖锐的批评。至于钱玄同屡加痛斥的国粹和国粹派，自然也是鲁迅批驳的主要对象。在1918年7月5日致钱玄同的信里，鲁

---

① 周作人木讷寡言，远不如鲁迅健谈，所以钱玄同的谈话对手应是鲁迅。周作人日记中每记钱玄同来访，必标注其离去时间，最早十一时，深夜一时亦不在少数。在钱离去后，周作人往往还要抄写讲义，常常弄得夜不能寐。他似乎颇以此为苦。另据沈尹默回忆，"鲁迅善作长夜之谈，钱玄同是他座上常在之客。玄同健谈是大家所知道的，他们两位碰在一起，别人在旁只有洗耳恭听的份儿，是没有插嘴的余地的"。沈尹默：《鲁迅生活中的一节》，《鲁迅回忆录》（散篇，上册），北京出版社，1999，第248页。

② 钱玄同：《随感录·八》，《钱玄同文集》第2卷，第10—11页。

③ 鲁迅：《鲁迅全集》第1卷，第187页。

迅以钱玄同常用的那种"不雅驯的文笔"，^①大骂奉刘师培为祭酒的国粹派是"如何发昏、如何放屁、如何做梦"，并轻蔑地称他们是"老小昏虫"。^②可见两人声气相通，在很多问题上都有比较接近的看法。

和鲁迅密切交往的这段时期，钱玄同的思想明显变得激进了，他对包括语言文字、戏曲小说在内的一切国粹都不遗余力地加以抨击，言辞之激烈让人难以相信他曾经是一个极其固执的国粹主义者。尽管在这个时期鲁迅的思想也非常激进，但他思想之深刻、头脑之冷静，却决非钱玄同可比。钱玄同在《新青年》上反复申说要废汉文以世界语代之，并声称"刘半农、唐俟、^③周启明、沈尹默诸先生……对于Esperanto，都不反对"。^④鲁迅在给钱玄同的信中却说：自己对世界语固然不反对，但也不愿讨论。他赞成世界语，是因为觉得人类将来总当有一种共同的语言；不愿讨论，是因为将来有没有一种共通的语言，以及这共通的语言是不是世界语，并没有确凿的依据，所以这问题无从讨论也没有必要去讨论。他进一步指出：学世界语是一件事，学世界语的精神又是另一件事。"白话文学也是如此——倘若思想照旧，便仍然换牌不换货；才从'四目仓圣'面前爬起，又向'柴明华先师'脚下跪倒；无非反对人类进步的时候，从前是说no，现在是说ne；从前写作'咈哉'，现在写

---

① 钱玄同：《写白话与用国音》，《钱玄同文集》第1卷，第373页。
② 曾迅：《致钱玄同》，《鲁迅全集》第11卷，第351页。
③ 这是鲁迅在《新青年》上发表"随感录"等杂文时专用的笔名。
④ 钱玄同：《关于Esperanto讨论的两个附言》，《钱玄同文集》第1卷，第211页。

作'不行'罢了"。①鲁迅的意思是：语言如同独木小舟或是汽船，只是传输思想的一种工具或载体，如果只关注工具本身，而忘掉了更为根本的思想改良，那么不管工具有多么新也依然无补于事。这对当时国内知识界对于世界语的拜物教似的膜拜，是一个必要的提醒。可惜钱玄同却不能领会鲁迅的深意，他在回信中糊里糊涂地说什么世界上万事万物都在进化，文字也不例外；象形文字改为拼音文字，也是进化之理，正如衣裳破了，自然要改做新衣一样。②

针对中国传统思想文化鲁迅也说过一些偏激的话，但他更重视的是分析中国传统思想文化中那些已成为结构性因素的痼疾，以及潜藏其间的病态精神人格和文化心理，如《随感录》中对国人"合群的爱国的自大"、对一切冷笑的犬儒心态以及作为"暴君治下的臣民的渴血的欲望"的揭示，都是极为深刻的。钱玄同对中国传统的批判却从来没能达到这般深刻的地步，他总喜欢说一些耸人听闻的过头话，比如他认为传统中国的政治道德学术思想与现代民主科学均格格不入，应彻底铲除，③中国书籍充斥着"发昏做梦的话"，应"一概束之高阁"。④类似这种极端的话，鲁迅从不曾说过。钱玄同批判旧传统甚至偏激到认为春节、端午、中秋、冬至这些传统节日都是"荒谬绝伦的规定"，⑤这也是鲁迅决不能赞同的。早在《破恶

① 鲁迅：《渡河与引路》，《鲁迅全集》第7卷，第33—34页。
② 钱玄同：《渡河与引路》，《钱玄同文集》第1卷，第246页。
③ 吴锐：《钱玄同评传》，百花洲出版社，1996，第45页。
④ 钱玄同：《中国今后之文字问题》，《钱玄同文集》第1卷，第163—164。
⑤ 钱玄同：《陈百〈恭贺新禧〉的附志》，《钱玄同文集》第2卷，第29页。

声论》里，鲁迅就曾批驳那些以科学之名斥农民赛会为迷信且欲加禁止的所谓志士，并直指他们为"伪士"。①鲁迅在年轻时虽也曾信奉文化复古主义，但他的主张复古，并非如钱玄同那般要恢复上古的制度，着古衣冠，行古礼，写篆字，而是强调要"取今复古，别立新宗"，"外之既不后于世界之潮流，内之仍弗失固有之血脉"。②所"取"之"今"是对个性和精神的张扬，所"复"之"古"则是"朴素之民"的"纯白之心"。这是他一生坚执的信念。正因如此，无论是青年时代的复古，还是新文化运动中激烈的反传统，以及20世纪30年代投身于左翼政治活动，鲁迅的思想言论始终有着内在的一致性。这和钱玄同的反复多变形成了鲜明的对照。

四、向"各人自扫门前雪"主义的倒退

1919年9月后，钱玄同与鲁迅的交往明显减少了。从这年8月起，鲁迅虽一直忙于购买和整修八道湾住宅，但还不至于忙到摒交息游的地步。1919年11月21日，鲁迅与周作人全家迁入新居，两天后的星期天，朱遏先、沈尹默、马幼渔、刘半农及钱玄同的侄子钱稻孙等一干老友来贺，钱玄同却不曾露面。③11月30日又是一个星期天，鲁迅已定于次日南下接母亲北来，朱遏先、宋子佩、李退卿来送，④钱玄同再次缺席。1920年1月4

---

① 鲁迅：《破恶声论》，《鲁迅全集》第8卷，第29—30页。
② 鲁迅：《文化偏至论》，《鲁迅全集》第1卷，第58页。
③ 鲁迅：《鲁迅全集》第14卷，第355页。
④ 鲁迅：《鲁迅全集》第14卷，第356页。

日，钱玄同来访，傍晚离去，[1]没有像以往惯常的那样作长夜之谈。时隔半年后的7月17日，钱玄同再次来访，于饭后离去。[2]第三次来访是年底的12月25日，这次是来代马衡还《孝堂山石刻》的，[3]并借了三十元钱，下午五点来，晚十时去。[4]

是什么原因使得钱玄同和鲁迅的关系突然变疏远了呢？问题大概出在钱玄同身上。从1919年年初起，钱玄同因身体欠佳，心绪很恶劣。[5]同年4月，教育部国语统一筹备会成立，钱玄同兼任常驻干事，遂不复给《新青年》写稿。[6]紧接着五四运动爆发，5月蔡元培被迫辞职，6月陈独秀被捕。7月胡适在《每周评论》发表《多研究些问题，少谈些主义》，李大钊随即发表反驳文章《再论问题与主义》；10月5日《新青年》同人在胡适家中商量7卷以后之办法，结果是仍由陈独秀一个编辑。[7]第二年2月，陈独秀到达上海，积极开展建党等政治活动，《新青年》杂志的政治色彩愈益明显，《新青年》同人的思想分歧也随之日趋表面化。这一连串的事情让钱玄同有点意兴阑珊，他把陈独秀和胡适之间的重大思想分歧简单说成

①　周作人：《周作人日记（影印本）》（中），第98页。
②　周作人：《周作人日记（影印本）》（中），第137页。
③　鲁迅：《鲁迅全集》第14卷，第385页。
④　周作人：《周作人日记（影印本）》（中），第164页。
⑤　1月9日、10日、23日日记中均有"心绪甚恶""精神委顿"等语。24日日记称"我年来精神衰弱，精力委顿，几于等死"。1月25日、26日及2月4日、5日日记中又有身体不佳、精神不振等说法。2月11日以后，他不再记日记，直到9月中旬始恢复。见《钱玄同日记（整理本）》（上），第340—347页。
⑥　吴锐：《钱玄同评传》，第105页。
⑦　杨天石：《钱玄同日记（整理本）》（上），第351页。

是猪头问题，①意即这是一个奉什么为正宗故而也就是关乎话语权力争夺的问题。他甚至还开始怀疑自己在过去两三年里的激进是不是错了。在1920年9月25日致周作人的信中，他说："我近来很觉得两年前在《Sin cin nieno》杂志上做的那些文章，②太没有意思。并且此等直观的感情的论调，于青年非徒无益，反足以养成《Sinjeno》和《Sindi sjaŭŭo'》之恶习。仔细想来，我们实在中孔老爹'学术思想专制'之毒太深，所以对于主张不同的论调，往往有孔老爹骂宰我，孟二哥骂杨、墨，骂盆成括之风。其实我们对于主张不同之论调，如其对方面所主张，也是二十世纪所可有，我们总该平心静气和他辩论。我近来觉得要是拿骂王敬轩的态度来骂人，纵使所主张新到极点，终之不脱'圣人之徒'的恶习。"③

反省自己前两年过于情绪化的言论，这本来是好事，但无原则到了丢弃立场、不分是非、一团和气的地步，就有点糊涂了。把《新青年》同人的激进姿态与思想专制联系在一起，也是罔顾新文化、新思想在当时社会中实际上是处于弱势这一事

---

① 1921年1月18日日记称："仲、适两人意见冲突。盖一则主张介绍劳农，又主张谈政；一则反对劳农，又主张不谈政治。其实是猪头问题罢了。"《钱玄同日记（整理本）》（上），第371页。1920年9月19日致周作人信中也说："那终日讨论"猪头"的问题，真是无谓。"《钱玄同文集》第6卷，第29页。

② 即《新青年》。此为拉丁字母拼音。

③ 钱玄同：《钱玄同文集》第6卷，第32—33页。1921年元旦的日记里也表达了同样的意思："我在两三年前，专发破坏之论，近来觉得不对。杀机一起，决无好理。我以为我们革新，不仅生活见解，第一须将旧人偏窄忌克之心化除。须知统一于三纲五常固谬，即统一于安那其（即无政府主义——引者注）、宝雪维兹（即布尔什维克——引者注）也是谬。"《钱玄同日记（整理本）》（上），第367页。

实。钱玄同的反省所暴露出来的思想的大幅倒退令人吃惊。他强调的是辩论态度的正当性，应当理性而宽容，费厄泼赖，对思想本身的内容及是非对错却不那么关心。在他看来，"中国人'专制''一尊'的思想，用来讲孔教，讲皇帝，讲伦常……固然是要不得"，但用来讲德谟克拉西，讲布尔什维克，讲马克思，讲无政府主义，讲科学，也一样要不得。他主张要用"科学的精神（分析条理的精神），容纳的态度来讲东西"，那样不管讲的是德先生、赛先生，还是孔教、伦常，就都是好的。他还说："我在近一年来时怀杞忧，看看'中国列宁'的言论，[①]真觉害怕，因为这不是ㄅㄛㄌㄕㄝㄞㄧㄎㄧ，[②]真是过激派；这条'小河'，一旦'洪水横流，泛滥于两岸'，则我等'栗树'、'小草'们实在不免胆战心惊"。他最终得出的结论是：最好奉行"各人自扫门前雪"主义，"中国人要是人人能实行它，便已泽及社会无穷矣"。[③]

或许对"小河"的杞忧才是导致钱玄同思想立场迅速后撤的真正原因吧。在放言反孔教、废汉文的时候，他肯定没想到启蒙本身也是危险的事业，当沉默的大多数逐渐被唤醒，他们爆发出来的那股冲决一切的力量就让坐而论道的知识者惊悚不安了。《新青年》的启蒙事业迅速从文化运动转换为政治运动，这是钱玄同始料不及的，五四运动的席卷之势以及其后政治形势一日千里的突进，也不能不让他为势将到来的"小河"的泛

---

① 指陈独秀。
② 此为布尔什维克的注音字母。
③ 钱玄同：《钱玄同文集》第6卷，第74—76页。

滥而胆战心惊。追悔先前的鲁莽，用"各人自扫门前雪"主义取消社会运动乃至政治革命的必要性，说穿了就是一种软弱而感伤的自欺。

表面上，钱玄同坚持着自由、理性、宽容等自由主义的核心价值，实际上其思想却在迅速地向传统回归。1919年9月，钱玄同与马幼渔等北大同事商定编一部现代标点本的《中国学术论著集要》，作为学生用教材。[①]在此后两年时间里，点校古代典籍成为他的一项日常性工作。1919年9月24日他买了一部石印本《王阳明集》，读了王阳明的《大学问》；第二天又换购另一版本的《王阳明集》，并点校《大学问》；第三日开始读未收入《集要》的《传习录》。[②]虽然他不曾在日记中发表议论，但连续三天记载，大概是心有所动吧。《大学问》是阳明心学的教典，抉发格物致知、正心诚意之说，其中特别提到"为大人之学者，亦惟去其私欲之蔽，以自明其明德，复其天地万物一体之本然而已耳"。[③]这种说教对钱玄同似乎不无影响。在1920年9月19日致周作人信中，他说自己"近来大有'绚烂之极归于平淡'之意"，不想"和人斗口"，觉得减除精神上良知上的痛苦才是唯一要义。[④]在1921年元旦的日记中，他检讨自己两三年前专发破坏之论是不对的，"杀机一启，决无好理"，要搞革新首先要化除"旧人偏窄忌克之心"，"万物并育而不相害，道并处

---

① 杨天石：《钱玄同日记（整理本）》（上），第347页。
② 杨天石：《钱玄同日记（整理本）》（上），第350页。
③ 王阳明：《王阳明全集》（下），上海古籍出版社，1992，第968页。
④ 钱玄同：《钱玄同文集》第6卷，第29页。

而不相悖，方是正理"。①这就很像宋明理学家的口吻了。

但中国诡谲变幻的现实却让他没法安然地自扫门前雪。1922年后，"学衡派"突起，提出"昌明国粹，融化新知"的口号，连许地山"忽然也有提倡孔教之意"，这让他颇受到一点刺激，"烧毁中国书的偏谬精神又渐有复活之象"，当年和周氏兄弟在绍兴会馆"院子中槐树底下所谈的偏激话的精神又渐有复活之象焉"。②在《语丝》时期他短暂地抖擞精神再来破坏传统，大概就是对这种刺激的反应吧。

钱玄同一生思想多变，常以今日之我否定昨日之我，且往往是那种大翻转式的变化。其多变、善变虽不能说是曲学阿世，却也并非缘于思想的不断精进。他终究还是没有一套从自己的生命经验中顽强生长出来、又经过艰苦的思考和反复的纠错而形成的想法，没有坚定的思想信念，更没有投身饲虎的勇气，就只能被时代潮流裹挟着东飘西荡了。当然，这么说并非要抹杀他在新文化运动中的功绩，因思想的简单而获得的自信和勇气让他很好地充当了急先锋的角色，为新文化运动的推进助了一臂之力。为实现废汉文的最终目标，他还积极参与了注音字母、国语罗马字、简体字等的制定和推广工作，这些实绩也许是更应当被铭记的。

---

① 杨天石：《钱玄同日记（整理本）》（上），第367页。
② 钱玄同：《钱玄同文集》第6卷，第59页。

视觉装置与"写实"方法的现代构筑
——"美术革命"与"文学革命"的交集及其意义

王中忱

一、文学革命中的"美术革命"

1919年1月，在提倡新文化运动和"文学革命"运动最为积极努力的《新青年》杂志第6卷第1号上，刊载了陈独秀（1879—1942）和吕澂（1896—1989）的问答通信。[①]作为杂志的编者，陈独秀特意提取通信的主题"美术革命"作为栏目标题，并在答信中说：

> 本志对于医学和美术，久欲详论；只因为没有专门
> 家担任，至今还未说到，实在是大大的缺点。现在得了足

[①] 关于刊载吕澂、陈独秀《美术革命》通信的《新青年》第6卷第1号的出刊时间，有些著述的记述颇为混乱，原因其实在《新青年》杂志本身，该刊第6卷第1号目录页标记的出刊时间为："一九一八年一月十五日，民国八年一月十五日""一九一八年"当为误植。参见王中忱《"美术革命"通信发表时间考》，《读书》2015年第7期。

下的来函，对于美术——特于绘画一项——议论透辟，不胜大喜欢迎之至。足下能将对于中国现在制作的美术品详加评论，寄赠本志发表，引起社会的讨论，那就越发感谢了。

众所周知，早在1916年，远在美国留学的胡适（1891—1962）致信陈独秀讨论中国的"文学改革"问题，[1]后又在此信基础上发展为《文学改良刍议》一文，[2]公开倡言"文学改良"，并提出具体着手的路径。陈独秀不仅把胡适的来信和文章发表在《新青年》杂志上，并亲自撰写《文学革命论》予以呼应，掀起了一场轰轰烈烈的"新文学运动"，此次如此热烈地回应吕澂的来信，应该也是有意识重复"文学革命"的策略，企望由此掀起一场同样热烈的"美术革命"。作为通信的另外一方，吕澂似乎也有相近的愿望，而他提起的先例是意大利的未来主义艺术运动。他说：

十载之前意大利诗人玛黎难蒂氏刊行诗歌杂志，鼓吹未来新艺术主义，亦但肇端文词，而其影响首著于绘画雕刻。今人言未来派，至有忘其文学上之运动者。此何以故？文学与美术，皆所以发表思想与感情，为其根本主义者唯一，势自不容偏有荣枯也。我国今日文艺之待改革，

---

① 胡适：《寄陈独秀》，《新青年》第2卷第2号，1916年10月。
② 胡适：《文学改良刍议》，《新青年》第2卷第5号，1917年1月。

有似当年之意，而美术之衰弊，则更有甚焉者。①

不过，陈独秀、吕澂提起的"美术革命"在《新青年》杂志上并没有形成广泛讨论的话题，连吕澂本人也没有按照陈独秀的建议，通过评论"中国现在制作的美术品"去继续推波助澜。有研究者因此将陈、吕的这次讨论称为"一场未遂的革命"并将"未遂"的原因归结到陈、吕的"革命"构想与艺术观念的差异上；②还有研究者更明确地说：陈、吕虽然共提"美术革命"，但其"用意和出发点、主张是大不相同的"；吕澂的"革命"目标主要在于"阐明美术之实质与范围"，而陈独秀提出的"革命"对象则直接指向"王画"，"吕文更强调'美术'概念的推行和绘画与社会道德秩序的关系，意在伦理；陈文则直指'王画'因袭之弊，同时主张输入写实主义，意在政治"。概言之，吕、陈"除了针对当时画坛的衰败提出'美术革命'的意愿上相似之外，其他再无'所见略同'的观点"。③

如此看来，确认陈、吕二人在通信里所表现出的观点究竟是仅有"革命意愿"的相近，还是有更多的应和共鸣？如果二者之间确有分歧，其焦点究竟何在？都成为考察这次"事件"之历史意义的关键。而要进行这样的确认，自然首先需要细致

---

① 文中提及的意大利诗人玛黎难蒂，今通译为马里内蒂（Filippo Tommaso Marinetti，1876—1944）。

② 胡荣：《1919：〈新青年〉与一场未遂的"革命"》，《杭州师范大学学报（社会科学版）》2009年第4期。

③ 参见于洋《衰败想象与革命意志——从陈独秀"美术革命"论看20世纪中国画革新思想的起源》，《文艺研究》2010年第3期。

阅读陈、吕通信的文本。我们且来看陈独秀的回信。陈氏明确表示，其实他本人"对于绘画，也有点意见，早就想说"，而他提出的主张则是：

> 若想把中国画改良，首先要革王画的命。因为要改良中国画，断不能不采用洋画的写实精神。这是什么理由呢？譬如文学家必用写实主义，才能够采古人的技术，发挥自己的天才，做自己的文章，不是抄古人的文章。画家也必须用写实主义，才能够发挥自己的天才，画自己的画，不落古人的窠臼。

很明显，陈独秀所构想的"美术革命"，主要在于"中国画改良"，而据他的考察，"中国画在南北宋及元初时代，那描摹刻画人物禽兽楼台花木的功夫还有点和写实主义相近"，后来则因"学士派鄙薄院画，专重写意，不尚肖物"，而"到了清朝的三王更是变本加厉"，非但"描写的技能"退步，并且一味以模仿前人为要务。陈氏以自家"所藏和见过的王画"二百余件为例分析说："内中有'画题'的不到十分之一，大概都用那'临''摹''仿''抚'四大本领，复写古画，自家创作的，简直可以说没有。"他认为，这是"王派留在画界最大的恶影响"，也是"改良中国画的最大障碍"。由此可知，陈独秀之所以主张"画家也必须用写实主义"，其实是要求画家变"复写"为"创作"，直接面对所要表现之物，发挥"自由描写的天才"。

陈独秀的上述观点，很近于他在《文学革命论》所提出的主张："目无古人，赤裸裸的抒情写世。"值得注意的是，陈氏曾经考察过欧洲文艺思想，清楚其"由古典主义（Classicalism）变而为理想主义（Romanticism）""再变而为写实主义（Realism）更进而为自然主义（Naturalism）"的过程，[①]但他的文学革命论和美术革命论，却把"写世""肖物""描写"与"抒情""天才"并举表述，可见他所说的"写实主义"，并不排除而是混合了一般所说的浪漫主义（Romanticism），[②]其着眼点则主要在于建立作家/画家与描写或表现对象之间的"赤裸裸"的直接关系。

吕澂来信提出"美术革命"，当然也是有针对性的，但与陈独秀着眼于"中国画改良"不同，吕澂所关注的是"东输"到中国来的"西画"，而令他愤怒不已，痛感"极宜革命"者，则是"西画东输"之后被徒袭皮毛者扭曲了的"不合理之绘画"：

> 近年西画东输，学校肄业；美育之说，渐渐流传，乃俗士鹜利，无微不至，徒袭西画之皮毛，一变而为艳俗，以迎合庸众好色之心。驯至今日，言绘画者，几莫不推商家用为号招之仕女画为上。其自居为画家者，亦几无不以作此类不合理之绘画为能。（海上画工，唯此种画间能成巧；然其面目不别阴阳，四肢不称全体，则比比是。盖美

---

① 陈独秀：《现代欧洲文艺史谭》，《青年杂志》第1卷第3号，1915年11月。
② 陈独秀《文学革命论》（《新青年》第2卷第6号，1917年2月）结尾提及他所推崇的欧战思想家、文学家，把"虞哥"（雨果）和"左喇"（左拉）、"狄铿士"（狄更斯）和王尔德并举，也可说明他所主张的"新鲜的立诚的写实文学"并不限于狭义的"写实主义"。

术解剖学，纯非所知也。至于画题，全从引起肉感设想，
尤堪叹息）

迄今为止的先行研究似乎很少注意吕澂对"不合理之绘
画"特征的描述："面目不别阴阳，四肢不称全体"，其实由这
种反面描述，恰好可以看到吕澂的正面期许。他把建立在"美
术解剖学"基础之上"面目"可辨"阴阳""四肢"合理构成
"全体"的画法视为"合理"，显然是把欧洲文艺复兴以来确立
的以明暗法、透视法为根基的绘画当作了标尺。在此意义上，
可以说，吕澂所谈论的绘画合理性，和陈独秀所推崇的"洋画
的写实精神"，其实是来自同一源头。而陈、吕对当时中国美术
流弊的判断，也大致接近，前者抨击国画界的"复写"之风，
后者批评"海上画工"们"徒袭西画之皮毛"，虽针对的对象有
所不同，但反对的都是拙劣的因袭模仿。不过，在如何救治中
国美术之弊的问题上，吕澂所设计的"革命之道"则更为审慎
细密，他说：

我国美术之弊，盖莫甚于今日，诚不可不亟加革命
也。革命之道何由始？曰：阐明美术之范围与实质，使恒
人晓然美术所以为美术者何在，其一事也。阐明有唐以来
绘画雕塑建筑之源流理法（自唐世佛教大盛而后，我国雕
塑与建筑之改革，亦颇可观，惜无人研究之耳），使恒人
知我国固有之美术如何，此又一事也。阐明欧美美术之变
迁，与夫现在各新派之真相，使恒人知美术界大势之所趋

向，此又一事也。即以美术真谛之学说，印证东西新旧各种美术，得其真正之是非，而使有志美术者，各能求其归宿而发明光大之，此又一事也。

吕澂显然不认为"美术革命"有现成的方案可以拿来，也不认为用"洋画的写实精神"即可以包治百病，解决所有问题，他列出了四项须要"阐明"的内容，认为只有将此数事阐明，才能使"社会知美术正途所在，视听一新，嗜好渐变"，从而收到"美育"之良效。吕澂提出"美术革命"四事，自然是一种普遍的呼吁，但他本人后来确实也沿着这一思路做了很多"阐明"的工作，而非像有的研究者所描述的那样，因未能得到陈独秀的理解而感到"孤掌难鸣，只好退回自己的书斋，埋头于学术撰述去了"。[①]本文下面的描述将证明，恰恰是这次在《新青年》上的通信，给吕澂提供了继续探讨"美术革命"的有利契机。

二、"美术革命"的后续回响："主观之写实"与"后期印象派运动"

作为现代学者，吕澂后来主要以佛学研究知名，他早期所从事的美术研究和教育活动尚未得到充分研究，相关记述亦多有错漏，如吕澂逝世时《法音》杂志发布的生平介绍说他曾

① 胡荣：《1919：〈新青年〉与一场未遂的"革命"》，《杭州师范大学学报（社会科学版）》2009年第4期。

"在日本美术院专习美术。1916年归国后即被刘海粟先生聘为上海美术专科学校教务长，在此期间，撰写了《美学概论》《美学浅说》《现代美学思潮》《西洋美术史》及《色彩学纲要》等多种专著"。[①]所述吕澂赴日学习情况及就任上海美专教职的时间皆有欠准确，却常被学者们称引，流布广泛。为订正讹误，在此有必要引录吕澂写于1959年但近年才刊出的一份自述。据这份自述，吕澂少年时期即因兄长吕凤子（1886—1959）影响而"对美术理论发生了兴趣"后则因结识欧阳渐（1871—1943）而入金陵刻经处研究部研习，但因"家人觉其无前途，又促归"，接下来才有赴日留学之举。该文说：

> 1917年10月，成行，到东京，入东亚高等预备学校，补习日本语文，兼自习美术。次年（1918）5月，留日学生因爱国运动决议全体离日，我随众先归，……是年9月，我由大兄介绍为徐州第十中学图工课教员，即在此时改名为澂。1919年2月，仍返宁参加筹备内学院工作。1920年2月，由于欧阳先生挚友桂念祖的学生王九龄（当时任云南督军署军法处处长）的介绍，唐继尧（云南督军）邀请欧阳先生赴昆明讲学，兼筹内学院开办费。我随往助讲，……讲学结束，筹款无着，我又先归。其时上海美术学校校长刘海粟因见到我于徐州教书时写给《新青年》杂志一封谈文艺革命的信，内中批评上海美术界的腐败，他

---

① 《著名佛学家吕澂先生逝世》，《法音》1989年第9期。

很有同感，通过我的同乡程虚白（当时在美校任师范科主任），一定要约我去美校共谋改革。我乃于其年9月担任了美校的教务长，创立了专校的规模，并开讲《美学概论》和《西洋美术史》两课（讲稿均已由商务印书馆印行），主编《美术》杂志，同时兼任上海美术专科师范美术史讲师。①

由上引文字可知，吕澂任职上海美专，并非在1916年而是在1920年。厘清这一事实，不仅有助于了解吕澂的个人行迹，也有助于理解"美术革命"通信的后续回响。而查考邀请吕澂到美专的刘海粟（1896—1992）此时期的艺术活动和相关言论，则可以看到，这位早在1912年即秉持创建"中国新兴美术"的雄心到上海开办学校的艺术家，②至迟在1917年已经注意到倡导新文化运动的《新青年》，且对该刊所载蔡元培（1868—1940）的《以美育代宗教说》做出热烈反响；③而1918年也是上海美专的教学体系在刘海粟主导下由"摹写"与"写生"双轨并存，转向了以后者为重心、并陆续开设起透视学、解剖学、

---

① 参见吕澂《我的经历与内学院发展历程》（1959年8月6日），《世界哲学》2007年第3期。另参见高山杉《从艺文美学到梵藏玄言》，《东方早报》，2010年3月28日，第B06版。

② 1924年刘海粟在《上海美专十三年纪念感言》（《艺术周刊》第84期，1924年12月）说："新美术在文化上占一有力之地位，自上海美专始；……上海美专创立之纪念日，亦即中国新兴美术之诞日也。"就上海美专的历史地位和影响而言似不无夸大，但刘海粟把创建"中国新兴美术"作为努力目标，应该是没有疑问的。

③ 据刘海粟《忆蔡元培先生》（《艺苑》1983年第1期），他读到蔡元培《以美育代宗教说》（《新青年》第3卷第6号，1917年8月）后即致信表示响应，蔡很快复函，两人交谊自此开始。

色彩学等课程时期；①同年12月刘氏参观英国画家在上海举办的美术博览会后，曾记下如是感触："西洋画固以真确为正鹄，中国画亦必以摹写真相，万不可摹前人之作"，他还由此论及中国画家，认为"昔之名家，均能写实以自立，即如清代王石谷之山水，恽寿平之花卉，均得真理，有气韵，即近时之任伯年亦以写生为本，故得自立也"。②其对王石谷画作的评价虽与陈独秀有所不同，但反对摹写前人、推崇"写实"和"写生"的主张则和陈独秀颇有呼应。同一时期，刘氏撰文论述"画学上之必要点"，曾说："观于今日我国美术界之现象，不禁为之大惧"，并批评当时的画家"终日伏案摹仿前人画派，或互相借稿仿摹，以为研习张本，并以得稿之最多者，为良画师焉，故画家之功夫愈深，其法愈呆，画家之愈负时誉者，画风愈靡，愈失真美"。③忧虑之所在，矛头之所指，都和吕、陈通信的内容相近，刘因对吕信"很有同感"而引为同道，1919年7月出任上海美专校长全面主持校务后便力邀吕澂来校"共谋改革"，④可谓顺理成章。

至少对于吕澂而言，刘海粟的邀请使他获得了在"美术革命"脉络上继续思考和探讨的机遇和条件。后来，即使于1922

① 参见黄厚明、王东民《刘海粟与上海美专的早期课程教学》，《南京艺术学院学报（美术与设计版）》2014年第4期。

② 刘海粟：《参观法总会美术博览会记略》，《美术》第2期，1919年6月，引自《刘海粟艺术文选》，上海人民美术出版社，1987，第29页。

③ 刘海粟：《画学上之必要点》，《美术》第2期，1919年6月，引自《刘海粟艺术文选》，上海人民美术出版社，1987，第32页。

④ 关于刘海粟正式出任上海美专校长的时间，参见李安源《刘海粟与蔡元培》，山东画报出版社，2012，第12页。

年7月出任支那内学院教务主任，吕澂也仍在上海美专、南京美专、江苏省立第一中学兼授美术史、美术理论、美学等课程，并撰写出版了一批讲义和著作，[1]发表了一系列有关美学和美术的论文。大约在1925年至1926年间，他的志趣和精力转而专注于佛学，才"放弃这一方面的研究，不再写作"。[2]

而细察吕澂此一时期的文章著述，则可以看到，从美术史和美学理论的视野评析美术现象，是其美术论的显著特点，这和他给陈独秀的信里所设想的"美术革命"途径是一致的，即"以美术真谛之学说，印证东西新旧各种美术，得其真正之是非"。不过，吕澂所论及的范围主要集中于西洋绘画，也就是他所说的"阐明欧美美术之变迁，与夫现在各新派之真相"，至于他所构想的"阐明有唐以来绘画雕塑建筑之源流理法"，亦即整理中国美术史的工作，并没有实际着手去做，更不必说"印证东西新旧"了。这自然是由吕氏当时的学术志趣与知识准备所决定的，从中却可看出他当时的主要关心所在。而我们分析吕氏的美术观，则不能只看他的宣言和构想，更应该把他已经实际做了的工作作为考察对象。

那么，在有关美术的著述里吕澂表露了怎样的观点？首先看他的《西洋美术史》。此书是在学校讲义基础上整理而成，且

---

[1] 此时期吕澂出版的讲义和著作主要有《西洋美术史》（商务印书馆，1921）、《美学浅说》（商务印书馆，1923）、《美学概论》（商务印书馆，1923）、《现代美学思潮》（商务印书馆，1924）、《色彩学纲要》（商务印书馆，1926）。

[2] 参见吕澂《我的经历与内学院发展历程》（1959年8月6日），《世界哲学》2007年第3期。另参见高山杉《从艺文美学到梵藏玄言》，《东方早报》，2010年3月28日，第B06版。

因书前《述例》明确交代是以法国学者S. Reinach等人的著述做底本，①故常被视为编译之作。但《述例》也说；"至于文中贯缀，述者时出己意"，表明书中不乏出于"己意"之论，而纵观"贯缀"全书的叙述主线，则可看到，著者基本是以欧洲文艺复兴时期的"写实主义"美术为坐标来叙述"西洋美术史"的"进化"路程的。这首先表现在章节安排上，全书总计26章，论文艺复兴时期的绘画及建筑即占了8章，显然是整体叙述的枢纽所在。其次，追溯文艺复兴之前的历史，亦颇重视"写实"潮流的走向，如在描述"希腊美术的原始特质"时，特别强调其"第一义之写实精神"，②而在描述从罗马到文艺复兴时期的艺术谱系时则说："昔人多谓罗马艺术不过绍希腊之余绪，其性质纯属颓废的，其实亦不尽尔。……纪元后一世纪顷，罗马艺术中有一派写实主义起，虽未能久，但中世间其势再盛，而与拜占庭美术相对峙，至十四世纪更接触佛朗多之写实主义，遂启文艺复兴之新运。其流所及，乃有近世之写实主义。"③而值得注意的是此书叙及20世纪各种美术"新派"时所做的预测："今后之美术倾向如何，推往知来，亦有可得略言者，即舍客观之写实而趋主观之写实。"④要言之，在《西洋美术史》里，

---

① 该书1921年由上海商务印书馆出版，书前《述例》云："述者来年在上海美术学校及上海师范专科学校讲授美术史，即取此为蓝本，详略之间尚觉适用，故更加订正刊行，以便学者。"引自收入上海商务印书馆万有文库之《西洋美术史》，1933，第1页。

② 吕澂：《西洋美术史》，上海商务印书馆1921年初版，引自万有文库之《西洋美术史》，1933，第23页，第41页，第165页。

③ 吕澂：《西洋美术史》上海商务印书馆1921年初版，引自万有文库之《西洋美术史》，1933，第23页，第41页，第165页。

④ 吕澂：《西洋美术史》上海商务印书馆1921年初版，引自万有文库之《西洋

吕澂不仅讲述了西洋"写实"美术发展的故事，且认为这故事的未来指向也在于"写实"。

但或许是限于教材的容量，吕著《西洋美术史》仅以一章多一点的篇幅叙述"写实主义"之后的美术，而在与此书刊行的同时或稍后发表于《美术》杂志上的一系列文章，吕澂才得以对"现在各新派之真相"展开阐发。在这些文章里，吕澂首先把印象派作为界标，不仅指出其与写实主义的接续性，还特别指出印象派与后期印象派之间的断裂性；而当论及后期印象派与其后兴起的野兽派、未来派、立方派时，则既注意到它们的亲缘关系，又注意到了它们的区别，并在此基础上表示了对后期印象派的特别推重："……我们要替固有的美术在现今重估定过一种价值，自也有个标准，加入那世界的美术潮流也自会和别人一同的前进，不再步步落后。但是现代美术的根本精神是怎样的呢？我可以先断定一句话，说这是后期印象派的精神。"[①]很明显，在这里吕澂已经越出译介者之位，把后期印象派看做了应该倡导的"标准"和"根本精神"。

有必要说明，这并非吕澂的一己之言。1921年7月他在《美术》杂志第3卷第1期推出"后期印象派专号"俞寄凡（1891—1968）、汪亚尘（1894—1983）等美专同人皆积极响应，[②]校长刘海粟也亲自上阵，撰写《塞尚奴的艺术》等文参与鼓吹，一

美术史》，1933，第23、41、165页。

① 吕澂：《后期印象派的解释》，《美术》第3卷第1号，1921年7月。

② 汪亚尘是上海美专创办人之一，俞寄凡于1923年6月起任上海美专教授，但《美术》杂志第2卷第3号（1920年8月）起多次刊载他的文章，可以视为美专同人。

时俨然造成了一场有声有色的"运动"。当时在上海美专就读的倪贻德（1901—1970）后来曾回忆说：

> 日本的艺术界在1920年现出一个新的时代，那就是后期印象派的风靡。因了许多游法归国的画家的介绍，而塞尚（Cézanne）、梵高（Van Gogh）、高更（Gauguin）等画家的作品遂流布于他们的艺术界。同时这些主义，这些画家的作品，也就很快的流到中国来。前辈艺术批评家吕秋逸先生在他所主编的《美术》上，特编辑了一期后期印象派专号，于是所谓后期印象派，以及塞尚、梵高、高更等画家的作品，也就深深印在青年画家的脑里，而无形中却形成了一种后期印象派运动，这运动最初的实行者与鼓吹者，就是海粟先生。[①]

倪贻德的描述，无疑提供了理解上海美专"后期印象派运动"的重要线索，但我们却不可据此把该"运动"简单视为经由日本的直接移植，而更应该注意"后期印象派"在跨国流动过程中因应不同历史境况而展开的不同路向。柄谷行人（1941—）曾注意到19世纪中后期法国印象派画家企图在"以几何学的透视法为特质的近代绘画"之外寻找新路时和日本浮世绘的邂逅，并指出："颇具讽刺意味的是，在那以后，明治的日本人却把印象派以前的西洋绘画作为规范引入进来。"[②]稻贺繁

---

① 倪贻德：《刘海粟的艺术》，《艺术旬刊》第6期，1932年10月。
② 柄谷行人：《翻訳者の四迷——日本近代文学の起源としての翻訳》，初刊

美（1957—）则更为细致地考察了后期印象派自20世纪初期被介绍到日本，到第一次世界大战结束之后，特别是20年代期间，和印象派之后的其他艺术倾向如表现主义等一起焕然风行，乃至和传统文人画复兴相互合流的过程。[1]这些研究表明，在20世纪20年代后期印象派风靡日本之时，来自欧洲的写实派至印象派的"洋画"已经在日本国家体制内的美术学院里占了主导位置，[2]这是后期印象派进入日本后所面对的前提。

而这样的前提在同时期的中国显然是不存在的，至少对于吕澂、刘海粟等上海美专同人来说，欧洲写实派和印象派的方法不仅没有对他们构成实际的压力，甚或是他们正在教学和创作中努力仿效和提倡的。他们推崇"后期印象派"主要来自想要"加入那世界的美术潮流"的冲动，而不是像欧洲后期印象派画家那样，要对由印象派画家推向极致的"写实"原则进行有意识的反拨。所以，当吕澂以赞许的态度撮述塞尚及立体派画家对写实性绘画的批评时，虽也多次指出追求"肖物"的"写实"绘画"于平面上应用远近明暗等画法使观者生浮起之感"实为一种幻象，断言这种幻象"精密言之，实与外物不能尽肖"，却只会遮蔽物象的底蕴，[3]但他并没有去继续追问"肖

《国文学》2004年9月号，引自同氏著《近代文学の終わり》，株式会社インスクリプト，2005，第15页。

[1] 稻贺繁美：《表現主義と気韻生動》，《日本研究》第51集，国际日本文化研究センター，2015年3月。

[2] 最为明显的标志性事件，可举出明治二十九年（1896）东京美术学校设立西洋画课并邀请黑田清辉任教授，明治三十一年（1898）冈仓天心被迫辞去东京美术学校校长职务。

[3] 参见吕澂《晚近西洋新绘画运动之经过》，《美术》第2卷第4号，1921年3月；《后期印象派的解释》，《美术》第3卷第1号，1921年7月。

物"幻象是通过怎样的视觉装置造成的，也没有关注继后期印象派而起的立体派画家对基于几何学透视法的有意挑战，便和刘海粟等人一样，大跨度地把问题焦点转向如何舍弃"肖物"而去表现画家的精神、情感，强调后期印象派"最重要的便是注重主观的表白""是用综合的、装饰的方法来表现自己"；[①]强调"绘画之真正的生命，不在外而在内，不在各派之不同而在个人内心之狂热"。[②]

不难看出，吕、刘其实是对后期印象派做了浪漫主义的解释。如同有的研究者曾指出的那样，恰在此一时期刘海粟和郭沫若（1892—1978）、郁达夫（1896—1945）等创造社文学家颇多交往且受到影响，[③]这或许也可以说是"文学革命"和"美术革命"在另一个阶段的再一次交集。而颇有意思的是吕澂对"浪漫"所作的解释。在《美学浅说》一书里他分析说："作家感得'美的实在'，具体的实现出来，这样的态度纯可谓'写实的态度'。虽也有人将艺术上的自然和一般认识所得的去比较，以为两者关系更直接些便是写实的，两者关系间接些便是浪漫的。其实从作家方面去看，所谓浪漫，先有种种不同的感受，另构成了境界，在他'美的态度'依然实在。那样的实现，可还不是'写实的态度'？"[④]吕澂显然不是在做无原则的调和，

---

① 吕澂：《后期印象派的解释》，《美术》第3卷第1号，1921年7月。
② 刘海粟：《塞尚奴的艺术》，《美术》第3卷第1号，1921年7月。
③ 参见莫艾《抵抗与自觉——中国现代美术早期发展道路的历史考察》，北京大学出版社，2015，第22—23页。
④ 吕澂：《美学浅说》，商务印书馆，1923年初版，引自同馆万有文库之《美学浅说》，1933，第31—32页。

而是从作家/艺术家的审美态度上，指出了"浪漫"与"写实"的内在关联，这无疑是对他此前提出的"主观之写实"更具理论性的阐发。

三、美育论、中国美术史书写与透视法的再发现

如果不把"美术革命"仅仅局限在陈独秀和吕澂通信这样一个个别"事件"，而是将其理解为从美术界到文化界广泛存在的有意识的变革运动，那么，这场运动的开端也许应该追溯到19世纪后期。事实上，一些有关现代中国美术史的著述就是这样处理的。如英国学者迈克尔·苏立文（Michael Sullivan，1916—2013）的《20世纪中国艺术与艺术家》"中国的艺术革命"一章，便从19世纪60年代有关西方绘画技巧的书籍被翻译成中文以及被引入学校的课程开始讲述；[①]潘公凯（1947—）主撰的《中国现代美术之路》虽然把"中国现代美术的开端"放置于五四新文化运动时期，[②]但仍用了相当篇幅描述19世纪40年代以后中国所发生的包括"美术"在内的"近代"转变。潘著把"近代"和"现代"两个概念都归纳到"现代性"范畴之中，主张把"现代性事件"视为"一个整体"而非"某个局部

[①] 参见迈克尔·苏立文《20世纪中国艺术与艺术家》，陈卫和、钱岗南译，上海人民出版社，2013，第64—79页。该书英文原作题名为 *Art and Artists of Twentieth-Century China*, University of California Press。

[②] 该著认为："直到这时，作为整个社会变革一部分的美术才真正被纳入现代文化的视野之中。"参见潘公凯主撰《中国现代美术之路》，北京大学出版社，2012，第213页。

的事件"，①无疑是一个可以展开更为广阔讨论的思路。

　　而在把"美术革命"视为一个相对长时期的社会文化运动之一环的意义上，蔡元培所起的作用无疑更具有特别的意义。这位在科举制度中获得拔擢的传统知识精英，在1898年经历了戊戌变法失败之后，因痛感当时清政府的保守无能而决意放弃官职，投身民间兴办新式教育的活动，并转而成为志在推翻清王朝的革命运动的领导人物。②1907年蔡元培留学德国，1908年秋至1911年间在莱比锡大学学习哲学、美学、美术史等，且游览各地的博物馆、美术馆。③此一时期的学习经历和艺术"开眼"，对蔡元培的思想显然产生了相当的影响，1912年他出任中华民国临时政府教育总长后发表《对于新教育之意见》，提出五项内容作为"新教育"的方针，其中被其本人特别推重的"美育"，亦即"美感之教育"的"美感"概念的内容规定，即来自德国哲学家康德（1724—1804）的学说。④

---

① 潘公凯主撰《中国现代美术之路》，第198页。

② 1898年10月蔡元培弃官离开北京后，先后担任绍兴中西学堂监督、上海南洋公学特班总教习等职，1902年在上海组织中国教育会并当选为会长；1904年11月在上海发起创立反清政治团体光复会，任会长；1903年加入孙文创建的中国同盟会，任上海分会会长。

③ 参见《蔡元培美学美育活动简表》，文艺美学丛书编辑委员会编《蔡元培美学文选》，北京大学出版社，1983，第225页。

④ 蔡元培：《对于新教育之意见》（此文先后刊载于《民立报》，1912年2月8—10日，《教育杂志》第3卷第11号，1912年2月10日，《东方杂志》第8卷第10号，1912年4月）所提出的"新教育"五项内容为"军国民主义、实利主义、德育主义、世界观、美育主义"，而在论及"世界观"教育时，蔡认为不可以施之于简单说教，而应该通过"美感之教育"来实现，并说："美感者，合美丽与尊严而言之，介乎现象世界与实体世界之间，而为津梁。此为康德所创造，而嗣后哲学家未有反对者也。"中国蔡元培研究会编《蔡元培全集》第2卷，浙江教育出版社，1997，第13页。

蔡元培所说的"美育"的内涵，当然不像曾经被误解的那样仅仅指称"美术"，[①]但"美术"无疑是其中的重要内容。1917年蔡元培就任北京大学校长不久，即发表演说，阐述包括绘画在内的"各种美术"已经"渐离宗教而尚人文"的演化趋势，明确提出"以美育代宗教"的构想；[②]此后，他不仅在北大设立画法研究会，积极支持中国第一所国立美术学校——"北京美术学校"的创设，[③]还对在上海创办私立美术学校的青年艺术家刘海粟关爱有加，[④]有力地推动了绘画艺术与新式教育的汇合。1919年，当以蔡元培所主持的北京大学为基地展开的新文化运动热烈展开之际，他又发出呼吁："文化运动不要忘了美育"，并明确表示了对当时"美术的教育"状况的不满："我们现在除了文字界，稍微有点新机外，别的还有什么？"[⑤]很明显，蔡急切希望把以文字为媒介的文学之外的其他"美术"种类（当然包括绘画）也纳入到新文化运动之中。此文发表在陈、吕通信之后，也可视为"美术革命"的持续呼声。

---

① 蔡元培在《以美育代宗教》（《现代学生》第1卷第3期，1930年12月）一文中说："我向来主张以美育代宗教，而引者或改美育为美术，误也。我所以不用美术而用美育者，一因范围不同，欧洲人所设之美术学校，往往只有建筑，雕刻，绘画等科，并音乐文学，亦未列入；而所谓美育者，则自上列五种外，美术馆的设置，剧场与影戏院的管理，园林的点缀，公墓的经营，市乡的布置，个人的谈话与容止，社会的组织与演进，凡有美化的程度者均在所包；而自然之美，尤供利用。都不是美术二字所能包举的。"
② 参见蔡元培《以美育代宗教说》（1917年在北京神州学会讲演词），《新青年》第3卷第6号，1917年8月。
③ 参见蔡元培《国立北京美术学校开学式演说词》（1919年4月15日），《北京大学日刊》，1919年4月18日。
④ 参见蔡元培《介绍艺术家刘海粟》，《北京大学日刊》，1922年1月16日。
⑤ 参见蔡元培《文化运动不要忘了美育》，《晨报副刊》，1919年12月1日。

蔡元培的上述活动无疑都对现代中国美术的发展起到了重要作用,很多美术史著述把蔡描述为"现代美术"运动的倡导者和赞助人,原因盖出于此。当然,这样的描述其实意味着把蔡视为非专业人士,这也是蔡本人认可的,[①]但或许正因为如此,蔡元培把绘画作为"美育"和"美术"的论述才更为广泛地反映了当时社会文化界的普遍观点;换言之,蔡元培的绘画艺术论正是在"美育"论的脉络里超越了绘画专业领域,才成为了更具普遍性的思想观念。

那么,在20世纪前期,蔡元培是怎样展开自己的绘画艺术论的呢?据现在所能见到的文字史料,蔡元培最早比较完整讲述绘画艺术的言论,是他1916年在法国华工学校师资班上课的讲义,其中第三十二节"图画"开篇这样说:

> 吾人视觉之所得,皆面也,赖肤觉之助,而后见为体。建筑、雕刻,体面互见之美术也。其有舍体而取面,而于面之中,仍含有体之感觉者,为图画。

> 体之感觉自何起?曰:起于远近之比例,明暗之掩映。西人更益于绘影写光之法,而景状益近于自然。[②]

---

① 如蔡元培在邀请刘海粟代替自己为北大画法研究会讲授美学时便说:"再者你的画笔会说话的。我不会画,都在讲美学,你遇到说不清楚的时候,可以用笔来说。"参蔡元培《与艺术家刘海粟的谈话》,此次谈话时间为1921年冬,记录在刘海粟《忆蔡元培先生》,引自中国蔡元培研究会编《蔡元培全集》第4卷,第500页。

② 蔡元培:《华工学校讲义》先于1916年6月起在《旅欧杂志》上连载,同年8月编印成书。此处引文引自文艺美学丛书编辑委员会编《蔡元培美学文选》,北京大学出版社,1983,第53页。

在这段话里，蔡元培首先认为，所谓绘画就是在二维空间的"面"里表现三维空间的"体"——亦即立体的感觉，同时指出这种"体之感觉"是由运用"远近""明暗"对比关系的画法造成的。很明显，蔡元培是把以明暗法和透视法为根基的绘画特征，当作了一般绘画的特征，或者说是将其当作了界定绘画之所以为绘画的标准。而蔡所持的这种观点，则来自他对"西人之画"与"中国之画"的分析和判断。在同一部《讲义》里，蔡说："中国之画，与书法为缘，而多含文学之趣味。西人之画，与建筑雕刻为缘，而佐以科学之观察，哲学之思想。"[①]比较而言，蔡元培无疑更看重"科学"对绘画的作用。在早于《华工学校讲义》的一次讲演中谈及中国古代教育和艺术时，他曾不无遗憾地指出：中国的"美术"（艺术）如"图画书法饰文等，亦较为发达，然不得科学之助，故不能有精密之技术，与夫有系统之理论"。[②]

前面已经谈到，出任北京大学校长之后，蔡元培有感于当时的大学过于偏重"学理"而轻视"技术"，把一些所谓属于"专门美术学校"范围的知识排除在大学学科之外的状况，推动校内教员、学生组织文学会、音乐会、书法会、画法研究会等组织，以图补救，而他本人也根据自己的爱好和专长，多

---

① 蔡元培：《华工学校讲义》先于1916年6月起在《旅欧杂志》上连载，同年8月编印成书。此处引文引自文艺美学丛书编辑委员会编《蔡元培美学文选》，第53页。

② 参见蔡元培1916年3月20日在巴黎自由教育会所举办的华法教育会的演讲，后以《华法教育会之意趣》为题收入《旅欧教育运动》，世界社编印，引自文艺美学丛书编辑委员会编《蔡元培美学文选》，第10页。

次就"美术"问题发表文章和演讲。此一时期蔡有关绘画艺术的观点，仍然延续了他在法国时形成的思路，在一次题为《美术的进化》的讲演中，他说："中国的图画，算是美术中最发达的，但是创造的少，摹仿的多。西洋的图画家，时时创立新派。而且画空气，画光影，画远近的距离，画人物的特性，都比我们进步得多。"①为什么中国画和西洋画有这样的差别呢？蔡在另外的场合分析说，这是因为"中国画和西洋画，其入手方法不同"所致，他说，"中国画始自临摹，外国画始自写实"；而在蔡元培看来，外国画的入手特点，与外国人重视自然科学有关："西人之重视自然科学，故美术亦从描写实物入手。"②基于上述这样的考虑，蔡元培对北大画法研究会的"习画"方法提出了这样的要求："望中国画家，亦须采用西洋画布景写实之佳，描写石膏物象及写实风景，今后诸君均宜注意。"并特别呼吁："今吾辈学画，当用研究科学之方法贯注之。""用科学方法以入美术"。③

综上可见，在蔡元培的论述里，传统的中国绘画被视为美术"进化"链条上落后的一环，但是否可以据此把蔡的美术论归为以欧洲为中心的进化论式叙事呢？事情也没有这么简单。蔡确实多次讲述过西洋画"进步"和中国画"落后"的故事，

①　蔡元培:《美术的进化》(在湖南第二次讲演),《北京大学日刊》,1921年2月15日。
②　蔡元培:《在北大画法研究会之演说词》,《北京大学日刊》,1919年10月25日。
③　蔡元培:《在北大画法研究会之演说词》,《北京大学日刊》,1919年10月25日。

但他的讲述目的却是为中国美术变革的实践提供动力。并且蔡元培也注意到西洋画对中国画技法的借鉴和吸收，谈及"意大利文艺复古时代，人物画后加山水，识者谓之中国派。法国路易十五时，有罗科科派，金碧辉煌，说者谓之参用我国画法"，还曾指出法国画家"谟德"[今通译马奈（1832—1883）]的画作"近于吾国画派"但蔡没有以此来做"国粹"的骄傲，也没有去追究西洋画如何采用了中国画的技法，而是以此为例，对中国的艺术家提出诘问："彼西方美术家能采我之长，我人独不能采用西人之长乎？"①此时的蔡元培在国际政治层面提倡"互助的进化论"②在美术层面他似乎也秉持近似的进化观。这也决定了蔡氏"写实论"的非排他性。已有研究者注意到，1922年1月蔡元培撰文《介绍艺术家刘海粟》，激赏刘海粟"倾向于后期印象主义"画作时，表明他的美术观已经从推崇写实"转向更为开放的'融合'论"。③而细读蔡氏此文则可看到，他主要着眼刘海粟画作"情感"和"个性"的强烈"表现"，立论基点显然是在一般所说的浪漫主义范畴之内，倒是和刘氏本人对后期印象派的理解颇为接近的。

在此似乎有必要提起当年被蔡元培隆重聘请为北京大学画法研究会导师的陈师曾（1876—1923）。陈此一时期的美术论

① 蔡元培：《在北大画法研究会之演说词》，《北京大学日刊》，1919年10月25日。

② 参见蔡元培《欧战与哲学》，《新青年》第5卷第5号，1918年11月。此文谈及"进化论公例"包含"竞存与互助两条假定义"，但包括达尔文本人在内都过多强调前者，蔡元培结合欧战（第一次世界大战）的教训，呼吁施行后者即"互助主义"。

③ 参见李安源《刘海粟与蔡元培》，山东画报出版社，2012，第90页。

特别是有关中国文人画的论述近年颇得美术史研究者的重视和
评价，甚至被作为对抗蔡元培"美术革命"派的文化保守主义
代表加以褒扬，①但在"革命"与"保守"、"中国"与"西洋"
的对立图式里，不仅会把蔡、陈的关系简单化，也会把陈师曾
的美术论简单化。而如果细审陈的有关中国美术史的论著，则
不难看到，其独特之处与其说是在对"传统"的"保守"上，
毋宁说更表现在借助西洋绘画的"他者"之眼，重新"发现"
中国画的"传统"。如在被称为"文化保守主义的精神灵魂"之
作的《文人画的价值》里，陈即以西洋绘画从写实派到后印象
派、立体派的变化为例，论证了"形似不足尽艺术之长"。②而
在《中国绘画史》③里，陈氏却又对中国绘画里"透视法"或曰
"远近法"表示了特别的关注。该书第二编第三章（《宋朝之
绘画》）第四节谈及"李成之山下仰画飞檐，即与后世透视法
相符""郭若虚谓'状物平扁，不能圆浑，谓之板'，即明暗法
之要领"皆流露赞赏口气。而追溯到"王维《山水论》中有谓
石有三面，而远人无目，远树无枝，远水无波"则夸赞其"远
近法早已参透"。④这些发掘性工作，无疑都在为以透视法为

①　参见高昕丹《陈师曾与北京大学画法研究会》，《新美术》2008年第5期。另
　　见胡健《朽者不朽——论陈师曾与清末民初画坛的文化保守主义》，北京大
　　学出版社，2012，第279—287页。
②　参见陈师曾《文人画之价值》（文言体），大村西崖、陈师曾：《中国文人画
　　之研究》，中华书局，1922。
③　《中国绘画史》为陈氏1922年讲演"中国美术小史"的讲稿，后由其门人
　　俞剑华、苏吉亨整理成书，济南翰墨缘美术院1926年印行。
④　陈振濂曾指出陈师曾《中国绘画史》是以中村不折、小鹿青云所著《支那
　　绘画史》（东京，玄黄社，大正二年十一月）为底本编著的（参见陈振濂
　　《近代中日绘画交流史》，安徽美术出版社，2000，第204—208页），但陈

根基的写实绘画提供传统资源。如果把推重"写实"视为当时
"美术革命"的特征之一，此例则可说明陈氏并未自外于"革
命"。

四、结构、描写的强调与风景画读法

如前所述，陈独秀和吕澂的通信谈及"美术革命"时曾以
"文学革命"作比喻，蔡元培呼吁"文化运动不要忘记美育"，
亦以文学的新机和美术的沉滞进行对比"美术革命"和"文学
革命"的不断交集与交汇，不仅体现在运动口号上，更深潜在
理论与创作实践之中，如同前者围绕"写实"所展开的有关
视觉装置的多面向探讨一样，同一时期的新文学家围绕小说的
"描写""结构"所展开的批评，也与如何理解"写实"密切
有关。

限于篇幅，仅以"新文学"早期最著名的倡导者胡适为
例略作考察。近年许多研究已经指出胡适提倡"新文学"，是
以"进化论"为依据、以"科学"为标准的，对此无须赘述。
在此有必要特别指出的是，胡适提倡"白话"的"写实"小
说时，对"结构"和"视点"的重视。发表《文学改良刍议》
（1917）时，胡适曾对当时的中国文学做了考察，认为"今日

振濂主要考察的是陈著与中村、小鹿著作在章节安排方面的相似，而如果
细加比对，则可以看到，陈著里有关透视法的考察，亦可在中村、小鹿著
作第二篇第三节中找到相对应的文字。沿着这一线索，探讨"透视法"在
日本、中国的"移动"和再构筑的过程，应该也是一个有意思的课题，但
这不在本文讨论的范围之内。

之文学，其足与世界'第一流'文学比较而无愧色者，独有白话小说（我佛山人、南亭亭长、洪都百炼生三人而已）一项"。他的立论依据是："此种小说皆不事摹仿古人（三人皆得力于《儒林外史》《水浒》《石头记》。然非摹仿之作也），而惟实写今日社会之情状，故能成真正文学。"此后，经过与钱玄同讨论，胡适又发展了自己的"写实文学"论，特别提出小说须要有"美好的结构"，他说："适以为论文学者固当注重内容，然亦不当忽略其文学的结构。结构不能离内容而存在。然内容得美好的结构乃益可贵。"

　　胡适没有深入探究小说的"结构"和"写实"之关系，也没有说明，为何"实写""社会之情状"的小说一定需要"美好的结构"，但他就何谓"美好的结构"发表了看法。胡适首先举出反面例子，认为清末一些秉承《儒林外史》余绪的长篇小说如"皆为不连属的种种事实勉强牵合而成。合之可至无穷之长，分之可成无数短篇写生小说，此类之书，以体裁论之，实不为全德"。[①]但他认为吴趼人（1866—1910）的《二十年目睹之怪现状》与这些缺少"结构"的小说有所不同："此书以'我'为主人公。全书种种不相关属之材料，得此一个'我'，乃有所附着，有所统系。"[②]概言之，胡适之所以对《二十年目

---

① 胡适：《再寄陈独秀答钱玄同》，《新青年》第3卷第4号，1917年6月。另可参见《钱玄同来信》，《新青年》第3卷第1号，1917年3月。
② 胡适：《再寄陈独秀答钱玄同》，《新青年》第3卷第4号，1917年6月。另，在《五十年来中国之文学》（《申报》五十年周纪念册，1922）一文里胡适对此有过更详细的阐述："吴沃尧曾经受过西洋小说的影响，故不甘心做那没有结构的话柄小说。他的小说都有点布局，都有点结构。这是他胜过同时一班作家之处，《怪现状》的体例还是散漫的，还含有无数短篇故事；但

睹之怪现状》中的主人公"我"另眼看待，主要是从"我"在小说结构布局方面的功能着眼的，即认为因为有了"我"作为线索，小说的整体情节才有了一个前后贯穿的确定视点。在此意义上，胡适的小说"结构论"和写实绘画的"透视法"显然不无相通之处。

胡适讨论小说的"写实"深度与"文学技术"的关系，更为关心的还在"风景"的描写技术。他高度称赞刘鹗的《老残游记》"描写风景的能力"，认为这"是《老残游记》在中国文学史上的最大贡献"。①怎样才能达到对风景的"深刻的描写"呢？在胡适看来，首先是作者要有对"实物实景的观察"，其次，是用"活的语言"，而不是因袭既有的陈词滥调。作为白话文学的倡导者，胡适把"口语体"视为表现"实物实景的观察"的透明的媒介，当然不足为奇。但他所赞扬的"深刻的描写"，即使是作者对"实物实景的观察"，应该同时也是透过某种"视觉装置"获得的观察。如胡适"最喜欢时"《老残游记》第十二回所写在黄河上打冰之后的一段：

> 抬起头来看那南面的山，一条雪白，映着月光分外好看。一层一层的山岭却不大分辨得出。又有几片白云夹

全书有个'我'做主人，用这个'我'的事迹做布局纲领，一切短篇故事都变成了'我'二十年中看见或听见的怪现状，即此一端，便与《官场现形记》《文明小史》不同了。"

① 此处以及以下有关小说《老残游记》的引文，均据该书1925年亚东图书馆印行新式标点本，该版本载有胡适写的序，此处及以下所引胡适对《老残游记》的评价，均据他写的这篇序言。

在里面，所以看不出是云是山，及至定神看去，方才看出那是云那是山来。虽然云也是白的，山也是白的；云也有亮光，山也有亮光，只因为月在云上，云在月下，所以云的亮光是从背面透过来的。那山却不然，山上的亮光是由月光照到山上，被那山上的雪反射过来，所以光是两样子的。然只就稍近的地方如此，那山往东去，越望越远，渐渐的天也是白的，山也是白的，云也是白的，就分辨不出甚么来了。

这段文字写小说中的人物"老残"眼中的风景，很明显，"老残"的观察视点是确定的，并且是按照透视法的规则由远及近或由近及远而移动的。胡适称赞说："只有精细的观察能供给这种描写的底子"，可能不仅仅是从文本阅读中得出的结论，应该也包含着对刘鹗经历的了解。因为在《老残游记序》里，胡适曾对刘鹗的生平做过考证，对其参与治理黄河的经历有所了解。尽管他当时还不知道刘鹗曾经写过测量、绘制河图的文字，对透视法有相当深入的了解，①但胡适的朴素直觉确实是很敏锐的。

不过，胡适对《老残游记》的风景描写也有不满，他说：

《老残游记》里写景的部分也有偶然错误的。蔡子民先生曾对我说，他的女儿在济南时，带了《老残游记》

---

① 参见刘鹗《恭录进呈三省黄河图奏稿》及《述意十二条》，《刘鹗集》，刘德隆整理，吉林文史出版社，2007。

去游大明湖，看到第二回写铁公祠前千佛山的倒影映在大明湖里，她不禁失笑。千佛山的倒影如何能映在大明湖里呢？即使三十年前大明湖没有被芦田占满，这也是不可能的事。大概作者有点误记了罢？

胡适批评的这段文字，在小说里是这样的：

> 到了铁公祠前，朝南一望，只见对面千佛山上，梵宇僧楼，与那苍松翠柏，高下相间，红的火红，白的雪白，青的靛青，绿的碧绿，更有那一株半株的丹枫夹在里面，仿佛宋人赵千里的一幅大画，做了一架数十里长的屏风。正在叹赏不绝，忽听一声渔唱，低头看去，谁知那明湖业已澄净的同镜子一般。那千佛山的倒影映在湖里，显得明明白白，那楼台树木，格外光彩，觉得比上头的一个千佛山还要好看，还要清楚。这湖的南岸，上去便是街市，却有一层芦苇，密密遮住。现在正是开花的时候，一片白花映着带水气的斜阳，好似一条粉红绒毯，做了上下两个山的垫子，实在奇绝。

此处提到的"宋人赵千里"很值得注意，这是一位南宋时代的画家，以金碧山水画知名于世，刘鹗提及这位画家，无论有意还是无意，都表明他描写大明湖时内心里是有中国传统的山水画作为范本的。这提示我们，即使像刘鹗这样一位深通近代测量法和透视法的作家，在写作中也没有墨守一种笔法，而是多方面调动资源，充分利用自己的传统文化底蕴，交错使用"山水画"与"风景画"的笔法，甚至再加上传统诗词里的意境韵致，去构筑作品里的山川风物。刘鹗应该不会想到，若干年后《老残游记》会被认定为"写实"小说和"描写风景"的模范，也不会预想到会有胡适这样的批评者，坚持以固定的"写实"框框和"风景画"的读法，来指责他的描写"错误"。

从访碑到抄碑，从国魂到民魂

——以金石传统三个脉络解读鲁迅的"钞古碑"

王　芳

1922年，五四新文化运动热潮之后的鲁迅，将自己此前所写小说结集为《呐喊》并写了《自序》，《呐喊·自序》中很多叙述，成为日后研究者钩稽"革命者"和"文学者"鲁迅生成过程必须处理和依仗的。其中，"钞古碑"作为1911—1917"沉默鲁迅"的代表叙述而被研究者所关注，[①]与"幻灯片事件""《新生》的失败""听将令"等著名论述一同构成了鲁迅前"五四"的核心叙述，也成为日后同时代人和研究者理解和

---

① 竹内好认为鲁迅的自叙不能简单作为史料看待，其回忆只对回忆的当下负责，而不对回忆的对象、也就是蛰伏时期的真正状态负责。在这个基础上，他指出在鲁迅的经历中，最令其困惑的就是被林语堂称之为"蛰伏的时期"的前《狂人日记》时期，"他还在会馆的一间'闹鬼的屋子里'埋头钞古碑，没有任何动作显露于外"，"鲁迅是否在这沉默中抓到了对他的一生来说都具有决定意义，可以叫做回心的那种东西"。（竹内好：《鲁迅·思想的形成》，《近代的超克》，李冬木、赵京华、孙歌译，生活·读书·新知·三联书店，2005）；汪晖在《鲁迅文学的诞生——读〈呐喊·自序〉》（《现代中文学刊》2012年第6期）中亦概括为"革命后的沉默"和"主体沉没的状态"。

把握鲁迅前"五四"时期的重要乃至是统辖式的话语。

事实上，"钞古碑"话语并不孤立，而是与"不读中国书"等一同成为应对"国粹"话语的批评语汇——"钞古碑"因"无用"被放弃，[1]"五四"逻辑因而成立。但在公开发表的批评话语外，诸如"钞古碑"和"中国书"等相关叙述同时又指向鲁迅作为行动的个人趣味和学术研究。如鲁迅在青年必读书目中激论"不读中国书"，[2]私下却为就读北大国文门的许寿裳儿子许世瑛开了传统书目的书单，这种公开发言与私人活动（尤其是学术活动）的分裂状态，成为同代人和后世研究者解读这批话语的光谱两极。存在于光谱两极的论述，事实上忽略了"钞古碑"话语背后的知识背景和文化脉络。事实上，从金石传统入手，鲁迅和顾炎武—章太炎的文化民族主义传统、隐逸传统，以及学术传统的勾连和参照，能够持续打开"钞古碑"话语的多维向度。

一、从访碑到抄碑

在《呐喊·自序》中，鲁迅说自己"钞古碑"的缘由，是《新生》杂志创办的失败，这使"寂寞"如大毒蛇，缠住了他的"灵魂"：

---

① 鲁迅：《青年必读书》，《鲁迅全集》第3卷，人民文学出版社，2005，第12页。

② 1919年1月16日鲁迅致许寿裳信中谈及"缘中国古书，叶叶害人"，和读《通鉴》而悟中国还是食人民族，都是指向中国社会文化政治对于个体的戕害。

因为我们那时大抵带些复古的倾向，所以只谓之《新生》。……创始时候既已背时，失败时候当然无可告语，而其后却连这三个人也都为各自的运命所驱策，不能在一处纵谈将来的好梦了，这就是我们的并未产生的《新生》的结局。我感到未尝经验的无聊，是自此以后的事。……这寂寞又一天一天的长大起来，如大毒蛇，缠住了我的灵魂了。……这经验使我反省，看见自己了：就是我决不是一个振臂一呼应者云集的英雄。①

正如竹内好所辨析的，叙述中《新生》事件是象征性的，② 它不过意味着革命意志受挫的开端。但这个被追溯的时间点并非没有意义，办《新生》杂志的时间是1907年，前一年，也就是鲁迅从仙台回到东京的第一年1906年7月，本月，则恰逢章太炎从上海出狱被孙中山派人迎接赴日，7月15日东京留学生为太炎开欢迎会，"是日至者二千人，时方雨，款门者众，不得遽入，咸立雨中，无惰容"，③鲁迅是否侧身于欢迎队伍的2000人中不得而知，但他日后将其作为章太炎最重要的思想则毋庸置疑，④所谓"登高一呼，应者云集"的英雄，恐怕正是以章太炎等人为仪型。

欢迎会是日（1906年7月15日），章太炎在演讲中表达了他两个重要的思想，即"用宗教发起信心"，关乎国民道德，另一

① 鲁迅：《呐喊·自序》，《鲁迅全集》第1卷，第439—440页。
② 竹内好：《鲁迅》，李心峰译，浙江文艺出版社，1988，第54页。
③ 汤志钧编《章太炎谱长编（增订本）》（上册），中华书局，2013，第122页。
④ 鲁迅：《关于太炎先生二三事》，《鲁迅全集》第6卷，第566页。

是"用国粹激动种性",关乎爱国和救国的情感强度,论述后者时,章太炎以顾炎武寻访碑碣为例,佐证自己的观点:

> 为甚提倡国粹?不是要人尊信孔教,只是要人爱惜我们汉种的历史。这个历史,是就广义说的,其中可以分为三项:一是语言文字,二是典章制度,三是人物事迹。……照前所说,若要增进爱国的热肠,一切功业学问上的人物,须选择几个出来,时常放在心里,这是最要紧的。就是没有相干的人,古事古迹,都可以动人爱国的心思。当初顾亭林要想排斥满洲,却无兵力,就到各处去访那古碑古碣传示后人,也是此意。[①]

在章太炎的叙述中,作为明遗民的顾炎武寻访"古碑古碣",与其说是无目的的史料搜集,不如说是甄别和存留有价值的汉民族文化血脉。顾炎武以"阐幽、表微"暗示别有怀抱,[②]章太炎则把这个意思点明并发扬光大,向来与经世致用存在距离的考据学问,被纳入了排满光复的叙述之中。这背后自然有作为古文经学家的章太炎自己的眼光,清儒以金石碑刻所记考证字体沿革、制度变迁,也可以校正书籍记载,恰合章太炎看重的三项历史内容("语言文字、典章制度、人物事迹"),但他在守古文经学家法的基础上,赋予学术工作现实意义,可算是

① 章太炎:《东京留学生欢迎会演说辞》,《民报》1906年第6号。
② 顾炎武:《金石文字记序》,《顾炎武全集》第5卷,上海古籍出版社,2012,第213页。

时势和英雄的互相成全。

顾炎武的"访碑"发生在他在多次参与反清义举失败之后，中年他变卖家财离乡远行，从山东到陕西，一路寻找汉民族的历史遗迹和志同道合的朋友，自称为出逃的介子推，于易主之山河中，一处处寻找镌刻着已经逝去但尚未磨灭的历史痕迹的碑刻，记录下来以传后世，其心境不可能如清之前的金石学者一样仅仅"好事"，也不像日后朴学一般纯为学术，而是在缜密的学术中寄寓了更为深沉辽远的愤慨。在这个意义上，晚清章太炎恰是顾炎武千载之下的解人和精神继承者，他看重晚明顾炎武"访碑"的学术传统，不仅取其成果的实用价值，即能激发爱国心，更是也是在主体生命的意义上，追慕顾炎武将学术与生命融铸一处的实践精神，这也是太炎自家以学术为根底的特殊革命路径。

鲁迅在青年之后重新关注金石之学，便是在顾炎武—章太炎的这条思想和实践脉络上展开的。作为章太炎东京演讲在场或非在场的听众，辛亥革命前的鲁迅是章太炎民族史学的追随者和实践者，不仅参与章太炎《说文解字》课程习"语言文字"，留学回乡后，更是关注"人物事迹"，带领学生访禹庙、观窆石，以此作为青年教育的手段，并在刊物上呼吁民众通过关注本地文物，珍惜和重启本地辉煌的历史。①

但这段"访碑"历史，连同最重要的辛亥光复及其后的复辟，都被鲁迅归入《新生》失败后持续失败的历程：

---

① 参见王芳《留学归国后的周氏兄弟与乡邦文献——辛亥革命和地方自治中的文人传统》，《文艺争鸣》2017年第4期。

我于是用了种种法，来麻醉自己的灵魂，使我沉入于国民中，使我回到古代去，后来也亲历或旁观过几样更寂寞更悲哀的事，都为我所不愿追怀，甘心使他们和我的脑一同消灭在泥土里的……①

革命失败的轮回与绵延，使得原本与意志一同高昂，在实践中吸纳养分的"灵魂"成了需要被麻醉的对象。以排满光复为内核的民族主义论述失去了反抗和复仇的对象，尽管历史与人心的关系并不因此解体，但其现实力度减弱，也是无奈的事实。而辛亥革命之后政局的一再反复，正是寂寞和悲哀累积的过程。多年后鲁迅在《关于太炎二三事》中回忆乃师民元之后不再受到推崇的原因：

这也是和高尔基的生受崇敬，死备哀荣，截然两样的。我以为两人遭遇的所以不同，其原因乃在高尔基先前的理想，后来都成为事实，他的一身，就是大众的一体，喜怒哀乐，无不相通；而先生则排满之志虽伸，但视为最紧要的第一是用宗教发起信心，增进国民的道德；第二是用国粹激动种性，增进爱国的热肠（见《民报》第六本），却仅止于高妙的幻想；不久而袁世凯又攘夺国柄，以遂私图，就更使先生失却实地，仅垂空文。②

---

① 鲁迅：《呐喊·自序》，《鲁迅全集》第1卷，第440页。
② 鲁迅：《关于太炎先生二三事》，《鲁迅全集》第6卷，第566页。

鲁迅赞扬章太炎"一身"就是"大众的一体，喜怒哀乐，无不相通"，但将他在"东京留学生欢迎会演说辞"中具体介入社会的主张视为"高妙的幻想"，"失却实地"的"空文"。通过前面的论述可以看出，这"高妙的幻想"曾对鲁迅产生了至大的影响。章太炎在民元之后"失却实地"，对于追慕其思想的鲁迅而言，彼时何尝不是陷入如此境地。

高妙理想的破灭过程，使得鲁迅的沉默时代到来。独寓补树书屋的"钞古碑"，事实上已经脱离了"访碑"的脉络，反而是激活了金石传统中的另一种文化空间，即士人不得志时，退入私人和学术中，以隐逸的姿态处世，林语堂称之为"蛰伏"[①]的说法就与此类似，这种解释只根据其行状展开阐释，得出老于世故的结论，论者无论如何引鲁迅自家精神的复杂性反驳这种过于简单、意志单一的论述，却很难断然否定它的原因，正是因为抛去更为复杂的部分，在鲁迅的叙述中，他的实践的的确确是对学隐这一文化传统的延续：

> S会馆里有三间屋，相传是往昔曾在院子里的槐树上缢死过一个女人的，现在槐树已经高不可攀了，而这屋还没有人住；许多年，我便寓在这屋里钞古碑。客中少有人来，古碑中也遇不到什么问题和主义，而我的生命却居然暗暗的消去了，这也就是我惟一的愿望。夏夜，蚊子多了，便摇着蒲扇坐在槐树下，从密叶缝里看那一点一点的

---

① 林语堂：《鲁迅》，李宗英、张梦阳编《六十年来鲁迅研究论文选》（上），知识产权出版社，2010，第86页。

青天，晚出的槐蚕又每每冰冷的落在头颈上。①

　　鲁迅强调是自己主动选择"沉入国民中"和"回到古代去"，以至于暗暗消去生命是他"惟一的愿望"，换言之，他主动选择了"隐逸"的状态。较之"蛰伏"这一伺外部环境而动的姿态，鲁迅更看重的是隐逸经验带来的内在精神和灵魂的变化。对章太炎"东京留学生欢迎会演说辞"中介入社会具体方案的否定，不能算是鲁迅和章太炎思想最核心部分的对话，《呐喊·自序》中这一段话透露出，鲁迅试图亲身体验和检验的是其建筑在阿赖耶识论和庄子学说上的精义。

　　在1908年的《四惑论》中，章太炎认为个体只要无害他人，则事事皆可自由，以此反对以公理凌驾于个体之上的自由论，由此章太炎实际上肯定了隐逸、尤其是学隐的合理性。同时，他希冀在社会意义上找到个体独存的最大边界，"以个人离于社会，则非不可以独活。……若诚肯为衣皮茹草之行者，既无所借，将安用酬？虽世不数见其人，而不得谓绝无其事，即不可以虚矫之公理齐之"。②这与他在1907年《答铁铮》中对尼采式超人的理解"布衣麻鞋，径行独往"颇为相似。③但章太炎能够认同的隐逸，即最大限度的个体自由之可能，绝不是"专以自利"的：

---

① 鲁迅：《呐喊·自序》，《鲁迅全集》第1卷，第440页。
② 章太炎：《四惑论》，《章太炎全集·太炎文录初编》，上海人民出版社，2014，第471页。
③ 章太炎：《答铁铮》，《章太炎全集》第4卷，第375页。

若夫有机、无机二界，皆意志之表彰，而自迷其本体，则一切烦恼自此生。是故求清凉者，必在灭绝意志，而其道始于隐遁。若为灭绝意志而隐遁者，即不惮以道授人，亦不得不以道授人。何以故？隐匿良道，专以自利，则我痴我见，愈益炽然，必不能灭绝意志故。其次，或为深求学术，必避嚣尘而就闲旷，然后用意精专，所学既就，出则膏沐万方。是二者，辅益他人，为用至广，与专求自乐者异撰。然则尺蠖不屈则不伸，龙蛇不蛰则不现，无冥冥之志者，无昭昭之明，作止语默，其致一也。顾可以市间期会相稽哉？[①]

在法相华严及庄子思想的影响下，章太炎认为万物唯心，只有意志是本体，其他皆为表象（表彰），一个人若果真"灭绝意志"，则去除了"我痴我见"，反而会不惮且不得不出而为他人和社会尽力。在这个意义上，鲁迅对"钞古碑"的叙述，恰恰是勾勒出了一个主动寻求灭绝意志的精神体，在超出肉体和灵魂的层面上存在并俯瞰两者，蛰伏之后因为某种机缘出而呐喊，振作人心，表面上与章太炎的论述结构相似。

章太炎秉承自相种子等佛道精义，对包括"公理"和"进化"在西方文化最重要的概念做出了颇有远见的辩惑，这也直接激发了鲁迅写作《破恶声论》，但持如此精致圆熟的理论展开批评，是否确实对革命有意义——灭绝意志而更深切感到自家肉

---

① 章太炎：《四惑论》，《章太炎全集·太炎文录初编》，第472页。

身的存在后，鲁迅对于这种万世不易之理论在当下的有效性产生了怀疑。日后鲁迅批评大乘佛教的渺茫说教，认为不如小乘佛教投身饲虎来得真切，[①]他对于隐逸者躲避尘嚣而成的专精之学能够"出则膏沐万方"，是不能认同的。他将章太炎的人生截然分为革命家和"宁静的学者"两段，也是感慨于民元之后乃师在行动上的颓唐。

精妙的万世之理和现实之间存在着摆脱不了的重重鬼影，但鲁迅终究还是选择踏上更为实在的土地。他将自己进入新文化运动的契机，叙述为金心异带着"砰砰跳动"的心房，介入到他灵魂与肉身分离的生活之中：

> 那时偶或来谈的是一个老朋友金心异，将手提的大皮夹放在破桌上，脱下长衫，对面坐下了，因为怕狗，似乎心房还在怦怦的跳动。
>
> "你钞了这些有什么用？"有一夜，他翻着我那古碑的钞本，发了研究的质问了。
>
> "没有什么用。"
>
> "那么，你钞他是什么意思呢？"
>
> "没有什么意思。"
>
> "我想，你可以做点文章……"[②]

金心异先后问了两个问题，鲁迅的回答分别是"没用"和

---

① 鲁迅：《叶永蓁作〈小小十年〉小引》，《鲁迅全集》第4卷，150—151页。
② 鲁迅：《呐喊·自序》，《鲁迅全集》第1卷，第440页。

"没意思"，前者是对客观价值的否定，即认为通过"钞古碑"这一类传统政治手段无法唤醒国民；后者则是对其主观价值的否定。主动灭绝意志的个体，解脱了外在和内在的双重执念，遇到契机，则可放弃学术层面的追求，出而"辅益他人"。鲁迅以灭绝意志后的无我姿态重新介入社会现实，这可能是自序最实在的部分，也说明章太炎的思想终究是在鲁迅的体内存留下了影子似的东西。

事实上，鲁迅以"写小说"重出，契机大半不"新"的到来，而在于"旧"的复辟，鲁迅在旧的轮回中更深彻地领悟到民族主义的暗影和负面。1918年8月，鲁迅明言自己近来"思想颇变迁，毫不悲观"，在给许寿裳的信中言自从看了《通鉴》（应指的是《资治通鉴》），悟出"中国人尚是食人民族"，因此写成了《狂人日记》："历观国内无一佳象，而仆则思想颇变迁，毫不悲观。盖国之观念，其愚亦与省界相类。若以人类为着眼点，则中国若改良，固足为人类进步之验（以如此国而尚能改良故）；若其灭亡，亦是人类向上之验，缘如此国人竟不能生存，正是人类进步之故也。"①鲁迅这一时期思想变迁与"国"之价值和生存有关，对他而言中国的前途岔为两道，一道是改良成功，一道是失败而无一生存，如果以全体人类为着眼点，则都是其进步的证明。鲁迅在《随感录 三十五》中谈到清末时候，"志士说保存国粹，是光复旧物的意思"，而"现在成了民国了"，所以"以上所说的两个问题，已经完全消

---

① 鲁迅：《1918年8月20日鲁迅致许寿裳信》，《鲁迅全集》第11卷，第365、366页。

灭"，①是直白地否定了自己辛亥革命之后的言论，也就是文化民族主义影响之下的对于民族文化的浪漫理解，而将"保存我们"放到了第一位。

同年在致钱玄同的信中，鲁迅表达了自己对国粹派厌恶的深层原因，②其中"但该坏种等之创刊屁志、系专对《新青年》而发、则略以为异、初不料《新青年》之于他们、竟如此难过也"一句值得注意，鲁迅对于《新青年》本来也只是觉得平常，但看到遗老们竟然如此攻击，可见不只是政治上，精神上的复辟也未必不可能出现。鲁迅对与政治领域的复辟同构的文化复古的愤恨，恐怕远大于他对《新青年》本身的期许，后者的内容对他而言其实并不特别新鲜，但正因为有这些混淆"常识"的人存在，也就构成了他写作的动力。

周作人写于1922年的《思想界的倾向》一文，可以佐证鲁迅1922年写作此文乃是隐含着与章太炎对话的意思。1922年4月23日，周作人在《晨报副镌》上发表了《思想界的倾向》一文，指出当时"是一个国粹主义勃兴的局面，他的必然的两

① 鲁迅：《随感录三十五》，《新青年》第5卷第5号，1918年11月15日。

② 鲁迅：《鲁迅全集》第11卷，第363、364页。"中国国粹、虽然等于放屁、而一群坏种、要编丛刊、却也毫不足怪。该坏种等、不过还想吃人、而竟奉卖过人肉的侦心探龙做祭酒、大有自觉之意。即此一层、已足令敝人刮目相看、而猗欤羞哉、尚在其次也。敝人当袁朝时、曾戴了冕帽出无名氏语录、献爵于至圣先师的老太爷之前、阅历已多、无论如何复古、如何国粹、都已不怕。但该坏种等之创刊屁志、系专对《新青年》而发、则略以为异、初不料《新青年》之于他们、竟如此难过也。然既将刊之、则听其刊之、且看其刊之、看其如何国法、如何粹法、如何放昏、如何放屁、如何做梦、如何探龙、亦一大快事也。国粹丛编（针对的是国故月刊）万岁！老小昏虫万岁！"鲁迅1918年7月5日致钱玄同信。标点、空格与大小字体皆是鲁迅信中格式。

种倾向是复古与排外"，他尤其强调了刚刚发生的新事件："旧势力的馀留如《四存月刊》等，可以不算，最重要的是新起的那些事件，如京沪各处有人提倡孔门的礼乐，以及朱谦之君的讲'古学'，梅胡诸君的《学衡》，……最后是章太炎先生的讲学"，身为章氏弟子的周作人认为："对于太炎先生的学问，我是极尊重的，但我觉得他在现在只适于专科的教授而不适于公众的讲演，否则容易变为复古运动的本营，即使他的本意并不如此。"①1922年国粹的复兴，以及作为大事件的章太炎讲国学及其带动的言论趋势，是同年鲁迅写下这段非常隐晦的"钞古碑"故事的初衷。

二、从国魂到民魂

从《新生》，到实践章太炎历史民族主义的"访碑"，再到退回私人空间的"钞古碑"，最后加入《新青年》重新介入公共政治空间，报刊文章替代了精英修史，成为政治／革命的实践空间。而相较于指向革命的"访碑"和指向学隐传统的"抄碑"，美术资源在金石传统内部更为边缘，却为鲁迅始终关注。1918年之前，鲁迅循着章太炎的思路，要从古物中寻找"国魂"，美术便是他具体着眼的门类。竹内好将"钞古碑"时期视为鲁迅"文学的自觉"，与"文学"相比，在"自序"中没有被叙述的、与文学同源的美术（art）显然更为稳定。两者的源头

---

① 周作人：《思想界的倾向》，《晨报副镌》，1922年4月23日。

相似，而姿态不同，公共空间中文学的高调启蒙，和私人空间中美术为鲁迅提供优游的审美空间和滋养，只是偶尔低调露出同样的启蒙的面目，①更接近《呐喊·自序》中那个"生命渐渐暗去"、"偶尔呐喊"甚至是"敷衍"的灵魂低音。

鲁迅自儿时起便颇好美术，这一点通过《朝花夕拾》已众所周知，在日本留学期间，鲁迅与陶成章、许寿裳等人联名发出《绍兴同乡公函》中也论及日本美术教育情况。②据周作人回忆，"鲁迅从小喜欢'花书'，于有图的《山海经》《尔雅》之外，还买些《古今名人画谱》之类的石印本，很羡慕'茜窗小品'，可是终于未能买到。这与在东京买'北斋'是连贯的，也可以说他后来爱木刻画的一个原因"。③1912年左右，蔡元培由德国归国，许寿裳和鲁迅辗转南京、北京跟随其后，重点就是帮助蔡元培推广美育，鲁迅在教育部任社会教育司金事，分管文博图书及美术教育。此时鲁迅与国粹派的交集，也主要购买的是其出版的美术书籍。④

---

① "低调启蒙"的概念参见陈平原《图像叙事与低调启蒙——晚清画报三十年》（上）（下），《文艺争鸣》2017年第4期、第5期。

② 《绍兴同乡会公函》："日本工艺美术各学校中，其髹漆，其雕刻，其锻冶。又若刺绣，若织物，若染色物，皆日新月异，精益求精。而又若造纸（近日新发明用木料造纸），若铜板，若写真，若制皮诸事，无不尽工极巧，日有进步。即瓷器为我中国所固有者，今日本且骎骎乎欲驾而上之。"转引自《鲁迅美术年谱》，国家图书馆出版社，2010，第46页。

③ 周作人：《鲁迅的故家·花瓶》，河北教育出版社，2002，第317页。

④ 1912年11月17日的日记中，鲁迅记录了自己赴神州国光社购书。神州国光社1901年由黄宾虹和邓实创办（1905年邓实与黄节创办了国学保存会），最早以珂罗版影印书画、字帖、金石、印谱等，1911年出版黄宾虹、邓实合编的《美术丛书》，分30辑、120本，内容以书画为主，兼及印刻、琉璃、陶瓷、茶艺、文房等内容。从1913年起，鲁迅便按期购买其连续出版物《神州大观》，一直到1920年从未间断。

1913年，在受蔡元培"以美育代宗教"影响所撰的《儗播布美术意见书》中，鲁迅对美术的目的和作用作如下说明，"美术可以表文化：凡有美术，皆足以征表一时及一族之思惟，故亦即国魂之现象；若精神递变，美术辄从之以转移"。[1]这里对"国魂"的解释是一时一地的民族思维，美术即为其现象，这和他对于文学的意见是一致的。1899年梁启超见日本以武士道为魂，故而追问中国魂，言"天下岂有无魂之国"，[2]汉语语境中的"国""魂"关系，是在与日本文化的对话过程中出现的。而1936年，鲁迅回忆起自己留日时期，"三十年前学医的时候，曾经研究过灵魂的有无"，[3]与科学、佛教的种性论等问题掺杂在一起，"灵魂"成了他的常用概念。日后在《祝福》中，鲁迅安排祥林嫂问出"一个人死了之后，究竟有没有魂灵的"？[4]这种令人意外而悚然的话，也具有文化象征意味。[5]人死后是否有灵魂不得而知，但在历史、文化民族的层面，"魂"在质体逝去后显然依旧存在，即所谓"造成种业，不在上智，而在中人；不在生人，而在死者"。[6]在《摩罗诗力说》中，民族／国被视为会产生、生长、衰老和死亡的有机体（主要是植物），"国魂"就是这个有机体的魂魄，正如人的灵魂一样。1908年，署

① 鲁迅：《儗播布美术意见书》，《鲁迅全集》第8卷，第52页。
② 梁启超：《中国魂安在乎》，《清议报》，1899年12月23日。
③ 鲁迅：《死》，《鲁迅全集》第6卷，第633页。
④ 鲁迅：《祝福》，《鲁迅全集》第2卷，第7页。
⑤ 唐弢先生在为汪晖《反抗绝望》所写的序言中也有过相似的论述，有研究者认为阿Q死前关于围观者眼睛的感想，不是他能够想出来、说出来的，但是唐弢先生认为这是鲁迅常见的象征写法，不能做实。
⑥ 周作人：《望越篇》，其时鲁迅和周作人的作品相互署名，且发表的基本是二人的共识。

名周作人（也有学者认为是二人合著）文言论文《论文章之意义暨其使命因及中国近时论文之失》（后面简称《论文章之意义》）中谈及"国魂"问题，认为构成国民的要素除了实体（质体），主要还有精神，"若夫精神之存，斯犹众生之有魂气"，一个人在世界上，本来无异于尘埃，"徒以性灵作用，故心思言动既因之各表异于人人，而善恶因缘亦焉而附丽"，而"国民精神"也是如此，"故又可字曰国魂"。①《论文章之意义》一文举例埃及"祠墓象石块仍存""碑碣之所镌镂，贝叶之所纪书"，希腊则女神庙、狮门"丹青绘画、金石刻镂，下逮瓶罍钱刀之藻饰，陶土象偶之抟塑"，通过这些可见各民族"精神之所寄"，②可以算是日后《意见书》论及"保存事业"时所举"著名之建筑""碑碣""壁画及造像"的初衷和具体说明。证据之一便是，金石、钱刀、陶土象偶，鲁迅初到北京都有收集和记录，此段文字也可视为其收集背后的文化意图。

从1913年通过保存古美术而保存"国魂"，经历了1918年的思想转变，1920年代鲁迅基本不再使用"国魂"作为正面话语。1926年在《学界的三魂》中，③鲁迅自言"从《京报》副刊上知道有一种叫《国魂》的期刊"，这勾起了他的回忆，尽管他在国民性批判的框架下提炼出了"官魂"和"匪魂"作为中国人灵魂的面目，却正面地提出了"民魂"的概念，可以看作是

---

① 署名周作人：《论文章之意义暨其使命因及中国近时论文之失》，《河南》1908年第4、5期。
② 署名周作人：《论文章之意义暨其使命因及中国近时论文之失》，《河南》1908年第4、5期。
③ 鲁迅：《学界的三魂》，《鲁迅全集》第3卷，第220—226页。

他对晚清"国魂"论述和思考的发展，从民国之"国"转向民国之"民"，是对章太炎拟定的"中国民国"政治理想的再次伸张。

这里所谓的"民魂"自然是有待建构的理想，但鲁迅以古美术为资源考察时代精神，还是想从民众的历史中发现值得弘扬和铭记的"民魂"要素，其中从金石资源而来的便是1925年的《看镜有感》。①镜子及其花纹属于传统博物的知识范畴，一般儒生不仅不予谈论，而鲁迅偏偏从这样不起眼的、作为边缘的"博物"知识的生活用品入手去谈中外文化交流的大问题，试图寻找的便是"民"之"魂"中是否有足以夸饰和继承的部分。镜子这个物件相当特别，它的正面是功能性的，而背面的花纹是装饰性的，其中正面的历史信息是以想象力为基础拟想的历代映照其中的重重叠叠的主体面容，可以说是金石中最能引发超越时间之感性的器物门类。鲁迅通过镜子背面的装饰图案是否能够容纳外来物种，"遥想"产生镜子的文化环境和人心，他从中看出，汉人是"闳放"的，唐人也"不算弱"，及至宋代则因为外来者的入侵而一变为神经"衰弱过敏"，对于外来物做出的姿态是"推拒，惶恐，退缩，逃避，抖成一团"，生动地拟想和描述了主体的动作。事实上，各个时代广义的制镜者／照镜者之主体，因为以食欲和性欲为基础的"生命力"，在鲁迅的论述中获得了超越历史时空得以并置的能力："无论从那里来的，只要是食物，壮健者大抵就无需思索，承认是吃的东

---

① 鲁迅，《看镜有感》，《鲁迅全集》第1卷。

西。惟有衰病的，却总常想到害胃，伤身，特有许多禁条，许多避忌；还有一大套比较利害而终于不得要领的理由，例如吃固无妨，而不吃尤稳，食之或当有益，然究以不吃为宜云云之类。但这一类人物总要日见其衰弱的，因为他终日战战兢兢，自己先已失了活气了。"花纹是镜子的背面，而作为生活日常用品的镜子，它的正面则照出了历朝历代民众百姓的面孔，鲁迅通过它体验到历史存在的实在性："当时在妆阁中，曾照唐人的额黄和眉绿，现在却监禁在我的衣箱里，它或者大有今昔之感罢。"镜子的正面也就是功能性的部分，提供了直接指向当下的文化批评维度："我向来没有遇见过一个排斥玻璃镜子的人。单知道咸丰年间，汪曰桢先生却在他的大著《湖雅》里攻击过的。他加以比较研究之后，终于决定还是铜镜好。最不可解的是：他说，照起面貌来，玻璃镜不如铜镜之准确。莫非那时的玻璃镜当真坏到如此，还是因为他老先生又带上了国粹眼镜之故呢？我没有见过古玻璃镜。这一点终于猜不透。"古铜镜被收入衣箱，只有收藏而无使用价值，现在要用的镜子则是更准确照出面目的玻璃镜，颠倒当下和历史之价值的"国粹眼镜"，鲁迅将其文化批评眼光纳入了对于古物的评价之中，也提供了一种意在打破历史循环的进化视角。

　　1930年代，鲁迅在木刻运动中再次启用了传统美术资源，民族主义思想从另一个维度进入视野；此时，在纷繁诡谲的"国魂"中寻找"民魂"，并进一步建构它，鲁迅完成了从"国魂"到"民魂"的转变。鲁迅回想起"十多年前"，也就是"钞古碑"时期，土财主将周鼎擦亮使用的旧事："记得十多年前，在北京认识了一个土财主，不知怎么一来，他也忽然'雅'起来了，买了一个鼎，据说是周鼎，真是土花斑驳，古色古香。而不料过不几天，他竟叫铜匠把它的土花和铜绿擦得一干二净"，对于土财主的这一明显违背古董收藏规律的行为，"一切'雅士'，听到的无不大笑"，然而鲁迅在吃惊过后，"接着就变成肃然，好像得了一种启示"，这启示是"觉得这才看见了近于真相的周鼎"，因为"鼎在周朝，恰如碗之在现代"，"所以鼎在当时，一定是干干净净，金光灿烂的"，是"热烈"的。鲁迅对于这十年前的顿悟，评价很高，"这一俗气至今未脱，变化了我衡量古美术的眼光"。[①]这当然也是受到1929年鲁迅自己翻译的《近代美术史潮论》的影响，鲁迅所阅的美术论著数量不小，在其中选择了这本书，有其考量。[②]本书作者试图从"硬化了的作品"中，看到其在当时的历史语境下的生命里，无论是"盛世的余光"还是"颓废期的现象"，即"想在大家以为已经枯死了的时代中，看出有生气的生产力"。[③]对于古美术，他试图做的就是使有价值的"复生"，[④]而在"复生"传统美术的过程中，他努力将历史视为"当下"，向着这些"硬化了的作品"曾经鲜活的生命提问，就像板垣鹰穗对着大革命后的作者们提问，

---

① 鲁迅：《题未定草·七》，《鲁迅全集》第6卷，第439—444页。

② 鲁迅1929年6月7日购买了施米特（P.F.Schmidt）的《现代の美術》一书，属于《美術叢書》第一编，板垣鹰穗译述。

③ 板垣鹰穗：《近代美术史潮论》，鲁迅译，《鲁迅全集》第15卷，第25页。

④ 鲁迅：《〈艺苑朝华〉广告》（《鲁迅全集》第7卷，第481页）："虽然材力很小，但要绍介些国外的艺术作品到中国来，也选印中国先前被人忘却的还能复生的图案之类。"

"解放了出来的美术家们，以什么为目标而开步呢"？[①]对于这本主要论述西欧艺术从古典到现代转变过程的书，鲁迅看重板垣鹰穗著作的抬头："以'民族底色彩'为主的"，[②]即不同艺术形式如何生长、发达以至毁灭于各民族各时代之中。传统文化失落的速度是相当迅速的。

但对于鲁迅而言，"民魂"并非民粹，在发现之外，还必须以教育提供发展的辅助。因此，一方面鲁迅时刻警惕知识分子的"精神的头"提前飞去，[③]另一方面，鲁迅并未放弃高妙的学术和纯粹脱离实利的美术，知识主动将其限制在私人领域之中，以期留给未来的人们。

在自谓"思想变迁"的1918年后的1919年、1920年，尽管创作和翻译工作是鲁迅这一时期最用心用力的工作，但在其书账中，百分之九十以上是金石拓片。甚至在写下《呐喊·自序》后的数年中，鲁迅依旧持续不断地购买拓片，也可以作为他未曾与作为学术工作的"钞古碑"诀别的明证。据周作人回忆，鲁迅治金石学问从目的到手段皆是正统的清儒学术，曾经预备完成一部标准的"自汉至唐的碑录"，[④]此外还拟写了几个专著标题《中国字体变迁史》《汉画像集》《俟堂专文杂集》等。鲁迅在1927年《厦门通信（三）》中也对未能完成的出版计划的说明："你大约还不知道底细，我最初的主意，倒的确想在这里住两年，除教书之外，还希望将先前所集成的《汉画像

---

① 鲁迅译《近代美术史潮论》，《鲁迅全集》第15卷，第29页。
② 鲁迅译《近代美术史潮论》封面。
③ 鲁迅：《春末闲谈》，《鲁迅全集》第1卷，第214—221页。
④ 周作人：《补树书屋旧事》，《鲁迅的故家》，河北教育出版社，2002。

考》和《古小说钩沈》印出。这两种书自己印不起，也不敢请你印。因为看的人一定很少，折本无疑，惟有有钱的学校才合适。及至到了这里，看看情形，便将印《汉画像考》的希望取消……"①可见尽管其革命思想发生了变化，但其学术设计却长程且持续，《汉画像考》未能刊行也成为鲁迅日后的遗憾。1920年代，这些工作作为封面，作为新文学的边缘出现在文化场域之中，微妙置身于启蒙和纯美术之间。

而在左转后的1930年代，鲁迅私下里对于有"民"而无"文"的未来并非没有警惕。在1933年为《木刻创作法》做的序中谈到，"木刻原是小富家儿艺术"，②然而因为材料的简单，但具有的强烈的表现力和可能性，同时更容易复制传播，故而被此时的鲁迅视为重要的美术手法，不遗余力地加以支持。鲁迅对于木刻，对于中国古代器物和文房清玩的兴趣，始终保持，在私人信件中慨叹这些精美的文人文化产品随文化变迁即将"销沉"，③颇有悲意。1933年底《北平笺谱》印毕，正如《会稽郡故书杂集》刊印后只在其同乡友人间流传，《北平笺谱》也不过印制了一百本，小规模发行，不过因为太受欢迎，甚至有书商"惜而不卖，以期重价出售"，故而又有翻印。但在1930年代高度政治化的背景下，鲁迅藏在公共话语背后的文化考量，却也遇到了论敌的批判。1934年1月邵洵美主持的《十日谈》上便发表了《二十二年的出版界》道："特别可以提起

① 鲁迅：《厦门通信（三）》，《语丝》周刊第114期，1927年1月15日。
② 鲁迅：《〈木刻创作法〉序》，1933年11月9日作，《鲁迅全集》第4卷，第626页。
③ 鲁迅：《1933年2月5日致郑振铎信》，《鲁迅全集》第12卷，第366页。

的是《北平笺谱》，此种文雅的事，由鲁迅西谛二人为之，提倡中国古法木刻，真是大开倒车，老将其实老了。至于全书六册预约价十二元，真吓煞人也。无论如何，中国尚有如此优游不迫之好奇精神，是十分可贺的，但愿所余四十余部，没有一个闲暇之人敢去接受。"①在一般人眼中，信笺这样的文房趣味依旧是"文人"身份的象征，谁也无法仅仅将其视为"木刻"工作的一个部分。其浓烈的文人色彩，使得鲁迅印制笺谱的举动，始终显得与其革命人的身份格格不入。而1935年周作人在《十竹斋的小摆设》则特意将"编者鲁迅、西谛"引出来，②从印数之少，纸墨之佳，镌刻之精，谈到《十竹斋笺谱》的时代背景，乃是崇祯甲申年所刻印，"崇祯甲申，岂非明之国难乎，情形严重殆不下于九一八，至乙酉而清兵下江南矣。夫刻木板已'玩物丧志'矣，木板而又画图，岂不更玩而益丧欤"。为了点破鲁迅印制笺谱的文人底色，周作人更是提点出《十竹斋笺谱》与诗"相为表里"的特点，揶揄道，"抑画图之中或可以有'匕首'亦说不定，若画图而至于诗笺，则非真正'小摆设'而何？使明末而有批评家，十竹斋主人之罪当过于今之小品作家矣"，可谓以彼之矛，攻彼之盾。周作人此言，与邵洵美以"新"为标准的批评，看似价值取向不同，实则都是不接受"夺胎换骨"的解释，也不接受文人色彩的剥离。

鲁迅高度政治化的公开发言与偏学术和趣味的私人活动之间的分裂，导致了他针对公开发言的批评（比如周作人一派的

---

① 转引自刘运峰《鲁迅著作考辨》，天津人民出版社，2009，第235页。
② 周作人：《十竹斋的小摆设》，《文饭小品》第5期，1935年6月25日。

"小玩意儿"批评），转而被对方掉转枪头对准了他本人的私人活动。出版《北平笺谱》看似是单纯的艺术考量，事实上，其背后是鲁迅分寸精准的时间感和受众意识。将艺术视为给"未来"即发展提供的养分，而在当下，以怎样的规模、提倡什么样的艺术，受众为何人，这些问题都须以时局为基础进行考量。高扬的现实生存话语，与低调踏实的艺术发展实践，背后正是鲁迅"先生存后发展"的大智慧，这种以生存为基础缓慢发展，或是两者依轻重缓急交替前进的发展模式——致力于将中国传统艺术历史化、学术化，并对其进行艺术提纯进而转化为创造的鲁迅，目的不仅仅在于木刻运动的暂时需求，更是要"留一点给未来的人们"——这恐怕也是他1930年代重新开始搜集碑刻造像拓片的内在动因。①

从辛亥前的"访碑"到1910年代的"钞古碑"，从1910年代古美术中寻找"国魂"到1920、1930年代在发现和发展两个层面上展开关于"民魂"的美术书写和实践，可以看到，从1910年代到1930年代鲁迅与金石资源不同脉络的关系离合，其内核都有鲁迅同章太炎思想、实践和个人史的对话和反顾。其中最令人感慨的恐怕是1930年代鲁迅展现出的分寸感，鲁迅希望能给未来那个成功生存下来的中国留下文化的瑰宝，所以他用严肃的科学和审美眼光审视、择取和保护，而这与当下无缘的"礼物"，成为鲁迅交游的赠礼，这是战士休憩时留给自己的一点余裕和希望，也是文人传统的潜流在现代中国的一线不绝。

---

① 鲁迅：《1934年1月11日致郑振铎信》，《鲁迅全集》第13卷，第7页。

不能忘记的事，从顾炎武到章太炎，学术从来不只是为他人，同时也是主体的一种生命状态，那是无法改变当下的时候，也知道自己存留于历史之中日后自有价值，与革命的急迫心态不同，这种生命状态可能更加悠远绵长，是人类对自家精神价值的确信。

严复"信达雅"爰及"所谓文字上的一种洁癖"

王　风

一

严复"信达雅"，可以说是现代中国最成功的理论——不止是指翻译界，而是笼括整个学界而言。当然最成功未必意味着最优越，恰恰其所受到的批评，和赞誉一样都是最多的。周作人所谓，"自从严几道发表宣言以来，信达雅三者为译书不刊的典则，至今悬之国门无人能损益一字"，[①]其固未必是。但正如罗新璋所言，"不论攻之者还是辩之者，凡是探讨翻译标准的，基本上不脱信达雅的范围"。[②]1998年，沈苏儒出版《论信达雅》，"谨以本书纪念严复《天演论·译例言》刊行一百周年"，其中专章罗列各家评议，有"肯定"，有"大体肯定或不否定而代之以新说"，还有"否定或不置评"，计109家。[③]其实可以想见，未及见者恐不是个小数。自有"信达雅"一说，中国从事

---

① 周作人：《谈翻译》，《苦口甘口》，太平书局，1944。
② 罗新璋：《我国自成体系的翻译理论》，罗新璋、陈应年主编《翻译论集》，商务印书馆，1984。
③ 沈苏儒：《论信达雅——严复翻译理论研究》第三章，商务印书馆，1998。

翻译的基本都得念叨这"三字经"，而翻译遍布于几乎所有学科。至于其所涉文章、书写的范畴，文学界、语言学界自然亦无可回避。

百多年不断的言说，"信达雅"汇聚了不可胜数的笺释。由于严复对这三个概念没有给出清晰的"界说"，故而后人各各望文生义，误会也可谓不计其数。自然，论者因误解而生批评，本身就是为了立论。从这个意义上说，"信达雅"既是一个缺乏明确阐述的理论，也因此成为一个生产力极为旺盛的体系。它在很大程度上构建了中国现代翻译史，影响所及，又非翻译史所能笼罩。

"信达雅"所在的《译例言》，最早出现于光绪二十四年（1898）《天演论》沔阳慎始基斋本。《天演论》的翻译过程和版本状况是一个极为复杂的问题，大体而言，赫胥黎*Evolution and Ethics*（《进化论与伦理学》）完成于1894年，严复应很快得到，并开始翻译。随后有牌记"光绪乙未"（1895）的陕西味经售书处重刊本，不过这个本子是个未被授权的刻本，没有吴序、自序和译例言，"乙未"也不大对。再就是《严复集》第五册收有存于中国历史博物馆的手稿本，系丁酉年（1897）的作者删改本。此本自序题《赫胥黎治功天演论序》，末署"光绪丙申重九"，亦即西历1896年10月15日，这个署款为此后所有版本所沿用。但实际上，从题名到内容，都曾经历过不小的改动。

所谓"治功天演论"，"治功"指的是人事之功，而"天演"，即严复所总结的"物竞天择，适者生存"。依其"自序"所言："赫胥黎氏此书之恉，本以救斯宾塞任天为治之末流……

且于自强保种之图洞若观火。"也就是说，取赫胥黎之强调"治功"，救弊斯宾塞"贯天地人而一理之"的"天演"。①《赫胥黎治功天演论》这个版本，除了现存国家博物馆的稿本外，至少还有梁启超处的抄本。1897年年中梁的《论译书》，两次提到《治功天演论》。②而孙宝瑄是年日记十二月初二："诣《蒙学报》馆，晤浩吾论教，携赫胥黎《治功天演论》归，即严复所译者。"③叶瀚浩吾为《蒙学报》"总撰述"，梁启超为《时务报》"总笔"，这两个刊物俱由汪康年"总董"或"总理"。就这层关系而言，孙宝瑄借去的很可能就是梁启超手里的那个本子。④

1897年12月18日《国闻汇编》第二册，序言正式刊出，但已经题为《译天演论自序》。对勘可以发现，文字较《赫胥黎治功天演论序》，有了不小的改动。是为定本，与次年正式出版的慎始基斋本《自序》完全一致，惟"内导""外导"二词被替换为"内籀""外籀"。⑤因而这个本子《译例言》所谓，"稿经新会梁任公、沔阳卢木斋诸君借钞"，所借者并不是同一个本子，虽然仍延续了"光绪丙申重九"的署款。

其实"治功"一语应该更早就为严复所放弃，甚至在梁启超《论译书》提到《治功天演论》时，严复那儿已经删除了该

---

① 严复：《赫胥黎治功天演论序》，王栻主编《严复集》第五册"附：天演论手稿"，中华书局，1986。
② 梁启超：《论译书》，黎难秋主编《中国科学翻译史料》，中国科学技术大学出版社，1996。
③ 孙宝瑄：《忘山庐日记》，上海古籍出版社，1983，第155页。
④ 可参看王天根《〈天演论〉的早期稿本及其流传考析》，《史学史研究》2002年第3期。
⑤ 见《国闻汇编》第二册，1897年12月18日。

词。关于《天演论》，尽管当年的阅读抄录者不在少数，但严复最看重的请教对象无疑是吴汝纶。吴去世后严集李商隐、陆游句所成挽联："平生风义兼师友，天下英雄惟使君。"兼及交谊与评价，堪称绝对。有关严吴二人的讨论，张丽华曾有完整的解读。[①]此姑在其基础上申说张皇之。

目前存留的吴、严当年的通信并不完整，但大体还是能够还原他们的往复过程。丙申（1896）七月十八日吴汝纶《答严幼陵》言："尊译《天演论》，计已脱稿。"[②]可知此时吴清楚严译《天演论》事，而尚未得见其书。三个月后严复撰《赫胥黎治功天演论序》，也许此时才有此书名。至丁酉（1897）二月七日吴《答严幼陵》："得惠书并大著《天演论》，虽刘先主之得荆州，不足为喻。比经手录副本，秘之枕中。"则刚得此书，而书名已是《天演论》。因而半年后梁启超《论译书》，所谈及的《治功天演论序》，是更早的书稿。

吴汝纶初读《天演论》后，对严复的体例提出了一项异议：

> ……顾蒙意尚有不能尽无私疑者，以谓执事若自为一书，则可纵意驰骋，若以译赫氏之书为名，则篇中所引古书古事，皆宜以元书所称西方者为当，似不必改用中国人语，以中事中人固非赫氏所及知。法宜如晋、宋名流所译

---

① 参看张丽华《现代中国"短篇小说"的兴起》第三章第一节，北京大学出版社，2011。
② 吴汝纶：《答严幼陵》丙申（1896）七月十八日，徐寿凯、施培毅校点《吴汝纶尺牍》，黄山书社，1990，第80页。

佛书，与中儒著述，显分体制，似为入式。此在大著虽为小节，又已见之例言，然究不若纯用元书之为尤美。①

这里所谓"又已见之例言"，并非现在尽人皆知的《译例言》，那是撰于次年，即"光绪二十四年岁在戊戌"。吴汝纶所读到的固已不可复睹，但《赫胥黎治功天演论序》后所附的《译例》四条，应就是当年吴之所见，其前两条如此：

一、是译以理解明白为主，词语颠倒增减，无非求达作者深意，然未尝离宗也。

一、原书引喻多取西洋古书，事理相当，则以中国古书故事代之，为用本同，凡以求达而已。

在译著中，用"换例"的办法，"以中国古书故事"替换"西洋古书"的"引喻"。要说起来，是犯了翻译的大忌。以严复的学养，断不至于此，故一定另有缘由。《译例》中另有一条："有作者所持公理已为中国古人先发者，谨就谫陋所知，列为后按，以备参观。"②如果回头再看他的"自序"，持《易》《春秋》之理，印证"西国近二百年学术"，是在于认为二者有相通之处。中学的问题是"发其端而莫能竟其绪，拟其大而未能议其精"，需要"转籍西学以为还读我书之用"。就严复的角度，并非仅是

---

① 吴汝纶：《答严幼陵》丁酉（1897）二月七日，徐寿凯、施培毅校点《吴汝纶尺牍》，第119页。
② 严复：《赫胥黎治功天演论》"译例"，王栻主编《严复集》第五册"附：天演论手稿"。

接引西学而已，还要借助西学来激发中学自身的潜力，中西之学在他这儿岂止可以对话，简直是要互相融汇的。

因而《天演论》一书，对于严复来说并不简单是译著，或者主要不是译著，毋宁说是论说。"中国古人先发者"是他使用的材料，①赫胥黎之论述对他来说何尝不是材料。中西古今之说，在此汇为一编，或按或断，以阐发一己之见。这样的话，"词语颠倒增减"不是问题，"西洋古书""引喻"换成"中国古书故事"，只要"事理相当"，也不成其为问题了。能达到"理解明白"的目的即可，亦即这两条"译例"中都提到的"求达"。"信达雅"一说，在严复最初的想法中，原不存在。他的目的很简单，就是要将自己的意思表达出来，让读者清楚。至于是否尊重原文，是否符合翻译的一般原则，皆在所不计。因而一言以蔽之，或者一"字"以蔽之，就是"达"。

吴汝纶固然清楚该著"特借赫胥黎之书，用为主文谲谏之资而已。必绳以舌人之法，固执事所不乐居，亦大失述作之深恉"。但他还是从翻译的原则，提出了异议。以为尽管"已见之例言"，但总是"以译赫氏之书为名"，而非"执事""自为一书"，因而其中的"中事中人"并不合适。②由此引发了严复近半年的修改，至该年十月十五日，与吴汝纶函中报告：

> 拙译《天演论》近已删改就绪，其参引己说多者，皆

---

① 严复：《赫胥黎治功天演论序》，王栻主编《严复集》第五册"附：天演论手稿"。
② 吴汝纶：《答严幼陵》丁酉（1897）二月七日，徐寿凯、施培毅校点《吴汝纶尺牍》，第119页。

削归后案而张皇之，虽未能悉用晋唐名流翻译义例，而似较前为优，凡此皆受先生之赐矣。①

这里提到的"虽未能悉用晋唐名流翻译义例"，是回应吴汝纶来函中，"法宜如晋宋名流所译佛书，与中儒著述，显分体制，似为入式"。显然，"义例"或"体制"的问题，并不光是"削归后案"就可以简单解决，以满足吴汝纶对"入式""得体"的关切。②又信中"许序《天演论》，感极"之语，③可知此前有严复求序的去函，和吴汝纶应允的答件。

《天演论》吴序款署"光绪戊戌孟夏，桐城吴汝纶叙"，但这个时间颇为可疑。戊戌（1898）二月二十八日吴汝纶《答严几道》，"接二月十九日惠书，知拙序已呈左右"，二月可是"仲春"。由此可见，《桐城吴先生年谱》记载此序作于"光绪二十四年戊戌正月"，是没有问题的。何况此"天演论序"条，还特别说明："自此以下，皆有手稿，其序次先后厘然不紊。"④依吴汝纶作为长者的辈分和古文大家的身份，序给出去了，再

---

① 严复：《与吴汝纶书》"一"（1897）十月十五日，王栻主编《严复集》第三册。

② 吴汝纶：《答严几道》己亥（1899）二月廿三日，徐寿凯、施培毅校点《吴汝纶尺牍》，第160页。其中云："来示谓欧洲国史略，似中国所谓长编、纪事本末等比，然则欲译其书，即用曾太傅所称叙记、典志二门，似为得体。"

③ 严复：《与吴汝纶书》（1897）十月十五日，王栻主编《严复集》第三册。

④ 郭立志编《桐城吴先生（汝纶）年谱》卷三"文集笺证"，台北：文海出版社，1972。

要回来修改并新署时间，这个应该是不会有的，①那么就是严复的更动了。为何如此，可以注意到的是，《译例言》署款"光绪二十四年岁在戊戌四月二十二日严复识于天津尊疑学塾"，与吴序同是"孟夏"。也就是说，严复是为了表明，他写《译例言》时并未见到吴汝纶的序，目的在掩饰这两篇文章的关系。

当然尚可疑问，严复大可以保留吴序的时间，而将《译例言》的署款时间提前。但事实上又不可能，二月二十八日吴汝纶函并言，"《天演论》凡己意所发明，皆退入后案，义例精审。其命篇立名，尚疑未慊。卮言既成滥语，悬疏又袭释氏，皆似非所谓能树立不因循者之所为"。②《译例言》介绍其事经过：

> 仆始翻"卮言"，而钱唐夏穗卿曾佑，病其滥恶，谓内典原有此种，可名"悬谈"。及桐城吴丈挚父汝纶见之，又谓"卮言"既成滥词，"悬谈"亦沿释氏，均非能自树立者所为，不如用诸子旧例，随篇标目为佳。穗卿又谓如此则篇自为文，于原书建立一本之义稍晦。而"悬谈"、"悬疏"诸名，悬者玄也，乃会撮精旨之言，与此不合，必不可用。于是乃依其原目，质译"导言"，而分注吴之篇目于下，取便阅者。③

---

① 也有论者注意到时间的矛盾，推论严复退回吴汝纶修改。揆诸情理，实难以想象。郑永福、田海林：《关于〈天演论〉的几个问题》，《史学月刊》1989年第2期。
② 吴汝纶：《答严几道》戊戌（1898）二月廿八日，徐寿凯、施培毅校点《吴汝纶尺牍》，第141页。
③ 严复：《天演论》"译例言"，王栻主编《严复集》第五册。

可知到三月之后，严复还在跟夏曾佑就吴汝纶的意见讨论篇目的"定名"，《译例言》无法倒填日月。

吴序用了大部分篇幅谈"文"的问题，实际上暗含着他与严复之间，关于书写语言选择的分歧，也就是是否走类似于佛典翻译的路线。作为古文大家，吴汝纶自然是不会在"序"这样的文体中，直截了当地异议或批评。尤其自命接续着桐城本籍前辈姚鼐以来的文统，如何委婉而不着痕迹地道出自己的看法，此类"文章作法"，在他那儿自是驾轻就熟。序言梳理了整个中国文章史，指出晚周以来，有"集录"和"自著"两类，"自著"原于《易》《春秋》，汉代《太史公书》《太玄》是其流亚。"集录"起于《诗》《书》，乃韩愈以后唐宋人所原本。这实际上说的是专著和文集两类著述。吴汝纶认为"自著"汉以后衰弱，继以"集录"的兴盛，而这个兴盛的集录之文，说的其实就是八大家以降的古文传统。那么西学进来，从性质上类似于"自著"的体例。然而"士大夫相矜尚以为学者，时文耳，公牍耳，说部耳。舍此三者，几无所为书。而是三者，固不足与文学之事"。这么轰轰烈烈地说了一通之后，转入正题，"文如几道，可与言译书矣"：

> 往者释氏之入中国，中学未衰也，能者笔受，前后相望，顾其文自为一类，不与中国同。今赫胥黎氏之道，未知于释氏何如？然欲侪其书于太史氏、扬氏之列，吾知其难也；即欲侪之唐宋作者，吾亦知其难也。严子一文之，

而其书乃骎骎与晚周诸子相上下，然则文顾不重耶。[①]

这段话说得非常微妙，也正是桐城古文的长技。表面上是极高的赞誉，"骎骎与晚周诸子相上下"，在后世确实也成为涉及严复的一句著名的评语。但吴汝纶的真正看法是在前面，释氏之书，"顾其文自为一类，不与中国同。今赫胥黎氏之道，未知于释氏何如"，说到底就是认为西书与释氏典籍一样，"不与中国同"。"欲侪其书于太史氏、扬氏之列，吾知其难也；即欲侪之唐宋作者，吾亦知其难也"，则是并不认同严译的书写语言路线。

印证前一年吴汝纶给严复的函件，建议"与中儒著述，显分体制"，就可以很清楚看出吴序的真正意思。事实上，撰序次年己亥（1899）二月廿三日《答严几道》，吴又将这个意见更清晰肯定地重复了一遍：

> 欧洲文字与吾国绝殊，译之似宜别创体制，如六朝人之译佛书，其体全是特创。今不但不宜袭用中文，亦并不宜袭用佛书。窃谓以执事雄笔，必可自我作古。又妄意彼书固自有体制，或易其辞而仍其体，似亦可也。不通西文，不敢意定，独中国诸书，无可仿效耳。

吴汝纶所持的立场，未始没有道理。用以往的书写语言翻译西

---

① 吴汝纶：《天演论》"吴序"，王栻主编《严复集》第五册。

书，肯定会遇到很多问题，即便如严复，自也不可能身无体会。但吴这样主张，另有一层隐秘的心理，就是不愿意西学这样的新东西，带着大量的概念和辞汇，掺进汉文原有的书写，尤其是八大家以来的古文传统中。吴汝纶是古文家，也是洋务派，他知道西学对中国是必须的，这方面并不保守。但另一方面，他希望能坚守古文的"纯洁"，"《古文辞类纂》一书，二千年高文略具于此，以为六经后之第一书。此后必应改习西学，中国浩如烟海之书，行当废去，独留此书，可令周、孔遗文绵延不绝"。因而，西学应该像佛典那样，被中土吸收后，仍自成一类，保持很强的异质性，这样才不会威胁到"二千年高文"。这是他不断建议严复的真正原因。

吴、严当年的通信，应极为频密，现在所能见到的只是有限几通。可以想见，此类的讨论远不止于此。吴汝纶的主张，以及《天演论》所撰序的言下之意，严复自然心知肚明。但在他那儿，一方面中西之学是可以会通的；另一方面，文章上严复之向吴汝纶请教，正是希望自己的文字能够到达那样的层面。不管是"一名之立，旬月踟蹰"的艰苦努力，还是向吴汝纶请教"行文欲求尔雅，有不可阑入之字，改窜则失真，因仍则伤洁，此诚难事"的解决方案，①无不是朝着吴所建议的相反方向行进。吴汝纶将严复方之"晚周诸子"，实则桐城"文统"，由方姚上溯归有光、八大家、《史记》、《左传》，归源于"五经"，原没有"诸子"太多事。即便他的主张未必如此狭

---

① 吴汝纶：《答严几道》己亥（1899）二月廿三日，徐寿凯、施培毅校点《吴汝纶尺牍》，第160页。

隘，①无意识中也不无将严复轻轻推开的心情吧。这是两人之间微妙至极的一拒一迎。《译例言》中，所谓"实则精理微言，用汉以前字法、句法，则为达易。用近世利俗文字，则求达难"，是严复有关书写语言选择的宣言。相较吴序，对"近世利俗文字"的拒绝两人立场一致；而严对"汉以前字法、句法"的坚持，表面上与吴的"乃骎骎与晚周诸子相上下"不谋而合，实则真只是表面上的默契，内里却埋藏着致命的分歧。《译例言》是严复见到吴序之后所写，则极少数的知者，看到的是严的异议，而大多数的不知者，以为他是借吴之嘉言给自己贴金，则不免知者失笑而不知者讶笑了。严复将二文的写作时间调为同一个月，以表明各各独立成文，原因或在于此。

二

《治功天演论》的《译例》，本是非常简单的交代。其目的恰在说明该书违反普通翻译原则的做法，乃为"求达"，说白了是要读者不要当做一般译书看。而到《天演论》正式出版，因为师友间，尤其是与吴汝纶的诸多讨论，发展出著名的《译例言》，却是正面阐述普通的翻译原则。对于《天演论》实际的翻

① 姚鼐《古文辞类纂》为桐城派建立文统，并无先秦诸子位置。曾国藩《经史百家杂钞》规模较广，但主要是扩入"经史"，"子"部微乎其微。吴汝纶为曾之弟子，但又是桐城人，大体师曾国藩而祖姚鼐，其主张调剂二者。可参看关爱和《桐城派的立诚求真与道统文统情结》，《河南大学学报（社会科学版）》第5期。1990年；《桐城派的中兴、改造与复归——试论曾国藩、吴汝纶的文学活动与作用》，《文学遗产》1985年第3期。王风：《林纾非桐城派说》，《世运推移与文章兴替》，北京大学出版社，2015。

译路线，与《译例言》所阐发的扞格之处，条目中做了前提性的说明：

> 题曰达恉，不云笔译，取便发挥，实非正法。什法师有云："学我者病。"来者方多，幸勿以是书为口实也。

确实，《天演论》诸版本都署的是"英国赫胥黎造论　侯官严复达恉"。这与随后如《原富》初版本署"英伦斯密亚当原本　侯官严复几道翻译"，[①]显是判然有别。也就是说，在严复那儿，《原富》这样的才是"笔译"，《天演论》不是。"来者方多，幸勿以是书为口实也"，说的其实就是不能用《天演论》来印证《译例言》，那只是"达恉"。

《译例言》第一条开宗明义，曰：

> 译事三难：信、达、雅。求其信已大难矣，顾信矣不达，虽译犹不译也，则达尚焉。

"信达雅"从此成为不刊之论，三者并举，论者纷纭。但如果回到原文，可以看出，"达"始终是核心。此前《治功天演论》的《译例》，凡所言说，皆是"为达"，只有"达"而无"信""雅"。《译例言》所谓"达尚焉"之"尚"，说明"信""雅"皆是为了"达"。"信矣不达，虽译犹不译也"，目

———————————

① 见光绪二十七年南洋公学译书院第一次印行本。

的是"达"。第二条言,"凡此经营,皆以为达,为达即所以为信也",也是"为达"。第三条之"求其尔雅","用汉以前字法、句法,则为达易;用近世利俗文字,则求达难",所谓"为达""求达",最终目标还是"达"。

"信达雅"的关系,各种解释非常之多。如要取其简明,则"信"是针对原文而言,"雅"是针对译文而言。而"达",是关系于译出语和译入语的,也就是二者之间的"交通"。故而"求信""求其尔雅",都是为了"达"。"求其信已大难",就翻译而言,"信"是基础,自然无需多做解释。而"雅",则涉及他的书写语言选择,也是他与吴汝纶等反复讨论的问题。《译例言》第三条:

> 《易》曰:"修辞立诚。"子曰:"辞达而已。"又曰:"言之无文,行之不远。"三曰〔者〕乃文章正轨,亦即为译事楷模。故信达而外,求其尔雅,此不仅期以行远已耳。实则精理微言,用汉以前字法、句法,则为达易;用近世利俗文字,则求达难。往往抑义就词,毫厘千里。审择于斯二者之间,夫固有所不得已也,岂钓奇哉!不佞此译,颇贻艰深文陋之讥,实则刻意求显,不过如是。[①]

这里引了三条古老而著名的圣人经书文句,用来作为"信达

---

① 严复:《天演论》"译例言",王栻主编《严复集》第五册。

雅"的靠山。"诚"即"信","辞达"本就有"达"。至于"雅",后人绝大多都理解为文雅、古雅、典雅,高明点的则大体释成"风格"。钱锺书所谓"译事之信,当包达、雅;达正以尽信,而雅非为饰达。依义旨以传,而能如风格以出,斯之谓信",其"雅"对应的是"风格"。不过这是他的别解,并批评严复"尚未推究"。[①]钱锺书理解严复说的是"in itself possess high literary merits",[②]大体还是近于"高雅",或"言之无文"的"文"。总之一百多年来,有无数牛头不对马嘴的议论、批评、发挥,几乎看不到说得对的。其实"尔雅"本训为"近正","求其尔雅"勉强翻译成现在的说法,就是使用符合轨范的语言。[③]"言之无文,行之不远",此语的引用,解者每为之干扰,事实上严复要说的不是"文"。"此不仅期以行远已耳",首要是"行远",再者则是"求达"。依其本意,或可改写成这样的句式:"求其尔雅,辄用汉以前字法、句法,可以行远,可以为达。"

在严复的认识里,正式的、正规的书写语言,自然是文言,尤其是"汉以前字法、句法"的文言。而这是相对于"近世利俗文字"而言的。所谓"近世利俗文字",指的是当年为

---

① 钱锺书:《管锥编》"一○一　全三国文卷七五",生活·读书·新知三联书店,2007,第1748页。

② CH'IEN CHUNG-SHU(钱锺书):*A Chapter In The History Of Chinese Translation*,*THE CHINA CRITIC*,VOL.Ⅶ NO.45, NOVEMBER 8, 1934.

③ 严复此意,解者稀少。沈苏儒较为准确,见《论信达雅》第二章(四)之"'雅'作为翻译原则的本意是什么?"另马祖毅《中国翻译简史——五四以前部分》(中国对外翻译出版公司,1984,第261页)和王宏志《重释"信、达、雅"》(清华大学出版社,2007,第91页),都指出"雅"指"雅言",或"尔雅"乃"近正"意,却转而又认为严复说得不对,或所指并非如此。

了开启民智，所使用的浅文白话，有利于文化程度较低民众的接受。要说起来，持有这些主张的开明士人，恰恰是严复的同志。因此，"不佞此译，颇贻艰深文陋之讥，实则刻意求显"的辩解，是说给周围朋友听的。果不其然，翌年致张元济函，就有这样的抱怨：

> 昨晤汪、杨二君，皆极口赞许笔墨之佳，然于书中妙义实未领略，而皆有怪我示人以难之意。天乎冤哉！仆下笔时，求浅、求显、求明、求顺之不暇，何敢一毫好作高古之意耶？又可怪者，于拙作既病其难矣，与言同事诸人后日有作，当不外文从字顺，彼则又病其笔墨其［之］不文。有求于世，则啼笑皆非。此吴挚甫所以劝复不宜于并世中求知己……

严复自是满腹委屈，此函言及"《原富》拙稿，刻接译十数册，而于原书仅乃过半工程"。[1]严译经常是边译边为人所借阅，"汪、杨二君"所"怪"，或许指的是此书。两年后《原富》正式出版，翌年亦即1902年壬寅大年初一，流亡日本的梁启超在横滨创办《新民丛报》。梁也是严的老熟人了，此时正忙于主张涉及文字的各种"革命"。创刊号书评栏"绍介新著"，评介的就是《原富》：

---

① 严复：《与张元济书》"六"（1899），王栻主编《严复集》第三册。

但吾辈所犹有憾者，其文笔太务渊雅，刻意模仿先秦文体，非多读古书之人，一翻殆难索解。夫文界之宜革命久矣，欧美日本诸国文体之变化，常与其文明程度成比例。况此等学理邃颐之书，非以流畅锐达之笔行之，安能使学僮受其益乎。著译之业，将以播文明思想于国民也，非为藏山不朽之名誉也。文人结习，吾不能为贤者讳矣。①

意见类似于"汪、杨二君"朋友间私下的评论，而梁启超以公开的方式表达出来，严复自也不能只是在私函中回应，于是报之以公开信：

窃以谓文辞者，载理想之羽翼，而以达情感之音声也。是故理之精者不能载以粗犷之词，而情之正者不可达以鄙俗之气。中国文之美者，莫若司马迁、韩愈。而迁之言曰："其志洁者，其称物芳。"愈之言曰："文无难易，唯其是。"仆之于文，非务渊雅也，务其是耳……若徒为近俗之辞，以取便市井乡僻之不学，此于文界，乃所谓陵迟，非革命也。且不佞之所从事者，学理邃颐之书也，非以饷学僮而望其受益也，吾译正以待多读中国古书之人。②

---

① 见《新民丛报》第1号，1902年2月8日。
② 严复：《与新民丛报论所译原富书》，《新民丛报》第7号，1902年5月8日。文署"壬寅三月"。

办报的梁启超，正以言论耸动天下，所关心自然在影响力。而严复是要将中国需要的西学引入，考虑的是什么样的方式才是最准确的。具体到书写语言，当时的白话确实无法承担这样的任务，尽管白话有上千年的历史，但主要用于民众的消费读物。到了近代，也只是增加了启蒙性的功能。相较而言，文言的应用面要更为广泛，是官方正式的书写语言，其来源于上古经典，辞汇文法比较稳定。从这个角度说，严复的选择并没有错。但就晚清当时的气氛，梁启超这样的批评是必然会出现的。[①] 吴汝纶在《天演论序》中说："凡为书必与其时之学者相入，而后其效明。今学者方以时文公牍说部为学，而严子乃欲进以可久之词，与晚周诸子相上下之书，吾惧其舛驰而不相入也。"[②] 真可谓不幸而言中。

不过，吴汝纶所称许"与晚周诸子相上下"，与严复自言之"用汉以前字法、句法"，其实都是言过其实。己亥（1899）二月廿三日吴汝纶《答严几道》，有下面的讨论：

> 来［来］示谓：行文欲求尔雅，有不可阑入之字，改窜则失真，因仍则伤洁，此诚难事。鄙意：与其伤洁，毋宁失真。凡琐屑不足道之事不记何伤。若名之为文，而俚俗鄙浅，荐绅所不道。此则昔之知言者无不悬为戒律，曾氏所谓辞气远鄙也。文固有化俗为雅之一法，如左氏之

---

① 《新民丛报》此后还有涉及严复译词的讨论。参看沈国威《一名之立 旬月踟蹰——严复译词研究》第四章"一"，社会科学文献出版社，2019。
② 吴汝纶：《天演论》"吴序"，王栻主编《严复集》第五册。

言"马矢"，庄生之言"矢溺"，公羊之言"登来"，太史之言"伙颐"。在当时固皆以俚语为文，而不失为雅。若范书所载"铁胫"，"尤来"，"大抢"，"五楼"，"五幡"等名目，窃料太史公执笔，必皆芟薙不书，不然胜、广、项氏时，必多有俚鄙不经之事，何以《史记》中绝不一见。如今时鸦片馆等比，此自难入文，削之似不为过。傥令为林文忠作传，则烧鸦片一事，固当大书特书，但必叙明源委，如史公之记平准，班氏之叙盐铁论耳。亦非一切割弃，至失事实也……①

所谓"与其伤洁，毋宁失真"，正是桐城一脉相承的心法。当年祖师方苞曾就"雅洁"，"训门人沈廷芳曰"："古文中，不可入语录中语，魏晋六朝人藻丽俳语，汉赋中板重字法，诗歌中隽语，南北史佻巧语。"②又"答程夔州"云："传记用佛氏语则不雅……岂惟佛说，即宋五子讲学口语，亦不宜入散体文。"③吴汝纶所举例证，以及语言禁忌，无不是这一观念的产物，"汉以前"何尝如此"忌口"？因而严复所走的书写语言路向，正是向桐城派学习和靠近的过程，与"晚周诸子"更是水米无干。当然，即便桐城，他也是半路出家，在深知文章的人眼里，必然是逃不过去的。吴汝纶心里清楚而不便明言，而与严复同辈

---

① 吴汝纶:《答严几道》己亥（1899）二月廿三日，徐寿凯、施培毅校点《吴汝纶尺牍》，第160页。
② 苏惇元编《望溪先生谱》"十四年己巳"，清咸丰刻本。
③ 方苞:《答程夔州书》，氏《望溪集》文集卷六"书"，咸丰元年（1851）戴钧衡刻本。

的文章大家章太炎，说起话来就不会客气。《与人论文书》纵论天下：

> 曩与足下言，仆重汪中，未尝薄姚鼐、张惠言，姚、张所法，上不过唐宋，然视吴蜀六士为谨（夸言稍少，此近代文所长。若恽敬之恣，龚自珍之儇，则不可同论）。仆视此虽不与宋祁、司马光等。要之文能循俗，后生以是为法，犹有坛宇，不下堕于猥言酿辞，兹所以无废也。并世所见，王闿运能尽雅，其次吴汝纶以下，有桐城马其昶为能尽俗（萧穆犹未能尽俗）。下流所仰，乃在严复、林纾之徒。复辞虽饬，气体比于制举，若将所谓曳行作姿者也。纾视复又弥下……①

太炎为文法魏晋，与唐宋八大家以来的"古文"异路。这段文字，虽视桐城为"俗"，但还是认为"无废"。而到了严林，则直指等而下之。"气体比于制举"，说是有八股的气味了。这是非常伤人的评价，其来源当是钱大昕《与友人书》："王若霖言：'灵皋以古文为时文，却以时文为古文。'方终身病之。"②

太炎个性有谲而虐的一面，最刻薄的比喻是冲着"视复又弥下"的林纾去的。其实他对严复不无尊重，但还是忍不住"刻画"了一句，"若将所谓曳行作姿者也"。不过这在他的文章中也不是独此一处，别无分号。1903年严复出版译著《社会

---

① 章太炎：《与人论文书》，《章太炎全集》第4卷，上海人民出版社，1985。
② 钱大昕：《与友人书》，《潜研堂集》文集卷三十三，清嘉庆刻本。

通诠》，四年之后，章太炎在他主笔的《民报》12号上，刊发《社会通诠商兑》。正面批驳之余，也来了一段"杂文笔法"：

> 严氏固略知小学，而于周秦两汉唐宋儒先之文史，能得其句读矣。然相其文质，于声音节奏之间，犹未离于帖括。申天之态，回复之词，载飞载鸣，情状可见。盖俯仰于桐城之道左，而未趋其庭庑者也。[1]

既穷形尽相又尖冷刻薄。"犹未离于帖括"，说的还是八股气。"俯仰于桐城之道左，而未趋其庭庑者"，指明严复想学的是桐城，而实际上并未学到家。当时周氏兄弟都在东京，于太炎执弟子礼。这段话给他们留下的印象实在太深了，尤其出于《诗经·小宛》的"载飞载鸣"一语，可谓终生难忘。鲁迅直到去世前一年，文章中还提到这个早年看到的"典故"：

> 五四时代的所谓"桐城谬种"和"选学妖孽"，是指做"载飞载鸣"的文章和抱住《文选》寻字汇的人们的，而某一种人确也是这一流，形容惬当，所以这名目的流传也较为永久。[2]

"五四"时期的"桐城谬种"，指的是林纾。但在太炎那儿，

---

① 章太炎：《社会通诠商兑》，《民报》第12号，1907年3月6日。
② 鲁迅：《五论"文人相轻"》，《且介亭杂文二集》，《鲁迅全集》第6卷，人民文学出版社，1981。

林更下于严一等，所以连"未趋其庭庑"都算不上。同样是太炎弟子的钱玄同自然熟知乃师的评价，因而谥其为"谬种"。鲁迅这儿是拖出"载飞载鸣"与其相配，典出于严复身上，但并不指严复。对于鲁迅来说，严复的译著是他极为重要的阅读经历。

> ……他所看见的是那时出版的严译"天演论"。这是一本不三不四的译本，因为原来不是专讲进化论的，乃是赫胥黎的一篇论文，题目是"进化与伦理"，译者严几道又是用了"达恉"的办法，就原本的意思大做其文章，吴挚甫给做序文，恭维得了不得，说原书的意思不见得怎么高深，经译者用了上好的古文一译，这便可以和先秦的子书媲美了。鲁迅在当时也还不明白他们的底细，只觉得很是新奇，如"朝华夕拾"中"琐记"一篇里所说，什么"赫胥黎独处一室之中，在英伦之南，背山而面野，槛外诸境，历历如在几下"，琅琅可诵，有如"八大家"的文章。因此大家便看重了严几道，以后他每译出一部书来，鲁迅一定设法买来……直到后来在东京，看见"民报"上章太炎先生的文章，说严几道的译文"载飞载鸣"，不脱八股文习气，这才恍然大悟，不再佩服了。①

这是周作人对于鲁迅的回忆，其实也是自己的经验。此前三十

---

① 周作人：《鲁迅的青年时代》"鲁迅与清末文坛"，中国青年出版社，1957。

多年，《我的复古的经验》中谈道："最初读严几道林琴南的译书，觉得这种以诸子之文写夷人的话的办法非常正当，便竭力的学他。虽然因为不懂'义法'的奥妙，固然学得不像，但自己却觉得不很背于移译的正宗了。随后听了太炎先生的教诲，更进一步，改去那'载飞载鸣'的调子，换上许多古字。多谢这种努力，《域外小说集》的原版只卖去了二十部。"①

《域外小说集》1909年出版，是晚清周氏兄弟在日本共同工作的最重要成果。事实上，鲁迅和周作人进入文学领域，最早受到的影响不外乎梁启超、林纾、严复。鲁迅于梁启超多些，而周作人是林纾，严复在他们心目中则比梁林更要高明。1906年年中章太炎到了日本，几个月后周氏兄弟东京聚首，他们之间于是有了师弟之谊。鲁迅去世时，周作人的回忆文章，明确点明了这个时间点，以及他们文笔的变化：

> 丙丁之际我们翻译小说，还多用林氏的笔调，这时候就有点不满意，即严氏的文章也嫌他有八股气了。②

"丙丁"即丙午、丁未，1906到1907年。从《红星佚史》的翻译开始，他们逐渐脱离此前梁、林、严，还有陈冷血文风的影响，探索自己的书写语言路线。这在《域外小说集》时达到了极端。③

---

① 周作人：《我的复古的经验》，《雨天的书》，岳麓书社，1987。
② 周作人：《关于鲁迅之二》，《瓜豆集》，岳麓书社，1989。
③ 参看王风《周氏兄弟早期著译与汉语现代书写语言》，《世运推移与文章兴替》。

《域外小说集》标举"移译亦期弗失文情"，①周作人所说的"多喜用本字古义"还属其次。②重要的是"任情删易，即为不诚。故宁佛戾时人，移徙具足耳"。③这与严复主张的路线已经完全相反，是将外文的"字法、句法"，直接移用到汉语书写中。或者说，严复走的是"归化"的路线，他与时人的争论要点，在于何种汉语书写语言是合适的，或者说是"尔雅"的。而周氏兄弟坚决将汉语书写"异化"，全面向翻译的源语言靠近。

　　严复"信达雅"之"雅"，其本意在于语言选择，这在周氏兄弟自然不会误解，周作人就直接指明"乃由于珍重古文的缘故""乃是以古文为本的"。④因此，严复所谓"求其尔雅"，已经完全不在他们的考虑范围之内。《域外小说集》出版后，鲁迅写了一则广告称："因慎为译述，抽意以期于信，绎辞以求其达。"⑤几乎同时，《〈劲草〉译本序》也说："爰加厘定，使益近于信达。托氏撰述之真，得以表著；而译者求诚之志，或亦稍遂矣。"⑥所谓"期于信""求其达"，所谓"近于信达""求诚之志"，均是保存"信达"而刊落"雅"。严复"信达雅"的构架

---

① 鲁迅：《域外小说集》序言，《鲁迅全集》第10卷。
② 周作人：《关于鲁迅之二》，《瓜豆集》。
③ 鲁迅：《域外小说集》略例，《鲁迅全集》第10卷。
④ 遐寿：《翻译四题》，《翻译通报》第2卷第6期，1951年6月。
⑤ 见《时报》宣统元年（1909）闰二月二十七日。参看郭长海《新发现的鲁迅佚文〈域外小说集〉（第一册）广告》，《鲁迅研究月刊》1992年第1期。又见次日《神州日报》，参看谢仁敏《新发现〈域外小说集〉最早的赠书文告一则》，《鲁迅研究月刊》2009年第11期。
⑥ 见《集外集拾遗补编》，《鲁迅全集》第8卷。按，此文是鲁迅还是周作人所作，窃以为尚需考究。

在周氏兄弟那儿还保留着，只不过"雅"被放逐了。

三

去除"雅"，也就是不认同于严复的语言选择，但周氏兄弟并未因此彻底转到章太炎的"魏晋文"，而是"移徙具足"地任由译出语影响自己的译入语。不过，固然都尊崇"信"与"达"，"信"自不待言，而如何"达"，其实二人之间也并不完全一致。1944年周作人回忆晚清时他的翻译，曾这样解释：

> 先将原文看过一遍，记清内中的意思，随将原本搁起，拆碎其意思，另找相当的汉文一一配合，原文一字可以写作六七字，原文半句也无妨变成一二字，上下前后随意安置，总之要凑得像妥帖的汉文，便都无妨碍，唯一的条件是一整句还他一整句，意思完全，不减少也不加多，那就行了。这种译文不能纯用八大家，最好是利用骈散夹杂的文体，伸缩比较自由，不至于为格调所拘牵，非增减字句不能成章，而且这种文体看去也有色泽，因近雅而似达，所以易于讨好。[①]

"意思完全"，不增减原文，是周作人的"信"。而"凑得像妥贴的汉文"，就是他的"达"。但他所说的"近雅而似达"，乃事

---

① 周作人：《谈翻译》，《苦口甘口》。

后之言，其"雅"已与严复所言不同，不是"八大家"，而是他自己选择的"骈散夹杂的文体"。

共居日本时期的周氏兄弟，总体上还是鲁迅在主导。周作人表面个性随和，思维似乎亦偏于折中，实则未必完全如斯。这样"骈散夹杂的文体"，本质上还是"将就"，他不是不清楚。民元以后一人蛰居家乡，遂以中西合璧的依据，写了一批豆腐块文章：

> 以前我作古文，都用一句一圈的点句法。后来想到希腊古人都是整块的连写，不分句读段落，也不分字，觉得很是古朴，可以取法；中国文章的写法正是这样，可谓不谋而合，用圈点句殊欠古雅……因此我就主张取消圈点的办法，一篇文章必须整块的连写到底，（虽然仍有题目，不能彻底的遵循古法）在本县的《教育会月刊》上还留存着我的这种成绩。

这是其"复古"的"第三支路"，"言行一致的做去"，而得到"'此路不通'的一个教训"。[①]于是转而为新文学，此即周作人自叙的逻辑。

至于鲁迅，则以其理论的彻底性，一以贯之，从不妥协。他的"信"的范畴，从来是连"文体"，乃至"字法、句法"也包括在内的。这不但晚清时的几篇翻译如此，民元以后乃至

---

① 周作人：《我的复古的经验》，《雨天的书》。

进入白话时代，始终不变。1913年他翻译上野阳一《艺术玩赏之教育》，其"附记"特别交代，"用亟循字移译，庶不甚损原意"。①极端到尽可能地"循字移译"，是要将"信"执行到文法以及语序的层面。1917年底表彰周瘦鹃《欧美名家短篇小说丛刊》，同时也批评"命题造语，又系用本国成语，原本固未尝有此，未免不诚"。②一年后《新青年》中，应该是他借周作人的名义，用白话文做出这样的宣言：

> 我以为此后译本，仍当杂入原文，要使中国文中有容得别国文的度量，不必多造怪字。又当竭力保存原作的"风气习惯，语言条理"；最好是逐字译，不得已也应逐句译，宁可"中不像中，西不像西"，不必改头换面……③

仍然是要"逐字译"，其目的是以此改造并创造新的"中国文"。这体现出兄弟二人对于汉语现代书写语言不同的想象。鲁迅的主要路向，是引入外文的语法方式，拓宽汉文新的表达手段。而周作人，则首先是考虑到汉文本身的表达限度，在这个限度内尽可能地丰富，由此来创造新的书写语言："我们的理想是在国语能力的范围内，以现代语为主，采纳古代的以及外国的分子，使他丰富柔软，能够表现大概的感情思想……如能这样的做去，国语渐益丰美，语法也益精密，庶几可以适应现代的

---

① 鲁迅：《〈艺术玩赏之教育〉译者附记》，《鲁迅全集》第10卷。
② 《教育公报》第4年第15期，1917年11月。
③ "周作人答张寿朋"，《新青年》第5卷第6号"通信"，1918年12月15日。按，这段话的语感、态度均是鲁迅式的，而且周作人从未主张"逐字译"。

要求了。"①因而涉及翻译，同样是主张"直译"，周作人的意见与鲁迅其实并不一致。《陀螺序》言：

> 我现在还是相信直译法，因为我觉得没有更好的方法。但是直译也有条件，便是必须达意，尽汉语的能力所能及的范围内，保存原文的风格，表现原语的意义，换一句话就是信与达。②

前提仍在"汉语的能力"，必须在这个"达意"的基础上，"保存原文的风格，表现原语的意义"才有基础。这是周作人在"信与达"之间所作的平衡。

《陀螺序》刊于1925年6月22日《语丝》第32期，而到本年12月，鲁迅出版译著《出了象牙之塔》，在其"后记"有这样一段话：

> 文句仍然是直译，和我历来所取的方法一样，也竭力想保存原书的口吻，大抵连语句的前后次序也不甚颠倒。

这里他界定"直译"，则特别强调"语句的前后次序"。固然这是其一贯的主张，但此处特别补写并点出，③很有可能是对周作人说法的异议。因为在此前一年，也就是《陀螺序》发表

① 周作人：《国语改造的意见》，《艺术与生活》，岳麓书社，1989。
② 周作人：《陀螺序》，《语丝》第32期，1925年6月22日。
③ 鲁迅：《出了象牙之塔》"后记"，《鲁迅全集》第10卷。原刊于《语丝》第57期（1925年12月14日）时，并无所引内容，乃成书时补写。

的前半年，具体是1924年的11月22日，鲁迅在其译著《苦闷的象征》的"引言"中，是这样说的：

> 文句大概是直译的，也极愿意一并保存原文的口吻。但我于国语文法是外行，想必很有不合轨范的句子在里面。①

两相对照，可以很明显看出语气的差异。《苦闷的象征》的"引言"，自谦背后所表明的，是对"轨范"原无异议。而到《出了象牙之塔》的"后记"，特意点出"不甚颠倒"，是我们熟悉的鲁迅特有的"强项"作风，其所隐含，则是对"轨范"的不以为意了。

此一时期已是兄弟"失和"之后，不同意见自然无法像以往可以当面商讨，是以化为曲折的公开发言。不过这并不是什么严重的问题。况且其时兄弟两人共处《语丝》阵营，正与《现代评论》派激烈冲突。而兄弟"失和"的事情，似乎亲近的周边之外，知道的人并不多。②此后1926年8月底，鲁迅南下厦门，1927年1月转到广州，10月抵上海，与许广平公开同居。则其家事也就不成其什么秘密了。而在上海头两年，鲁迅一方面急剧"左转"，一方面又遭"革命文学"的"围剿"。骂战之中，周作人也被故意扯出，以为讥诮。1929年9月，在中共干

---

① 鲁迅：《苦闷的象征》"引言"，《鲁迅全集》第10卷。
② 在《语丝》与《现代评论》两派论争期间，从陈源、徐志摩文字看，显然不知道周氏兄弟已经失和。

涉下，"围剿"结束。也恰在此时，梁实秋发表《论鲁迅先生的"硬译"》，就鲁迅当时所翻译的左派文艺理论，予以评论。

梁实秋与鲁迅的争论，从鲁迅甫到上海就已开始。也许由此缘故，他对鲁迅的作品一直跟踪注意。1929年6月和10月，鲁迅译卢那察尔斯基《艺术论》和《文艺与批评》相继出版，梁实秋第一时间看到，即在《新月》上发表书评。[①]

梁文题目中"硬译"加了引号，这个词其实就来源于鲁迅本人。《文艺与批评》的《译者附记》里说：

> 从译本看来，卢那卡尔斯基的论说就已经很够明白，痛快了。但因为译者的能力不够和中国文本来的缺点，译完一看，晦涩，甚而至于难解之处也真多；倘将伪句拆下来呢，又失了原来的精悍的语气。在我，是除了还是这样的硬译之外，只有"束手"这一条路——就是所谓"没有出路"——了，所余的惟一的希望，只在读者还肯硬着头皮看下去而已。[②]

1929年鲁迅开始翻译"现代新兴文学"，或许由于首先处理的都是理论文本，所采取的确实是比以往更加激进的翻译策略，

---

① 梁实秋：《论鲁迅先生的"硬译"》，《新月》第2卷6、7合期，1929年9月。文中提到鲁迅《文艺与批评》，该书10月出版，因而或许《新月》该号实际上脱期了。

② 鲁迅：《〈文艺与批评〉译者附记》，《鲁迅全集》第10卷。原刊《春潮》月刊第1卷第3期（1929年1月），系卢卡尔斯基《托尔斯泰之死与少欧罗巴》译者跋语。

因而有不少"希奇古怪的句法"。也确如梁实秋所言,"读这样的书,就如同看地图一般,要伸着手指出来寻找句法的线索位置"。①

《论鲁迅先生的"硬译"》一开头就提到鲁迅十分不愿意听到的名字:陈西滢。此前几个月,也是在《新月》上,陈源发表了《论翻译》,不过此文与鲁迅毫无关联。西滢对严复"信达雅"不满意,标榜"形似、意似、神似",②大有"彼可取而代之"的架势。而梁实秋引陈西滢,特别举出的是陈提到周作人的地方:

> 什么叫死译?西滢先生说:"他们非但字比句次,而且一字不可增,一字不可减,一字不可先,一字不可后,名曰翻译,而'译犹不译',这种方法,即提倡直译的周作人先生都谥之为'死译'。""死译"这个名词大概是周作人先生的创造了。③

陈西滢是鲁迅的死敌,周作人与鲁迅已经决裂。这些梁实秋应该都清楚,特别援引陈周,不无故意刺激的打算,其心思颇为可议。而所谓"死译",也确实是"周作人先生的创造",就在《陀螺序》中:

---

① 梁实秋:《论鲁迅先生的"硬译"》,《新月》第2卷6、7合期。
② 西滢:《论翻译》,《新月》第2卷第4期,1929年6月。
③ 梁实秋:《论鲁迅先生的"硬译"》,《新月》第2卷第6、7合期。按,梁实秋漏引"一字不可减",姑据西滢文补。

近来似乎不免有人误会了直译的意思，以为只要一字一字地将原文换成汉语，就是直译，譬如英文的Lying on his back一句，不译作"仰卧着"而译为"卧着在他的背上"，那便是欲求信而反不词了。据我的意见，"仰卧着"是直译，也可以说即意译；将它略去不译，或是作"坦腹高卧"以至"卧北窗下自以为羲皇上人"是胡译；"卧着在他的背上"这一派乃是死译了。古时翻译佛经的时候，也曾有过这样的事，在《金刚经》中"与大比丘众千二百五十人俱"这一句话，达摩笈多译本为"大比丘众共半十三比丘百"，正是相同的例：在梵文里可以如此说法，但译成汉文却不得不稍加变化，因为这是在汉语表现力的范围之外了，这是我对于翻译的意见，在这里顺便说及……①

周作人的"一字一字地将原文换成汉语"，陈西滢的"非但字比句次，而且一字不可增，一字不可减，一字不可先，一字不可后"，其实都不是直接针对鲁迅的发言，却均被梁实秋征发来讨伐鲁迅，谥为"死译"。为此鲁迅作《"硬译"与"文学的阶级性"》以反击，将翻译与"阶级性"并在一处，类于八股文之"截搭题"，也是鲁迅愤怒时文章之一体。文中，就"硬译"问题，鲁迅再度声明自己的方针：

① 周作人：《陀螺序》，《语丝》第32期，1925年6月22日。其中提到达摩译文"共半十三比丘百"，系梵文计数。"十三比丘百"，意为十三百比丘，即一千三百之数；而"半十三百"，乃第十三"百"仅"半"，去此半百，共得一千二百五十。

日本语和欧美很"不同"，但他们逐渐添加了新句法，比起古文来，更宜于翻译而不失原来的精悍的语气，开初自然是须"找寻句法的线索位置"，很给了一些人不"愉快"的，但经找寻和习惯，现在已经同化，成为己有了。中国的文法，比日本的古文还要不完备，然而也曾有些变迁，例如《史》《汉》不同于《书经》，现在的白话文又不同于《史》《汉》；有添造，例如唐译佛经，元译上谕，当时很有些"文法句法词法"是生造的，一经习用，便不必伸出手指，就懂得了。现在又来了"外国文"，许多句子，即也须新造，——说得坏点，就是硬造。据我的经验，这样译来，教之化为几句，更能保存原来的精悍的语气，但因为有待于新造，所以原先的中国文是有缺点的。

也就是说，鲁迅的翻译，于传播思想文学之外，还有个重大目的，即改造汉语的书写语言。为此不惜跨越限度，以"硬译"来输入新的"文法句法词法"。周作人局于"汉语表现力的范围"而"化为几句"的做法，本就是他要去打破的。为此，他重申晚清以来一直坚持的观点，"按板规逐句，甚而至于逐字译"。[①]这种最死板、最笨拙的翻译路线，并非能力问题，而是是非任所月旦，使命一身担待的抱负。

这场争论后过了一年，赵景深也写了一篇《论翻译》，虽

---

① 鲁迅：《"硬译"与"文学的阶级性"》，《二心集》，《鲁迅全集》第4卷。

非冲着鲁迅而来，但其所论说，实在比梁实秋又跨前了不止一步：

> 我以为译书应为读者打算；换一句话说，首先我们应该注重于读者方面。译得错不错是第二个问题，最要紧的是译得顺不顺。倘若译得一点也不错，而文字格里格达，吉里吉八，拖拖拉拉一长串，要折断人家的嗓子，其害处当甚于误译。……所以严复的"信""达""雅"三个条件，我认为其次序应该是"达""信""雅"。[①]

这些主张，被鲁迅总结为"与其信而不顺，不如顺而不信"。[②] 赵景深"译得错不错是第二个问题"，根本上触及了鲁迅的底线，遭到严厉的批驳事属当然。

赵景深提到"最要紧的是译得顺不顺"，又将"信达雅"变换次序，置"达"于首位。因此尽管"顺"和"达"，意义并不完全相同，但也差不远了。鲁迅的反驳事实上也在于此。本来，按鲁迅一贯并不断强化的主张，不避于"硬译""硬造"，则"达"之坚持与否实已属极为可疑。因而，赵景深的立论，刺激着鲁迅进一步的明确阐述。

鲁迅针对赵景深而发的几篇，是在赵文刊出九个月之后所

---

① 赵景深：《论翻译》，《读书月刊》第1卷第6期，1931年3月。
② 鲁迅：《几条"顺"的翻译》，《二心集》，《鲁迅全集》第4卷。

写。①此时将他拎出来，实际上是由于瞿秋白，鲁迅原先应该没有注意到这篇文章。1931年9、10月间，鲁迅翻译的《毁灭》出版，瞿秋白来函与他就翻译问题进行讨论，信中提到了严复，也提到赵景深：

> 严几道的翻译，不用说了。他是：
> 译须信雅达，
> 文必夏殷周。
> 其实，他是用一个"雅"字打消了"信"和"达"……
> 现在赵景深之流，又来要求：
> 宁错而务顺，
> 毋拗而仅信！

瞿秋白批严批赵，但也并不同意鲁迅翻译的做法。他是站在"群众"的立场，要求"遵照着中国白话的文法公律"，"违反这些公律的新字眼，新句法——就是说不上口的——自然淘汰出去，不能够存在"。因此，在翻译上，瞿秋白主张，一方面"应当把原文的本意，完全正确的介绍给中国读者"，另一方面"这样的直译，应当用中国人口头上可以讲得出来的白话来写"。他认为大众的口语完全足够使用于书写了，鲁迅用不着"容忍这'多少的不顺'"。

---

① 有《几条"顺"的翻译》（《北斗》第1卷第4期，1931年12月20日）、《风马牛》（《北斗》第1卷第4期，1931年12月20日）、《再来一条"顺"的翻译》（《北斗》第2卷第1期，1932年1月20日）。

也就是说，相对赵景深所主张的"宁错而务顺"，瞿秋白不过是认为可以做到"信"而"顺"的，只要照着平常说话来就成。与梁实秋、赵景深不同，瞿秋白是同志、知己，因此鲁迅的回复很是客气，但原则一点不退：

> ……无论什么，我是至今主张"宁信而不顺"的……这样的译本，不但在输入新的内容，也在输入新的表现法。中国的文或话，法子实在太不精密了……这语法的不精密，就在证明思路的不精密，换一句话，就是脑筋有些糊涂……要医这病，我以为只好陆续吃一点苦，装进异样的句法去，古的，外省外府的，外国的，后来便可以据为己有……一面尽量的输入，一面尽量的消化，吸收，可用的传下去了，渣滓就听他剩落在过去里。

这里"古的，外省外府的，外国的"，与周作人"采纳古代的以及外国的分子"，原则一致，只是策略不同。相较瞿秋白，经历晚清、"五四"的鲁迅，尽管正在转化为革命者，但其原先的启蒙立场一直是深入骨髓的。事实上，他自己之被启蒙，正来自晚清如严复、章太炎等辈，而终身抱有感激之情。对于瞿秋白将严复与赵景深扯在一处，鲁迅特意提醒，严赵"实有虎狗之别，不能相提并论的"。在这封信中，他大段议论严复，并总结说：

> 他的翻译，实在是汉唐译经历史的缩图。中国之译

佛经，汉末质直，他没有取法。六朝真是"达"而"雅"了，他的《天演论》的模范就在此。唐则以"信"为主，粗粗一看，简直是不能懂的，这就仿佛他后来的译书。

所谓"后来的译书"，是鲁迅很准确地将《天演论》，与严复的其他译著区分开来："最好懂的自然是《天演论》，桐城气息十足，连字的平仄也都留心，摇头晃脑的读起来，真是音调铿锵，使人不自觉其头晕……然而严又陵自己却知道这太'达'的译法是不对的，所以他不称为'翻译'，而写作'侯官严复达恉'；序例上发了一通'信达雅'之类的议论之后，结末却声明道：'什法师云，"学我者病"。来者方多，慎勿以是书为口实也！'"

鲁迅揣测，严复虽"信达雅"并提，但在《天演论》时，就意识到"太'达'的译法是不对的"。之后"有《名学》，有《法意》，有《原富》等等……看得'信'比'达雅'都重一些"。^①这也只能是鲁迅的理解了。严译之中，《天演论》确实异样，但那是有意如此。而此后所译数种，严复从没有对"达"有过怀疑。他自认为是"求浅、求显、求明、求顺"。之所以有"示人以难"的印象，是因为原书学理深邃，而并非他的译语作怪。

不过正是借助严复，在"信达雅"体系中，鲁迅继晚清放逐"雅"之后，20世纪30年代初又放逐了"达"，最终倔强地坚

---

① 鲁迅：《关于翻译的通信（并J.K.来信）》，《二心集》，《鲁迅全集》第4卷。

守在"信"这样一个高地上。"修辞立诚"在他那儿始终是不可有一丝退让的道德自律的底线。

鲁迅去世之后，周作人有两篇回忆文章，其中言及留日期间师从章太炎，遂对林纾、严复皆有不满，"以后写文多喜用本字古义"，并说"此所谓文字上的一种洁癖，与复古全无关系"。①其实，"文字上的洁癖"，原无关于"复古"还是"革命"，而是对于汉语书写语言的维护之心，所表现出的一种"态度"。正如严复自称，"不佞译文，亦字字由戥子称出"。②而吴汝纶于"入式""得体"的反复致意；章太炎对"正名""法式"的无穷尽追求；鲁迅从"循字移译"到"硬译"的强项；以及周作人再三要求"名从主人"，反对专有名词一概据英语音译。③关心问题固所畸轻畸重，价值取向或是南辕北辙，而怵怵惕惕、孜孜汲汲、区区矻矻，无不以斯文在兹而身任天下后世者。

汉语现代书写语言，孳乳于清季，成就于文学革命。甲午以降，举凡拼音化运动、白话文运动、国语运动，以及梁启超诸多主张，均系胡适"刍议"之源头。其后国语罗马字、汉字拉丁化，乃至简化字，一以贯之，皆在宜民便俗，所谓"方便法门"。周氏兄弟之一而再再而三，一者自严几道，再者自章太炎，三者君子豹变，其文蔚也。是所一脉流衍，则在锻炼汉语书写。此得彼失容或有之，而"文字上的洁癖"，正是其精神

① 周作人：《关于鲁迅之二》，《瓜豆集》。
② 严复译《孟德斯鸠法意》，商务印书馆，1981，第219页。
③ 此类文章甚多，如遐寿《名从主人的音译》，《翻译通报》第2卷第3期，1951年2月。

的表象。《中庸》云"致广大而尽精微",汉语现代书写,甫自发端,"广大""精微",道分两歧,于今百年,久矣夫其权宜偏至,无如不克执其两端,此中国之患也。

来源说明

李泽厚：《启蒙与救亡的双重变奏》，载《走向未来》创刊号，四川人民出版社，1986。

范岱年：《对"五四"新文化运动的哲学反思——记二十年代初的科学与人生观大论战》，载《走向未来》创刊号，四川人民出版社，1986。

竹内好著，李心峰译：《鲁迅思想的形成》，载竹内好《鲁迅》，李心峰译，浙江文艺出版社，1986。

林毓生：《五四式反传统思想与中国意识的危机——兼论五四精神、五四目标与五四思想》，载林毓生《中国传统的创造性转化》，生活·读书·新知三联书店，1988。

阿里夫·德里克著，朱志敏译：《五四运动中的意识与组织——五四思想史新探》，载王跃、高力克选编《五四：文化的阐释与评价——西方学者论五四》，山西人民出版社，1989。

耿云志：《五四新文化运动再认识》，载《中国社会科学》1989年第3期。

钱理群:《试论五四时期"人的觉醒"》,载《文学评论》1989年第3期。

汪晖:《预言与危机——中国现代历史中的"五四"启蒙运动》,载《文学评论》1989年第3、4期。

周策纵著,刘雪明、凌伟中译:《评五四运动》,载《党史研究与教学》1991年第2期。

王元化:《杜亚泉与东西文化问题的论战》,载《学人》第5辑,江苏人民出版社,1994。

高远东:《未完成的现代性——论启蒙的当代意义并纪念"五四"》,载《鲁迅研究月刊》1995年第7、8、9期。

张灏:《重访五四——论五四思想的两歧性》,载王元化主编《学术集林》卷八,上海远东出版社,1996。

王德威:《被压抑的现代性——没有晚清,何来"五四"?》《没有五四,何来晚清?》,载王德威《想象中国的方法——历史·小说·叙事》,生活·读书·新知三联书店,1998。

余英时:《文艺复兴乎?启蒙运动乎?——一个史学家对五四运动的反思》,载余英时《五四新论:既非文艺复兴,亦非启蒙运动》,台北:联经出版公司,1999。

鲁萍：《"德先生"和"赛先生"之外的关怀——从"穆姑娘"的提出看新文化运动时期道德革命的走向》，载《历史研究》2006年第1期。

黄兴涛：《晚清民初现代"文明"和"文化"概念的形成及其历史实践》，载《近代史研究》2006年第6期。

许纪霖：《个人主义的起源——"五四"时期的自我观研究》，载《天津社会科学》2008年第6期。

彭春凌：《〈新青年〉陈独秀与康有为孔教思想论争的历史重探》，载《北京大学学报（哲学社会科学版）》2014年第3期。

倪伟：《〈新青年〉时期钱玄同思想转变探因》，载《杭州师范大学学报（社会科学版）》2015年第4期。

王中忱：《视觉装置与"写实"方法的现代构筑——"美术革命"与"文学革命"的交集及其意义》，载《文学评论》2016年第4期。

王芳：《从访碑到抄碑，从国魂到民魂——以金石传统三个脉络解读鲁迅的"钞古碑"》，载《文学评论》2019年第3期。

王风：《严复"信达雅"爰及"所谓文字上的一种洁癖"》，载《文艺争鸣》2020年第4期。

主编简介

王 风

福州人，北京大学中文系教授，现代文学教研室主任，北京大学现代中国人文研究所副所长、中国昆剧古琴研究会理事。主要研究领域有中国近现代文学、中国学术史、中国文化史。具体涉及的学术分支和课题，包括近代文章，现代散文，周氏兄弟、废名等现代作家，章太炎、王国维等现代学者，古琴史，古琴器等，均有多篇重要论文。出版有《世运推移与文章兴替》《琴学存稿》《琴史与琴器》。编有《废名集》（全六卷），获第二届中国出版政府奖图书奖。主编《曹禺全集》（全十一卷），助理郑珉中先生编写《故宫古琴》。

季剑青

安徽肥东人，2007年毕业于北京大学中文系，获文学博士学位。现为北京大学中文系长聘副教授、研究员。主要从事中国现代文学与文化研究。著有《北平的大学教育与文学生产：1928—1937》《重写旧京：民国北京书写中的历史与记忆》《新文化的位置——"五四"文学与思想论集》等，译有《中国现代女性作家与中国革命，1905—1948》《赵元任早年自传》《儒教中国及其现代命运》（三部曲）。曾在《文学评论》《近代史研究》《中国现代文学研究丛刊》等刊物发表论文数十篇。

YE BOOK

洞 见 人 和 时 代

官方微博：@壹卷YeBook

官方豆瓣：壹卷YeBook

微信公众号：壹卷YeBook

媒体联系：yebook2019@163.com

壹卷工作室
微信公众号